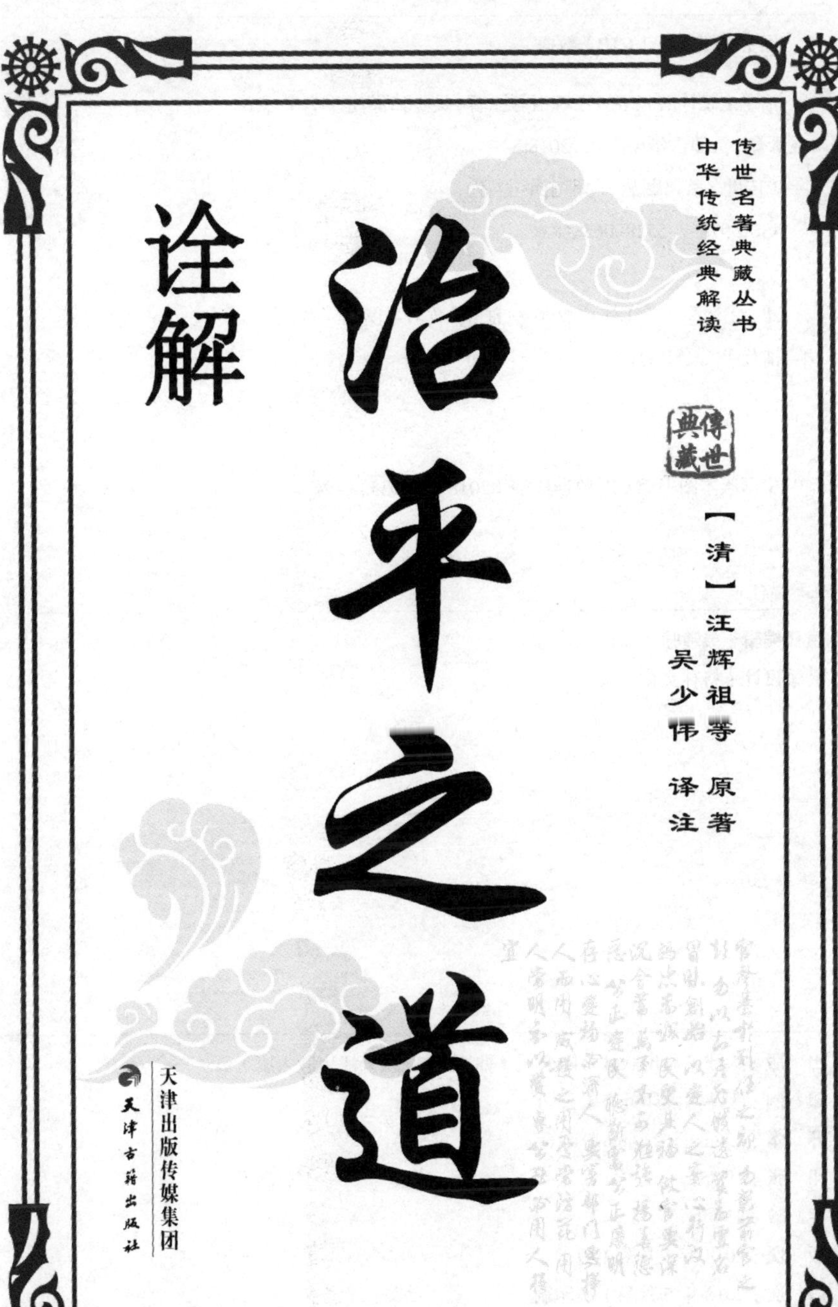

传世名著典藏丛书
中华传统经典解读

诠解 治平之道

传世典藏

【清】汪辉祖等 原著
吴少伟 译注

天津出版传媒集团
天津古籍出版社

图书在版编目（CIP）数据

治平之道诠解 /（清）汪辉祖等原著；吴少伟译注
.—天津：天津古籍出版社，2018.5
（传世名著典藏丛书 / 邵鹏军主编）
ISBN 978-7-5528-0658-8

Ⅰ.①治… Ⅱ.①汪… ②吴… Ⅲ.①政治—谋略—中国—清代 Ⅳ.① D691

中国版本图书馆 CIP 数据核字（2018）第 035333 号

责任编辑：吴曈曈
装帧设计：格林文化

出　版：天津古籍出版社有限公司（西康路 35 号天津出版大厦）
印　制：天津兴湘印务有限公司
开　本：170mm × 230mm　1/16
印　张：19.75
字　数：430 千
版　次：2018 年 5 月第 1 版
印　次：2018 年 5 月第 1 次印刷
定　价：46.00 元

序言

上下五千年悠久而漫长的历史，积淀了中华民族独具魅力且博大精深的文化。中华文化是中华民族无数古圣先贤、风流人物、仁人志士对自然、人生、社会的思索、探求与总结，而且一路下来，薪火相传，因时损益。它不仅是中华民族智慧的凝结，更是我们道德规范、价值取向、行为准则的集中再现。千百年来，中华文化已经融入每一位中华儿女的血液，铸成了我们民族的品格，书写了辉煌灿烂的历史。中华文化与西方世界的文明并峙鼎立，成为人类文明的一个不可或缺的组成部分。凡此，我们称之曰“国学”，其目的在于与非中华文化相区分。中华民族之所以历经磨难而不衰，其重要一点是它有着源于由国学而产生的民族向心力和人文精神的根骨。可以说，中华民族之所以是中华民族，主要原因之一乃是其有异于其他民族的传统文化！

概而言之，国学包括经史子集、十家九流。它以先秦经典及诸子之学为根基，涵盖两汉经学、魏晋玄学、隋唐佛学、宋明理学和同时期的汉赋、六朝骈文、唐宋诗词、元曲与明清小说并历代史学等一套特有而完整的文化、学术体系。观其构成，足见国学之广博与深厚。可以这么说，国学是华夏文明之根，中华儿女之魂。

从大的方面来讲，一个没有自己文化的国家，可能会成为一个大国甚至富国，但绝对不会成为一个强国；也许它会强盛一时，但绝不能永远屹立于世界强国之林！而一个国家若想健康持续地发展，则必然有其凝聚民众的国民精神，且这种国民精神也必然是在自身漫长的历史发展中由本国人民创造形成的。中华民族的伟大复兴，中华巨龙的跃起腾飞，离不开国学的滋养。从小处而言，继承与发扬国学对每一个中华儿女来说同样举足轻重，迫在眉睫。国学之用，在于“无用”之“大用”。一个人的成功很大程度上取决于他的思维方式，而一个人思维能力的成熟程度亦绝非先天注定，它是在一定的文化氛围中形成的。国学作为涵盖经、史、子、集的庞大知识思想体系，恰好能为我们提供一种氛围、一个平台。潜心于国学的学习，人们就会发现其中蕴含的无法穷尽的智慧，并从中领略到恒久的治世之道与管理之智，也可以体悟到超脱的人生哲学与立身之术。在现今社会，崇尚国学，学习国学，更是提高个人道德水准和建构正确价值观念的重要途径。

近年来，国学热正在我们身边悄然兴起，令人欣慰。更可喜的是，很多家长开始对孩子进行国学启蒙教育，希望孩子奠定扎实的国学根基，以此帮助他们树立正确的道德观和价值观。欣喜之余，我们同时也对中国现今的文化断层现象充满了担忧。从“国学热”这个词汇本身也能看出，正是因为一定时期国学教育的缺失，才会有国学热潮的再现。我们注意到，现今的青少年对好莱坞大片趋之若鹜时却不知道屈原、司马迁为何许人；新世纪的大学生能考出令人咋舌的托福高分，但却看不懂简单的文言文。这些现象一再折射出一个信号：当今社会人群的国学知识十分匮乏。在西方大搞强势文化和学术壁垒的同时，国人偏离自己的民族文化越来越远。弘扬经典国学教育，重拾中华传统文化，这样的需求已迫在眉睫。

本套“传世名著典藏”丛书的问世，也正是为弘扬国学传统文化而添砖加瓦并略尽绵薄之力。本人作为一名大学教师，从事中国文化史籍的教学与研究工作多年，对国学文化及国学教育亦可谓体悟深刻。为了完成此丛书，我们从搜集整理到评点注译，历时数载，花费了很多的心血。这套丛书集传统文化于一体，涵盖了读者应知必知的国学经典。更重要的是，丛书尽量把晦涩的传统文化知识予以通俗化、现实化的演绎，并以大量精彩案例解析深刻的文化内核，力图使国学的现实意义更易彰显，使读者阅读起来能轻松愉悦、饶有趣味。虽然整套书尚存瑕疵，但仍可以负责任地说，我们是怀着对祖国传统文化的深厚感情和治学者应有的严谨态度来完成该丛书的。希望读者能感受到我们的良苦用心。

王琪

2017年7月

前言

随着我国历史上第一个奴隶制国家——夏朝的建立，作为国家机器重要组成部分的官员诞生了，官场也随之形成。几千年来，在官场这个千姿百态、风云谲变的舞台中，在命运各不相同的各色人等身上，却无一例外、淋漓尽致地展现了人性的真实。

人间世事，宦海浮沉，祸福难测，谋官、做官、保官、升官，有多少人能趋利避害、耳聪目明、平步青云，又有多少人一着走错全盘皆输。人居官场，不只坐拥锦绣如花，满眼荣华富贵，更多的是别人无法理解的沧桑与无奈。中国封建社会，以官为轴心，当官是每个人求取功名利禄的唯一途径。“万般皆下品，唯有读书高”，读书的目的只是为了一朝金榜题名，戴上乌纱帽，靠荣华富贵出人头地，光宗耀祖。所以，为了当官，有的人求助于终南捷径；为了保官，有的人不惜同室操戈，煮豆燃萁。当然，不论何种场合，都有其相应的游戏规则。如果你蓄意破坏而自己又不具备制定规则的相应条件，你就会被撞得头破血流，等待你的只能是失败，以至于毁灭。因此，人在官场中生存，就必须遵守这些特定的规则，忽视或是践踏约定俗成的规则，首先意味着给自己找麻烦。古人为了不使为官者误入歧途，就提供了大量的参考资料，如《官海指南》《入幕须知》《长随论》《仕途轨范》等，这些书为置身于封建官场中的各色人物提供了门类齐全的、系统的专业指导，同时也为如何处世，尤其是在官场中怎样应酬提供了借鉴。

我们这本《治平之道诠解》是根据清代几本著名的官场教科书《佐治药言》《学治臆说》《学治说赘》《幕学举要》《传家宝》等汇编整理而成的。前三部书为汪辉祖所作，《幕学举要》为万枫江所作，《传家宝》为石成金所作,他们均为名噪一时的幕僚。几十年的幕府生涯使他们对社会和官场的洞悉堪称入木三分,其著作也成了“居官者皆宜日览”的必读书。作为封建社会的官僚,他们编撰的书必然会充斥着浓烈的封建礼教气息,但其为官从善出发、以德为本的宗旨还是值得肯定的。同时,他们还为我们提供了不少有关当时时代的政治和司法方面的情况,可供研究者、从政者参考和学习。另外,这些书中文字多是警醒世人、劝人向善的至理名句,可以说,每一条都是嘉官贤臣之道,清官良吏之法,可学可用,易于接受,具有积极的现实意义。

今天,我们在《治平之道诠解》一书中,按照今人的习惯将其分为为官要道、佐治心法、执法慎戒、修身尽职四编,对原文予以详细准确的注释、翻译,并在评论部分“史鉴新得”中,列举了丰富详尽的历史故事,不仅为读者所面临的现实问题提供了一个个可供借鉴的例证,而且通过这种实证,既丰富了原文的有关内容,提高了读者诸公的应变能力,还增加了阅读的趣味。我们希望本书的编选,对那些为官者和将要为官的人适应今天的社会能有所帮助和启示。

在本书的编写过程中,我们参考了许多有关为官参政方面的书籍,并在此基础上注入了一些新的认知和感悟。在此谨向原作者与编译者表示衷心的感谢!当然,鉴于我们的学识水平有限,书中难免有疏漏之处,敬请广大读者批评指正。

目　录

第一编　从政要道

第二编　佐治心法

第三编 执法慎戒

第四编　修身尽职

第一编 从政要道

善人要奖劝之，恶人先戒谕之，不改，则惩儆之。元恶则剪除之。戒休董威，道贵并行，若一味姑容，养奸流毒，亦不是诚心爱民。

官声基于到任之初

【原文】

官声贤否，去官方定，而实基于到官之初。盖新官初到，内而家人长随，外而吏役讼师，莫不随机尝试；一有罅①漏，群起而乘之。近利以利来，近色以色至，事事投其性之所近，险窃其柄。后虽悔悟，已受牵持，官声大玷，不能箝②民口之矣。故莅任时，必须振刷精神，勤力检饬③，不可予人口实之端④。

【注释】

①罅(xià)：瓦器的裂缝。引申为器皿的缝隙、漏洞。

②箝：同钳。夹住，限制，约束。

③饬(chì)：整顿。

④端：此处指话题。

【译文】

做官者名声的好坏，只有在他离任之后才有定论，但这个定论的基础却在他上任之初就开始建立。新任命的官员上任伊始，内有家人相随，外有衙役师爷陪伴；这些人无一不在寻找着有可利用的机会。如果为官者稍有漏隙，他们就会蜂拥而起，乘机作祟。如果当官的贪财好利，他们就用财利来满足他；如果当官的贪淫好色，他们就用美女来满足他。每件事都投其所好，其险恶的用心就是以此阴谋来抓住当官者的把柄，从而控制当官者。以后当官者虽然悔悟，但由于把柄被人抓着，受这些人的挟制，名声自然就受到了极大的玷污，自己也就无法封堵老百姓的纷纷议论。所以，当官者上任之初，就必须振作精神，勤于职守，力行自律，戒惕谨慎，不给别人留下议论的话题，从而建立美好的声誉。

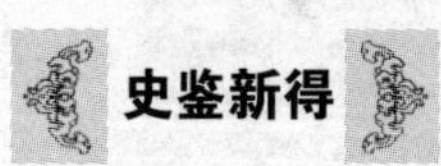

史鉴新得

于成龙，山西永宁人，字北汉。崇祯年间副贡出身。顺治十八年开始任官，先后担任广西罗城知县、四川合州知州、黄冈知州、武昌知府、福建按察使、福建布政使、直隶巡抚、两江总督。在任期间，他爱百姓，缉盗贼，兴教化，严吏治，除弊政，廉洁奉公。康熙帝称赞他是“天下廉吏第一”。

顺治十八年于成龙被授为广西罗城知县，这一年他已年届45。罗城居万山之中，交通闭塞，人烟稀少，条件很差。城内只有六十多户居民，于成龙初上任时就在关帝庙里办公，后来移至三间草屋。到任后对百姓进行法纪教育，严于执法，又注意教育效果。胥吏胡安之招摇撞骗，于成龙得知后就拘禁审办了这个胥吏。廖姓与赵姓为两姓房屋之间的一块面积为五亩的土地，发生大械斗，廖姓死四十七人，赵姓死三十八人，赵姓房屋也被毁七十二家。于成龙从教育角度进行判决。判词说：械斗这种

恶习,触犯国法,伤和气,天理不容,人与神灵都痛恨。人之生命至为宝贵,以三十八人及四十七人之性命,为价值不过一百千之五亩去牺牲。得失如何?况且赵姓房屋又被烧了七十二家,而此七十二家之财产与五亩荒地比较,得失如何?本县令仁心为怀,不忍于两姓死亡很多人之后,再杀几十人以相抵,使全村变为废墟,两姓都绝了后。于是就从宽处理,将余人一概免究。只将赵姓族长赵君芍、赵翰生,廖姓族长廖桂穆、廖顺成按律斩首示儆。判词继续说:廖姓死人多,但房子没烧;赵姓死人少,但烧了七十二家屋,两相抵消。荒地归公出售,以免以后为此相争。于成龙利用此案对罗城百姓进行了一次深刻的教育。

后来,罗城一带又出现盗贼,于成龙带乡兵及时捕治,捣毁他们的巢穴,令老百姓得以安心耕种。于成龙在任期间,还在当地建学校,设养济院,凡是应当办的他都努力去办,一县大治。老百姓很喜欢他,总督卢兴祖也称赞他的政绩卓异。

勿彰前官之短

【原文】

人无全德,亦无全才。所治官事必不能一无过举[①],且好恶之口,不免异同。去官之后瑕疵易见,全赖接任官弥缝其闪失。居心刻薄[②]者,多好彰[③]前官之短,自形其长。前官以迁擢[④]去,尚可解嘲。若缘[⑤]事候代,寓舍有所传闻,必置身无地。夫后之视今犹今之视昔,不留余地以处人者,人亦不留余地以相处。徒[⑥]伤厚德,为长者所鄙。

【注释】

①举:举动。

②刻薄:苛刻,冷酷无情。

③彰:宣扬。

④擢:选拔、提升。迁擢,升迁。

⑤缘:因,由于。

⑥徒:只、仅仅。

【译文】

任何人的品德、才能都不可能十全十美,因此居官处理政事,就不可能没有一点过失与错谬之处。况且,人们各自评价好坏善恶的标准不同,对于具体问题和事实的见解也不可避免地持有不同的观点。当官者离任之后,他为官时的缺点和失误,很容易被发现。这样,就完全需要并依靠接任官员来弥补缺陷,掩饰失误。只有那些居心叵测的接任官,才喜欢大肆宣扬前任官员的缺陷和失误,以此来显示自己的才干。假若前任官员因升迁而离职,尚且能够接受而自我安慰;若是前任因事而候补等缺,倘若被其听到了,肯定会感到羞愧难当,无地自容。后人评价现在,就好像现在的人评价前人一样。如果和别人相处,不给别人留一点余地,别人也不会给你留一点余地。这样做,伤害的只能是那些仁德忠厚之人。而正人君子是耻于这样做的。

史鉴新得

注重自身修养，严于律己，宽以待人，不仅是立身之本，也是为官之道。

欧阳修在修撰《唐书》时，是最后一个进入编写组的成员，专门负责《纪》《志》部分的编写，而《列传》中有一部分是由尚书宋祁承担的。朝廷认为一部史书由两人编写，体例不统一，于是就召见欧阳修，特意命他审定《列传》部分，统一体例，随意删改。

虽然欧阳修接受了委任，但他却感觉左右为难，回来后叹道："宋公是我的前辈，况且各人的见解多有不同，怎么可以全都按照我自己的见解来删改呢？"于是一字未改。《新唐书》完成后，欧阳修将书稿进献给朝廷，呈请皇帝御定。御史根据以往的惯例向皇帝陈述说，历来编修史书，只署书局中官阶最高者的姓名。而《新唐书》的编写成员中欧阳修的官阶最高，应当只署欧阳修的姓名。欧阳修却说："宋公修《列传》用的功夫最深，而且花费了很长的时间，怎么能埋没和侵夺他的成果呢？"于是《纪》《志》部分就署欧阳修的名，《列传》部分就署宋祁的名。宋祁听了高兴地说："从古至今文人不相谦让，总喜欢相互轻侮。而像欧阳修这样高尚风格的人真是前所未闻呀！"

勿以土产充馈遗

【原文】

地产土，宜非有上官之利也。偶因取给之便，奉上官、赠僚友，后遂沿为故事[①]，甚至市以官价，重累部民，毒流无既，如之何可为厉阶也。故旧规所有，尚宜斟量裁减。若所产之物素未著名，断不可轻用馈遗，贻后人之害，祸同作俑[②]。

【注释】

①故事：旧事，旧规旧例。

②作俑：始作俑，意为第一个做这种坏事的人。

【译文】

地方上的土特产品，并不是由于上级官员的倡举所带来的利益。而是因为取用方便，偶然拿来，孝敬上司，馈赠同僚，后来就沿袭为例，甚至于通过买官卖官的形式形成了一个专供体系。这样就大大加重了辖区内民生百姓的负担，由此而产生的副作用也没有穷尽。如此行事，怎么能够鼓励官吏们呢？所以，对于古老相传的习俗，应该作出适当的斟酌取舍。如果所出产的物品，一向都不出名，就千万不能轻易地用来作馈赠礼物，从而给后人留下祸根，使自己沦为这种祸患的始作俑者。

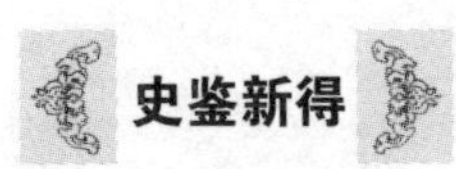

史鉴新得

土特产，是土产和特产的并称，是自然对生活在这片土地上的人们的馈赠。俗语说"一方水土养一方人"，可见，土特产与这块土地以及生活在它之上的人群有着密切的关系，是此一地此一群人的产物，凡是离开了这块土地和这里的民俗，所谓的土特产也就改变了它原本的味道。

荔枝原产于我国五岭之外的岭南地区，在古代，每年都有进贡荔枝的习俗。最早记录这一事例的是葛洪，他在《西京杂记》中说：汉刘邦称帝时，收到南海尉赵佗自岭南进奉的荔枝，很是高兴。到东汉时期，进奉荔枝更是成为一种制度。

白居易《荔枝图序》中写道："壳如红缯，膜如紫绡，瓤如肉，莹白如冰雪，浆液甘酸如醴酪。"但是荔枝不耐贮藏，古人曾这样描述：一日而色变，二日而香变，三日而味变，四五日外，色香味尽去矣。古代宫廷有人想吃荔枝，就要派人日夜兼程从南方运送到长安，十里设驿，五里设岗亭，马不停蹄，人不离鞍，不分昼夜地驰驱传送，沿途使者飞奔，众鸟惊啼，尘埃漫空……数千里的路途中不知有多少人因此而丢了性命，多少匹马被累死于驿路之上，给人民造成了很多痛苦，但是贡奉者为了求得宫廷享用者的欢颜，都是以此为荣耀，争相敬献。在历史上尤为引人注目的是唐明皇为了宠幸杨贵妃，千里运送荔枝的那穷奢一幕。相传杨贵妃喜食鲜荔枝，于是唐明皇命蜀中、南海并献，派骑专程飞驰传送数千里，从广州送到长安，色味未变，依然如刚摘下一样，鲜美无比。为了满足宠妃的口腹之欲，看到宠妃尝到鲜荔枝时的笑靥，唐明皇真是不惜一切代价，那种情景，自然而然地使人联想到了"周幽王烽火戏诸侯"的典故。

杨贵妃的享乐已经令历史付出了沉痛的代价，但历代的统治者们并未因此而汲取教训，反而变本加厉，兴起千奇百怪的新花样，且总在巧立名目，争亲买宠，竭尽巧思，变着花样地进贡所谓名优特产，给百姓增加了更为沉重的负担。

莫为虚名冒昧创始

【原文】

非万不得已，止宜率由旧章，与民休息。微特孽不可造，即福亦不易为。不然，如社仓、如书院，岂非地方盛举？而吾言不必创建，独非人情乎哉？社仓之弊前已言之，书院之名泾始劝捐于民，总不无所费。及规模既定，或倚要人情而荐剡[①]主讲，其能尽心督课者，什不得三四。师既公属空名，弟亦遂无实学。以闾阎[②]培植子弟之资，供长吏摩酬情面之用，已为可愧。其尤甚者，资不给用，则长吏不得不解囊以益之，而归咎于始谋之不臧[③]，是何为乎？夫书院犹有遗累，况其他哉！故善为治者，切不可有好名喜事之念，冒昧创始。

【注释】

①荐剡(yǎn)：推荐、聘用。

②闾阎：指乡村。闾、阎都是古代乡村里巷的门。

③臧：即臧。善、好。

【译文】

除非万不得已，做官者都只应该遵循旧有的典章制度办事，使老百姓得以休养生息。罪大恶极之事当然不可为，即使是造福于老百姓之事也不要贸然去干。就拿兴建社仓、创办书院这类事来说，难道这不是造福地方的好事吗？但我却认为这种事不能做，建社仓的种种弊病，我在以前已经谈到。建书院这个想法从一产生，再经过劝老百姓捐资修建，总的说来不可能不需要费用。等到书院一旦建成，规模已定，那就会邀请要人出任书院主讲。这类人能够尽心尽力督训学子学习的，十个之中没有三四个。为师的既然只是挂个空名，那学生又怎会有真才实学呢？用一般乡村学生的学费，来作为地方基层应酬的费用，已经让人感到非常愧疚。如果办书院的费用不足，上级官员还得立项审批并列支资金以作补充，因此就会归罪于创建书院的人，认为他们规划设计考虑不周到。由此可见，这样做有什么必要呢？创建书院这种事尚且有如此多的麻烦，其他的事就更不用说了。所以，要慎重地提出治理方略，千万不可为了虚名而贸然去创建某事。

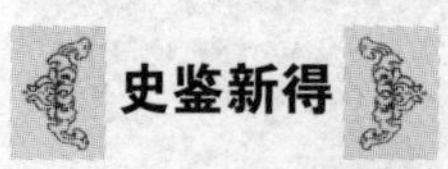

史鉴新得

“昭宣中兴”之后，稍微缓和的农民起义又如星星之火一般在中原大地上燃烧起来。汉朝天下岌岌可危。随着社会危机的加剧，人们普遍意识到，他们不能照旧生活下去，社会不能照旧发展下去，统治者也不能照旧统治下去，必须有所改变。人心思变，关键在于怎样变。有些人主张“限田限奴”，实行自上而下的社会改革，结果行不通；有些人主张选贤任能，选取刘姓家族中有才能的人做皇帝，结果也失

败了。人们逐渐对西汉皇朝失去了信心，对刘氏的统治失去了信心，认为汉朝气数已尽，希望“异姓受命”，要求皇帝退位，把皇位传给贤人。社会矛盾异常尖锐，皇帝完全陷入绝望的困境里，连最忠于汉朝的宗室刘向也认为汉朝的命运已经完结了。此时，上层豪强的代表王莽粉墨登场了。他的变革分两步：一是代汉自立；二是维护新政。“革新”失败后，社会更加动荡。

平心而论，王莽新政并非一无是处，相反，其中不乏合理因素、正确因子。从新政内容看，实行王田制的本质是限田和均田，其目的是要限制土地兼并，缓和阶级矛盾；不许买卖奴婢等，含有关心民间疾苦等内容，其方案具有一定的合理因素。

然而，王莽良好的愿望竟导致失败的结局，最终导致新朝政权颠覆，王莽本人惨死！王莽何以会一败涂地？

王莽新政在指导思想上不是向前而是复古，更往往与现实脱节。社会向前发展是顺应客观规律，倒退就违背客观规律，违背客观规律就必然失败。以复古为指向的王莽新政注定违背客观规律，也注定失败。

比如，恢复井田制，实行“王田”制，将全国土地收归国有，重新分配。这一政策的出发点虽然很好，但却违背了封建土地私有制的发展规律，使豪强大户的利益受到损害，引发强力集团反对。

再比如，在币制改革中，王莽恢复已被历史淘汰许久的原始货币，违反货币发展规律，大大增加了货币流通障碍。

同时，普通老百姓也并没有从改革中受益。相反，由于执行中严重走样，一些看上去明显对普通老百姓有益的改革措施在执行中也让他们受害匪浅。

可见，无人受益的改革最终必然会失败！

以爱人之实心行政

【原文】

治无成局①，以为治者为准。能以爱人之实心，发为爱人之实政，则生人②而当谓之仁。杀人而当亦谓之仁。

【译文】

治人治事没有固定的模式，以能达到天下大治为标准。一个做官的，只要能把爱护百姓的一颗真诚的心，发展成为爱护

不然姑息[3]者养奸，刚愎[4]者任性，邀誉者势必徇人[5]；引嫌[6]者惟知有我，意之不诚，治于何有？若心地先未光明，则治术总归涂饰。有假爱人之名而滋厉民之弊者，恶在其为民父母也。故治以实心为要，尤以清心为本。

【注释】

①成局：现成的章法。
②生人：保全性命。
③姑息：无原则地宽容。
④刚愎：自以为是。
⑤徇人：徇，从，曲从。徇人私情。
⑥引嫌：自请回避。

老百姓的实实在在的措施，让该活的人活，这或许可以叫做“仁慈”；杀该杀的人，这也应叫做“仁慈”。不然的话，姑息迁就坏人会养虎遗患；自高自大的人必定胡作非为；一心想得到功名利禄的人，容易徇私情；而躲避嫌疑的人，只知道明哲保身，这几种情况都是没有诚意者的作为，对于政事有什么帮助呢？假如做官时本来心地就不够光明正大，那他治理的种种方式方法最终也就只能是装点门面罢了。这种官吏，借着爱惜人民的名义而生事，实则是干着危害老百姓的勾当，他哪里是做老百姓的父母官？所以，做官以有爱护老百姓的实心为首要，尤其要以清心寡欲为根本。

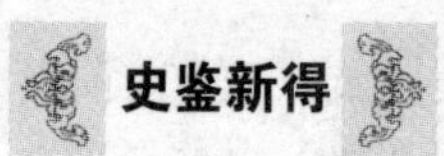

史鉴新得

唐代大诗人白居易同情人民，他在皇帝面前做谏官时，就屡次上书，请求革除弊政，写了大量讽喻诗揭露官僚势力残害人民的罪行。他写诗力求让人民群众看懂，相传他每写好一首诗，都要读给不识字的老妈妈听，听得懂的，方才拿出去。他在地方做官时，每到一处，都要力争多做些对人民有益的事。在杭州做刺史时，他修筑湖堤(现在的西湖白堤)，利用湖水灌溉土地。在苏州，他兴修水利，也受到苏州人民的爱戴。在做忠州刺史时，他搞了许多利民的改革，号召开荒生产；改进税收办法，增加豪富的税款，减轻贫苦农民负担；尽量节省开支，减轻老百姓的支出。他亲自带头种树，绿化荒山。他主持群众聚会，席地而坐与民同乐，有些官员说什么“‘贵’‘贱’杂处，不成体统”。白居易对这种议论毫不理睬。后来忠州人为了纪念这位爱民的好官，为他

建了“白公祠”。

可见，为政者只要诚心爱民，真心为民，赤心恤民，政略举措必以民心、民忧、民意、民需为出发点，而不是为了政绩而倡举兴作，施政也必以生民、抚民、利民、安民为本，施治必以恢复和发展生产为要，那么，所为之政，数年必有规模。

竭忠赤诚，民受其福

【原文】

股肱①大臣，以献纳为忠。守土之官，去君甚远，去民甚亲，以抚字为忠。有一片肫②诚之意，流露于政事之间，小民必有受其福者。

【注释】

① 股肱：比喻左右辅助得力的人。

②肫(zhūn)：恳切、真挚。诚恳之意。

【译文】

辅佐国君的得力大臣，以提供咨询、大胆劝谏为忠诚；地方官员，距离国君较远，同老百姓较近，则以安抚人民为忠诚。怀有一片诚挚的心意，会体现在政事的办理之中，老百姓必然会受到惠泽。

史鉴新得

子曰“不在其位不谋其政”，职守所在，各尽其责。

范仲淹说：“居庙堂之高，则忧其民；处江湖之远，则忧其君。”虽位置不同，唯“忠”为本。

虽为匹夫，也承担着“兴亡”之责。因此，无论处身何处，都当恪尽职守，为国为民为家，唯一“忠”字。只要能够尽“忠”，官声自清。

赵广汉，字子都，西汉时期涿郡蠡吾县人。曾任守京兆尹、颍川郡太守、京兆尹。在颍川郡任太守期间，是赵广汉前期治理的最佳阶段，他不畏强权，精明强干，刚到任的几个月时间，就做了两件大事：一是打击豪门大族的势力，缓和社会矛盾；二是加强地方管理，转变当地的不良风气。其威名由此流传。《汉书》本传中就把擅长处理政务说成是他的天性。

赵广汉在担任京兆尹时，表现出高度的责任心，处理各项公务，往往通宵达旦。并且他善于思考，讲究办事效率。在其治理期间，京兆地区政治清明，官属和百姓无不交口称赞。又由于他为官廉洁清明，威制豪强，深得百姓赞颂。

做官要深沉含蓄

【原文】

服官以明决为用，深沉有体；若英气太露，不特招同官之忌，上司亦以为涵养尚少，不肯重任。识赏牝牡骊黄之外者，能有几人哉？

恃才敢作或以权术驭人者，有得亦不能无失。惟勤慎供职，事上接下，圆和坦白，不矜才炫能，方是颠扑不破。

【译文】

做官以英明决断树立形象，深沉持重为根本；如果才气过于显露，不仅会招致同事的忌恨，上司也认为你涵养还不够，不愿重用。能够善于识才而不只是注重性别或是衣饰等表面现象的人，世间能有几人呢？

自视才高过人敢作敢为，或者以权术驾驭别人的人，能够达到目的，但也常常有失误。只有勤恳谨慎、忠于职守，尊重上级、善待下属，并且能够做到头脑灵活、诚恳坦荡，不自矜有才也不炫耀自己本领的人，才能经受时间的考验，才能在大是大非面前稳步前行。

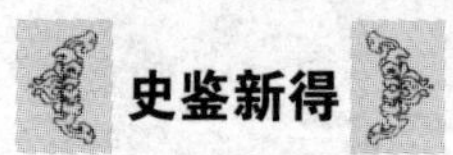

史鉴新得

春秋时期，伯乐是善于识别马的大师。但是，他老了，体力已渐渐不支。

一天，秦穆公对伯乐说：“你的年纪大了，你的子孙中有可以派得出去寻找千里马的人吗？”

伯乐说：“一匹好马，可以从它的体形、外形和骨架上看出来。而要找天下特殊的千里马，好像没有固定的标准，没法用言语来表达。千里马奔驰起来，脚步非常轻盈，蹄子不扬起灰尘，速度非常快，一闪而过，好像看不到身影。我的儿子都是些下等的人才，他们能够说出什么是好马，却不能识别什么是千里马。我有个打柴卖菜的朋友叫九方皋，他相马的能力不在我之下。请让我把他推荐给您吧。”

穆公召见了九方皋，派他出去寻找千里马。三个月以后，九方皋回来报告说：

“已经找到了，在沙丘那个地方。”

穆公连忙问：“是什么样的马？”

九方皋回答说：“是黄色的母马。”

派人去把马牵来，却是黑色的公马。穆公很不高兴，把伯乐叫来说：“糟糕透了！你推荐的找马的人，连马的颜色和雌雄都搞不清楚，又怎么能识别天下的千里马呢？”

伯乐感慨地赞叹说：“九方皋的相马之术竟达到了这种地步，这正是他之所以比我高明千万倍的原因呀。九方皋所看到的，那正是天机啊！他注重观察的是精神，而忽略了它的表象；注意它内在的品质，而忽视了它的颜色和雌雄；只看见了他所需要看的而忽视了他所不必要看的；只观察到他所需要观察的而忽视了他所不必要观察的。像他这样相出的马，才是比一般的好马更珍贵的千里马啊！”

马牵来了，果然是天下少有的千里马。

毛色、性别并不是千里马跟普通马的本质区别。光凭这些找不到千里马。这则寓言故事告诉我们，看事情不能光注意表面的东西，只有深入把握事物的本质特点，才能作出准确的判断。有时候，为了集中精力探索事物的本质特点，可以忽略某些非本质的方面，但并不是说非本质的特点就可以完全不管不顾。这就如同选择人才一样。

万事不可勉强

【原文】

人情之所不愿，我力之所不能者，皆不可勉强。若委曲成之，久后必悔。

治敦①大体，不尚苛细。政务平易，不贵苟难。

【注释】

①敦：治理。

【译文】

有违人情愿望，并且是自己力所不能及的事，都不可勉强从事。如果勉强去做，即使委曲求全做成了，事过之后也必然会后悔。

治理国家或是地方，重在大政方针的制定，不必在细枝末节方面苛求。办理政务，以平和简易之事为本，不可潦草塞责，更不能细碎繁杂。

史鉴新得

清康熙五十九年(1720年),太湖英才鲁之裕中举后,被选派到河南省督抚田文镜幕下为官。

一日,鲁之裕被督抚田文镜召去,命令他去中牟县摘去县令李某的县印,并委任他代理县令,原因是有人弹劾中牟县令李某贪污国库银两,数额巨大。

鲁之裕获得了升迁的机会,自然高兴万分。但他也是一个非常细心的人,他知道中牟县令李某在京城求名十多年,为人正派,有一定的声望,现任中牟县令仅数月,就被参劾,此事定有蹊跷,他决心详细考察再做处理。

鲁之裕微服来到中牟县,路上不断有人向他打听:“请问先生,您是否知道开封有一个鲁大人要来中牟代理县令?”

鲁之裕问他们为何要打听这件事,他们纷纷作答,有的说:“我们的李县令是一个好县令,为老百姓办事桩桩件件都实在,老百姓信得过,不知是哪个黑了心的,偏偏要冤枉他。”

有的说:“李县令真是太可惜了,姓鲁的人怎么好意思去夺人家的官位呢?”

有的说:“唉!这是田文镜田督抚的命令,纵然有十个鲁大人知道这是错事,也不得不去接替李大人哟!”

鲁之裕十分敬佩百姓们对国事的关心,但是此刻无法表白自己的心境,只得说:“李县令既是好人,好人终有好报啊!”

到了中牟县衙,李县令很礼貌而又无奈地对鲁之裕说:“鲁大人,我等您来摘印好久了啊!请大人尽快安排受印事宜吧。”

鲁之裕察其言行,视其穿着,发现李县令温文尔雅,不减当年君子气度,完全不像豪纵贪利之辈,难怪老百姓无不对他称颂。

他直接问李县令:“李大人,你上任时间并不长,为何出现库银亏缺许多之事?”

李县令回复说:“我自己游学十年才得到县令官职,为了迎接在家受罪多年的老母到任所同住,以尽孝道,我就借了些银两以资盘缠,但这些银两是用我的年俸做抵押的。想不到这些事竟遭他人诽谤,以至……”

听了李县令的话,鲁之裕对他更加钦佩,他没有摘取他的官印,就回去了。

田文镜见鲁之裕去而复返,并未任职,生气地问:“官印何在?”

鲁之裕回答说并未摘李某之印。

田文镜拍案大怒,斥责说:“你真是有负本督期望。”

这时，鲁之裕摘掉帽子，趋前几步，大声说道："之裕本是寒士，现能谋到一个县令职位，恨不能马上赴任，但我没想到李县令在百姓中威望这么高，所谓府库亏空，只是李县令预支俸银作为迎接老母的车资，因大人不知实情，我不敢不以真情相告，我更不敢辜负大人爱才之心。据百姓所言，李县令强我十倍，我鲁之裕再想做官，也不能摘取李县令这颗官印。"说罢，鲁之裕转身下堂。

在田文镜面前，下属官吏从来无人敢如此顶撞过他。衙内上下，都为他捏了一把汗。但出人意料，听罢鲁之裕一番慷慨陈词，田文镜一反常态，竟当场摘下自己的官帽戴在鲁之裕的头上，感谢地说："没有你，我几乎要把李县令这样的好官罢免了，那就铸成大错了，所幸的是我没有看错你，你也没辜负我的期望。"

李县令终于没有被免职，中牟百姓拍手称快，鲁之裕也由此名满天下。

可见，做人，宜注重人情世故。做官，应当重视民情、民意。

扬善惩恶，公正爱民

【原文】

善人要奖劝①之，恶人先戒谕之，不改，则惩儆②之。元恶则剪除之。戒休董威，道贵并行，若一味姑容，养奸流毒，亦不是诚心爱民。

【注释】

①劝：勉励，奖励。

②惩儆：惩罚，以儆效尤。

【译文】

对善良正直的人，要奖赏鼓励。对凶恶败坏的人，先劝告教育，如果不改正，就惩罚警戒他。对于首恶元凶，就坚决剪除他。劝告教育宜柔，监督惩戒宜猛，治理之道贵在刚柔并施。如果一味姑息容忍，必定养奸遗患，致使恶行流传散布，毒害人民，也就没有真诚爱民的忠心。

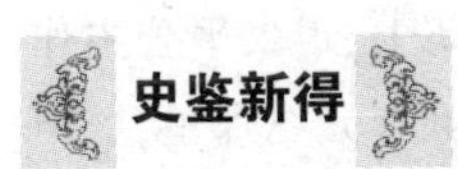

对坏人的纵容，就是对好人的残忍。对坏事的姑息，就是对善行的戕害。恶行如果得不到惩治，德义就无从树立。

太平公主是唐高宗和武则天的亲生女儿，她从小养成了专横跋扈、唯我独尊的脾气。满朝文武没有一个不惧怕她，碰到她就像碰到老虎一般。想不到有一个名叫李元纮的小官，竟不买她的账，敢于摸老虎的屁股，敢于跟她进行针锋相对的斗争。

唐高宗在位时，李元纮被派到雍州当管理审制的地方官。雍州离京都长安很近。有一次，太平公主来一座寺院烧香，由住持老和尚引路，在寺院里转了一圈。她在寺院的厨房里看到一盘大石磨，不仅结实平整，而且磨边刻着精美的花纹，十分惹人喜爱,便回头对老和尚说:“我家里正缺一盘石磨。我看这石磨挺不错的,让我把它带走,就当作你们寺院孝敬我的礼物好了!”

说完,也不等老和尚同意,就吩咐随从们把石磨往马车上搬。老和尚暗暗叫苦,但又不敢得罪太平公主,只好赔着笑脸说:“这盘石磨能被公主看中,也是我们寺院的福气。不过,不过……”

“不过什么?”太平公主有点气恼了。

“不过我们寺院有一百来个和尚,平日全靠这盘石磨磨米磨面。没有了它,可就麻烦了。何况它还是本寺几百年前传下来的。请公主行个方便,将它留下来吧!”老和尚壮了壮胆,无奈地说。

太平公主根本不理睬老和尚的唠叨,她把脸一放,回头气势汹汹地朝随从们喝道:“别理这老家伙,给我快搬!”

说完,头也不回,大摇大摆地出了寺院。

老和尚眼睁睁地看着太平公主的随从们把石磨运走,却又毫无办法。他听说李元纮是个不畏权势的官员,平日办理案子十分公正,老百姓遇到冤枉的事儿,都愿去找他,于是跑到雍州衙门告了一状。

李元纮听了老和尚的诉说,便叫他写了一张状子,并且派人去做了调查,结果证实这盘石磨确实是寺院的财产,便不管太平公主的权势有多大,立刻毫不犹豫地将石磨判还给了寺院。

判决是判决了,判决书也写出来了,但执行起来就不是那么回事了。太平公主连当皇帝的老子也不放在眼里,谁敢闯进她的府里,去把石磨搬回来还给寺院呢?

李元纮正在为处理这件事感到为难,消息早已传到他的上司窦怀贞的耳里。窦怀贞是个胆小怕事的人,得知李元纮的做法后,简直吓得魂不附体。他知道太平公主平日经常非法霸占老百姓的田地财产,可谁能管得了呢?现在自己的下属李元纮却吃了豹子胆,竟然为了小小一盘石磨,敢在太岁爷头上动土,跟太平公主作对。一旦上面怪罪下来,谁能担当得起呀?于是他三脚两步跑到李元纮那里,厉声责备说:“你怎么这样糊涂,竟把石磨判还给寺院!太平公主是好惹的吗?你不要命,我可还想多活几年哩!”

听了窦怀贞的话,李元纮就像一尊石像,一声不响地坐着。窦怀贞摸不清他的底细,只好自己出马。他几步跨到案桌边,从几案上拿起毛笔,递给李元纮说:“快,快,趁早把判决书给我改过来!”

李元纮接过毛笔,在判决书上写下了几个刚劲有力的大字。窦怀贞还以为他听了自己的劝告,认识到鸡蛋到底碰不过石头,已经回心转意,把判决书改过来了。他兴冲冲地拿过判决书,瞪大眼睛一看,不禁傻了眼。原来映入他眼帘的,竟是下面八个醒目的大字：南山可移，判不可摇。

“你……你……”窦怀贞气急败坏地一下子说不出话来，他把袖子一甩，只好灰溜溜地走了。

太平公主知道李元纮将石磨判给了寺院后，气了个半死。她当然不肯善罢甘休，不仅不愿退还石磨，还想置李元纮于死地。但有人劝告她说，李元纮这个人，一贯公正廉明，没有岔子可找，而且又是个倔强的人，即使砍了他的头，他也不会屈服的。如果真的杀了他，恐怕会激怒老百姓。最后，太平公主还是认了输，派人悄悄地把石磨送回到了寺院里。

听断需公正廉明

【原文】

断狱凭理。理之所穷，情以通之。贾明叙曰：人情所在，法亦在焉。谓律设大法，礼顺人情，非洵情也。洵情即坏法矣。听断总要公正，著不得一毫意见。为两造设身处地，出言方平允能折服人。尤戒动怒，盛怒之下，剖断未免偏枯，刑罚不无过当，后虽悔之，而民已受其毒矣。昔人云：上官清而刻，百姓生路绝矣。古今清吏，子孙或多不振，正坐刻耳！此言可为矫枉过中之鉴。总之，凡事留一分余地，便是积阴德于子孙也。

【译文】

判断讼狱依凭事理、法律。事理律令所没有涉及的方面，以人情道义为准则。贾明叙说：人情所在的地方，也是法律所在的地方。这也是古语所说：法律确立的是大的规范，礼义顺应人的情感，这并不是讲私情——讲私情就败坏法律了。听讼断案，关键是要公正，容不得一丝一毫的主观性。要从原告、被告的角度设身处地着想，那么说出来的话才公正，才能使人折服。尤其要警戒动辄愤怒的情绪，处在愤怒的心态状况下，分析判断难免偏颇，刑罚也会有失当的地方，后来虽然后悔这样做，但老百姓已经遭受毒害了。古人说过：官员只为了自己清正的政声而刻薄地听讼断案，那么老百姓的生路也就被断绝了。古往今来的清正官吏，他们的子孙后代大多没有什么作为，正是因为只知一味刻薄地执行法令而轻忽情理、少施恩义的缘故啊！这种议论，可以作为矫枉过正者的借鉴。总之，任何事情留一分余地，便是为子孙后代积一分阴德。

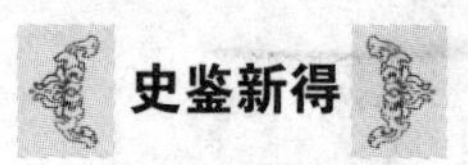

史鉴新得

隋文帝晚年倾向于严刑酷法，经常不按法令规定随意处置大臣。当时的大理少卿赵绰敢于依法力争，不惧当时至高无上的天子，传为一时佳话。

赵绰办案，一切依法办事，不徇私情，不计个人恩怨，是个耿介的执法者。隋文帝统一全国后，下令禁止使用不合标准的钱币。有一次，大兴大街上有人拿次币换好币，被人发现了，捉到衙门里。这件事让隋文帝知道了，隋文帝就下令把换钱的两个人统统砍头。

赵绰接到命令，赶忙进宫求见隋文帝。他对隋文帝说："这两个人犯了禁令，按刑律只应该打板子，不应该被处死。"

隋文帝不耐烦地说："这是我下的命令，让你杀你就杀。"

赵绰说："陛下不嫌我愚笨，让我掌管刑律。现在遇到不依刑律乱杀人的情况，怎么能说与我没关系呢？"

隋文帝气冲冲地说："你想撼动大树吗？撼不动你就应知趣地走开。"

赵绰说："我只是想劝说陛下改变主意，这怎能和撼动大树相提并论呢？"

隋文帝又说："你想触犯天子的威严吗？"

赵绰不管隋文帝怎样威吓，还是坚持自己的意见。最后，隋文帝没法，只好按照赵绰的意见，取消了杀人的命令。

又有一次，官员辛亶被人告发搞不法的迷信活动。隋文帝下令将辛亶处死。

赵绰上朝对隋文帝说："辛亶没有死罪，我不能接受这个命令。"

隋文帝气得浑身发抖，说："你想救辛亶，就没有你自己的命。"说着，喝令左右侍从把赵绰拉下殿去。

赵绰面不改色，说："陛下可以杀我，但是不该杀辛亶。"

左右侍从真的把赵绰拉下朝堂，剥了他的官服，摘掉他的官帽，准备处斩。这时候，隋文帝也想到杀赵绰太没道理，就派人跟赵绰说："你还有什么话说？"

赵绰跪在地上，挺直了腰说："臣一心执法，不敢因怕死而不敢争。"

隋文帝被赵绰气得拂衣进入后宫，过了很久才把赵绰放了。第二天，隋文帝气消了，想想赵绰的做法，毕竟是有利于他的统治的，就亲自去向赵绰谢罪，并派人慰问了赵绰。

在大理官署里，有一个官员名叫来旷，听说隋文帝对赵绰不满意，想迎合隋文帝，就背着赵绰给隋文帝上了一道奏章，认为大理衙门执法太宽。隋文帝看了奏章，认为来旷说得很中肯，就提升了他的官职。来旷自以为受到皇帝的赏识，就昧

着良心，诬告赵绰徇私舞弊，把不该赦免的犯人放了。

隋文帝发现嫌赵绰办事不顺他的心，但是对来旷的奏报，却有点怀疑。他就派亲信官员去调查，发现根本没有这回事。隋文帝弄清真相，勃然大怒，立刻下命令查办来旷，并且要求将他处死。

隋文帝把这个案子交给赵绰办，认为这一回来旷诬告的是赵绰自己，赵绰不会不同意。哪儿知道赵绰还是说："来旷有罪，但是不该判斩。"

隋文帝很不高兴，袖子一甩，就退朝往内宫去了。

赵绰在后面大声嚷着说："来旷的事臣就不说了。不过臣还有别的要紧事，请求面奏。"

隋文帝信以为真，就答应让赵绰进内宫。

隋文帝问赵绰有什么事。赵绰说："我有三条大罪，请陛下发落。第一，臣身为大理少卿，领导无方，没有把下面的官吏管好，使来旷触犯刑律；第二，来旷虽然犯罪，但不该处死，臣不能以死劝谏皇上杀来旷；第三，臣请求进宫，本来没有什么要紧的事，但却诈称有事启奏，欺骗了陛下。"

隋文帝听到最后几句话，禁不住哑然失笑。对于赵绰的正直，隋文帝不但没有惩罚他，还命令左右赐给赵绰两杯酒。并同意赦免来旷死刑，改判革职流放。

赵绰依法断案，不畏权势，甚至于舍身护法，坚决地维护法律的尊严，为后世执法者所景仰。

存心爱物必济人

【原文】

程子曰："一介之士，苟存心于爱物，于人必有所济。"身居民上，操得为之权，必须做有益生民之事。立德立功，皆在于此，若簿书无误，听讼狱人，皆余事也。

【译文】

程子说："一个读书人，如果对事物存有爱心，对人必然有所助益。"身居老百姓之上，操持生杀大权的人，必须做有益于百姓的事。建立德行树立功业，都在这一点上。如果公文记载没有失误，听讼断狱能够做到顺乎情理，如同身受，那么其余的事情就都是小事情了。

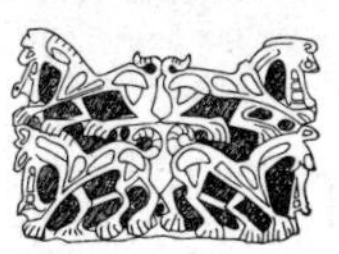

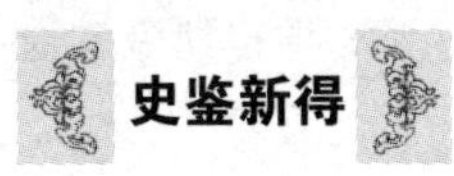

史鉴新得

程颢，字伯淳，人称明道先生，原籍河南府，生于湖北黄陂县。宋代大儒，理学家，教育家。

嘉祐二年(1057年),25岁的程颢考中进士,调任鄠县主簿。后又改任江宁府上元县主簿。上任后他深入乡村调查研究,从当地实际情况出发,做了许多有益民众的实事与好事。“盛夏塘堤大决,计非千夫不可塞。”这样大的水利工程,需要调动如此众多的民众,但身为县令并没有这个权力,必须按照职权和程序上报江宁知府,然后由江宁知府禀报漕司,漕司再“计功调役,非月余不能兴作”。程颢却说:“比如是,苗稿久矣,民将何食?救民获罪,所不辞也。”

盛夏汛期,对为官者是一个严峻的考验。面对洪水灾害,是束手等待,还是积极应对?如果只办理公文的无谓往返,虽也尽了责任,但是一旦灾变突至,无异于见死不救,或者简直就是“率兽而食人”。于是程颢当机立断,“遂发民塞之”,水灾被征服,“岁则大熟”。当时有人为程颢这种举动的后果担心,同时也为程颢的前途忧虑。但是,程颢仍然义无反顾地作出了“救民获罪,所不辞也”的正义选择。

要害部门要择人而用

【原文】

衙署要关防,又要得知大体,盖择人而用,必无妄为。若但刻意防范如束薪者,处处亿逆①,皆可疑矣。而究之玩②法作奸,防之不及防也。

开国承家,主持虽在一人,辅翼必资多士。居官亦然:有志上进而署中亲友各顾其私,不能一心并力赞襄公事,便不是好光景。

【注释】

①亿逆:逆料,测度。
②玩:玩弄之意。

【译文】

衙门官署要防备,又要识大体,顾大局,就要选择合适的人任用,这样就一定不会胡作非为。如果只是刻意去防范,就像捆扎柴木一样让其不得施展,到处去猜测别人,觉得人人都值得怀疑。而那些玩弄法律作奸犯科的人就将无从追究,也就真是防不胜防了。

开创国基,承继家业,主事虽只有一人,但辅佐羽翼必然借助于许多贤明能干的人才。做官也是这样:做官者决心要做出一番事业,但官署中的亲信朋友各顾自己的私利,钩心斗角,相互倾轧,不能同心协力支持帮助做官者处理公事,便不是好景象。

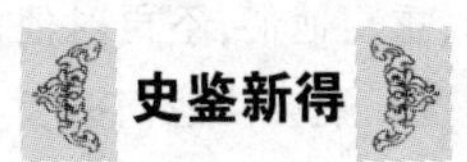

史鉴新得

择人任事,是十分重要的。尤其作为领导者要知人善任,这点在选拔人才时,是不可不注意的大问题。

宋朝时,北部边境长期不安定,对于将领的任用十分重要。曹玮在边关镇守时间很久,多次请求朝廷派人接替。宋真宗询问宰相王旦谁能胜任。王旦推荐李及。但是大臣中很多人认为李及谨慎忠厚,不是防守边塞的人才。韩仪将这些疑虑告诉王旦,王旦却沉默不语,也不改变决心。

李及到任后,边关的将士很轻视他。

这时发生了一件事:有一个士兵在市场上抢夺妇人的银钗,被捕捉关押起来。此事被报告给了李及,以请示如何处理。当时李及正在看书,就命令立即将其带来审问,士兵供认服罪,李及下令立即处死。于是官吏非常畏服。

这件事很快就传到京城。韩仪来告诉王旦这件事,深服王旦有知人之明。王旦却说:"士卒做强盗,主将制裁,这是一件很平常的事,并不值得赞扬,我之所以推荐并任用李及,是出于边塞的情势考虑。曹玮治理秦州,通过七年的经营,羌人畏惧远服,所制定的治理措施符合实际又卓有成效。如果任命别人去接替,新上任者必定会自以为高明,轻易地改变既定的方略,而抹杀了曹玮的政绩,又会轮回到边境不安的状况。任用李及正是因为他的敦厚朴实,所以他必定能够谨守曹玮的规矩,而稳定政局。"韩仪听后,更加叹服王旦的远见。

《淮南子》说:"有大略者不可责以捷巧,有小智者不可任以大功。"由此可见,善任,必先知人;知人,才能善任;不能知人,也就无从善任;而能不能做到知人,也就显出当政者的个人水准。金无足赤,人无完人。所以,在考察人才的时候,不能拘泥于琐碎的小节而忽视了人的主要品质和才干,也不能没有主见,偏听左右之人的言论。

臧获之用尤当防范

【原文】

臧获[①]有才者多,忠良者少。用其才、尤当防其弊。若信任之专,不

【译文】

奴仆有才干的多,忠诚善良的少。可以用他们的才能,但是尤其要防止他们造成

复觉察防范，遂致揽权夺利，跋扈招摇，无所不至。及经败露，本官方以之获罪，而若辈已挟赀远扬矣。

仆隶长随，惟利是视。有过于苛细，致令不能自给。又有托宽大之名任其挥霍，不能检束者，皆失驭下之道。

【注释】

①臧获：古代对奴婢的贱称。指仆隶下人。

的弊端。如果过分相信，重用他们，不再对他们所做的事有所觉察防范，就会使他们揽权专横，跋扈招摇，什么坏事都可能做出来。等到事情败露，当官的为他们的事获罪吃官司，而他们自己却早已挟带财物远走高飞了。

奴仆长久跟随主人，只是看在利的分上。有的主人过于苛刻精细，致使他们不能自我供养；也有的主人借宽大的名义任奴仆肆意挥霍，不能检查约束他们。这两种情况都丧失了驾驭下属的原则和道理。都是不可取的。

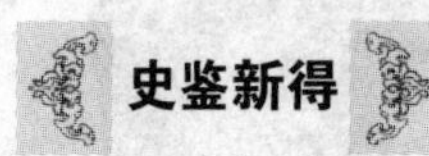

史鉴新得

太公望，即吕尚，被周天子封为齐国国君。他听说在齐地的东海上有隐居的名士叫狂矞、华士，他们兄弟二人说："吾不臣天子，不友诸侯，耕作而食之，掘井而饮之，吾无求于人也。无上之名，无君之禄，不事仕而事力。"人们都称赞他们贤明。太公望到达营丘后，命令地方官拘捕此二人并予以正法，作为首要诛除的人物以儆效尤。周公旦从鲁国听说这件事后，发出急件，通过驿传询问："夫二子，贤者也。今日飨国而杀贤者，何也？"太公望说："是昆弟二人立议曰：'吾不臣天子，不友诸侯，耕作而食之，掘井而饮之，吾无求于人也。无上之名，无君之禄，不事仕而事力。'彼不臣天子者，是望不得而臣也；不友诸侯者，是望不得而使也；耕作而食之，掘井而饮之，无求于人者，是望不得以赏罚劝禁也。且无上名，虽知，不为望用；不仰君禄，虽贤，不为望功。不仕，则不治；不任，则不忠。且先王之所以使其臣民者，非爵禄则刑罚也。今四者不足以使之，则望当谁为君乎？不服兵革而显，不亲耕耨而名，又非所以教于国也。今有马于此，如骥之状者，

天下之至良也。然而驱之不前，却之不止，左之不左，右之不右，则臧获虽贱，不托其足。臧获之所愿托其足于骥者，以骥之可以追利辟害也。今不为人用，臧获虽贱，不托其足焉。已自谓以为世之贤士，而不为主用，行极贤而不用于君，此非明主之所以臣也，亦骥之不可左右矣，是以诛之。”

用人当明示以赏

【原文】

用人当明示以赏，不可暗受其欺。盖赏则感恩而生劝，欺则揖盗而长奸也。

【译文】

用人应当明确公开奖赏，不可暗中操作而让人蒙受欺骗。奖赏会使人感恩而产生激励的效果，如果奖赏成了欺骗的筹码，就等于揖请盗贼、助长奸邪。

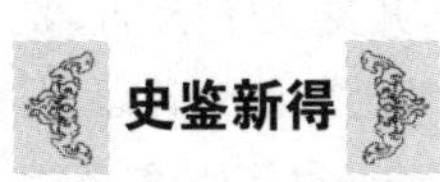

公元前356年，田齐登上了齐国国君的宝座，这就是中国历史上著名的齐威王。

在最初的几年里，齐威王将国家交给几个卿大夫治理，结果，不但国内被弄得一团糟，韩、赵、魏、鲁、卫等国也经常来进攻。齐国丧失土地，连吃败仗，国势更加衰弱。

为了使齐国富强起来，齐威王决定从整顿吏治入手。齐国东部有个城市叫即墨，他把即墨大夫召来说：“自从你治理即墨以来，日日有人说你的坏话。可是我派人去即墨视察，却发现那儿的荒野都开辟成了良田，老百姓丰衣足食，各种事务都处理得很及时，因此整个东部地区都很安宁。这说明你没有贿赂我左右的人，让他们在我面前说你的好话啊。”当场给了他一万户的封邑。齐国西部有个地方叫阿，齐威王又把阿大夫召来说：“自从你驻守阿地以来，天天有人在我面前说你的好话。可是我派人去阿地视察，却见那儿土地荒芜，百姓贫苦。赵国来进攻你属下的甄城，你却不能去救援；卫国夺取了你邻近的薛陵，你却不知道。这是因为你给了我左右的人大量的贿赂，让他们在我面前

说你的好话啊！”阿大夫见自己的罪行都被齐威王掌握了，吓得面如土色。齐威王当即喝令将阿大夫烹死了。齐威王身边那几个接受了阿大夫贿赂、帮着他说好话的人，也都遭到了严厉的惩罚。

从那以后，齐国的那些大臣都认认真真地办事，诚诚实实地做人，再也不敢文过饰非了。没过几年，齐国得到治理，国势渐趋强盛。齐威王又发兵夺回了被魏、赵、卫等国夺去的城池。这一来齐国威震天下，各诸侯国有二十多年不敢对齐国用兵。

专公务必用人得宜

【原文】

公私不并营。既有官守，便应将一切银钱、出入、饮食、家产之事俱托人料理，只要用人得宜。若必一一亲理，不但公务分心，亦且没志营神，非所以养身也。

【译文】

公事、私事不可同时经管。既然有官位职守，便应将一切银钱的收入开支、出门旅行、饮食、包括家产事务，都托付给他们照料管理，只要用人得当。如果必须自己一一过问处理，不但在办理公务时分心，而且劳心志、耗费精神，不是颐养身体的正确方法。

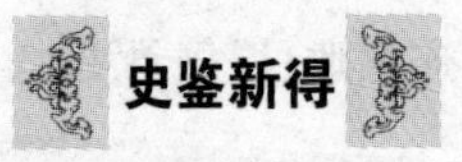

史鉴新得

春秋战国时代，各诸侯都是世袭制。唯一把君位禅让他人的是燕国的燕王哙。燕王哙是一个很有作为的人。他十分勤俭，“不安子女之乐，不听钟石之声”，亲自下田同百姓一起劳作。他还立意改革政治，招纳贤才。燕王哙的相国叫子之。他很有才干，而且善于用人。当时燕国宗族保守势力是改革的阻力，因而，燕王哙决定把君位禅让给子之，以削弱和打击贵族的势力，扶植新生力量。燕王哙把三百石俸禄以上的官吏的官印全部收回，授权子之重新任用官吏，然后禅让君位，自己为臣。子之进行了大规模改革。四年以后，燕太子平和将军市被等贵族势力起兵叛乱，子之又把太子平等人杀死。但是由于齐国出兵干涉，燕国弱不敌强，子之被杀。燕王哙也同时被杀。

子之被齐国杀死后，燕王哙的庶子燕昭王即位。面对燕国被兵火践踏的局面，燕昭王凭吊死者，探访贫孤，与百姓同甘共苦。自己节衣缩食，却用重金招募人才。他同谋臣郭隗商量，怎样才能为燕国复兴招致贤才。他说：“齐国趁我们的内乱而攻破燕国，我深知燕国国小力少，不足以报仇。然而招贤纳士与他们共商国是，以雪先王的耻辱，始终是我的愿望。先生您如果见到合适的人才，我一定亲自服侍

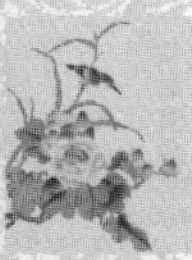

他。”郭隗说：“古时候有个君主派一个使者用千金求购千里马，找了好长时间没有买到。后来，使者在途中遇到一群人，围着一匹死去的千里马叹息，使者于是以五百金买了那死马的尸骨而还。君主大怒，使者却说：‘五百金买马骨，可以使人们知道君主是真正喜爱千里马的，这样，真正的千里马就会找上门来。’不到一年，君主果然得了三匹千里马。现在大王您打算招致人才，就请先从我郭隗开始，比我贤良的人，都会不远千里前来的。”燕昭王十分赞同郭隗的建议，于是燕昭王为郭隗翻建府第，尊他为老师，而且在易水旁边建筑了高台，堆置黄金，称为“黄金台”，用名誉和金钱招徕天下之士。很快，燕昭王好贤的名声传遍诸侯，好多贤士慕名来投，昭王都给以优厚的礼遇。一度形成了“士争凑燕”的局面。齐国著名的阴阳家邹衍、赵国著名的军事谋士剧辛等贤能志士，也纷纷应招来投，辅佐昭王励精图治，终于使燕国成为“战国七雄”之一。

居官治家须节用

【原文】

居官无婪取。但不知节用，便不免亏缺。饮食、起居与亲友共其甘苦，人自无怨。诸凡动用，尤须在大处节省，不可在小处刻减。

【译文】

做官没有横财可发，如果不知道节省费用，便不免亏空。饮食、起居与亲戚、朋友同甘共苦，自然不会有怨言。一切生活开销，尤其应当在大处节省，不可在小处计较。

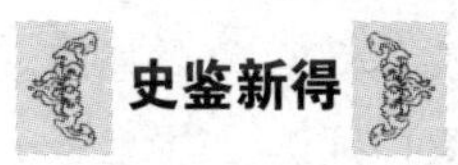

生活俭朴表面上不是经国大事，然而就是这些道德品质，才能帮助君子修身、齐家，乃至治国平天下。

朱轼不仅自家节俭，而且还提倡所有家庭都要节俭。他曾多年担任地方官，凡他所在的地方，都要去宣传弃奢崇俭。他主张“毋奢示俭，俭示礼”，并增定《札记》，刊刻《颜氏家训》等颁行于世，以供世人学习仿效。他在任浙江巡抚时，鉴于“浙俗竞为浮靡，民朝不计夕，弊甚”，乃制定民间婚丧用度之仪式，并规定“里党宾蜡宴会止五簋”，令民间遵行，“久之，浙民便之，郡邑长望风自饬”。后浙人呼为“朱公席”，表示对他的赞赏。朱轼在提倡节俭治家的同时，还注意言传身教。有一次，朱轼去集市，看到一位妇人衣着华丽，便问她丈夫是何人。妇人告知是卖菜的。朱轼听罢，深感民间追求奢靡之习俗必须改变。为了教育这位妇人，他便请她一起回府。到了巡抚衙门，妇人方知此人乃巡抚大人。

朱轼带她到了厨房，并让她猜哪一位是巡抚夫人。当时，朱轼的夫人正在厨房与女奴一起干杂活。妇人看了好久也无法辨认。后来，朱轼指着其中的一位说："此炊者，夫人也。"并让她陪夫人一起吃午饭。午饭时，妇人见"馔惟蔬菜"，甚为感动。

午饭后，朱轼没再说什么，便请妇人离开回家。那位妇人离开后，深感惭愧。自此以后这位妇人改装从俭，并广为宣传巡抚大人家之节俭。自朱轼任浙江巡抚，大力提倡节俭治家后，浙俗一变。

后人所以称赞朱轼，不仅仅在于他既能自家节俭，又能提倡节俭，更重要的是，他提倡节俭治家，能够从大处着眼，时刻联系到国家的兴衰。这的确是难能可贵的，正如为朱轼撰写墓志铭的张廷玉所言："忠诚谋国，无愧于古大臣之谊。"

上下级要情意相通

【原文】

上下司，势分统属，亦要情意流通。有地方公事，不妨面禀。盖文移往复，未能完结者，得一指陈晓畅，案可立定。且时常见面，谗慝①不生，而才品可观，亦在上游睹记中矣。

【注释】

①谗慝(tè)：谗言，诽谤。

【译文】

上下级官员，除了按照职务权限及隶属系统建立联系外，也要经常交流意见、联络感情。遇到地方上的公事，不妨登门拜访，当面汇报。总之，那些公文往来未能按时完结的，只要得到一个指点、一番剖析，就可以马上明白晓畅，立刻定案。况且时常见面，谗言就不容易产生，而品德、才能又容易及时被领导了解。同时，在上司的记忆中也会留下较深刻的印象。

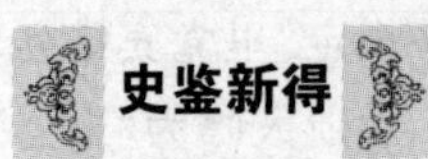

史鉴新得

据史料记载：魏徵为唐太宗的江山社稷立下了汗马功劳。魏徵每次向皇上进谏可谓是斟酌再三，但时常在他进谏后，唐太宗就出去散步。身边太监和大臣常问："皇上，怎么常看到魏大臣进谏后，你就出去散步呢？"唐太宗直言道："我怕我杀了他。"原来魏徵过去跟随李世民的哥哥,唐太宗十分爱才,也十分包容,所以唐太宗把自己的哥哥杀死以后,还肯继续启用魏徵。而魏徵为了报答知遇之恩,鞠躬尽瘁为皇上效劳。但魏徵不是每次进谏都能让皇上愉悦的,忠言逆耳的进谏时有发生。李世民也知道他讲的是对的,只好出去散步,以便冷静大脑,理顺思路,缓冲气氛,理智地处理国事。"因为李世民心中装着一个国家!"唐太宗李世民曾问魏徵:"人怎样才不受骗?"徵曰:"兼听则明,偏听则暗。"唐太宗深以为然。

在君臣合作的十七年中,魏徵提了几百条意见,唐太宗基本上都采纳了,李世民之所以成为大唐盛世君主,唐朝之所以成为中国历史上屈指可数的鼎盛时期,不仅是由于李世民爱才、惜才、容纳百川之胸襟,更是由于他在沟通能力上的"超一流"水平。历史上进谏的经典案例也还有很多,如邹忌讽齐王进谏,齐王接受了谏言,发布政令,广开言路,悬赏进谏,使国家昌盛。

知进亦知退

【原文】

居官念念在想进步,刻刻要防退步。知进而不知退,亢之所以有悔也。

官者身外之物,荣枯有定,原不能委曲求全。只要行其心之所安,处以理之应得,成败利钝,岂能逆睹?若畏首畏尾,无一事可为矣。

【译文】

做官之人,时时刻刻在想着要晋升,更要早早考虑退路。只是一味地谋虑进取的途径,而不预筹被动时的退路,必然会招致罪悔,这就是亢龙有悔的原因啊。

官职名位本是身外之物,荣盛枯衰有一定的规律,原本就不可勉强迁就以求达到十全十美。只要自己做得问心无愧,处事合乎情理,成败利弊,哪里能够事先预知呢?如果怕这怕那、畏缩不前,那就什么事也办不成。

史鉴新得

衙门是固定的，官员则如大江的流水，不进则退，没有选择的余地，民以官为天，官以民为衣食父母。为官者，光视“群众利益大于天”不行，还须“洞察先机知进退”“鞠躬尽瘁永向前”。

吴越争霸时，越王勾践卧薪尝胆，励志奋发，依靠谋士范蠡和大夫文种的辅佐，最终战胜吴王夫差，取得了霸主的地位。在欢庆胜利，分享胜利果实的时候，范蠡对文种说：“古语云，‘飞鸟尽，良弓藏。狡兔死，走狗烹。敌国灭，谋臣亡。’我观越王相貌，狼眼鹰鼻，只可共患难，不可同富贵，不如辞官远祸。”但文种不想放弃眼前的富贵，范蠡在苦劝之下仍不能使他放弃。于是，范蠡同西施乘一条小船离去，后游齐国，改称陶朱公，经商致富。而文种因为贪恋高官厚禄，不听朋友忠言，结果越王勾践送给他一把剑，并说：“你当初给我出了九条对付吴国的策略，我只用了三条便打败了吴国，剩下六条在你那里，你用这六条去地下为寡人的先王打败吴国的先王吧！”文种被逼无奈，遂自杀。

所谓狡兔三窟，古代知识分子往往受儒道两家思想的影响，进则兼济天下，实现抱负；退则独善其身，息影林泉。故为官之道，又往往是进时便思退，在巅峰时更注重急流勇退，以保全功名。如果不注意节制自己，一味思进，锋芒太露，鹤立鸡群，必然会引起别人的嫉妒，引起上司的猜忌，迟早会步文种、韩信的后尘，难免蒙冤受辱。

靠才干晋升

【原文】

官运兴隆，必有气机先见。如果廉干任事，又和以与人，诚以服物，上下整齐严肃，每事井

【译文】

官运兴隆，必然会有征兆先显示出来。如果办事廉洁能干，又待人和气，以诚心使别人折服，在处理与上下级的关系上得当，规范严肃，对于

然有条理，即此气象，便识荣昌未艾也。

每件事都能够作出妥当的处理，应付自如，井然有序，从这种景象上，便知道此人仕途的兴隆昌盛刚刚开始、远远没有结束。

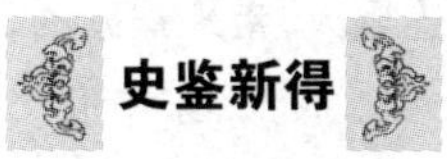

靖康元年，高世史在京兆任樊川县令，当时金兵攻打汴京，他随各地勤王军队同往，有勇有谋。南宋高宗即位以后，经略使唐某又派他前往南京救驾，他走到巩县，正逢溃兵蜂拥而至，一路抢掠，十分混乱。一次，高世史和仆从住在旅舍中，天黑时，突然有一大群溃兵围住了他。正在危急时刻，忽然有一名士兵猛然推开众人走上前来，一手按剑，双目瞪视了很久，说："你不是前任樊川县令高君吗？"高世史点头。士兵惊慌地说："我们都是樊川人，从前靠你的恩养长大，才有今日。"回身申斥溃兵，溃兵们都放下了剑，说："原来是县父母！"互相告诫不要伤害高世史。溃兵退后，不久又送来酒食请他享用。第二天天亮，又选派了几百名士兵护送他出境。

后来高世史出任衡州知州，倾心爱民，视民如子。他去世后，老百姓专门为他修建了祠堂祭奠他，历久不绝。高世史有九个儿子、九个孙子，都高居官位，受人崇敬。这是与他们勤政爱民的行动分不开的。

勿扯他人于诉讼中

【原文】

谚云："衙门六扇开，有理无钱莫进来。"非谓官之必贪，吏之必墨也，一词准理[①]，差役到家，则有馈赠之资，探信入城，则有舟车之费，及示审[②]有期，而讼师词证以及关切之亲朋，相率而前，无不取给于具呈[③]之人，或审期更换，则费将重出，其他差房陋规，名目不一，谚云："在山靠山，在水靠水"。有官法之所不能禁者，索诈之赃，又无论

【译文】

俗语说："衙门六扇门，有理无钱莫进来。"其实并非是说当官的人就一定贪婪，当小吏的就都黑心肠昧良心。实际上，一张诉讼状子获准审理后，衙门中的差役就要到投状人家里去通知，这家人就得请他吃饭喝酒，临走还得送点礼物给他。探听消息的人进城后，自有人代付车船差旅之费。等到审讯的日期一公布，专为人打官司的讼师，作证的证人，以及关心这个案件的亲朋好友，相互邀约到庭。这些人的开销花费，都要由投诉案件的那个人承担。有时候，审理案件的时间改变了，钱还得重花。除此之外，衙门中其他差房，各种巧立名目的不合理规定，名称不一。俗话说："在山靠山，在水靠水。"有些事情是官府中法

已。余尝谓作幕者，于斩绞流遣重罪，无不加意检点。其累人造孽多在词讼，如乡民有田十亩，夫耕妇织，可给数口，一讼之累，费钱三千文，便须假子钱④以济，不二年，必至卖田。卖一亩则少一亩之入。辗转借售，不七八年，而无以为生，其贫在七八年之后，而致贫之故，实在准词之初，故事非急切，宜批示开导，不宜传讯差提。人非紧要，宜随时省释，不宜信手牵连，被告多人，何妨摘唤干证。分列自可摘芟⑤。少唤一人，即少累一人。谚云："堂上一点朱，民间千滴血。"下笔时多费一刻之心，涉讼者已受无穷之惠云。故幕中之存心，以省事为上。

【注释】

①准理：即审理案子。
②示审：公开审理。
③具呈：提供诉讼材料。
④假子钱：借贷别人的钱。
⑤摘芟(shān)：选取、删除。

律不能禁绝的。至于勒索诈骗所得的赃物，就更不用说了。我曾经对当幕僚的那些人说过，对于判处斩首、绞刑、流放等重罪案件，一定要特别细致地予以检查。其中最容易连累人，带来祸孽的，多半是民事官司。比如有个乡下农民，家中有十亩田。男人种田，女人织布，所获收入可以养活好几口人。如果牵连进一场官司，就要耗费三千文钱，于是就只能借高利贷来作为官司费用，如此一来，要不了两年，就会卖田偿债；卖一亩田就少一亩田的收入。生活就更困难，就需再借债，再卖田偿债。如此不出七八年时间，就再也无法生活下去了；虽然家道败落，贫穷的日子在七八年之后才会出现，但是导致穷的祸根，实际上是在获准诉讼打官司的时候，就已经埋下了。所以对官府来说，如果不是十分急切的案件，只需批示和开导，不宜轻易派差役提人传讯。不是主要的涉讼人员，应及时释放，不宜随意牵连进来。被告中涉及多人，不妨有选择地进行传唤，相关的证据应分类取证，自然可以选择和删除。少传讯一个人，就少牵累一个人。谚语说："堂上一点朱，民间千滴血。"审定案件，下笔定夺之前多花一时半刻的心思，牵涉到这个案件的人就已经受到了无穷的恩惠。因此做幕僚的人，必须加以留心的事情，就是把减省事务作为上上之策。

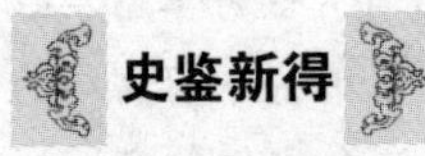

史鉴新得

明庆隆年间，进士张淳任永康知县。当时永康世风颓败，猾吏、刁民不可胜数，官府还积压了很多案件，在短短几年时间里，就罢黜了七任县令。张淳了解到这种情况后，并没有畏缩不前，反而暗下决心要治理好此地。他日夜审阅案卷，不敢稍加懈怠，并且料事如神，断案非常流畅迅捷。常常只用一顿饭的工夫，就可以

准确地断清案情，因而人们称他为“张一包”，意即称颂他像包拯一样断案神速。

永康出过一件盗劫库金的大案，据说是巨盗卢十八所为，但卢十八生性狡黠，十多年都没有能将他捕获。御史对张淳的办案能力十分佩服，便责令他破获此案。张淳爽快地接下了这一案件，并给自己限期两个月将罪犯抓获，并请御史亲自监督、过问此案。御史索性依计而行，时常派人催问此事，故意提醒他期限将近。

张淳开始办案后，显得不慌不忙，似乎并不急于缉拿盗贼，而是像往常一样料理公事。当御史每次差人来问时，他都有意露出尴尬之色，还在众人面前笑着说：“盗贼逃跑很久了，一时之间怎么能抓得到，慢慢来，不要着急。”其实，他是采用“障眼法”，借此来迷惑盗贼。他想：如果自己兴师动众地四处搜剿，盗贼一定会隐藏不出，可能还会逃到外地，何不施用缓兵之计，引蛇出洞呢？因此，他采取内紧外松的策略，暗中派出得力的捕快，多方查找盗贼的下落。

一天，有人探知县衙中一位小吏的妻子长期与卢十八私通，小吏却因惧怕卢十八，不情愿地做了他的耳目，定期去通风报信。张淳听后心中暗喜，便装成一副郁郁寡欢的样子，放出话来说：“我已黔驴技穷，破不了这桩大案，过几日就要向御史大人谢罪，辞去知县之职。”然后又故意让奴仆打点行装，似乎真的要离任了。

这位小吏果真将张淳的话转告给卢十八，卢十八长长地松了一口气，觉得可以高枕无忧，继续逍遥法外了。张淳见此计得逞，便开始实施下一步计划。他当机立断，以其他罪名将小吏拘禁，然后亲自去审问。他先是恐吓小吏因通盗将被处死，转而又假装好心地教他保全之计：让妻子代他在狱中服刑，而自己出去设法筹钱来赎罪。小吏为了活命，只好转告妻子照此办理。

小吏的妻子不知如何是好，只好捎信给卢十八。求他务必来见上一面。卢十八情急之中，也来不及细加考虑，就急如星火地赶来探视，不想，张淳早已在小吏家的附近设下埋伏。正好来了个瓮中捉鳖，将其一举擒获。等御史接到张淳破获盗案的捷报时，尚不足两个月。

张淳不仅擅长断狱，整顿治安也颇有办法。

有一年，天大旱，粮食歉收，百姓吃不饱肚子，不法之徒也趁机大肆劫掠。当时，在光天化日之下，就有人胆敢出来抢劫，使地方无一宁日。张淳身为永康的父母官，对这种严重扰乱社会治安的行径十分痛恨。他制定了严厉的法令，凡是抢劫者一律处死。正在此事，有一人因抢夺了五斗米而被拘捕，罪当处死，但许多乡亲都来为他求情，希望能饶恕他。张淳刚开始不为所动，想：法纪是对事不对人的，宽恕了此人，将来又怎么治理民众呢？并且不杀一儆百，也难以将这股蔓延的抢劫之风彻底根除。但后来他从求情者的口中得知，此人的确不是惯盗劫匪，只是因家中有老母需要抚养，出于无奈，才做出这种事。张淳便动了恻隐之心。但如何才能既不违反禁令，又能救其不死呢？他终于想出了一个妥善的办法。

次日，张淳令人押来一名死囚，故意用布蒙住他的脸，当众宣布以“劫米者”的罪名执行死刑，然后将其毙死杖下。大家都以为处死的就是那位抢粮者，其实已被张淳偷梁换柱，真正的“罪犯”经责罚后得到释放，回家去照料老母去了。人们知道实情后，无不为张淳的机智和明辨是非所敬服，不法之徒也被震慑住，因惧怕严惩而不敢再逞凶。于是，很短的时间内，地方就恢复了安宁。

遇仓猝事勿张皇

【原文】

天下未有不畏官者。官示以不足畏，则民玩，至官畏民。而犷悍之民遂无忌惮矣。抗官哄堂，犯者民，而使之敢犯者，官也。事起仓猝，定之以干，尤贵定之以静，在堂勿退勿避座，庄以临之，诚以谕之，望者起敬，闻者生感，犷悍者无敢肆也。张皇则酿事矣。临民者不必猝遇其事而不可不豫①其理。所以豫之者，全在平日有亲民之功，民能相信，则虽官有小过及事遭难处，亦断断②不致有与官为难者。

【注释】

①豫：通预。预先，提前有准备。
②断断：绝对，一定。

【译文】

人们常说，天下没有不怕官的老百姓。如果当官的行为表现并不令人敬畏，那么老百姓对官就会产生轻视玩弄的心情，甚至还会造成官府畏惧老百姓的局面。而那种粗犷凶悍的刁民也会肆无忌惮地与官府对抗，在公堂上搅扰。虽说犯此罪的是老百姓，但使他们敢于犯法的却是官府本身。事情来得突然，意想不到，当然可以用果决干练的态度来平定风波，但更可贵的是以静制动。在公堂上就不要退堂躲避，镇定地坐在那里，端庄严肃地面对发生的事情，用诚心劝告他们，使他们明白事理。看见的人就会肃然起敬，听到的人自然会感到官府不可抗拒，粗犷凶悍的人也就不敢放肆。如果遇上突发事件，做官的惊慌失措，那就必然产生大的混乱。这就是当官的不一定会遇上突发事件，但不能不提前防备的道理。能够遇事不慌，关键在于平时有所准备，而且能够深入老百姓之中，有亲民的为政之风，老百姓也因此而能够完全信任并愿意支持他。因此说这样的官即使有小小的失误，或者一旦遇上麻烦事，也绝对不会有人与官府为难的。

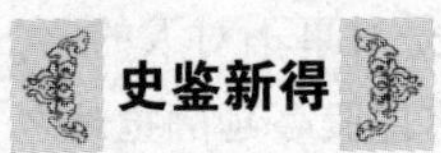

史鉴新得

绍兴十一年十一月，宋高宗和金人修定和议。这一和约给宋带来了二十年相

对安定与平和的社会环境。二十年后的绍兴三十一年五月，完颜亮即位，欲乘天下之乱，积极地准备再次入侵南宋王朝。同年五月金国以贺天申节为名派出使节，口出蛮言，竟然要求宋朝廷将淮、汉地划割给金。面对金人的无理要求，朝中围绕着与金是战还是和进行激烈的争议。

当时身为左相的陈康伯极力主张抗金，反对退避与和议。并根据宋朝的相对优势，向高宗提出了与金作战的战略措施。具体措施包括：一是增派刘锜为荆南军，兵发重流抵抗金兵；二是分画两淮之地，命令诸将组建民间团社，各保其境；三是针对刘宝部将骄卒少难以独挡淮东的情况，积极增援，加强城防；四是沿江诸郡修城积粮，以稳固内地。1160年底，汤思退罢相，陈康伯独任右相。1161年，起用正在患病的老将刘锜为江淮浙西制置使，领兵抵御。1161年九月，完颜亮准备兵分四路直取南宋。东路完颜亮率主力进攻淮南，中路进攻襄阳，西路由凤翔率领攻打大散关，另有海路则直趋临安。面对金兵的长驱直入，主战派代表陈康伯也对此做出了积极的迎战部署，提出了分兵迎战策略：派遣成闵守鄂州以守备襄汉中路；由吴璘守川陕之地以备西路之敌；李宝率兵海上迎战；刘锜为江淮浙西制置使，守两淮之地。

金军从寿州渡淮，长驱直入。刘锜领兵迎战，命副帅王权先行。王权刚进军到庐州，一听说金军到来，就连夜逃走，致使宋军不战而溃。此时正值刘锜患重病，只好退兵镇江，淮南沦陷，警报频频，京都震动，“朝中有遣家欲避者”。高宗闻讯，决计重演故伎，试图再次入海避敌。宰相陈康伯竭力劝阻，陈康伯无所畏惧，安排全家由江西入浙安家，且下令临安诸城门开闭如同往常，以此安定百姓。为了稳定高宗之心，他解衣置酒，从容不迫，共商大计，高宗看后才稍微放宽了心。最后，金军在高宗亲征和全国人民的联合抗争下，被迫撤退，完颜亮也被部将杀死。宋军收复了两淮地区。

妙用有用之才

【原文】

然其中间有勇干之才，错走路头者，亦宜随时察识，阴为籍记①，或选充练保，或收补民壮。慑②之以威，怀之以德，使其明晓礼义，就③我范围。设④遇缓急，未始不可收驱策之功。第此乃使诈使贪之妙用，非有知人之明者不能，略一失误，关门养虎矣。

【注释】

①籍记：登记在册。籍：书、书册，也指账册。

②慑：恐惧、害怕。

③就：靠近、接近、进入。

④设：假如、如果。

【译文】

在矫健与凶悍的人中，也有勇猛干练的人才，他们一时间可能走错了道路，但作为治理地方的官员，应该随时留意察访，发现他们，暗中把他们的名字记下来。这种人可以让他们充当练保，或者把他们编入乡丁。只要当官的以威势让他们感到敬畏，以高尚的品德使他们怀恩，使他们知道礼节道义，就会为我所控制，假设碰上急事，就大胆任用他们，未尝不会收到意外的功效，这就是正确使用奸诈、贪婪之人的办法。不具有用人本领的官吏，不可采用这种办法。否则，一旦出了差错，就等于关门养虎，遗患无穷。

史鉴新得

东汉末年，刘备攻打曹操失败，投奔了荆州刘表。为了日后成就大业，他留心访求人才，请荆州名士司马徽推荐。司马徽说："此地有'伏龙''凤雏'，二人得一，可安天下。"刘备多方打听，得知"伏龙"就是诸葛亮，此人隐居在襄阳城西二十里的隆中，住茅庐草棚，耕作自养，精研史书，是个杰出人才，便专程到隆中去拜访。

他前后一共去了三次。第一次去时，恰巧诸葛亮这天出去了，刘备只得失望地回去。不久，刘备又和关羽、张飞冒着大风雪第二次去请，不料诸葛亮又出外闲游去了。张飞本不愿意再来，见诸葛亮不在家，就催着要回去。刘备只得留下一封信，表达自己对诸葛亮的敬佩和请他出来帮助自己挽救国家危险局面的意思。过了一些时候，刘备吃了三天素，准备再去请诸葛亮。关羽说诸葛亮也许只是徒有一个虚名，未必有真才实学，不用去了。张飞则主张由他一个人去叫，如他不来，就用绳子把他捆来。刘备把张飞责备了一顿，又和他俩第三次登门拜访

诸葛亮。他们到时，诸葛亮正在睡觉。刘备不敢惊动他，一直站到诸葛亮自己醒来。就在这茅庐中诸葛亮和刘备共同探讨时局，分析形势，设计如何夺取政权统一天下的方略。刘备大为叹服，愿以诸葛亮为师，请他出山相助，重兴汉室。诸葛亮也深为刘备“三顾茅庐”的诚意所打动，答应了刘备的请求，自此离开隆中，一展自己的政治抱负。

此后，诸葛亮成为刘备的主要谋士，帮助刘备东联孙吴，北伐曹魏，占据荆、益两州，北向中原，建立蜀汉政权，形成与东吴、曹魏三国鼎立的局面。

上下易隔在于沟通

【原文】

或问：“何以谓之上下易隔？”曰：“理甚易明，事则不能尽言也。”为上官者，类[①]以公事为重，万不肯苛求于下。而左右给事之人，不遂其欲，辄相与百方媒孽[②]。昔吾浙有贤令，素为大吏所器。会大吏行部过境，左右诛求未厌，一切供储皆阴险为撤去。晓起灯炧，夫马一无所备，遂撄[③]大吏之怒，摭他事劾去，此隔于上之一端也。又有贤令，勤于为治，织钜[④]必亲，赏罚必信。其吏没有不得于司阍者，遇限日未必得，迟而出此其反

【译文】

有的人要问：“为什么上下级之间容易产生隔阂？”我说：“这个道理很简单，但事情却是不容易说得清楚的。”作为上级官员，大都看重公事，不会对下面的人要求太苛刻。但是，上级官员身边的办事人员，只要你没有满足他的私欲，便会聚在一起千方百计给你制造麻烦。过去我老家浙江有个好县令，一向被某个大人物器重。一次这个大人物考核官吏业绩，路过这个县令的辖区。由于这个县令没能满足左右人的某种要求，他们就把给这个大人物准备好的东西在暗中全部撤掉。这个大人物早上起来点灯一看，见一匹马都没有准备，很生气，找了件其他的事把这个县令弹劾撤职了。这就是上下级缺乏沟通的一个例

也。又不即为转禀，率令枉受逾限之谴。此隔于下之一端也。被害者，据实面陈，何尝不可立黴其弊？然若辈势同狼狈，所易之人，肆毒尤甚。安能事事渎⑤禀？频犯投鼠之忌，故帮下情终不可以上达，曰易隔也。

【注释】

①类：大抵、大致。

②媒孽：比喻挑拔是非，陷人于罪。

③撄(yīng)：碰，触犯。

④织钜：织，使纱或线交叉穿过制成的绸布等，这里言其细小。钜，通“巨”，大。

⑤渎：轻慢。

子。又有一个好县令，勤于政务，事无大小，必定亲自过问，赏罚必行。他的下级中，有一个人和管杂务的人不和。刚好遇上县令叫这个管杂的下属限期搞朱砂。这种事即使很努力，都会难于在限期内办好。恰好这个下属又有事外出了，也没有人及时告诉他，结果这个下级受到了逾期不办的斥责。这是上下级缺乏沟通的又一个例子。被陷害者如果都能把实际情况向上级当面陈述，这些弊端又怎会得不到革除呢！但设置事端的这帮人狼狈为奸，对于他们所要对付的人，心怀叵测，为害尤其深远。其实，他们怎么能把每件事都忘了向上级汇报呢？而受害的人总是投鼠忌器，这样一来，下情始终难以上达，上下级之间也就很容易产生隔阂。

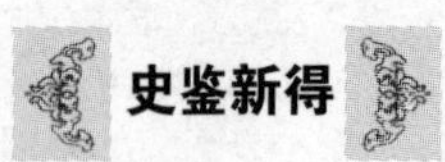

史鉴新得

战国时代，称雄的秦、楚、齐、燕、赵、韩、魏七国，争城夺地，互相杀伐，连年不断混战。那时，楚国的大诗人屈原正当青年，为楚怀王的左徒官。他见百姓受到战争灾难，十分痛心。屈原立志报国为民，劝怀王任用贤能，爱护百姓，很得怀王的信任。

那时西方的秦国最强大，时常攻击六国。因此，屈原亲自到各国去联络，要用联合的力量对付秦国。怀王十一年，屈原的六国联盟终于成功了，而怀王也成了联盟的领袖。联盟的力量，制止了强秦的扩张。屈原由此更加得到了怀王的重用，很多内政、外交大事，都由屈原做主。因而，楚国以公子子兰为首的一班贵族，对屈原非常嫉妒和忌恨，常在怀王面前说屈原的坏话。说他夺断专权，根本不把怀王放在眼里。挑拨的人多了，怀王对屈原渐渐不满起来。

秦国的间谍听到这个消息，忙把相国张仪召进宫来商量。张仪认为六国中间，齐楚两国最有力量，只要离间这两国，联盟也就散了。他愿意趁楚国内部不和的机会，亲自去拆散六国联盟。

张仪到了郢都，先来拜访屈原，说起了秦国的强大和秦楚联合对双方的好处，屈原说："楚国不能改变六国联盟的主张。"

张仪告诉子兰："有了六国联盟，怀王才信任屈原，拆散了联盟，屈原就没有什么可怕了。"子兰听了，十分高兴。楚国的贵族就和张仪连成一气。子兰又引他拜见了怀王最宠爱的王后郑袖，张仪把一双价值万金的白璧献给了郑袖。郑袖欣然表示，愿意帮助他们促成秦楚联盟。大家认为："要秦楚联合，先要拆散六国联盟；要拆散联盟，先要怀王不信任屈原。"

子兰想了一条计策：就说屈原向张仪索取贿赂，由郑袖在怀王面前透出这个风声。张仪大喜说："王后肯出力，真是秦楚两国的福分了！"张仪布置好后，就托子兰引见怀王。他劝怀王绝齐联秦，列举了很多好处。最后道："只要大王愿意，秦王已经准备了商于地方的六百里土地献给楚国。"怀王是个贪心的人，听说不费一兵一卒就能白得六百里土地。如何不喜。回到宫中，他将此事高兴地告诉了郑袖。郑袖向他道喜，可又皱起眉头："听说屈原向张仪要一双白璧未成，怕要反对这事呢！"怀王听了，半信半疑。

第二天，怀王摆下酒席，招待张仪。席间讨论起秦楚交好的可能性，屈原果然强烈反对，与子兰、靳尚进行了激烈争论。他认为："放弃了六国联盟，就给秦国以可乘之机，这是关系到楚国生死存亡的事情呵！"他痛斥张仪、子兰、靳尚，走到怀王面前大声说："大王，不能相信呀！张仪是秦国派来拆散联盟、孤立楚国的，万万相信不得……"怀王想起郑袖所说，再发现果然屈原竭力反对秦楚和好；又贪图秦国的土地，不禁怒道："难道楚国的六百里土地抵不上你一双白璧！"就叫武士把他拉出宫门。

结果，楚国彻底投入了秦的怀抱。屈原也被逐出郢都，到了汉北。

防范左右蒙骗之人

【原文】

给事左右之人，利在蒙官舞弊，最惧官之耳目四沏①。凡余所云，款接②绅士，勤见吏没，皆非左右所乐。必有多其术以相扰制者，

【译文】

当官者身边的人，主要是通过蒙骗长官、徇私舞弊而获得各种好处。因而他们最惧怕的，就是当官者的耳目能通达四野，了解一切。我所说的要热情接待当地名流缙

须将简号房③不得阻宾④，及吏没事应面禀之，故开诚宣布，示贴大堂，俾⑤人人共见共闻，并于理事时随便言谕，庶左右不敢弄权，耳目无虞⑥壅弊。

【注释】

①彻：通达；贯通。
②款接：真诚地接待。
③简号房：接待室。
④阻宾：阻拦宾客。
⑤俾：使，让。
⑥虞：忧患、担心。

绅，经常接见下级官吏，这都不是当官者左右的人所喜欢的事。他们一定会用不少办法，从中加以阻挠。应该命令门房，让他们不得以任何借口阻挡来宾；下级官吏的事应该当面禀报。应该当着大家的面宣布这些办法，并把这些条款贴在经常出入的大堂上，让每一个人都能看得到，每一个人都能听得到；并且在处理事务时随时进行宣传。如此一来，左右侍从人员就不敢随意玩弄权术，胡作非为了，而当官者自己也就不用担心被人为地蒙蔽了。

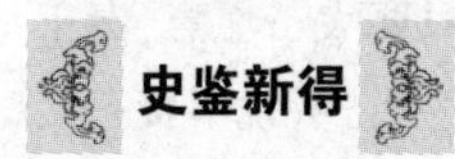

史鉴新得

春秋时期，宋国与郑国因争夺土地而打了起来。当时，宋国与晋国结盟，共同抵御楚国。楚庄王感到不安，遂约同盟国郑国出兵进攻宋国。

郑宋决战前夕，宋军统帅华元为鼓舞斗志，特地杀羊犒劳部下。大家喝着羊肉汤兴高采烈，唯独华元的车夫很不高兴，因为他没有喝到羊肉汤。

决战开始了，华元坐在自己的战车上指挥全军。在战斗进入到白热化的时候，他的战车却飞速驶往郑军最密集的地方。华元惊呼："你往哪里去？"驾驭战车的人说："畴昔之羊，子为政；今日之事，我为政。"意思是说，此前分吃羊肉，由你做主；今天驾车，可得由我做主了。车夫就这样把战车赶进了郑军的阵地。最后，华元被俘，宋军大败。

不可任亲友代笔

【原文】

署中翰墨，不能不假手亲友。至标吏办稿，签没行牌，虽公事甚忙，必须次第手治。若地处冲要，实有势难兼顾之时，不便留牍以待，则准理词状，即付值日书吏承办。应差班役，可于核稿时填定姓名。总不可任亲友因忙代笔。开夤缘①贿诡②之渐。

【注释】

①夤缘：即受缘。攀附上升。比喻拉拢关系。

②贿诡：贿赂。

【译文】

官府中的文件，不能不请亲友帮忙。至于像派遣官差办理文稿，派遣捕役抓人等一类事，即使公事很忙，也必须有条有理地亲手办理。假如所任职务是在要害位置，事务繁难急切，确实难以同时兼顾，又不便把公文留到以后处理，那么就应及时作出批示，立即交给当天处理日常公务的官吏去办理，当差的人，可以在核定稿子时将姓名填在文件上。这类事情不可因为忙而让亲友代办，以免渐渐打开那种拉拢关系谋求私利的口子。

史鉴新得

为官之人，不可事事假手他人，给下属、亲戚钻空子的机会。办理公务要事势必亲为，明察秋毫，这样才不会助长舞弊之风。

雍正六年，张廷玉被任命为吏部尚书，他刚上任，就发生了一起书吏改写公文的事。一日他正在吏部正堂处理公事，一位曹司呈上一件公文说："这份公文把'元氏县'误写成'先民县'了，应当驳回原省。"

张廷玉接过来详细地看了一会，严肃地说："这分明是书吏在原文上添了笔画，故意捣鬼，要查出来是谁做了手脚。"

曹司下去一查，果然是一个书吏添了笔画。他们这样涂改公文，欺骗上司，就可以用"驳回原省"的处理结果来要挟各省官员，从而敲诈他们。以前有好几任尚书都被他们蒙骗了。这些书吏们往往串通一气，所以他们做的手脚不易被察觉。

张廷玉严厉处分了那个书吏。事后，有人问张廷玉，是怎样识破书吏做的手脚的，张廷玉说："如把'先民'写成'元氏'那是外省官员的失误。现在把'元氏'写成'先民'，显然是添了笔画。这四个字既不同音，又不同形，一般不会造成笔误，因此一看便知。"众人无不钦佩。

不可轻信吏役之言

【原文】

此条已具《佐治药言》。今复及之者，幕不见役而念民故意，常平官未见民而信役，故气易激，役不得逞志于民。辄貌为可怜之状，或毁檄，或毁衣，以民之顽横面陈于官，从而甚其辞焉。谓其目无官法也，官未有不色然骇，勃然怒者。官怒而役狡行，民害生矣。夫拒捕有罪，人尽知之。为盐枭①，为盗劫，犯罪而求幸免脱，是以敢拒捕也。若催赋传讯，民尚无罪，何致拒捕！偏听而轻信之，一役得志，群役转相效仿，民之得自全者几何？当役禀时，平心熟察。则装点之弊，自然流露。姑将原檄存销而止，以应办之事另檄改差，及其人到官，事结告以拒捕罪名及所以不遽②办拒捕之故。民知爱畏，即亦役不敢再萌故技。

【注释】

①盐枭：贩卖私盐的头子。枭，极大。

②遽(jù)：急速。

【译文】

这一条在《佐治药言》中已经谈到了。现在又重提这个问题，是因为幕僚们没有见到役吏的行为而总以为是老百姓故意违反规定。通常是由于当官的平时不了解百姓的疾苦，而偏信下级役吏们的话，所以容易激动。捕快差役们在老百姓面前没有捞到便宜，就故意在上级面前装出一副可怜模样。有的毁掉公文，有的扯烂自己的衣服，伪装出百姓刁钻蛮横的样子，煞有介事地在上级面前表现得痛苦不堪，进而夸大其辞，无中生有地说老百姓如何的目无国法。而当官的人，没有不因此而勃然愤怒的。当官的人随意发怒，当差的人狡猾奸诈，老百姓的苦难就因此而起。拒捕是有罪的，这是人人都知道的常识。贩卖私盐的头领，偷盗抢劫的罪犯等人，罪行重大而谋求侥幸脱逃，只有这类亡命徒才敢于拒捕。至于像催交赋税、官府传讯等事，老百姓本来就没有犯罪，又哪里来的拒捕呢？只听差役的一面之辞，轻易相信，结果是一个当差的人奸计得逞，于是其他当差者就会相互仿效。那么老百姓能够自我保全的又有几个呢？当差役向你汇报情况时，平心静气地仔细考察，那么差役们装模作样的表演也就自然会露出马脚来。遇上这种情况，姑且把原来的公文暂时存档，只把要办的事另外派人去办。等到人被带到官府，事情办好了再告诉这个人拒捕的罪名和不马上追究拒捕的原因。老百姓因此也就晓得自爱，并畏惧法律，此后差役们也就不敢故技重演了。

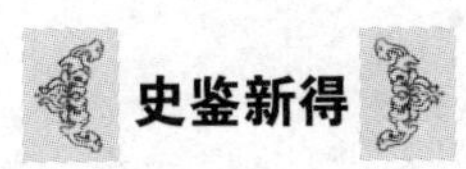

史鉴新得

康熙年间，江苏巡抚宋牧仲为官清廉，他经常微服私访，体察民情，惩治恶吏，体恤百姓。

有一天，他改装出行时，刚巧碰到一个县令坐轿而来。此县令官虽不大，架子不小，一路鸣锣开道，全副仪仗，耀武扬威，百姓闪避不及，便遭致衙役驱赶呵斥。宋牧仲故作不知，直冲仪仗。差役把他带到轿前，县令发现竟然冲撞了巡抚大人，吓得连忙拜倒赔礼。宋牧仲将县令扶起，并无责备之意，只是约他一起微服出巡。

宋牧仲与县令走出县城，在一个偏僻的小店歇脚。用餐时，宋牧仲向店主询问当地的政事。那店主大骂县太爷贪赃枉法，欺压百姓。县令再也坐不住了，吓得冷汗直冒。那店主不知他俩的真实身份，越说越起劲，县令欲加阻止，但又苦于无法。

吃罢饭，两人回城。路上县令向宋牧仲又是解释，又是申辩，诚惶诚恐，唯恐巡抚大人怪罪。宋牧仲却笑着说："官民不和，古今如此，那店家言辞过激，望贵县不必介意，我也不会偏信一面之辞，怪罪于你。"县令听了，这才放心返回县衙。

和县令分手之后，宋牧仲则返身再回酒店，请求店主让他住宿一夜。店主先是不肯，说酒店不备床铺，不便留宿。宋牧仲说，夜晚歇业，可在店里将就一宿。店主这才答应了。

晚间，宋牧仲就留宿在店堂里，他穿了店主的衣服，躺在酒柜上。

半夜里，随着一阵呼喊叫骂，几个县差破门而入。见宋牧仲躺在酒柜上，不由分说，捆上就走，一直押进县衙。

县令正在那里大发雷霆，一见抓得人来，便骂道："可恶刁民，竟敢辱骂本官，知罪不知罪！"说完便吩咐左右用刑。

阶下被绑的宋牧仲慢条斯理地说："谁是刁民，你可认清了。"县令看清了又是巡抚大人，叫苦不迭，忙请宋牧仲上坐，自己则趴在地上连连赔罪。

宋牧仲说："白天店家骂你，我并不深信，现在我亲自经历，再无怀疑。你如此作威作福，无法无天，百姓定是吃尽了苦头。"他当即免了县令的官。

宋牧仲微服私访，为民作主，除灭恶官之事很快传扬开来，百姓听了，奔走相告，无不拍手称快。

操权勿使百姓破家

【原文】

谚有之:"破家县令",非谓令之权若是。其可畏也,谓民之家悬于令,不可不念也。令虽不才,必无忍于破民家者。然民间千金之家,一受讼累,鲜①不破败。盖千金之产,岁息不过百有余金。婚丧衣食,仅取足焉。为以五六金为讼费,即不免称贷以生。况所费不止五六金乎?况其家不皆千金乎?受牒之时,能恳恳恻恻,剀切②化诲③。止一人讼,即保一人家。其不能不讼者,速为谳④结,使无大伤元气,犹可竭力补苴⑤,亦庶几无忝⑥父母之称欤?

【注释】

①鲜:少。
②剀切:符合事实,切实。
③诲:教导。指教。
④谳(yàn):审判定罪。
⑤苴(yù):麻的子,指麻布做的衣服。
⑥忝:辱没之意。

【译文】

民间有句"破家县令"的谚语。这并不是说县令的权力如此可怕。而是说老百姓的身家性命掌握在县官手里,不能不使老百姓有所顾虑。县官即使再无怜惜老百姓之心,也绝不会忍心做让老百姓家破人亡的事情。可是,就算是家有千金的平民之家,一旦受到官司的连累,很少有不破产亡家的。即使是这种千金之产的人家,一年的收入也不过百来金,除去嫁娶丧葬、穿衣吃饭,剩下的钱财也不过仅仅够平时开销。如果说用五六十金作为诉讼的费用,那么,他就要借钱才能够维持生活。况且打官司五六十金又怎么能够呢?又有多少家有千金之产呢?当官上任之时,如果能够尽心尽力地去教育百姓不要犯法。阻止一个讼案,就等于保全了一个家庭。那些不得不通过诉讼解决的案件,也不要拖延,尽快办理结案,千万不要让老百姓大伤元气。这样还能替老百姓补救一些家产。这样做官的人,也就对得起父母官的称号了。

史鉴新得

冯梦龙《智囊全集》中记载:欧阳晔任端州知州时,桂阳监有一起久拖不决的疑案:州中一群农民因在争夺渔船时发生斗殴,结果一人死亡。由于群殴场面混乱,谁也说不清是谁把人打死的。于是官府就把全部嫌犯长期关押在监狱里。

欧阳晔上任后亲自审理了此案,他让这些在押的嫌犯在衙门的空场上集合,解除刑具,然后供给他们饭吃。长期在牢中饿饭的这些嫌犯难得地享受了一顿自由的午餐。饭后,欧阳晔下令把其他人都带回监狱,只留下了一个人,把他带到后堂,也不说话,只是盯着他看。那人心里发慌,神色不宁,紧张地四顾张望。欧阳晔突然说:"杀人的就是你!"那人强辩不肯承认。欧阳晔不慌不忙地说:"我看见所有的人在吃饭时都是用右手拿筷子，只有你是用左手。死者的伤是在右肋，只有习惯用左手的人才会伤及这个部位，这就是你杀人的证据。”嫌犯哭着认了罪。

告下之语须详细

【原文】

吏没乡氓①，均无达识。凡差遣听断②，不将所以然之故详细谕知，必且懵于遵率③，吏没则周折贻误，乡氓则含混滋疑，均足累治④。

【注释】

①氓(méng)：百姓。
②断：判断，决断。这里有裁决之意。
③率：标准，规格。
④治：统治。

【译文】

在官府当差的人与乡下的老百姓，见识都很浅薄。凡是叫他们去办点什么事情，或者自己裁决案件，如果不把为什么要这样做的原因交待清楚，他们就会懵然行事，不知道该依据什么原则去办。当差的就会因多费周折而误事，老百姓也会因为不能理解当局的意图而心存疑虑。这些对于治理一个地方都有很大的影响。

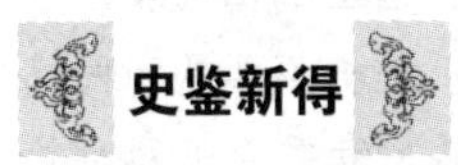

史鉴新得

商鞅，卫国人，战国时期政治家，著名法家代表人物。他是卫国国君的后裔，公孙氏，故被称为卫鞅，又称公孙鞅。后封于商，后人称之商鞅。

春秋时期，秦国社会经济的发展落后于齐、楚、燕、赵、魏、韩六国。秦孝公继位后为了加快经济发展，任用商鞅实行变法改革，但是秦国既得利益阶层的贵族们都不赞成。商鞅就对秦孝公说：“对于下层的人们，不能和他们一同考虑开创的事，想要建成大业，也不能和没有见识的人一起商议。”秦孝公便任命商鞅为左庶长，制定法令。法令制定完毕，在公布施行之前，商鞅就在国都的集市南门立下一根长三丈的木杆，宣布说，谁能把这根木杆搬到北门，谁就会得到十金的奖赏。百姓们都感到迷惑不解，都在观望，没有人愿意去搬动木杆。商鞅就又下令说：“谁能搬去，赏五十金。”这时有一个人将信将疑地将木杆拿到北门，商鞅立刻赏赐了此人五十金。于是这样取信于民后，商鞅这才颁布变法的法令，并将新法明确公示于众。

新法颁布后，却不能顺利施行，到处都在议论新法的不便。这时太子触犯了法律，商鞅说：“新法之所以受到阻挠，就是因为上层人士带头违犯。”因为太子是国家的继承人，就将太子的老师公子虔处以刑罚。于是，国人都小心翼翼地奉行新法。通过变法，旧制度废除了，新制度建立了，秦国发生了根本性变化。秦国的战斗力也大大加强，为统一六国奠定了基础。

教民之要在于礼

【原文】

教民之要，不外勤惩二端。如朔望①行香，宜讲圣谕。劝农课②士，乡饮宾兴，尊礼师儒，采访节孝之类，皆勤惩之灼然③者。近多目为具文。余初莅宁远时，方孟夏，示日劝农，皆讶异。数至乡饮酒礼，吏莫详其仪注。不揣迂腐，一切典礼，次第行之。三四年中，耳目一新。顽情革面，士奋科名，妇知贞节。用力无多，收效甚钜。夫通都大邑犹曰公务殷繁，不遑④兼顾。若简僻之区，何致夙夜鞅掌而亦发驰不举乎？吾愿图治者先由此始。

【注释】

①朔望：古代表示时间的方式。朔，农历每月的初一。望，农历每月的十五。

②课：考核，指教导学生、教书、授课。

③灼然：显明，显著的样子。

④遑(huáng)：闲暇，空闲。

【译文】

教化老百姓的秘诀，不外乎是勤于政事，惩治奸民两方面。比如，在每月初一、十五焚香拜神之际，就应当宣讲先贤圣哲的训诫要义。勉励老百姓务农，考查读书人学习，同老百姓一起喝酒，设宴招待客人，遵守礼仪，向有道德有学问的人学习，在各地表彰节妇和孝子等等，这些都是勤于政事、惩治奸民的事情。近些年来，大家都把它看做虚文，没有真正实施。我在宁远刚刚上任之时，正是初夏，我派手下贴出告示，鼓励老百姓栽桑种田，同事们都觉得非常惊讶。我多次去参加乡饮酒礼仪式，随从的官员都不懂礼仪程式。于是，我也就顾不得别人说我迂腐，将所有的礼节，一一做给他们看。三四年后，这里的情况发生了显著的变化，使人耳目一新。顽劣不羁的刁民们都洗心革面，重新做人，读书人发奋追求科举功名，女人也知道节烈操守。我费力不大，但收效却很显著。大都市的官员们公务繁忙，顾不上这些事情。但在一个偏僻的地方，公务怎么会繁忙到连礼仪这类大事都顾不上管的地步呢？希望治理好地方的官员，就应该从这里做起！

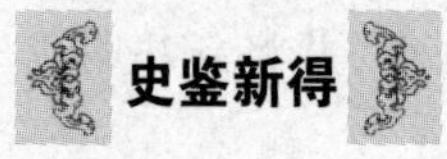

晋明帝太宁二年五月，陶侃被任命为征西大将军，都督荆湘雍梁四州诸军事。荆州一带的百姓闻听此事，高兴得奔走相告，因为他们早就听说陶侃是个出类拔萃的人物，有“机神明鉴似魏武，忠顺勤劳似孔明”的美誉。

陶侃的确不同于一般醉生梦死的官僚。他出生贫苦,凭着才干和军功,由一个小官吏一步步升为地方长官。在他任广州刺史时,曾平定王机等人的叛乱,因此被封为柴桑侯。平叛之后,日常无事,他每天清晨要把书斋里的一百块砖搬到室外去,到了晚上,又把这一百块砖搬回书斋。别人看了很奇怪,问他为什么要这么搬来搬去,白费力气。陶侃回答说:“我立志收复中原,就要准备艰苦奋斗,如果成天生活很安逸,身体也得不到锻炼,以后怎么能担起这个重任呢?所以,要用穷乏自身的方法来砥砺意志。”

陶侃从广州调到荆州后,办事更加勤奋。他常常说:“大禹是圣人,尚且爱惜每一寸光阴;我们这些普通人,就更应该爱惜每一分光阴才对!如果只知道安逸享乐,醉酒嬉戏,活着无益于当世,死了无闻于后代,这不是自己抛弃自己吗?”

陶侃对有些官吏崇尚清谈、不务正业的恶习深恶痛绝。倘若谁因饮酒赌博误了公事,他便命人把他们的酒具、赌具全扔到江里去,甚至抽他们一顿鞭子。

陶侃不仅珍惜时间,而且珍惜物品。有一次,他外出时在田间遇到一个人,手里拿着一把尚未成熟的稻禾。他觉得很奇怪,便问他:“你拿它有什么用啊?”

那个人笑嘻嘻地回答说:“没什么用。我是走路经过时,顺手把它拔下来的。”陶侃一听这话,立即发火了:“好啊,你自己不种田,还要闹着玩,糟蹋人家辛辛苦苦种的庄稼!”马上命人把他抓起来,狠狠地抽了一顿鞭子。这件事传开后,大家都注意爱护庄稼。于是收成好了起来,荆州地区逐渐人人都能有吃有穿了。

陶侃还重视废物利用,不浪费任何东西。当时因为造船,剩下了许多锯末和竹头。干活的人感到这些东西没用,准备把它们打扫干净。陶侃说:“扫掉了多可惜啊!赶快把它们收拾好,存起来,以后还能用。”收拾的人觉得奇怪,不知道这些木屑、竹头还能派什么用场。有一次,陶侃会集亲友,可是雪后初晴,道路泥泞,在上面走,一不小心就会摔一跤。陶侃让人把以前存放起来的锯末拿出来,洒在地上,很快吸干了水分,使路好走起来。后来,桓温带兵去讨伐西蜀,又要造船,但是钉子不够。陶侃便让人把竹头拿出来,做成竹钉,用到造船上去了。由于陶侃处处爱惜时间、人力、物力,他所管辖的地区,节约勤俭蔚然成风。

治河兴利要慎行

【原文】

古今治河之术，不出贾让三策。南河蓄清敌黄，实操胜算，其余惟以堤防为务。堤日增高，水亦随长，汛涨冲决，实足为患，此贾让所谓劳费无已，数逢其害也。直隶因永定河为害，入海水口不畅，弥年疏浚支流，此中策乎？至于出数年治河之费，业所徙之民，不与水争地，贾之上策，实无有能行之者。

治河有原有委，下流畅而后上流安澜。直隶惟京东之滦河、蓟、运河诸水自能入海，不由天津。其余南北运河，东西两淀，暨永定河、子牙河、七十二清河，皆于天津海河合流。自三岔口迄大沽口，长一百二十里。从水竞赴，潮汐往来，每夏秋，山永历水皆注于三岔一口，宣泄不及，以致漫溢冲决，此正尾闾不畅，胸腹俱病者也。雍正三四年以来，兴修水利于南北运，各建坝开河，减水分流，入口之水既减，则达海之口稍宽，亦随时补救之计也。

桑干河发源太原之天池，伏流至朔州雷山金龙池，浑泉溢出，东下大同，抵宣化保安宗山，西至看丹口分为二：一由通

【译文】

古往今来治理黄河的办法，不外乎西汉人贾让提出的上中下三策。南部积蓄清澈的河水以治理黄河的泥沙，用其策治理黄河泥沙，实际上能够成功，其余的只是以增高黄河的堤防为重要任务。堤坝一天天增高，水亦随着上涨，汛期水涨冲决河堤，实在存有隐患，这就是贾让所说的虽耗费钱粮无数而无助于防洪的办法，仍然不能从根本上解决黄河泛滥的灾害。直隶省因为永定河为害，入海口不通畅，年复一年地疏浚支流，这大概算是中策吧！至于把历年治理黄河的经费，用来安置黄河泛滥区的迁徙百姓，使其能够生存，不与水争地盘，这是贾让的上策，可实际上没有人能够推行。

治理黄河要弄明水的源头和水的归宿，下游通畅上游才会波澜不兴。直隶省只有京师东部的滦河、蓟水、运河等水系能流入大海，不经过天津。其余的南运河、北运河、东淀、西淀，以及永定河、子牙河、七十二清河，都在天津与海河汇合。从三岔口到大沽口，长一百二十里，各条河流，竞相奔赴，潮汐往来。每到夏、秋，山水、河水都注于三岔口，一时宣泄不及，以致造成河水横溢冲决堤坝的险情，这正是尾部排泄不畅，祸及胸腹的表现。雍正三、四年以来，在南北运河兴修水利，各建堤坝，挖掘河道，减少水量，分流排泄，进入三岔口的水量减少了，流入大海的海口就显得稍微宽绰一点，这也是一种随时补救的方法。

桑干河发源于太原的天池，潜藏在地下的水流流到山西朔县雷山金龙池的浑泉溢出，向东流经大同，抵达河北的宣化、陕西的保安和宗山，向西流至看丹口分为两条河流：一条由河北

州高丽庄入口河、白河者，潞河也；一南流从芦沟桥历固安、永清、霸州至天津丁字沽入海，长二百余里，因其色浊，故为浑河。倏忽迁改，又谓无定河。康熙三十七年改为永定河。挟沙易淤，每年水过之处，停沙肥沃，燕麦倍收，故谓之一岁一麦之地。小民贪利，占耕为业，与水争地，一旦汛水暴涨，不能容纳，其不至于横决者几希。

西淀翕受[1]西南众流，循千里长堤，与白沟、拒马北来之水合，东注至霸州之玉带河。此是咽喉之地，泄宣不畅。雍正五年，另凿中亭河以分流。然河身窄小，首尾皆淤，分泄无多，由会同河以东始得分流入东淀。又真顺广南泊之水注于北泊，共出滏阳之道，合滹沱之流由子牙河入东淀。淀亦易淤，迩来挖船挖浅，不无小补，其河岩坦坡及河心淤涨，私占种苇与凡，田埂护田，筑堰取鱼，皆于水道有害，所当禁止，庶能节宣诸水而大其含蓄。

千里长堤，自清苑起至献县之臧家桥，绵亘右保河三府之境。惟自保定县以东，堤绕渐河向北，如善来营等处，河身最为窄小。水障而北，霸州患之。堤决而南文安大城患之。明司农王恭肃公谓自保定县东北路疃村起，

通县高丽庄汇入口河、白河的，称作潞河；一条向南流，从卢沟桥经历固安、永清、霸州至天津丁字沽流入大海，长二百余里，因为水色混浊，所以叫作浑河。又由于它迁改频繁，又称作无定河。康熙三十七年改为永定河。河水泥沙容易淤积，每年被水淹过的地方，留沙肥沃，种植麦子成倍地收获，所以称为一年一麦的地方。老百姓贪图小利，占滩开荒耕种，与水争地，一旦汛期来临，河水暴涨，不能容纳，极易造成河水横溢，不冲决堤坝的时候几乎没有。

西淀容纳西南各条河流，沿着千里长堤，与白沟、拒马北来的水流汇合，向东流至河北霸县的玉带河。这是咽喉之地，排泄宣导不畅。雍正五年，另外开凿中亭河以分流。然而河身窄小，首尾部都被泥沙淤积，分泄的水流并不多，从会同河以东才开始得到分流，进入东淀。另外，还有真顺广南泊的水注入北泊，共同流出滏阳的古河道，汇合滹沱河水，由子牙河注入东淀。东淀也容易出现淤积，近来用挖泥船深挖，获益匪浅。那些在河岸缓坡以及河心淤积增高的地方，私自占耕，种植芦苇和一切造埂护田、筑堰取鱼的举动，都对水道的通畅有危害，所以应当加以禁止，以期使东淀能够调节宣泄各条河流，从而扩大它的蓄积能力。

千里长堤，从清苑到献县的臧家桥，连绵横亘经过顺天、保定、河间三府的境地。只有从保定县以东，长堤渐向北绕，如善来营等地方，河床最为窄小，水流受阻碍向北冲流，霸县就很危险。长堤决口，河水向南，文安、大城又处在危难之中。明代司农王恭肃老先生说，从保定县东北路疃村起，东由周家庄、鲁家庄、西营村直至唐头村，修筑大堤总长四十里，大约耗费六千两黄金，可保护文安城；而把路疃村北面的善来营、苑家口、苏家桥的长堤全部挖掉，

东由周家庄、鳃家庄、西营村直抵唐头村，筑大堤，计长四十里，约费六千金保护文安。而以路蝉村北善来营、苑家口、苏家桥之长堤尽行决去，则河身宽而水可容纳，无壅滞泛滥之患。此说颇善，但弃地甚多，村落迁徙不少，未能见之施行也。人竞言水利，惟能去其害，斯收其利矣。如一身之血脉，使之流通而无壅阻，岂非利乎？然有利必有害。雍正四年，以磁州改隶广平，滏河全水自宁晋泊以上，引流种稻，民甚赖之，而濒河村庄时亦为患。迨出泊之衡水界、滹沱河，水势湍悍，民堰难御。雍正八年，衡水堤决，溢流直犯青县；滹沱又日逼正定；甚可畏也。又如唐、沙、滋三水，于唐县、曲阳、新乐、定州、深泽皆获其利，会于祁州之三岔口，为猪龙河。经博野、蠡县、高阳入白洋淀，水势奔突，每受其害。

漳河与滏阳河合流，曲周、鸡泽患之。今东从经魏县元城拉馆陶入运河，漳水泥浊，易淤，或欲引入东省德州相近古黄河之外，然地隔两省，事权不能专一，未可轻议也。

【注释】

①翕(xī)受：归集、归纳。翕，合，和顺。

则河身宽大而水可容纳，无壅滞泛滥的忧患。这种说法很好，但是抛弃的土地较多，村落迁徙也不少，没人能够看到它的施行。人们都争着谈水利，只有能够去除它的害处，才能收到好处啊。就好像人身上的血脉，使它流通而不发生壅滞阻碍，难道不是“利”吗？然而，有利必然有害，雍正四年，把磁州改属广平，整个滏河从宁晋泊以上部分，引流种稻，百姓都赖以为生，而靠河边的村庄也就时时遭受水灾。及至流出宁晋泊的衡水、滹沱河，水势湍急凶猛，老百姓所筑的堤坝难以防御。雍正八年，衡水河的长堤垮决，横溢的水流直接进犯青县，滹沱河又一天天逼近正定，十分可怕。又如唐、沙、滋三水，对于唐县、曲阳、新乐、定州、深泽都有好处，交汇于祁州的三岔口，称作猪龙河。水流经博野、蠡县、高阳进入白洋淀，水势奔涌急近，沿途百姓经常遭受它的危害。

漳河与滏阳河合流，是曲周、鸡泽潜在的灾害。现在向东流经魏县、元城、馆陶注入运河。漳水泥沙混浊，容易淤积，有人想把它引入山东省德州附近的古黄河，但是由于地隔两省，事权不能统一，不是轻易就可提出商议的事，不容易实行。

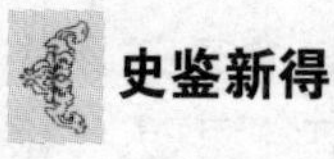

史鉴新得

水利是农业的根本。作为地方官，疏浚河道，化害为利是应有的责任。这就需

要因地制宜,因势利导。变水害为便利,令五谷丰登,造福于民。

嵇璜,字尚佐,晚号拙修,生于清康熙五十年。父亲嵇曾筠是康熙四十五年进士,历任佥都御史、江南河道副河总、东河河道总督、吏部尚书、兵部尚书、闽浙总督和文华殿大学士等职,治理黄、淮及浙江海塘有功。嵇璜于雍正八年举进士,他同父亲一样,也有志于经世之务,对于黄、淮等河经常决堤泛滥,造成严重灾害的情况十分关注。

黄河自北宋改道,下游南迁、夺淮入海以来,豫东、皖北及江苏徐、淮、盐、扬地区水灾不断。至清初,因泥沙大量沉积,河床越来越高,水患愈演愈烈。康熙、雍正两朝,在靳辅、陈潢等努力治理下,灾情有所减轻。乾隆初年,因水利工程年久失修,又频起灾祸,严重威胁着人民生命财产的安全,并影响着运河的漕运。时任都察院右佥都御史的嵇璜视察了河北、河南、山东等地的水情,即上《河工疏筑事宜》一疏,提出开河引流、分泄涨水等治水方略;又鉴于直隶(今河北省)州县工役常被奸蠹包揽尅扣,致使工程不坚固,再上一疏,奏请严禁伙头包揽,建议直接招募无业贫民参加施工,按散工工价发给工钱。这两份奏疏均被采纳施行。由此,他被擢授都察院副都御史,又被提升为工部右侍郎。

乾隆十八年秋,黄河决口于阳武(今河南省原阳县)十三堡;九月,又决口于铜山(今江苏省铜山县)张马路。淮河也于同年七月泛滥于高邮,冲坏车逻坝和邵伯二闸。嵇璜急上《宣防八事》一疏,分析河身各段的具体情况,提出翔实、科学和巧妙的治河之策,并主张采用宣泄与堤防结合的治水之道。这一奏疏上去,即被朝廷采纳。

正在这时候,钦差尚书舒赫德等奏请委派熟知河务的大员,负责督办这些工程。于是,嵇璜受命和工部侍郎德尔敏前往督修。同年十月,嵇璜巡查高堰工程,见到堤坝砖石混砌,新坝和旧坝混杂,很不牢固,便下令内修石堤,外筑砖土拦水坝。因水深达一二丈,修堤很不容易,嵇璜决定采用堤身开槽修砌法,并及时添加木桩,以防石料过重而坍塌。砌筑时,先用石筑二道,再用砖砌一道。因砖与土不能固结,故于砖石之后再加筑灰土三尺,以御冲刷。待新的工程完成过半数,再逐步拆除旧石。后来事实证明,他的这些办法很有成效。

乾隆十九年正月,嵇璜又与刘统勋等联合上奏:高堰、高涧(在今江苏省洪泽县)等处深塘兜湾,地处要冲,以前石筑工程之外的草坝都已废圮,应赶快修复以资保固。三月,又同德尔敏等上奏:堰圩所需石料,运输十分困难,应将所坍之旧石与新石搭用。同时,凡根底牢固而只是上部松坍的石堤,只需修砌上部。这样,可以少用许多石料,节省大量费用。两月之后,南河修堤工程全部竣工。乾隆皇帝对此大为称赞。九月,嵇璜应诏回京城,充任武会试正考官;十月,又转任吏部右侍郎。

乾隆二十年，苏北淮、徐、扬等地水患频仍，嵇璜非常着急，在无锡奏请采购小麦运往灾区，平价卖出，以济灾民。接着他又奉命前往清江浦(今江苏省淮安市)任南河副河总，协同白钟山料理河务。他提出湖河宣泄方案，认为在疏通河流归海之路的同时，更要注意因水利导，移远就近，将大部分水引入长江。这样，既利于苏北里下河地区农田灌溉，又能确保水涨时不受淹浸。

屯田要因势利导

【原文】

营田未尝无利，明涂贞明言之详矣，而必求其可久，则要在察地势，审土宜。雍正三四年，京东、京西、京南、天津分四局营治水田，效群力，给农本，以图永远之利。然或地势本高，水泉不足，或去流引河，旱干则涸，水不能达，寻即改旱地，势使然也。又有土多沙性，不宜于稻田，田埂水渗，岁旱则水从内出，而不能蓄，岁涝则水从外入，而不能御。营田副使正钧于丰润、霸州捐资筑围、建闸，营治稻田各五十顷，迄今收获无几，民人拖欠，工本难以完纳。欲再借，则民欠越多，不借则无力耕种。地方官不过因循补苴，无长策以图久远，将来不保其不废。善营田者，水田、旱田因其宜而

【译文】

屯田并非没有利益，明代徐贞明对这个问题的论述是很详细的。然而要得到这种持久的利益，关键在于认真勘察地理形势，审明土地适宜的物性，因地制宜，适时地耕种。雍正三、四年，京东、京西、京南和天津分四局经营治理水田，借助老百姓的力量，供给必需的生产资料，进行开发，以期取得永远的利益。但是，有的地势本来较高，水源不足。人们就从黄河引流进行灌溉，但这样一来河道遇到天旱就会干枯，水源问题不能解决，只能将河道改为旱地。这是地理形势决定的，不能蛮干。又有的地方土质多沙，不适合种植水稻。堤埂渗水，天旱时水就从田内流出而无法蓄积，雨涝时水就从外面浸入而无法防御。屯田副使正钧在丰润、霸州捐钱修筑围堤、建立水闸，经营稻田各五十顷，至今也没有多少收获，从而使老百姓欠债增多，工费成本难以缴纳完成，如果再以借贷维持生产，那么老百姓的欠债就会更多，不借就没有力量继续耕种。地方官不过是循规蹈矩、补益缺漏，并没有通过长远的谋划来求得久远的利益，将来难以保证屯田不被废置。善于屯田的人，水田、旱田各顺其宜而不以田界分高下，不惜工本地强行划一。土地是属于老百姓的，应该鼓励他们自行开垦种植。土地属于国家的，则应该派遣亲信、亲友统率、监督开垦耕种，供给工费成本，责令落实，并选择有经验的南

不之强立町畦分高下，不惜工力。地之在民者，功之使自为垦。地之在官者，遣亲信亲友，董率之给以工本，专其责任，择南方老农为之师。官斯土者，以民事为己事，又使民之深知其利，不懈于其事，而后庶几也。

方老农作为他们的老师。作为治理一方水土的地方官员，应该把老百姓的事当作自己的事，让老百姓深刻地认识到屯田的好处，并努力使老百姓从屯田中得到实际的利益，从而不懈怠于相关工作，这样才算是称职的。

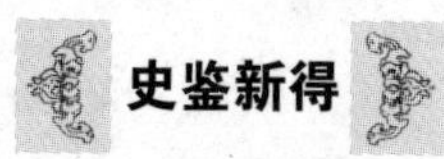

史鉴新得

公元196年，曹操采取“挟天子以令诸侯”的策略，把汉献帝从洛阳接到自己的根据地许昌。就在西迎的途中，曹操看到由于连年不断的战争，富饶的中原大地变得土地荒芜，人烟稀少，一片凄凉。

曹操看见此情此景，心里是又忧虑，又焦急。因为如果没有粮食，统一全国的大业将是一句空话，更难维系自己的地位。到达许昌后，曹操就召集部下商讨如何加快统一战争。

就在这个粮食万分紧张的情况下，枣祗想出了一个提倡生产粮食的办法，向曹操作了建议。于是曹操就采取了枣祗的意见，实行“屯田制”。

随后，曹操任命任峻为典农中郎将，枣祗为屯田都尉，立即开始屯田工作。曹操的屯田令一贴出去，流亡百姓便纷至沓来，那些没法过日子和流浪的农民都到许都来，由官家给他们土地，给他们一些粮食，把他们组织成一支农业生产大军。由于屯田农民可以不服徭役，他们不是兵，用不着参军打仗；他们不是地主，也不是普通的自耕农，用不着纳田出官差，所以后来参加的人数越来越多，他们就是“屯田客”。

屯田客耕种官家的土地，每年收割的粮食一半归官家，一半归自己所有。用官家的牛耕种的，官家得六成，自己得四成，别的负担都没有，只是屯田客不能随便离开自己居住的地方，更不能扔了庄稼，半途而废地逃到外地去。由于逃亡者按逃兵治罪，所以屯

田客的人身还是受到了一定的限制，但主要的纪律也仅是这一条而已。这种把一年的收获跟官家对分或者四六分的屯田客的田租，要比汉朝一般自耕农的田租重些，可是因为不需要再缴纳其他的赋税，也没有每户出绢两匹和棉两斤的户口税，对分或者四六分的方式就不算太严苛了。

曹操实行的屯田制使北方的农业经济得以恢复，从而加强了他的政治经济力量，为其在三国逐鹿中争取了优势，并为其统一北方奠定了坚实的经济基础。

在押人犯要随时核查

【原文】

案有犯证，尚须覆讯者，势不能不暂予羁管[1]。繁剧[2]之处，尤所多有。然羁管之弊，甚于监禁。盖犯归监禁，尚有鉴狱官时时稽查，然羁管则权归差没，差不遂欲则系之秽处，饿之终日，恣为凌虐，无所不至。至有酿成人命，贻累本官者，若贼犯久押则纵分肥[3]，为害更大。此等人犯官难毕记[4]，全在幕友立簿，检察以便，随时办结[5]。即官有代任，幕有替人，亦可免贿脱之患。

【注释】

①羁管：拘留管制。
②剧：事务。
③肥：赃物。
④毕记：全部记得。
⑤办结：办理，了结。

【译文】

案子里有犯人和证人，在定案前还需要反反复复地审问，不能不暂时予以扣押管制，遇到复杂案件或是突发案件，扣押的证人犯人就更多了。但是，扣押管制的弊端超过坐牢。一般说来，犯人关到牢狱里，还有狱官时常查询考核；但扣押管制，一切权力都归差役，差役一不顺心如愿，就把犯人捆绑在污秽的地方，终日不让吃饭，百般凌辱，肆意虐待，没有什么做不出来的。甚至发展到酿成人命的结局，还牵连到主判官。如果犯人因偷窃罪而被长久扣押管制，差役便纵容行窃，坐地分赃，为害更为严重。这一类犯人，主官难以全部记得，全靠助手们详细登载，考查核实，以便随时办理、断案。即使官有变更，助手换人，也可以免于因贿赂而脱逃。

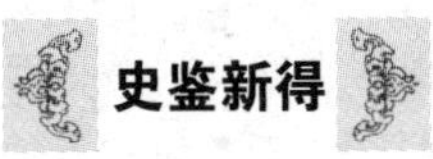

弘治十五年(1502年)，明孝宗从大臣的奏章中得知：江西遭到天旱，百姓颗粒无收，饿殍遍地，再加上盗匪横行，世风日下，冤狱更是不断出现。经过与群臣商

议，明孝宗便命监察御史王哲巡按江西。

王哲接到命令后急速前往江西，所到之处的见闻无不令人触目惊心。为了彻底治理好地方风纪，他每到一地，都要深入民间，体恤百姓的疾苦，还整修了大量先贤的祠堂坟墓，使世风在很短的时间内有了好转。当时正值天旱，难以耕作下种，劳动力严重不足，王哲开动脑筋，终于想出一个大胆的办法。于是，他亲自审理监狱中的囚犯，释放了应该宽大或免罪的数百人，让他们回家种地，劳动力很快就得到了解决，这一年百姓获得了收成。

王哲巡抚江西这段时间里，还凭着自己的经验和智慧，破获了一些疑难案件。

一个百姓家的女仆自己逃跑了，但其仇家知道这件事后，就到官府控告，非说是这家主人故意杀害了女仆，虽没有什么证据，但官府屈打成招，使这家主人竟被问成死罪。此案本已了结，王哲却觉得有许多疑点，便提出复审。

在堂上，王哲注意观察那位招认杀人者的举止表情，发现他不仅面带委屈，说话时的口气也有一股怨气，再听他供述的杀人时间、地点及动机，更是破绽百出，难以自圆其说。王哲心想：他看起来是个本分人，像是蒙受冤屈的样子，再说他也没有明显的杀人的动机，何况办案关键是证据，活不见人，死不见尸，怎能单凭口供就断定他是杀人凶手呢？那位女仆完全可能藏匿在一个地方。只要想办法找到那位女仆，就能让案情水落石出。于是，王哲便派人秘密查访，结果找到了私自逃匿的女仆，使那位百姓的冤情得以洗清。

又有一户人家被盗后，失主诬告一位与自己有仇怨的人，说是他偷了东西，并贿赂官员，把他抓进了监狱。王哲知道这件事后，亲自到牢中审讯了“犯人”，又经过进一步的核查，断定这是件诬告案，就释放了他。当时，那位官员非常恼怒，想告王哲贪赃枉法，众人也对王哲的清白表示怀疑，但王哲很坦然，不去为自己的行为辩解。过了很长时间，官府捕获了真正的盗贼，众人才由衷地感到愧服。

后来，王哲离任以后，百姓都很怀念这位好官，还特意编了首歌谣说：“江西有一哲，六月飞霜雪；天下有十哲，太平无休歇。”

地方风气以官为转移

【原文】

地方风气以官为转移。地棍揣摩，即视官为迎合。官有善政，未始不资若辈[①]。历阶如官澈赌博则棍首局诱。官治小钱，则棍讦挽和。官

【译文】

地方的风气，是根据当官者的举动而转移的。地痞无赖揣摩思量，看着为官者的举动，加以迎合。当官的人有令人称道的政绩，当初还得力于这帮人的抬举支持。比如

清水利，则棍控侵占；官严斗殴，则棍饰伪伤②；官禁锢婢③，则棍告侵占；官细则棍讼业横④。如此之类，悉数难终。大概有一利必有一弊，甚且利少而弊多。全在幕友因利察弊，力究冤诬，固不可因噎废食。断不宜乘风纵火，使棍奸⑤可戢⑥。官法可行，则平民自安无事之福矣。

【注释】

①若辈：他们。

②伪伤：伪装伤病。

③锢婢：禁锢奴婢。

④业横：业主蛮横。

⑤棍奸：无赖、奸佞之人。

⑥戢(jí)：收敛，收藏。

为官者整治赌博，地痞就开始设置赌局引诱赌徒；为官者整治小偷，地痞也控告搅和；为官者整治水利，地痞就控告侵占田地现象；为官者严厉打击斗殴，地痞就控告有关凌辱事件；为官者禁止买卖奴婢，地痞就来控告欺良霸占；为官者明察认真，那么地痞的诉讼就更加蛮横。像这样的事情，一时也难以细数说清。一般说来，凡事虽有一定的好处，但也同时伴随着相应的弊端，甚至弊大于利。要注意靠幕僚们推动有利的方面，省察不利之处，努力追究诬陷、冤枉的地方，切不可因噎废食。千万不要乘风纵火，使地痞奸贼从中渔利。官府的法律能够推行，那么老百姓自然可以安居乐业，从而就可享受平安无事之福了。

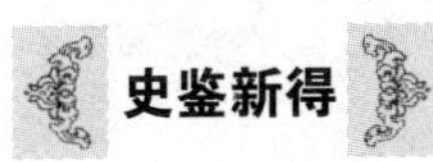

史鉴新得

况钟，明江西靖安人。明宣德五年，为惩恶肃贪，明宣宗朱瞻基任命他为苏州知府，并授予他“便宜行事”的权力。

初到苏州，狡猾的下吏抱着一大摞公事案卷呈上，悄悄试探他。况钟佯装“愚不解事”，凡有请问，不问事情的曲直是非，统统糊涂地签上个“可以”。这一下，可乐坏了那帮贪官污吏，他们以为这个新上任的知府是个“糊涂蛋”。对于下属的所作所为，况钟也好像视而不见，听而不闻。

经过明察暗访，一个多月后，况钟摸透了苏州府署及所辖各地一些官员贪赃枉法的事实，并掌握了大量证据。

一天，他突然命令侍从在府署摆好香烛，并传唤所有僚属，准备举行宣敕就职典礼。在就职典礼上，况钟威严而庄重地大声说道：“本职从京师来到苏州已经一个多月，所携皇上的敕令还没有宣布，今日特为诸位宣读一遍。”下属们看到况钟一改前状，一点昏庸糊涂的影子都没有，又听到敕令中有“僚属不法，径自拿问”的话语，顿时呆若木鸡。就职典礼完毕后，况钟对各县县令说：“我听说本府境内，有些当官的假公济私，贪赃枉法，今日特要求你们从速把所辖地区的官员分善恶两类，呈报上来。善者，我将优礼待之；恶者，我为百姓杀之。”接着，况钟又把胥吏们召到前面，指着其中二人，声色俱厉地说：“某日某事，你暗收贿赂若干；某日某事，你侵吞公款若干，掠夺民财若干。”听况钟说得如此详细，胥吏们浑身打颤，被指的二人更是面如死灰。说完，况钟即令衙役把那两个赃官拉出来，随后命衙役们抓住赃官的手脚，抛向空中摔死。就这样，不几天时间，就一连有六个罪大恶极的贪官污吏被摔死，并陈尸于街市之头。

随后，况钟又详细考核了所属各级官吏，开除了违法乱纪者五人，庸懦而不能胜任职守者十余人，并设置“通关勘合簿”，凡得知官吏善、恶，皆张榜公布于众，以示奖惩。从此，苏州府属各地吏治整肃，地方恶习马上改观，面目焕然一新。况钟被百姓称为“况青天”。

严治诬扰方安民

【原文】

官不洁己，则境之无赖借官为孤注①，扰富人以逞其欲。官利其驱富办，而讼可以生财也。阳治②之而阴宽之。至富人不能赴诉于官，不得不受无赖之侵凌，而小人道长，官为民仇矣。

夫朝廷设官除暴安良，有司③之分。怜暴是纵，帷良是侮。负国负民，天岂福之？故保富之道，在严治诬扰，使无赖不敢藉端生事，富人可以安分

【译文】

当官的人，如果自己不洁身自好廉洁奉公，那么在他所管辖的区域，无赖之徒就自然而然地把那个当官的人当作一笔极大的赌注，去骚扰当地的有钱人家，以便谋取私利满足自己的欲望。当官的求利于驱使富人来求他办事，而且通过诉讼可以获得好处。当官的表面上是在治理杜绝这些事情，背地里却有意放纵。等到当地的殷实大富人家无力向官府控告，而又不得不忍受这帮无赖之徒的侵扰和欺诈时，就造成了小人当道的局面，那么当官的也就成了老百姓的仇敌了。

朝廷设置官府的目的在于除暴安良，这本来就是官府应尽的义务。放纵暴徒欺侮善良百姓，这种背叛国家背叛人民的罪恶行为，难道苍

无事，而四境不治者未之有也。

【注释】

①孤注：倾其所有为赌注。

②阳治：表面上惩处治理。

③有司：古代设官分职，各有所司，故称官吏为有司。

天还会保佑吗？所以，保持富裕最有效的方法就在于严厉惩治那些奸恶之徒的诬告和侵扰，使他们不敢寻找任何借口惹是生非，有钱的人也就可以相安无事。那么辖区之内不能安宁治理的情况，是从来没有过的。

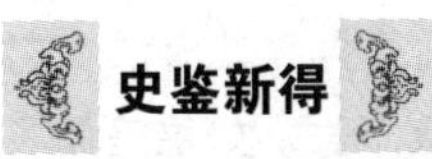

史鉴新得

元延祐元年，朝廷恢复了贡举之法，以便选拔延揽人才。对早就出了名的黄溍，县吏就催促他参加考试。当年，省试《太极赋》，黄溍以楚声为之，词作摆脱陈言，卓然不凡，成为试场中的上乘之作，被人传诵。翌年，满腹经纶、才气横溢的黄溍廷试中选。但读卷官以黄溍“词近激”为由，张榜时仅将他定为三甲末第，赐同进士出身，授将仕郎。同年四月二十二日，授官台州路宁海县丞。

宁海县位于浙东沿海，濒临盐场，盐业兴旺。可是，一些盐户有恃无恐，以为他们不隶属于县衙门，因而不受管束，肆意妄为，残害百姓。而当地的一些官吏受这些盐户的贿赂收买，也不主持公道，听之任之，使得这股恶势力更加肆无忌惮，横暴尤甚。

黄溍到任后，察访社情民意，见此情景，深恶痛绝，并毫不迟疑，对为非作歹者一律绳之以法，绝不宽容。此时，黄溍的下属官吏中有些人忧心忡忡，生怕受到报复，因此，就小心翼翼地告诉黄溍说：“这伙人背后有人撑腰，惹不得！”这劝说当然出于好心，因为对方认为黄溍初来乍到，还是明哲保身要紧。可黄溍没有却步，他斩钉截铁地回答道：“官可以不当，百姓的事不能不管。”他执法如山，对地方恶霸严惩不贷。几经努力，恶焰渐消，百姓终得安宁。

当官就要为民作主，要严惩地痞恶棍，保护善良。只有这样，社会才能安定，生产才能发展，人民才能富裕，当官的也才能谈得上有政绩，官运也才能亨通。否则，官位恐怕也难以长久。

保富是为治要道

【原文】

藏富于民，非专为民计也。水旱戎没，非财不可长民

【译文】

把财富藏在老百姓的手中，并不是专门为老百姓考虑。假如一旦碰上水灾、旱灾和战争，除

者。保富有素[1]，遇需财之时，恳恻劝谕，必能捐财给匮[2]。虽吝于财者，亦感奋从公，而事无不济矣。且富人者，贫人之所仰给也。邑有富户，凡自食其力者，皆可藉以资生。至富者贫，而贫者益无以为养，有公事必多梗[3]治之患。故保富是为治要道。

【注释】

①素：向来，一贯。
②匮(kuì)：缺乏，穷尽。
③梗：阻塞。

了钱财，其他都是不能够真正帮助老百姓的。为官者如果平时能够保护人民财产，遇到需要这些财产的时候，诚恳动情地劝说，老百姓也一定能够捐献财物接济穷困。即使是那些视财如命的守财奴们，也会因为受了感动，而群起听从官家的号召，捐献出自己所珍视的财产，这样就没有办不成的事情了。况且，富裕的人，是贫困的人赖以生存的依靠。地方上如果有富裕的人家，凡是自食其力的贫穷人，都可以依靠他们而得以生存下去。如果等到了有钱人都变得穷苦不堪时，那些原来就十分贫穷的人，就变得更没有什么依靠了，在这个时候，如果刚好遇上什么公事要办，那办起来就会遇到许多无法逾越的障碍，从而留下不少无法治理的祸患。因此，保持自己辖区内的富裕，是治理好政务的主要途径和办法。

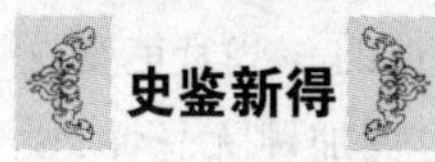

史鉴新得

程颢，字伯淳，生于宋仁宗明道元年(1032 年)，死于宋神宗元丰八年(1085 年)，后人号为明道先生。

程颢自幼聪颖，幼年时期就开始习诵儒家经典，十岁就能写诗作赋。他不但天资聪颖，并能刻苦学习，二十余岁即中进士，随后做了几任地方官，在任上，是一位干练的官员。其弟程颐在《明道先生行状》中叙述了其兄做地方官时的一些重要事迹。

程颢在晋城任职期间，由于财货赋税不够充裕，官府依法征收货物税，却使得物价急剧上涨，每年都成为百姓的沉重负担。为了减轻人民的负担，他根据官府所需要征收的粮食数量，命令地方上有存粮的富裕人家定价出售粮食给官府。如此一来，富

裕的人不损失正常的利润，而乡民的花费也只是原来的十分之二三。百姓的粮税常常必须转运到边境，作为防御军队的军粮，专程运送过去路程太遥远，临时就地收购粮食又会刺激价格上涨。于是明道先生选用富裕农民中可以任用的人，预先在边郡收购粮食，节省了很大的花费和民力，减轻了人民的负担。

条教号令勿滥发

【原文】

条教号令是道齐[①]中一事，告示原不可少。然必其事实有关系，须得指出利弊，与众共喻。或劝或戒，非托空言，方为有益。若书吏视为故纸，士民目为常谈，抄录旧稿，率意涂饰者，书可不必。非惟省事，亦可积福。每见贴示之处，墙下多有阴沟及安设粪缸溺桶之类，风吹雨打，示纸堕落秽中，亵字[②]造孽，所损正不细耳。

【注释】

①道齐：即齐道，整齐道德，规范人们的行为。

②亵字：古人以字纸上有圣贤之语，故以爱惜字纸为有德，而以亵渎字纸为不敬重。

【译文】

条文号令，是针对某一具体的事务所作的规定，原本是不可缺少的规范人们行为的手段。但是所要公布的事必须是关系重大，并且必须要指出利害，明确相关事宜，要求官民共同奉行。让老百姓都晓得事情的原委，或者劝诫勉励，或者警戒注意，而不是满纸空话套话，才会有作用。假如文书官吏把它当成一张没有用途的废纸，缙绅、士子、百姓也把它看成是老生常谈、形式主义，起草者只是漫不经心地抄录以前的文稿，随便涂抹文饰，那么张贴告示就没有一点必要。这样不仅只是为了省事，也算是为老百姓多造点福。我经常看到贴告示的地方，在墙壁之下，大多有着流着污水的阴沟，有时甚至还安放着大粪缸和小便桶之类秽浊不堪的东西。经过风吹雨打，告示就掉落在这些肮脏的东西之内，亵渎了上面的公文和所写的内容，造下了罪孽。所造成的损失和伤害就不细说了。

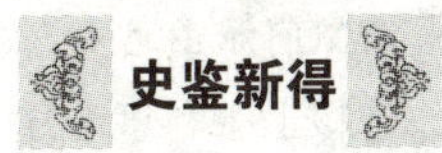

东汉末年，曹操征战宛城，传令禁止战马践踏青苗，违令者斩。

忽然，麦田中有一只野鸠惊起，曹操的战马受到了惊吓，跑入麦田，践踏坏了许多已经成熟的麦子。曹操立即把随行的军纪执法官员叫了过来，要求按军法来治自己的罪行。军纪执法官说：“丞相是全军的统帅，怎么能治您的罪？”

曹操说：“吾自制法，吾自犯之，如自徇私而不治罪，那么，还有谁会遵守呢？一个不守信用的人,又怎么能统领全军呢?"随即拔出佩剑,就要自刎。众人连忙上前拦住。

郭嘉上前说:"《春秋》上说,法不加于尊。丞相统领大军,重任在身,怎么能自杀呢?"

曹操沉思片刻说道:"既然古书《春秋》上有'法不加于尊'的说法,我又肩负着天子交给我的重任,那就暂且免去一死。但也不能由此而逃避责罚。那么,就以发代替我的头吧。"说完,曹操就削断自己的头发,抛掷地上。

接着,曹操又传谕三军:丞相的战马践踏麦苗,本当斩首,但因身负使命,众将不允,于是割发代首。从此,三军为之叹服,军纪更加严明。

营建社仓以防荒

【原文】

社仓①之法,始于朱子,仿古义仓之意,请常平仓②米六百石始其事,共十有四年。除建仓外,得米三千余石,诚良法也。其所著事目,大约编排保甲,稽户口,设乡官。四月上旬,申府委员没与乡官,共支贷,十名为保。如有逃亡,同保均赔。十月上旬申府,差官同收贷者,出息什二,小歉弛半息,甚则尽蠲之。行之十四年,归原粟于官,而用所羸为贷资,每石止收耗米三升,不复取息。此社仓之法,实事常平相表里。

雍正二年,内阁交出积贮,原以备荒,条奏行令各省访察

【译文】

"社仓"这种方法,源自南宋的朱熹。是仿照古代"义仓"的意图,申请调用"常平仓"的米谷六百石开始推行此制度,共十四年时间。这期间朱熹的政绩,除了在各乡各村建立了粮仓之外,还得到粮米三千余石,的确是一种好方法啊。具体的实施方法,大约是建立互相担保的关系、核查户口、确定管理人员等。每年四月上旬,向州、府申请委派官吏与乡官进行共同组织借贷,十户相担保,如果有逃亡的,就由互相担保的负责连带责任分摊赔偿。十月上旬,报请州府派遣官吏与乡官一同收回所贷出的本息。计核上缴利息十分之二,轻微歉收的放宽一半,严重遭灾的全部免除。这种方法推行十四年后,不仅归还了原借的六百石粮食,而且用所盈余的粮食为借贷的资本,每石只收消耗米三升,不再收取利息。这就是"社仓"的方法,与"常平仓"在形式与实质上是一致的。

民情土俗妥议。嗣经部议，采取山东、河南议奏咸宜，并按朱子社仓事目酌议六条，行令各省按款酌行。乾隆四年，台臣朱积晫节录事目奏准，发交各省督抚悉心详议，然而奉行者甚少。

予尝之论：一曰捐输之难。民日加多，地不加广，贫民甚众，而温饱者仅足自给。五党相周之义，缺焉不讲，非但人不古处，亦或力不从心。今欲劝捐，名为乐输，势同派累。而况有建仓之费，铺垫之费，看守人夫之费，以及盘量折耗，岂能尽取给于耗米？其难行者一。二曰任人之难。乡官社首必须公正、殷实之人。但公正者未必殷实，而殷实者不皆公正。不得其人则弊生。即得其人，亦以责任綦重，畏累退缩。而其乐于充当者，率多狡猾渔利，不可任用。其难行者二。三曰出借之难，年丰谷贱，民不愿贷，恐其久而陈腐，于是勒令借领以易新。若一遇歉收，其思称贷小州县二万户，中州县四万户，大州县六万户。均计贫民二万余户，户贷五斗，需米万石。人多粟少，既不能偏给，又不可意为核减，一夫不获，哗然而起，滋生事端，便非浅鲜，其难行者三。四曰征收之难。常平仓谷以及出借籽种，俱有乡地等当官

雍正二年，内阁交出积贮的原用来防备灾荒的粮食，整理成文奏报，责令各省访察民情土俗全面提出建议呈奏。后来经过各部议奏，采取山东、河南议奏事宜，并按照朱熹“社仓”事项斟酌议定六条，命令各省按款执行。乾隆四年，内阁大臣朱积晫节录这六条条款奏准皇上，发交各省总督、巡抚尽心议奏执行，然而奉行的人很少。

我曾经说过：一是捐输（指向朝廷捐赠钱粮以换取官职、爵位的政治措施）的困难。老百姓一天天增多，土地却没有加宽增大，贫困者的人数很多，而能够达到温饱的人也仅仅能够自给自足。古代所说的五百家为一党、互相周济的道理，已经没有人去讲了。并不仅仅是由于人们不像古代和睦相处，也或者是力不从心的结果。现在推行引导人们捐助，名义上是采取自愿，实际情形却如同强制摊派。况且还有建立社仓的费用、铺垫的费用、看守仓库人员的费用，以及盘核库存数量所造成的损耗费用，难道都能尽从粮米的收入中取得？这是难以施行的问题之一。二是任用人的困难。乡官、社长必须是公正殷实的人，但公正的人不一定就殷实富裕，而富裕的人不全都公正。不能任用这样的人就会滋生弊端，即使任用这样的人，他们也因为责任重大而惧怕牵累，心存退缩不愿参与。而乐于充任乡官、社长的，大多是狡猾渔利的人，不可信任使用。这是难以施行的第二个问题。三是出借的困难。年景丰收，谷物价格低贱，老百姓就不愿借贷，担心粮谷存储时间太长而陈腐，于是官府就强迫命令借贷，以换取当年新收粮谷。如果遇到歉收，大家都想借贷。小州县约计二万户，中等州县约计四万户，大的州县约计六万户，平均计算贫民二万多户，每户贷五斗，需要粮米万石。户多粮少，既不能全部都贷，又不可以主观裁减；一人没有借贷到，就会哗然而起，滋生事端，实在不是小

保结、互结，尚不免于积欠。印官立限催追，犹难清楚。乡官社首非有势分可以弹压，又不便责比。欠户不完，保人岂真能逐一赔偿？本年不能如数还仓，次年即无项可借，民间依然缺乏，而赔累无所底止，其难行者四。

古人创垂良法，当其时，为可行。非同时同地而不能行者，大率类此。虽近今俱已举交社长收贮仍归地方官，入于交盘案内，接收出结。然不能必其实贮无亏，州县亦不能亲历盘查，但听胥役取一甘结于穷民，未有实际，名存实亡矣。

【注释】

①社仓：国家在乡村建立仓库，储存粮食，调节粮价，借贷粮食给农户，救济灾荒的一种措施。

②常平仓：在州县设立粮仓，粮贱时买进，粮贵时平价卖出，调节粮价，备荒赈恤。始于汉代，以后历代相沿。

事。这是难以施行的第三个方面。四是征收的困难。“常平仓”的米谷和借贷的种籽，都有乡官地保等人当着官吏具结或互相具结，尚且不可避免地被积账拖欠而出现亏损。主管官员限期催迫收缴，还难以交纳清楚。乡官、社长，并没有权势可以进行弹压，又不便责罚或比照其他法律处理。拖欠的农户不交纳，保人哪里能够逐一照赔呢？当年不能如数还仓，第二年就没有粮食可供借贷，民间依然缺乏粮食。而结保所牵累的赔偿，却没有一个明确的底线，这是难以实行的第四个问题。

古人所创立的垂范后世的良好方法，必定适宜于当时的情况，于是就可以实行。至于不同的时间不同的地点而不再施行的原因，大概如同上述。虽然近来都一致实行由社长收纳藏贮的粮务，仍归地方官载入移交案卷内，详细记录了接收、出库结算的手续，但是不能保证仓库里实际贮藏的粮食没有亏空，州县的官员也不能亲历现场清点盘查，只是听任属下官吏、差役从穷苦百姓那里取回一张具结，并没有实质性的内容，“社仓”实质上名存实亡。

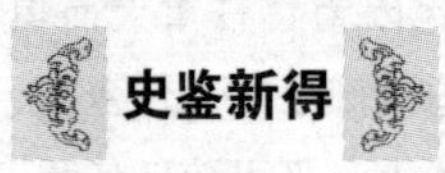

宋孝宗乾道三年(1167年)，朱熹在建宁府崇安县开耀乡五夫里乡居时，建宁发生灾荒，人民缺乏食粮。朱熹和刘如愚受知县诸葛廷瑞的委托，劝富户发粮赈饥。后来当地食粮快用完了，而离境二十里的浦城，人们不堪灾后粮贵引起的高利贷盘剥而发生暴乱，以致人心惶惶。两人又忙给官府写信求救，知府徐吉当天令有司用船运粟六百斛，两人率乡人行四十里迎粮。民得以不死于饥乱而无不喜悦，没人去附和浦城之乱。此后朱熹想要建立一个长久的制度，以缓解饥荒。

1169年，朱熹用府里常平米六百石作为资本，借贷给农民。夏天出借，冬天偿还，每借贷一次，收息二分。年成不好，酌量减息。十四年后，社仓成效显著，不仅还清了作为贷本的常平米，还积下仓米3100石。

1181年，朱熹将所订的《社仓事目》呈请孝宗皇帝批准。此后，社仓成了农村储粮备荒，以实物形式施行的社会救济制度，一直沿用到清末民初。

社仓是中国古代社会平民保障制度的一项革命性创举，由地方政府或乡里富户提供粮谷，以低利率借贷给本地农民作生产资本或生活资料，具有备荒恤贫的功能，在“惠活鳏寡，塞祸乱源”，保持社会稳定方面发挥了积极的作用。为了平民百姓的生存，古人尚且能够做到如此，那么，我们现在的官员应该做得更好，而做好的关键就是要有一颗为民谋利的心。

不可言而无信

【原文】

官能予人以信，人自帖服①。吾辈佐官，须先要之于信。凡批发呈状，示审词讼，其日期早晚，俱有定准，则人可依期伺候，无废时失业之虑。期之速者，必致与人之诵；即克日②稍缓，亦可不生怨言，第欲③官能守信，必先幕不失信。盖官苟失信，幕可力尽。幕自失信，官或乐从。官之公事甚繁，偶尔偷安④，便逾期刻，全在幕友随时劝勉。至于幕友不能克期，而官且援为口实⑤，则官之不信，咎半在幕也。

【注释】

①帖服：服帖，服从，顺从。
②克日：确定，限定时间、时期。
③第欲：但希望。第，但是。
④偷安：苟且安逸。
⑤口实：借口。

【译文】

当官者能够以诚信待人，人们自然就会敬服他。我们这些做助手的人，必须首先做到讲信用。凡是批示的文稿、拟发出的文告、转呈的行状，以及需要及时呈送、请示的审理诉讼案件，这些事务办理的时间安排，都有一定的规定要求。因此人们都可以按照日期办事情，避免了空耗时间荒废事情的顾虑。日期定得早些的，一定会受到人们的普遍称赞；即使规定了严格的日期的，由于其他原因而稍微推迟了，也不会招致人们的埋怨和不满。但是想要当官者守信用，作幕宾的人首先就不要失信于人。如果当官者失了信，幕宾还可以尽力弥补。而幕宾自己先失了信，当官者有时就会乐于顺从。当官者公事繁忙，也想偶尔偷得片刻的时间休息，就可能会使事情超过原定日期，这就完全要靠作幕宾的人随时劝导和勉励。而幕宾不能够严格地按既定日期办事，当官者就会把这作为拖延的一种借口，那么当官的人不讲信用，起码有一半的责任在幕宾身上。

史鉴新得

古人云:“人而无信,不知其可也。”诚信,是做人的基本素质;信义是处事的基本原则。当官之人更应注重信义。

一个优秀的地方官吏首先要做的事,就是要取信于民。战国时期的知名人物吴起在魏国做西河地方长官时明白了这个道理。一次,他让士兵在城外树立了一个标志杆,并在城中广泛宣传:“如果谁把这个标志杆推倒,就任命他做长大夫的官。”

老百姓听后只是议论纷纷,有的说:“哪有这样的好事? 这不过是长官和老百姓开个玩笑罢了。”

有的说:“推倒一个杆子太简单了,长大夫的官,绝不会这样好当的。”

还有的说:“这杆子一定埋得很结实,是推不倒的。”

总之,大家满腹狐疑。

这时有一位年轻人说:“管它呢! 不管是真是假,我先把那标志杆推倒再说,反正也不用费多大力气,最多是得不到赏赐而已。”

说完,他径直走到城外,把那标志杆推倒了。之后,他来到吴起的官衙,禀告自己已经把那标志杆推倒。吴起在验证后,马上就提升他做了长大夫的官。从此以后,这里的军民都对吴起的信誉十分信服。

可见,为官者如果能够以诚信待人,那么人们自然会敬服。如若官不守信,又怎么能要求属下守信?人不讲信义,那还有谁敢依靠你来办事呢?又有谁会相信你的人格呢? 这个道理古今是一样的,即使在现代社会,要做一个有作为、有政绩、有事业的公仆,也不能出尔反尔,翻手为云,覆手为雨。诚信是对个人素质的基本要求,一个连自己都要欺骗的人又怎能取信于人,人们又如何会信任他呢?

尽职尽责方升迁

【原文】

当官者前辈多不敢就上位求荐章,但尽心职事,所以求知也。心诚尽职求之,虽不中不远矣。

【译文】

官场上的前辈很多不敢请上司为自己写举荐信,只是殚精竭虑地做好本职工作,通过建立的政绩来使上司了解自己。诚心诚意、尽职尽责去工作,离功名就不远了。

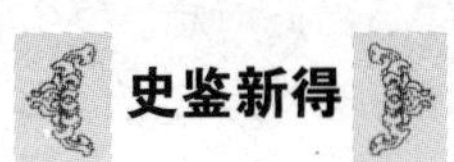

史鉴新得

一道圣旨颁下，任命李行言为海州刺史，李行言感到莫名其妙，心想："自己没有什么功劳，为何能升迁呢？"说起此事，还得从唐宣宗狩猎开始。

宣宗大中二年秋九月，宣宗出苑城之北去游猎，路上遇到一位樵夫，因皇帝穿着一身猎装，别人也不知道他就是当朝天子，两人就随便闲聊起来。宣宗问樵夫是哪个县的，樵夫回答说："泾阳县人。"宣宗又问："县令是谁？"樵夫回答说："李行言。"宣宗再问："李行言身为县令，为政怎么样？"樵夫回答说："李行言性格固执。前些日子有几个强盗被捉，关押在县监狱，宦官领掌的北司禁军来县府要人，李行言不顾各方面的压力，就是不放人，硬是将这几个强盗全部处死了。"唐宣宗听完这番话，默默地点了点头，自言自语地说："此人可用。"宣宗的话弄得樵夫莫名其妙。

宣宗狩猎回宫以后，将李行言的名字、事迹写在一个帖子上，挂在自己寝殿中的柱子上。这年冬季，海州刺史位置出现空缺，大臣们纷纷举荐。宣宗力排众议，任命李行言为海州刺史。

李行言入朝谢恩时，唐宣宗赐给他金紫衣裳，并问李行言说："你知道为什么赐给你紫衣和任命你为海州刺史吗？"

李行言自始至终被蒙在鼓里，于是回答说："不知道。"

唐宣宗随即命令左右取下挂在寝殿柱子上的帖文给李行言看。

李行言看过宣宗所写的帖文，暗自庆幸自己在处理罪犯时，坚持了原则立场，也十分钦佩宣宗的明察秋毫。于是，谢恩赴任。

嗜好须力自禁持

【原文】

一人之身，侍于旁者，候于下者，奔走于外者，不啻数十百人，莫不窥伺辞意，乘间舞弊。不特声色货利①，无一可染。即读书赋诗，临池作画，皆为召弊之缘。当其兴到时，或试以公事，稍有不耐烦之色，即弊所从

【译文】

做官的人，侍候于他旁边的人，听候他命令的人，奔走在外为他办理公务的人，不只数十百人。这些人没有不暗中察言观色，寻找时机徇私舞弊的。做官的人不仅仅贪恋歌舞、女色、钱财、私利，但却没有一项是可以染指的，即使读书赋诗，临池作画，都是招来吏役舞弊的原因。当官的人刚刚到任时，吏役有时会以公事试探。当官的

起也。人非圣贤，谁无嗜好？须力自禁持，能寓意于物而不凝滞于物，斯为得之。

人稍微有不耐烦的神色，弊害便由此而起。每个人都不是圣贤，谁没有一些嗜好呢？为官者必须尽力自我约束，做到寄寓情意于外物，而不拘泥牵制于外物，这样才算是做得比较成功。

【注释】

①声色货利：货，指钱财；利，指私利。贪恋歌舞、女色、钱财、私利。泛指寻欢作乐和要钱等行径。

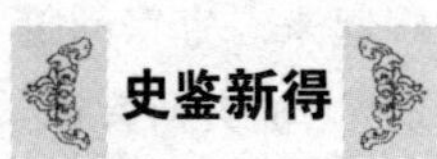

史鉴新得

王蓝田，字怀祖，袭爵蓝田侯。父王承，祖王湛，曾祖王昶，子王坦之。在王蓝田年少时，父亲就去世了，母亲经常教育他，要像先辈们那样，不争名于朝、争利于市，要弘扬家风、光耀门庭。他很孝敬母亲，刻苦读书，在人面前平时少言寡语，但就是脾气急躁。

有一次，王蓝田在吃鸡蛋的时候，用筷子插，没插住，于是大怒，把鸡蛋扔到地上。鸡蛋在地上旋转，他又跳上去踩，又没踩中。他愤怒已极，再从地上把鸡蛋拿起放到嘴里，咬碎后马上吐出来。由于他脾气急躁，遇事很不冷静，点火就着，总爱认死理，因而常常把事情搞糟。

王蓝田三十岁那年，在丞相王导门下当吏员。王导出于对他先祖、先父的崇敬找他谈话。没想到王蓝田劈头第一句话就是："江东的米价如何？"惹得王导心里很不高兴，王导认为丞相的职责是如何处理朝政大事，因此瞪着大眼不回答。后来，王蓝田与同僚们交谈时，同僚们都夸口称赞丞相如何高明，他却突然严肃地说："人非尧舜，哪能够每件事情都做得很好。"意思是说丞相也有缺点，没有必要光说阿谀奉承的话。王导事后对人说："蓝田不慕富贵，和乃祖、乃父一样，但在旷达待人方面却逊色多了。"

王蓝田虽然性子急躁，但却从来不虚伪客套。他先后当过临海太守、扬州刺史、尚书令等职。每次改迁时，如果自己觉得不能胜任便推辞不受，反之则毫不谦让。他的儿子王坦之劝谏他客气客气，他反问道："你认为我的能力还不够吗？"儿子说："不是。但谦让一番岂不是更完美！"王蓝田大声地说："既然能胜任，就没有必要搞这一套，大家说你比我强，我看你在这方面还不如我呢。"

随着年岁的增长和官位的提升，王蓝田的脾气也改了很多。谢安的哥哥谢奕，性情粗鲁暴躁，依仗弟弟在朝中的威望，乘着酒兴辱骂王蓝田。但王蓝田既不还手，也不还口，面对着墙壁，一动不动地坐着。过了好久，他才回过头来问随从："谢司马走了吗？"当他知道谢奕离开了后，便转过身来继续和客人们说话，绝口不提刚发生的事。

"蓝田性急"在当时是尽人皆知的，但他知过能改，克制自己，容允他人，为人坦率真诚，因而仍然得到了人们的好评。

第二编　佐治心法

官之得民与否，去官日见，真幕之自爱与否，去馆日毕露。佐主人为治，须算到去官日不可有遗议败名。总之官之得民，要在清勤慈惠。

幕僚应虚心处事

【原文】

必行其言者，弊或流于自是，则又不可。宾主之义，全以公事为重。智者千虑，必有一失，愚者千虑，必有一得。况幕之智，非必定贤于官也，特官为利害所拘，不免摇于当局，幕则论理，而不论势①，可以不惑耳。然隔壁听声，或不如当场辨色②，亦有官胜于幕者，惟是之从。原于声价无损，意在坚持。间亦偾事③。故士之伸于知己者，尤不可以不虚心。

【注释】

①势：形势。

②辨色：分辨、识别脸色。即观察人的表情。

③偾(fèn)事：败事。

【译文】

言出必行的人，其不足之处在于自以为是，这样做有时是不被允许的。审视幕僚与主人之间的道义关系时，完全应该把公事放在首要地位来考虑。古人说："智者千虑，必有一失；愚者千虑，必有一得"，正是这个道理。况且幕僚的智慧和能力，不一定就比当官的人强多少，只不过当官的人，被利害关系所束缚，在考虑问题、处理事务时犹豫不定。而当幕僚的人就不同了，他们考虑问题处理事物时，只依据事理、而不考虑情势如何，也就不会在事局中迷惑糊涂。然而不管怎么说，隔着墙壁听一个人说话的声音，有时就不如当场面对面地观察一个人的表情。也有为官的人能力比幕僚强的，那就只能服从主人的决定。这种做法，对于自己的声誉身价毫无损害。幕僚一味坚持自己的观点和做法，固执己见就会把事情搞坏。因此，作为一个入幕辅佐的读书士人，在向知己朋友申述自己的观点时，尤其不可以不虚心向别人学习，听取别人的意见。

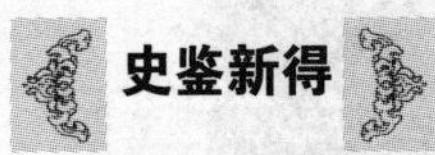

史鉴新得

谦虚、谦让是一种美德。真诚地奉行这一谋略，客观上能使自己处于有利地位，表面上让掉了不少东西，实际上得到的更多。

显德五年(958年)，曹彬奉周世宗之命出使吴越，由于他善于处理两国关系，甚得吴越厚待，但他却拒绝接受吴越的多次赠礼。一次，曹彬回后周述职，吴越派人带着礼物相送，曹彬不得已只好收下，但回国后立即上交了国库，周世宗深为感动，坚持将馈礼全部赐给他，他不能推却，内心却非常不安，只好将全部礼物分赠给部下。当时赵匡胤是禁卫军首领，王公大臣都羡其权威而讨好巴结他，但曹彬不随大流，除了交流公事外一概不去拜访赵匡胤。建隆二年(961年)，曹彬随军伐后蜀，胜利后不贪心图财。其他将领多取美女玉帛，满载而归，他却"囊中惟图书、衣

衾而已”。宋太祖嘉其军功与为人，擢其为宣徽南院使、义成军节度使，他却再三推让不受，一时其清介谦谨、居功不傲的名声四处传开。975年，曹彬随军伐金陵，他恐城破之际士兵滥杀无辜，便以诈病手段召开将士会议，说：“吾病非药不能救，唯独希望诸公在城破之日不妄杀一人，吾病就好了。”将士们果依其言，受到金陵百姓欢迎。南唐平定后，曹彬班师回朝，但他不上书表功，宋太祖曾许诺攻下南唐后，要任曹彬为相，但曹彬却不邀功讨赏。宋太祖深受感动，赐给他二十万钱。曹彬为国供职，生活俭朴，家无余财，得到赐礼赏钱也多散给部下宗亲，宋太祖佩服其为人，平南唐不久就提升他为枢密使位兼将相。曹彬病死后，宋真宗痛哭失声，追赠他为中书令，封济阳郡王，配飨宋太祖庙。

欲行志必先立品

【原文】

信而后谏，惟友亦然。欲主人之必用吾言，必先使主人之不疑吾行，为主人忠谋，大要顾名而不计利。凡与主人相依及效用于主人者，率惟利是视。不得遂其所欲，往往易为媒孽[①]。其势既孤，其阂易生，稍不自检，毁谤[②]从之，故欲行吾志者，不可不立品。

【注释】

①媒孽：搬弄是非、挑拨离间，陷人于罪。

②毁谤：诽谤，说别人的坏话。

【译文】

树立信义，才可以为主人出谋划策，对待朋友也是这样的。想让主人采纳你的意见，首先得让主人信任你的品行。忠心耿耿地为主人出谋划策，最主要的就是只考虑名节而不要去计较那些蝇头小利。凡是跟主人相互依赖，并效忠于主人的人，大都唯利是图。一旦不能满足他的欲望，达不到他的目的，就容易搬弄是非、挑拨离间。这类人势力已经孤立，和主人也容易产生隔阂，言行上稍不检点，诽谤攻击之词也就会紧紧伴随着他。因此，想要实现志向的人，不可不首先树立自己的良好品行。

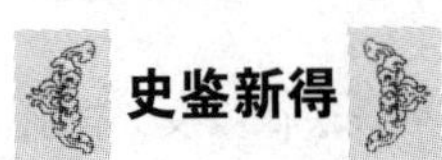

史鉴新得

顺阳侯李冲身兼中书令、散骑常侍、给事中、陇西公等要职，深受魏文明太后宠幸，每月领赏赐达数千万，至于私下收集的珍珠美玉、御用宝物更是充盈府第，究竟有多少，外人就不得而知了。李冲本来家境贫寒，自此渐渐成为当世富室，此时可谓官运亨通，财源广进，但李冲能自我约束，善积财也能散财，从姻亲宗族直到乡间邻里，广施恩惠，不管远近，都能得到厚薄不等的好处。李冲也能虚己待人，顾念那些羁旅在外遭受饥寒的人，帮助他们摆脱困境，因此很受当世人敬重。

李冲的兄长李佐与河南太守来崇素来不和，早有嫌隙。李佐心怀忌恨，寻机找些事端来举告来崇，致使来崇下狱而死。父仇子报，来崇之子来护念念不忘雪恨，终于找到机会举报李佐贪赃枉法，连李冲也受到牵连，与李佐一同被关押入狱，幸逢大赦开释。此后，李冲日渐发达，大富大贵，乃至总揽朝中内外政务，参决大事，权倾朝野，此时来护任南部郎，因有前面的一段恩怨，恐怕大权在握的李冲终究要挟嫌报复，于是他处处小心，主动避让，李冲知他心思，每每安慰劝导。说来也巧，来护后来也因贪赃被拘，他料想李冲兄弟这次一定会乘机报复。不料李冲非但不计前嫌，反而主动上书，为来护求情。从此事可见李冲的坦荡无私。来护免罪开释后，对李冲既感动，又感激：自己遭难时，李冲不仅不落井下石，反倒施以援手，是他怎么也没有想到的。

李冲的同宗外甥阴始孙，少小孤贫，李冲视他如同自己的亲侄子。一次，有一人想求个官职，于是就送上一匹好马来求见李冲，恰好当时李冲不在，阴始孙一时贪心，就自作主张收了下来，还借个机会将马借给李冲，李冲不明底细，也未深问，常常骑马外出。求官的人翘首盼望，可做官的事杳无音信。有一次，他看到李冲骑着自己送的马到处游走，心中不平，索性找到李冲问个清楚。李冲听来人讲明实情，不禁大吃一惊，想不到自己平素疼爱的阴始孙竟然这么胆大妄为，做出这种没出息的事情，不禁大怒，立刻将他召来审个明白，之后，李冲将阴始孙捆缚送到官府，请求官府处置。

位高权重的李冲，能不念前嫌救助曾经伤害过自己的人，又能不徇亲情，不袒护触犯刑律的家人，秉公行事，其胸襟气度，其公正无私，确有过人之处。

运用法律宜合实情

【原文】

幕之为学，读律尚已。其运用之妙，尤在善体人情。盖各处风俗往往不同，必须虚心体问，就其俗尚所宜，随时调剂。然后传以律令，则上下相协，官声得著，幕望自隆。若一味我行

【译文】

做幕宾所学的知识，主要是精研法律条文。准确运用法律的奥妙之处，尤其在于体察人情世故。因为各地的风俗习惯不尽相同。必须虚心体验领会，并根据当地的风俗习惯，随时调整改变方式方法，调整补充法律条文，然后加以宣传，这样就会让官府和当地百姓上上下下都协调得宜，官家的声誉得到彰显，幕宾威望也自然提高，假如一味死抠法律条文，固执地

我法，或且怨集谤生。古云利不百不兴，弊不百不除。真阅历不可不念也。	按习惯方法办事，不能结合俗情变通，就会招致埋怨毁谤。古人说得好："有利的事情不多就不要去办，有害的事情不多就暂时不去革除。"这真是一句老于世故、很有阅历的话，我们应常想着这句话啊！

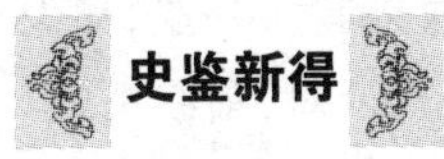

北宋熙宁七年(1074年)，忙于变法的王安石碰到一件麻烦事：一个本来由他提拔的看城门的小官郑侠画了一幅《流民图》进呈天子神宗，说变法有问题。

王安石想不明白，皇帝神宗赵顼更想不明白，通过变法达到"富国""强兵"的目的，这有什么不对吗？怎么竟会是一个民不聊生的结局？其实，变法失败的原因固然很多，但主要原因在于未从当时已彰显十分突出的"弊"入手来开始改起。

北宋当时最大的弊政：一是冗吏太多，造成国家沉重的财政负担。宋代结束了五代十国的割据局面，为了防止再出现"藩镇之祸"，政府采用了"分化事权"的方法。宋代的宰相有名无实，只管政事，无权过问经济与军事，军事由枢密院管，财政由三司管。三个部门之间互不过问，造成的结果是：行政效率低下，人浮于事，互相牵制，互相推诿。三司、枢密院、中书省之下又各有一套机构，一批官员。而原来的六部、九寺、五监等机构仍然存在，造成严重的机构重叠。时人谓"吏部闲了，事归审官院；户部闲了，事归三司；兵部闲了，事归枢密院"。由此增加了大量的官吏。宋真宗时官员数量达一万多人，宋仁宗时达两万多人。而当时全国的人口才几千万。官员多了不说，宋代又奉行"高薪养廉"，光官员的俸禄就大大加重了财政负担。二是冗兵。宋代兵制，军队分为禁军与厢军两种。禁军护卫中央，厢军负责地方。禁军数量要与厢军数量相等，也就是厢军每添一人，禁军也要添一人。将领率军，却"将不专兵"，只有枢密院才有发兵权，将领无法有效统帅与训练军队，所以宋军战斗力极为低下。一方面为应付西夏、辽的军事压力，宋军只好追求数量优势，保持庞大的军队；另一方面，每遇灾荒之年，又要吸收大量饥民进入军队以防止农民起义。这样一来，军队人数逐渐成为天文数字。太祖时军队只有22万人，到宋英宗治平年间竟增加到116万人。数量庞大的宋军无法弥补质量上的劣势，宋军始终不是剽悍的夏、辽骑兵的对手，既无法解除军事压力，又增加了财政负担。按蔡襄计算，军费占当时国家收入的六分之五；按朱熹计算，军费占国家支出的十分之七八。连宋神宗都说："穷吾国者，兵也。"三是土地兼并严重。一方面宋代国家对土地兼并不加干涉，地主阶级尤其是大地主阶层得以大量占有土地。另一方面，大地主们利用他们在政治上的权势，得以偷税、漏税，而把国家财政负担大部分转到贫

苦百姓头上。

但王安石变法不从此入手改革，而通过一系列新法，把从民众手中搞钱当成变法的主要内容，导致变法对大宋王朝的财政收入有所补益，却失去了民心，遭到民众反对，最终失败。以“青苗法”为例，本是为了免除农民在青黄不接时受地主豪强的高利贷盘剥，改由政府向他们贷款，每年两次，利息按二分计算，在夏、秋两季农作物收获时，再归还政府的一种充分考虑到农民利益的低息贷款。而实际操作下来其实是种可怕的官家垄断的高利贷。陕西一农民向官家借陈米一石，至还的时候是新的好小麦一石八斗七升五合，“所取利近一倍”，弄得连“中户以下大抵乏食”。又如目的在减轻贫困农民负担的免役法，也因问题多多导致全面失败。官员贾蕃在知东明县(属开封府)时试行免役法，故意把农户的等级提高，把四等农户提升为三等(按规定，四、五等农户免纳役钱)，意味着把免纳役钱户提到要纳役钱户中，从而激起了民户的不满。最终导致赵宋王朝人心的离散。

四十多年后，北宋灭国。

正心之学在于洁守

【原文】

正心之学，先在洁守，守之不慎，心乃以偏。吾辈从事于幕者，类皆章句之儒，为童子师，岁修不过数十金，幕修所入，或数倍焉，或数十倍焉。未有不给于用者。且官有应酬之费，而幕无需索之人，犹待他求，夫何为者？昔有为余说项①者，曰：“此君操守可信。”余闻之怫然②。客

【译文】

端正心术的学问，首先就在于廉洁自守。如果不谨慎，在心中就会产生偏差。我们这些幕僚，都是些学习孔孟章句之道的读书人。假如给小孩子当塾师，每年的收入也不过数十两银子。而在幕府中工作所得的收入，有时是当塾师所得收入的数倍，甚至是数十倍。从来没有不够自己花销的。并且官府有应酬往来的花费，而幕客则没有被需求索取的对象，还有待于向

曰："是知君语也。夫何尤[3]？"余应之曰："今有为淑女执柯[4]，而称其不淫，可乎？"客人笑而去。

【注释】

①说项：替人说好话或讲情。
②怫(fú)然：忿怒的样子。
③尤：罪过，过错。
④执柯：谓给人介绍婚姻。

别人求取。这么好的工作我还有什么不满意呢？过去有人介绍我去当幕僚说："这个人的操守品行值得信赖。"我听了很生气。那位客人就说："我了解你才说这样的话，难道有什么不对吗？"我回答他说："现在有人为一位淑女牵线作媒，却声称她不淫荡，行不行呢？"那位客人笑了笑就离开了。

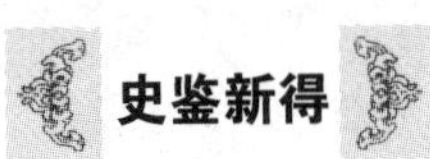

史鉴新得

康定二年(1041年)，包拯因在天长县明察善断，办案如神，政绩卓著，升任岭南端州知州。

北宋年间，朝廷规定端州每年都要向皇宫交纳一定数量的砚台，或留皇室使用，或赐公卿大臣。当时的权贵们都以家中存有几方端砚为荣。因此，历任知府为巴结权贵、讨好上峰，就要向民间工匠和作坊无偿索取比进贡数量多几十倍的砚台，弄得民不聊生，怨声载道。

包拯到任后，翻阅前任文卷，发现上任知州额外征收端砚太多。按朝廷进贡的要求，每年要供奉八块。可去年的登记中，写的都是"三十又六方"。包拯看后十分惊讶，当即对此事进行了解。官员们皆异口同声地说："前知州为贿赂当朝权贵，才大手大脚啊！"包拯诙谐地说："对待权贵，恐怕只能小手小脚吧？"于是他下令：按朝廷规定，进贡之端砚每年只做八块。

一日，一位官员送包拯一方石砚，说道："大人每日躬笔耕耘，急需上砚。现得砚一方，呈与大人，以为万民造福。"包拯说："我多年皆用普通石砚，如此美砚当呈圣上所用，我用则糟蹋了。"坚决推辞不受。

包拯常说："廉者，民之表也；贪者，民之贼也。"后来，又有人来送端砚；他开着玩笑拒绝说："如今我来到产端砚的端州，便收端砚；明日去产金的金岭，又受金子，我岂不成了天下鼎鼎富有的珍玩大盗吗？”直到庆历三年(1043)，当他即将离任时，当地精制一方好砚，赠给他作纪念，他仍婉言谢约，“不持一砚归”。因此，人们奔走相告，盛赞包拯为官清明。

崇俭才能葆其真

【原文】

古也有志：俭以养廉。吾辈游幕之士，家果素封①，必不忍去父母、离妻子，寄人篱下。卖文之钱，事畜资②焉。或乃强效豪华，任情挥霍，炫裘马，美行縢③，已失寒士本色；甚且嬖④优童，狎娼妓，一晌之费，赏亦数金，分其余赀⑤，以供家用；嗷嗷待哺，置若罔闻。当其得意之时，业为职者所鄙。或一朝失馆，典质不足，继以称贷，负累既重，受恩渐多；得馆之后，情牵势绊，欲洁其守，终难自主，习与性成，身败名裂。故吾辈丧检⑥，非尽本怀，欲葆吾真，先宜崇俭。

【注释】

①素封：从没有过封赐。

②畜资：积储钱财。

③行縢：绑腿布。泛指服装。

④嬖(bì)：宠爱、宠幸。

⑤赀(zī)：同“资”，钱财。

⑥丧检：失于检点。

【译文】

古书有这样的记载：节俭可以培养廉洁的品德。我们这些靠入幕为生的读书人，家境贫寒，无依无靠。一定不会忍心离开年迈的父母、抛下娇妻弱子，背井离乡，去过寄人篱下的屈辱生活。而是依靠写文章得来的银子，将其积蓄下来资助家庭。而有的人则极力仿效别人的豪华奢靡，尽情地挥霍享受，向别人夸耀自己的裘衣美马，显示自己的打扮装束。这就失去了清寒之士的本色；更有甚者，宠幸戏子、嫖娼妓，一次宴席的开销，单是赏金就是数两。挥霍过后，才把剩下的钱，拿去供家养口；对于嗷嗷待哺的家人，却视而不见，置若罔闻。这类人，当他们在春风得意的时候，就已经被熟知底细的人瞧不起了。一旦失去幕僚的工作，就只能靠典当抵押过日子了。典当抵押不够了，就只好向别人借贷。欠债越来越多，包袱越来越重，同时也越来越多地接受别人的恩惠。等到重新做了幕僚后，势必身不由己地被人情所牵累，形势所羁绊。即使想要廉洁自守，也很困难。况且习惯和性格都已养成，身败名裂是难免的了。所以，我们这些人失于检点，并不是由于丧失了本来的心志。如果想永远保持我们的真实本性，那么一开始就应该崇尚节俭。

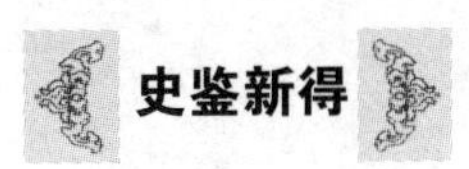

史鉴新得

钱财之事，如果筹划得当，开支合理，花钱少也会显得宽绰；如果盲目攀比，随意挥霍，花钱肯定会多，也会日渐拮据。因此，君子爱财，取之有道。应该少生挥霍的念头，克制私欲，崇尚节俭。

公仪休是春秋时期鲁国的宰相。他爱吃鱼是出了名的，他几乎每天都要吃鱼，到了每日无鱼不欢的地步，一些小毛病甚至能靠吃鱼治愈。鱼对于他来说简直是一种神奇的药物。因此，仆人天天都去给他买鱼。

天天都吃同一种鱼当然没有什么意思，所以公仪休吃的鱼也不断地变换花样。他吃过的鱼很多，既有淡水鱼，也有海里的鱼；既有南方的，也有北方的。不仅如此，公仪休还特别讲究烹鱼方法，煎、炒、蒸、煮以及一些别人叫不出名字的方法，他都交替使用。

这一年，公仪休当了鲁国的宰相。于是，上上下下认识他的人以及那些有求于他的人，都争着买鱼送给他，出乎他们意料的是，送去的鱼全都被公仪休拒之门外。他的学生觉得很奇怪，对他说："既然先生那么爱吃鱼，为何不接受别人送的鱼呢？"

公仪休说："正因为爱吃鱼，所以我才不接受别人送的鱼。假如我接受了别人的鱼，办事时就会徇情枉法。徇情枉法的话，我就会有被革去宰相职务的危险。到那个时候，就是我想吃鱼，这些人也不会给我送鱼了；我没了俸禄，自己又买不起鱼，那就不可能天天吃鱼了。与其这样，我不如现在不接受别人的鱼，做个廉洁奉公的好宰相。虽然不能吃别人送的鱼，但我自己的俸禄能保证我天天有鱼吃。"

范家必先自俭

【原文】

身自不俭，断不能范家[1]。家之不俭，必至于累身。寒士课徒[2]，数月之修少止数金，多亦不过数十金，家之人，目其艰，是以节啬。相佐游幕之士，月修或至数十金，积数月寄归，则为数较多，家之人以其得之易也，其初不甚爱惜，其后或至浪费。得馆仅足以济失馆，必至于亏，谚所谓搁笔穷也。故必使家之人皆知来处不易，而后可以相率于俭，彼不自爱者，其来更易，故其耗更速，非惟人事，盖天道矣。

【注释】

①范家：很好地治理好家。

②课徒：指教授学生。

【译文】

自己不节俭，就不能规范家政；全家不讲求节俭，到头来必定会牵累自己。贫寒的读书人开设学馆授课，几个月下来的收入，少的只有几两银子，多的也不过几十两。家里的人由于亲眼看到了赚钱的艰难，所以用钱也就特别节省。那些辅佐别人，游于幕府的读书人，每个月的收入达到了几十两银子。积攒几个月，往家里一寄，数字就比较大了。家里人认为来得容易，开始不大珍惜，以后甚至浪费。其实，幕府收入，仅够填补失去幕府时的生活。家人如此花销，一定会达到亏损的程度，这正像俗语说的“放下刀笔就穷”一样。因此，必须要让家里的所有人，都知道银子是来之不易的。懂得了这个道理，家人也就相继开始节俭了。那种不懂得自己珍惜节俭的人，他的钱来得容易，但是耗费也会更快。这不仅仅是一般的人事，大概也是上天的自然法则吧！

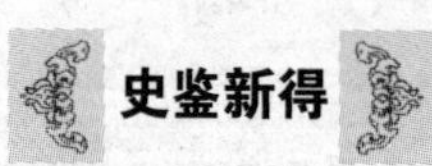

史鉴新得

苏轼，字子瞻，号东坡居士，眉州眉山人，中国北宋大文豪。

宋仁宗嘉祐二年（1057年），21岁的苏轼考中进士，他前后共做了四十多年的官，做官期间他总是注意节俭，常常精打细算过日子。公元1080年，苏轼被降职贬官来到黄州，由于薪俸减少了许多，他穷得过不了日子，后来在朋友的帮助下，弄到了一块田地，便自己耕种起来。为了不乱花一文钱，他还有计划地实行开支：先把所有的钱计算出来，然后平均分成十二

份,每月用一份;每份中又平均分成三十小份,每天只用一小份。钱全部分好后,按份挂在房梁上,每天清晨取下一包,作为一天的生活开支。拿到一小份钱后,他还要仔细权衡,能不买的东西坚决不买,只准剩余,不准超支。积攒下来的钱,苏轼将之存在一个竹筒里,以备急需时所用。

与上司言宜留有余地

【原文】

与上司言,不宜直陈,是说也,有所受之也。余性率直,言无不尽。居乡、佐幕无不皆然。将谒选人,故人赠别,谓对上官言须慎默。余虽服膺[①],猝难自制。凡遇上官询问公事,无不披款直陈,幸叨信任,免于咎戾[②]。然有赏识最优之上官,一日询有家世,遂数述乌私,备据素悃[③]。上官曰:"予有退志乎?"又谨对曰:"不敢冒昧,他日力不能支,惟祈恩鉴矣。甚蒙许可,并喧谕不宜恋栈之故。"越一年余伤足告病。忽以前语致疑,指为规避,再三验实,甫获放还。益感故人之戒,非身世不知。故对上官言不宜泾[④]尽,机不密,则失身。可不慎哉!

【注释】

①服膺:衷心信服,牢记在心。

②咎戾:灾祸,灾难。

③悃(kǔn):诚恳、诚实。

④径:直截了当。

【译文】

和上司说话,不宜直言快语、和盘托出。我这样说,是从我自己的经验中总结出来的。我性情直率,知无不言、言无不尽;居住在乡下,给别人当幕僚时,都是这个脾气。当我准备步入官场、谋取仕途时,去和老朋友道别。老朋友告诫我,和上司讲话一定要小心谨慎。我虽然同意这种说法,但是一旦遇上具体的事情,就难以控制自己。凡是遇到上司询问我公事,我就原原本本地说出来。幸亏我的上司对我一直很信任,并没有责怪我的直率。但是,有一天,一个最欣赏我的顶头上司问到我家里的情况,我便把家里的情况详详细细地说了出来,并且说出我自己的志向。上司接着问我:"莫非你有退出官场的想法?"我连忙说:"哪里敢呢,等过些年,我力不从心时,希望你能体恤我,并告知大家我不能继续任职的原因,恩准我体面地告老还乡。"过了一年,我的脚受了伤,我便告病还乡。哪知上司忽然想到我原来给他讲的那席话,于是便产生了怀疑,指责我是逃避责任,对我的伤势再三检验,才把我放行了。于是我更加对我老朋友的忠告深信不疑,这是没有亲身经历的人无法感受到的,所以对上司说话,一定不要直言快语、和盘托出。如果不注意保密,那就会招祸上身。不可以不谨慎啊!

史鉴新得

汲黯，字长孺，是西汉濮阳县人，家中世代为卿大夫，他喜好黄帝、老子的学说，为人刚正耿直，身为臣子，能够以国家社稷和百姓疾苦为重，不顾个人安危，直言进谏，因此而出名。

汉武帝时，河内郡失火，烧了一千多家，皇帝派汲黯前去视察。汲黯到了后，发现失火只是小事，当地贫民受水灾旱灾的有一万多家，甚至到了人吃人的地步。汲黯以民为重，见机行事，他凭着手上拿的符信命令河内郡的官吏发放官仓里的粮食，赈济当地贫民。回朝复命时，汲黯归还符节，向皇帝请罪。汉武帝认为他非常贤良，没有治他的罪。

有一次，在召选有文才的儒生时，皇帝大谈自己要怎样怎样。汲黯说："陛下您内心有很多欲望，而在别人面前却装作要施行仁义的样子，这能效法唐虞之治吗？"皇帝怒形于色，拂袖罢朝，大臣们很多都替汲黯害怕，有的责怪汲黯，汲黯说："天子设置公卿等辅佐的臣子，难道是为了让他们阿谀奉承，迎合意旨，使君主陷于不义的地步吗？况且我既已位居公卿，即使爱惜一己之躯，又怎能为此而损害了朝廷的利益呢？"

对于朝政不合理的地方和那些奸佞之臣，汲黯总是能够直言指正，似乎什么人都不能使他改变节操，皇帝曾称赞他是位能够与国家共患难的社稷之臣，对他非常敬重和礼遇，以至于大将军卫青入宫晋见时，皇帝可以蹲在厕所里召见他，丞相公孙弘平常因事晋见，皇帝有时不戴帽子，但汲黯晋见，皇帝不戴帽子就不敢接见他。

入幕本领需自磨炼

【原文】

入幕本领，原非容易。必胸怀高朗，笔力明通，参观事

【译文】

当幕僚原本就不容易，必须志向远大、襟怀坦荡，有很强的理解能力和文字处理能力，有参

变有素，然后可当一面。若徒恃聪明，矜才使气，每多偾事。

有才又必有遇。遇合甚难，非可固求。一贵一贱，交情乃见。周旋世路中，自存骨干，斯两得之。若事有关紧，宜反覆辨论无憾，而后即安，至谥一文一字，小有异同，无庸饶舌也。更有以饮食细故，动辄龃龉，席不暇煖，甚无谓矣。倘果有危机，必择地而蹈，未可一味因循耳。

取友必端，自宜推心置腹。我辈自处，不可不慎，一身孤寄，疑忌业生，李下瓜田，最易指摘。故主宾水乳亦必匿影避嫌，毋使风动帐开，使人知都生踪迹。此君子自爱、爱人之道。

大约主人信任一分，则勇往一分，可以任劳，可以任怨。若稍疑贰，则退缩收敛，不必图功，立身于无过而已。

交移稿案，原属平浅，然有疑难棘手，颇费踟蹰，又有危险而不足惧，平易而不可忽者，总在留心细看，习练久则自知之。人但以寻常稿片，行查转覆，了无难事；而不知其独居深念。惨淡经营，非可易易也。

议观察总结事物发展变化的能力，并且训练有素，然后才可以独当一面。如果只是仗恃聪明，恃才傲物，放纵任性，就常常坏事。

有才能又必须有机遇。机遇是很不容易得到的，不是可以强求的。从富贵变为贫贱，从贫贱变为富贵，人与人的交情就显现出来。小心周旋于世途人心的微妙变迁之间，独自保持骨气操守，这样就两方面都兼顾到了。如果事情关系重大，最好反复考虑权衡，使其没有疏忽遗漏，避免造成遗憾，以后就自然平安无事。至于一句话、一个字上稍微有所差异，就用不着争论不休了。更有因为饮食起居的琐碎事情，动不动就意见不合，感情不融洽，床席还未睡暖就甩袖离去，那就大没有必要了。如果真正有危机，必定要选择地方另谋栖息，不可以一味地流连守旧、过于拘执。

结交朋友必须要确保人品端正，自然应当推心置腹，我们这样的人独自居住，不可以不谨慎。孤独一身，寄人篱下，受人怀疑猜忌的事必然很多。李下瓜田，最容易受人指摘。因此，主人与宾客的关系即使水乳般融洽，也必定要藏匿身影，避开嫌疑，不要使风吹帐开，让别人知道、从而成为别人怀疑的理由。这就是有道德的人自我尊重，也尊重别人的方法。

一般来说，主人信任一分，幕客就大胆地前进一分，可以任劳，可以任怨。如果稍有怀疑其忠诚，就退缩收敛，不必希望建功立业，但求无过就行。

来往公文和案件移交文稿，原本属于平常浅易的事情。但是，有的地方疑难棘手，颇费斟酌考虑；还有危险而不必惧怕的，平常浅易而不能够忽略的地方，关键在于留心细看，久经历练，时间长了就自然知道如何处置。人们仅仅认为平常稿件，内容不外行查转复，一点都不困难；却不知经办人独居深思、惨淡经营，并不是平易轻松的事情。

驳议，奏议一类的札子，都须认真作出论断。

议详禀剖，皆以论断。事件固有一定之理，大要在识时务，再看主人之地位与其性情，设身处地。投之所向，无不如意。

书馆幕馆，较分丰啬。然读书可以进取，若簿书佣值，舍田耘田，经年远客，三径就荒，或亲老无养，或中岁无嗣，或有子失教，此亦得失相半。余幕游三十余载，身心岁月，俱非己有，行将为寻耕计，傥有问途者，并以语之。

事件原本就有一定的道理，最重要的在于识时务，再根据主人的地位和性情，设身处地加以考虑，按照他的心意作出论断，没有不妥当的。

书馆、幕馆，比较而言有丰厚、悭啬的区别。但读书才是谋求进取的正途。如果入幕登记文书，受人雇佣值班，催收田赋，多年客游他乡，自己的居所已经荒芜了；或者无人供养二老，或者中年还没有儿子，或者对孩子未能尽教育之责，这也是得失各半。我外出作幕宾三十多年，身心岁月，都非自己所有，现将作归田耕植的打算，如有询问世途的人，附带以这番话告诉他们。

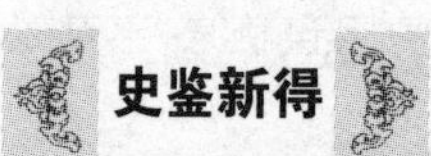

史鉴新得

利在，人必所趋；利尽，人自离散。

齐国孟尝君豪爽好客，据称得势时，曾有门客三千多人。但是，当他被罢免宰相之职时，食客纷纷离他而去，只剩数人忠心追随于他。后来孟尝君又得相位，那些离去的食客们又都一一回来，且人数更多。孟尝君十分愤慨。这时，一直跟随他的冯煖进言说，事有必至，理所固然。有生必有死，有盛必亦衰，这是事之必至。富贵时门庭若市，贫贱时朋友稀少，这是理所固然。早晨，人们争先恐后奔赴市场，黄昏时离开市场，却谁也不再有所眷恋。并不是人们只喜欢早晨而厌恶黄昏，而是早晨市场初起，各种人们想要的东西汇聚在那里，利益就在其中。黄昏时，那些利益已被各人赚取，东西也各归其主，于是人们便不愿再留在这里，就都纷纷离去。这其实是人之常情常理。

遇事要据实禀陈

【原文】

率陈①之故有二：一则中无把握，姑舌上官意趣；一则好为夸张，冀②博上官称誉。不知案情未定，尚待研求，上官一主先入之言，则更正不易，至驳诘之后难以声说。势必护前迁就，所伤实多。

天下无受③欺者。矧④在上官，一言不实，为上官所疑。动辄得咎，无一而可⑤。故遇事有难为及案多牵窒⑥，宜积诚沥悃，陈禀上官，自获周行之示。若诳语支吾，未有不获谴者。苍⑦猾之名，宦途大忌。

【注释】

①率陈：轻率、草率地陈述。

②冀：希望。

③受：授予，给予。

④矧(shěn)：况且，这里是转折意，可是。

⑤可：许可，允许。这里指赞成、满意。

⑥牵窒：被牵连、连带、连累的人或事受到阻隔，不易解决。

⑦苍：即苍头。指仆隶。泛指下属。

【译文】

仓促地把还没干好的事急于向上司汇报的原因有两点：一是对事情没有把握，说出来探探上司的意图。二是喜欢表现自己，夸大自己的能耐，希望得到上司的夸奖。却不知事情结果还未最终确定，还需要进一步探究，但上司却以先入之言为主，那么以后事情变化了，就不好更正了，一旦自己否定了先前的说法，就会造成现在的说法也难以维持的局面。这样，为了维护先前的说法，必然会将错就错，而受到伤害的人就会更多。

天下之人，谁都不愿意被人蒙骗，更何况是自己的上司。如果有一句话不符合实际情况，那就必然会被上司所怀疑。这样一来，动不动就会犯错误，遭到上司的斥责，没有一件事得到上司的赞许。所以，碰到难办的事情以及案件牵连人较多，而又纠缠不清，不易解决的，应诚心诚意地向上司报告，请上司批示，上司自然会给你周密可行的解决办法。如果拿假话来搪塞、蒙骗上司，没有不受到责备的。背上“狡猾的苍头”这个名声，是为宦者最忌讳的。

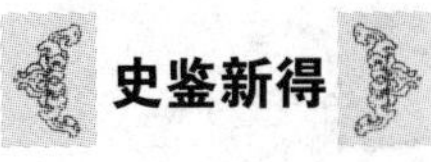

史鉴新得

瞒上者，最终遭祸的还是自己。

从前，有一个人想去拜见县官求个差事。为了投其所好，他事先找到县官手下的人，了解县官的喜好。县官的侍从告诉他说：“县令无事的时候喜欢读书。我经常看到他手捧《公羊传》读得津津有味。”

于是,这个人就把县令的爱好牢牢记在心里,满怀信心地去见县官。闲谈中,县官问他:“你平时喜欢读哪方面的书?”他连忙讨好地答道:“我一心专攻《公羊传》。”县官接着问他:“你知道陈佗是被谁杀的吗?”这个人其实根本就没读过《公羊传》,更不知陈佗是书中的人物。想了半天,还以为县官问的是本县发生的一桩命案,于是吞吞吐吐地回答说:“我平生确实不曾杀人,更不知有个叫陈佗的人被杀。”县官一听,知道他并没读过《公羊传》,才回答得如此荒唐可笑。县官便故意戏弄他说:“既然陈佗不是你杀的,那你说说,他到底是被谁杀的?”这人见县官还在往下追问,更加不安起来,于是吓得狼狈不堪地跑了出去,连鞋子也来不及穿。别人见他这副模样,问他怎么回事,他边跑边大声说:“我刚才见到县官,他向我追问一桩杀人案,我再也不敢来了。等这桩案子搞清楚后,我再向他求做官的事吧。”

论事应面陈

【原文】

事有未惬[①]于志者,上官不妨婉诤[②],寮友自可昌言[③]。如果理明词达,必荷听从。若不敢面陈而退有臧否[④],交友不可,况事上乎?且传述之人,词气不无增减,稍失其真,更益闻者之怒,惟兴口戎[⑤],可畏也。

【注释】

①惬(qiè):心意满足。

②诤:直言劝告,使人改正错误。

③昌言:直言不隐。

④臧否:评论人物的好坏。

⑤戎:战争。这里指舌战。

【译文】

如果别人对事情的看法同自己的想法有差距,那么,在上司面前不妨委婉地陈述自己的看法,据理力争,在同事面前则可以公开讲自己的看法,如果讲得有道理,表达准确,那一定会得到同意。如果不敢当面陈述,但却在背后随便议论,这种态度即使是用在交友上都是要不得的,何况与上司相处呢?另外,传话的人,语气未必没有添油加醋的地方,要是稍稍有失真的地方,就会让听取的人更加愤怒。所以说,唯独舌战,是令人害怕的。

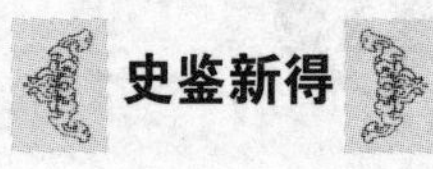

史鉴新得

赵太后刚刚执政,就遇上了一件很棘手的事情:秦国向赵国大举进攻,赵国国力薄弱,难以抵挡,就向齐国求救,齐国要赵太后的小儿子长安君做人质,才肯出

兵。但赵太后特别喜欢这个小儿子,无论怎样都舍不得,秦国攻势又紧,这可怎么办呢?

左师触龙知道了这件事后,就去见赵太后。这时太后刚刚送走了一批来劝说她的大臣,因为双方发生了争执,她正在生闷气。看到触龙,赵太后暗中拿定主意,如果这个左师也是来劝她送出长安君的,她一定要当面啐他一脸唾沫,以示自己不答应送儿子去做人质的决心。

左师好像知道赵太后的心思似的,一见面就嘘寒问暖的,绝口不提人质的事。接着,左师又向赵太后提出要安排他的小儿子舒祺进黑衣卫士的事。赵太后见左师这样喜爱小儿子,一下子来了兴趣,絮絮叨叨地问道:“左师,你们男人也疼爱小儿子吗?”

左师挺认真地说:“比你们做母亲的还疼得厉害。”

赵太后像见到知音一样,彼此有了共同的语言,很动感情地说:“你们男人不了解女人的心,女人疼小儿子才厉害呢!”

左师觉得劝说赵太后的时机已到了火候,于是就不露痕迹地把话题引到了长安君身上:“依我看,你疼女儿燕后就超过了长安君。”

赵太后连连摇头说:“你搞错了,我疼燕后哪比得上疼长安君呢?”

左师抓住契机不放:“我记得你送燕后外嫁燕国的时候;你拉着她的手直淌眼泪。以后,你总是祈祷燕后在那里好好地生儿育女,日后继承王位。这不是在为燕后的长远利益打算吗?依我之见,这才是真正的疼爱孩子。”

赵太后默不作声,侧着头听左师说下去:“从现在算起,三代以前赵王的子孙封侯和继承侯位的,今天已经没有人了。这些人中有一些遇到祸难,本身就灭绝了;祸难来得慢的,就落在他们的子孙身上。这是什么原因造成的呢?因为君王的子孙地位很高,可他们没有建立功勋;待遇丰厚,却没有做出业绩。这种突出的矛盾,就给他们带来了灾难。”

说到这里,左师端起茶杯喝了口水,借以观察赵太后的神态。见她频频点头似有所悟,于是又说了下去:“长安君现在的地位够高的了,封给他的土地也够多的了,他的权力也越来越大,这些都是太后赐给他的。只是,太后忽视了一条最重要的，就是没有给长安君建功立业的机会。如果有一天太后逝世了，长安君靠什么在赵国立足呢？这样看来，你替长安君的打算远远比不上燕后，所以我说你爱长安君不如爱燕后。”

赵太后已经完全接受了左师的观点，于是轻快地说：“你说得挺有道理的，长安君的事就全部托付给你了。”

多行不义必自毙

【原文】

趋吉避凶，理也。公而忘私，不当存趋避之见。惟贪酷殃民，业业[①]脞[②]矿职，及险诈险谋，因而获罪者，咎由自取。外是则皆命为之矣。然福善过淫，天有显道，以约失鲜至竟不罹[③]大戾[④]，恣行威福之人、幸保令名、百无二三。不败则已，败必不止发黜。能辨吉凶者，为吾分之所当为，而不为吾分之所不仅为。自符吉兆而远凶机，趋避之道，如是而已。

【注释】

①业业：担心害怕的样子。

②脞(cuǒ)：烦琐细碎。指平庸无能，没有大的谋略。

③罹(lí)：遭遇、遭受。

④戾(lì)：罪，罪过。

【译文】

趋吉避凶，是天经地义的道理。为了公事而忘掉自我，就不应当存有趋吉避凶的想法。至于那种贪婪残酷，祸害百姓的官吏；那种因自己的小事而渎职，以及那种使奸计耍阴谋而被法办的人，都是咎由自取。除此之外，其他的都是命中注定的。但善行做得多了，上苍必会报应，天道以此明示世人，少做违背天理的孽事，就不会受大的灾殃。那些残暴恣行，作威作福的人，能保全好名声的，百人之中没有两三人。不败露就算了。一旦败露，那就不仅仅是罢官的问题了。善于分辨是非吉凶的人，知道哪些是自己该干的事，哪些是不该干的。这样一来，自然就符合了趋吉避凶的道理。趋吉避凶的道理，也就是这样的。

史鉴新得

许叔微，字知可，号近泉，真州（今江苏仪征县）人，是南宋非常著名的医学家。他之所以能成为医学家，其缘由就是他素来行善积德，以此方能功成名就。

许叔微曾多次参加乡试，但屡屡不利，他便向上天神明祈祷。结果在梦中，有一神人对他说：“你想要登科，须要有阴德。”

许叔微自知家中贫困，没有能力去施舍救济他人以积阴德，便一心刻苦学医，

这样就可行医救人,帮助他人。经过长时间的磨炼修习,他的医术大有所成。

许叔微对待前来求医的人，不管身份高低贵贱,有求必应。对于那些家境贫困者,他都免费赠送给他们药,不取丝毫报酬。这样长期以来,经他手救活的病人不计其数。特别是南宋建炎元年,真州发生大瘟疫,经许叔微救治的百姓十有八九得以存活。

后来,许叔微在梦中再次见到了先前见到的那位神人,神人这次赋诗一首赠予他:“药有阴功,陈楼间处。堂上呼卢,喝六作五。”许叔微百思不得其解。

第二年,许叔微再次参加考试,这次他本以第六名考中进士,可因为他的上一名突然亡故,所以他得以升为第五名。他的上一名是陈祖言,下一名是楼村。仔细想来,许叔微这才恍然大悟,原来梦中神人所述诗句讲的正是此事。

许叔微因为济世救人而积了阴德,所以终于科举成名。可见,积德行善,广结善缘,就是最好的趋吉避凶方法。

佐治以尽心为本

【原文】

士人不得以身出治,而佐人为治,势非得已。然岁修所入,实分官俸,亦在官之禄也。食而谋之不忠,天岂有以福之?且官与幕客非尽乡里之戚、非有乡故之欢,厚禀[①]而宾礼[②]之,什伯于乡里亲故。谓职守之所击,倚为左右手也。而视其主人之休戚,漠然无所与于其心,纵无天谴,其免人谪[③]乎?故佐治以尽心为本。

【注释】

①禀(lǐn):给予谷物。这里指物质待遇。

【译文】

幕僚不能当官理政,而只能辅佐别人处理政事,这是不得不作出的选择。然而当幕僚所得的收入,其实是分得主子的俸禄,也算是做官的俸禄。吃别人的饭,又不为别人尽心办事,上天难道会赐福给他吗?何况当官者和幕僚之间,并不全都是同乡或亲戚,并不是都有亲朋好友那样的深情厚谊，却受到了很高的待遇,其程度甚至十倍、百倍于同乡或亲戚故旧。这是由于主人把维系职守的重任托付给了他，而且把他看成是工作中的左右手而加以信赖倚重。假如受到这种礼遇的幕僚，对他主人的幸福欢乐和忧心悲愁的事却漠不关心,无动于衷;这样的人,即使上天不谴责他,他也逃不脱人们对他的谴责。因此,辅佐主人治理政务,应该以尽心尽力作为根本原则。

②宾礼：对宾客的礼貌，接待。

③谪(zhé)：责备，指摘。

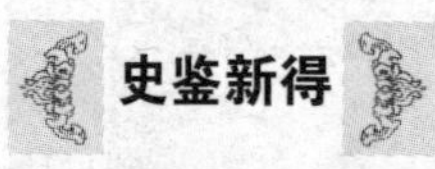

史鉴新得

赵简子有两个手下，一个是赦厥，一个是尹绰。赦厥为人圆滑，会见风使舵，喜欢看主人的脸色行事，从来不说让主子不高兴的话。而尹绰则性格率直，对主子忠心耿耿，尽职尽责。

一次赵简子带尹绰、赦厥外出打猎，一只灰色的大野兔蹿出来，赵简子立即命令随从全部出动，策马追捕野兔，并宣布谁抓到野兔谁有奖赏。于是，众随从奋力追捕野兔，野兔虽然抓到了，但却踩坏了一大片农田。而赵简子对踩坏农田一事置之不理，却对抓到野兔的随从大加奖励。尹绰马上指出赵简子的做法不妥。赵简子不高兴地说："这个随从听从命令，动作敏捷，能按我的旨意办事，为什么就不能奖励他呢？"尹绰说："他只知道讨好您而不顾老百姓的农田，这种人不值得奖励。当然，错误的根源应该是在您，如果您不提出那样的要求，他也不会那样去做。"赵简子心里更是闷闷不乐。

又一次，赵简子因头天晚上饮酒过多，醉卧不起，直到第二天已近晌午仍沉浸在醉梦中。这时，楚国一位贤人应赵简子的邀请前来求见，而赦厥却为了不打扰赵简子睡觉，婉言推辞了那位楚国人的求见，结果使那位贤人扫兴而去。赵简子直睡到黄昏才醒来，赦厥对来人求见的事只是轻描淡写地敷衍了几句，却对赵简子睡得是否香甜格外关心。

此后，赵简子常对手下人说："赦厥真是我的好助手，他真心爱护我，从不肯在别人面前批评我的过错。可是尹绰对我的一点儿缺点都毫不放过，从来也不顾及我的面子。"尹绰听说后，就对赵简子说："您的话错了！作为臣下，就应帮助您完善您的谋略和您的为人。赦厥从不批评您，也从不留心您的过错，更不会教您改错。而我总是注意您的为人处世及一举一动，凡有不检点或不妥之处，我都要给您指出来，好让您及时纠正，这样我才算尽到了臣子的职责。如果我连您丑恶的一面也加以爱护，那对您有什么益

处呢？丑恶有什么可爱的呢？如果您的丑恶越来越多，那又如何能保持您美好的形象和尊严呢？”赵简子听了，顿有所悟。

尽心必先尽其言

【原文】

尽心云者，非徇[1]主人之意而左右之也。凡居官者，其至亲骨肉未必尽明事理，而从仆胥吏类皆颐指气使[2]，无论利害所关，若辈[3]不能进言，即有效忠者，或能言之，而人微言轻，必不能劝其倾听。甚且逢彼之怒，谴责随之。惟幕友居宾师之分，其事之委折既了然于心，复礼与相抗，可以剀切[4]陈词，能辨论明确，自有导源回澜之力。故必尽心之，欲言而后为能尽其心。

【注释】

①徇：顺从。

②颐指气使：不说话而用面部表情来示意，指有权势的人傲慢的神气。

③若辈：此辈、这类人。

④剀切：切合事理，切实。

【译文】

所谓尽心，并不是唯主人意见是从，紧随主人左右。当官者的至亲骨肉，未必都是明白事理的人。而他们身边的听差、仆役、小官，更都是傲慢无礼，目空一切。不论和他们有无利害关系，他们都说不上一句话。即使有忠心耿耿的人，或许能够提出自己的看法和主张，但由于地位低微，所说的话分量也就不够，必定不能说动主人加以采纳。如果刚好遇到主人发怒，那随之而来的就是责骂。在这种情况下，唯有幕僚才能做到他们所做不到的事情。因为幕僚往往多处在客人和老师这种特殊地位上，对事情的来龙去脉、委婉曲折，已经了解得清清楚楚；又可以用有礼节的方式和主人相抗衡，陈述事理又切中要害，合情合理，也可以将是非得失辨别论述得清楚明了，自有开源导流、力挽狂澜的能力。因此，作为幕僚一定要尽心，只有说出自己想说的话，才算做到了尽心。

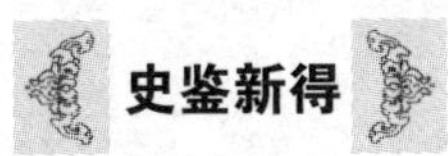

史鉴新得

良禽择枝栖，良臣择主事。一个有为之士如果能遇上一个可以使之施展身手的好官，那真是人生之幸事。这种知遇之恩，其实是一种令人奋力上进的重要力量，催促着个人竭尽自己所知、所能去协助领导分忧解难。

雍正年间，读书出身的田芳在巡抚衙门当了个胥吏。一天，总督李伟命田芳为他代写个奏章，请求皇帝“封赠自己的五代”。田芳不同意，说：“封典规定只封三代，可上追曾祖、祖、父母，却不能封五代，这个奏章我不能写。”总督坚持命令他写，田芳仍旧回答说：“封典规定，只封三代，没有五代。”坚持不写。

这个总督脾气暴躁，又很粗鲁，见田芳这一区区小吏竟敢违忤自己，十分恼火，便出口不逊地大骂道：“你这个牲口养的，这个先例由我开，与你何干？你只管遵命办事就行了，竟这样不听话！”田芳马上站立起来，高声争道：“总督大错。你依仗天子的一时宠信，便忘记了国家的典章制度。我田芳很了解你所以提醒你，你应当感谢我，现在却反而侮辱我的双亲，这是为什么？况且，你作为李家子孙，封三代尚不知足；而我作为田家子孙，未封一代，你却居然骂我是牲口养的，难道这就是你对父母的封赠吗？我田芳不服！”

李伟身为总督，贵为朝廷一品大官，一向盛气凌人，今天竟然在公堂上被一名胥吏顶撞，怒气正不知如何发泄才好，忽然大喝道：“便是我错，你不服又能怎样？”田芳仍毫无畏惧，率直地说：“你，是个大总督；我，是个小胥吏。你骂我田芳，我田芳无可奈何；就是你打死田芳，田芳也无可奈何。所可惜的是，大人的威风能施于小吏，而小吏的道理，却无法向大人申诉罢了。”说罢，竟大步径直走出公堂。

那天傍晚，田芳想着白天所发生之事，正在家中闷坐，忽见总督衙门的巡捕手持总督命令来到家门，催促田芳到总督衙门去。田芳以为总督大人怒气未消，自知不能幸免，便说：“请稍候，我别过家人，就随你们走。”

来到总督衙门后，李伟却突然紧握着田芳的手，笑着说：“你很有胆识，但还屈尊作一名小胥吏，很可惜。我送给你一千二百两白银，你可以拿去捐个县丞做。将来对待上级官员，也还要坚守这种刚直不阿的精神。”田芳感激万分，流着泪拜别了总督。

田芳用总督李伟赠给自己的银两捐了个官职。不久，他被任命为富平县县丞，又很快升为凤翔县知县。由于他廉洁耿正，尽职守责，当时以清官的美誉闻名于世。

约束书吏，是幕友第一要事

【原文】

衙门必有六房书吏①，刑名掌在刑书，钱谷掌在户书，非无谙②习之人，而惟幕友③是倚者。幕友之为道，所以佐官而检吏也。谚云：清官难逃猾吏手。盖官统群

【译文】

衙门之中必定配备有六房专门承办各种文书的官吏，有关刑法的事，由刑书管理；钱财粮米的事，由户书掌握。并不是没有熟悉这类事务的人，而是有幕客可以依靠。设置幕客这一职位的根本目的就在于辅佐官员，并且约束下属的行为。俗话说：“清官难逃猾吏手”。意思是，无论你是多么清正廉

吏，而群吏各以其精力，相与[4]乘官之隙，官之为事甚繁，势不能一一而察之，唯幕友则各有专司，可以察吏之弊，吏无禄入其有，相沿陋习，资以为生者，原不必其为搜剔，若无弊累人之事，断不可不杜其源。总之幕之与吏，择术[5]悬殊，吏乐百姓之忧，而后得藉以为利，幕乐百姓之和，而后能安于无事。无端而吏献一策，事若有益于民，其说往往甚正，不为彻底熟筹，轻听率行，百姓必受累无已。故约束书吏，是幕友第一要事。

洁的官吏，也难于逃出奸猾似鬼的小吏的卑劣手段。这个道理很简单，一个官员统率着很多下属，而这些下属，又各自凭借自己的经验，挖空心思，相互钻空子。官员政事繁忙，必然难以一一检查。只有幕客每人都专门负责着不同的事务，因此可以监察出下属官吏的舞弊行为。下属小官吏没有官俸收入，但他们却凭借沿袭已久的陈陋习俗，维系自己的生活。这本不必过分地搜索挑剔。如果没有因为舞弊而连累他人，千万不要断了下属小吏的生活来源。总而言之，幕客和小官吏，选择的方法大相径庭。小官吏喜欢的是骚扰百姓，他们可以趁机渔利；幕客喜欢百姓和睦安宁，他们也可以无事。假如小吏无端献上一条策略，事情好像有益于百姓，他们申述之词冠冕堂皇，如果没有透彻考虑盘算，轻信他们的话，率意而行，老百姓必定会受累无穷。所以，约束好这些承办文书的小官吏，是幕客们第一重要的事情。

【注释】

①六房：即礼、户、吏、兵、刑、工六部。

②谙(ān)：熟悉。

③幕友：俗称“师爷”。原指古代主将幕府中的属官。后泛指军政官僚聘请的办理事务、献计献谋的佐助人员。

④相与：相互。

⑤术：方法。

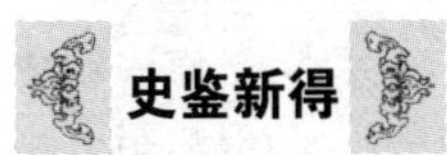

史鉴新得

大家都听说过刘备托孤的故事吧。当关羽被东吴杀害以后，刘备报仇心切，竟不听诸葛亮劝告，亲自率军出征，攻打东吴。结果大败，自己也病倒在白帝城的永安宫。刘备知道自己的病难以治好，便派人日夜兼程赶到成都，请诸葛亮来交托后事。

诸葛亮留太子刘禅守住成都，带刘备的另外两个儿子刘永、刘理来到白帝城。进了永安宫，诸葛亮看到刘备病得不成样子，慌忙拜倒在刘备跟前。刘备叫诸葛亮坐在旁边，用手摸着他的肩背说：“自从得了丞相，我发展了自己的事业，只是由于

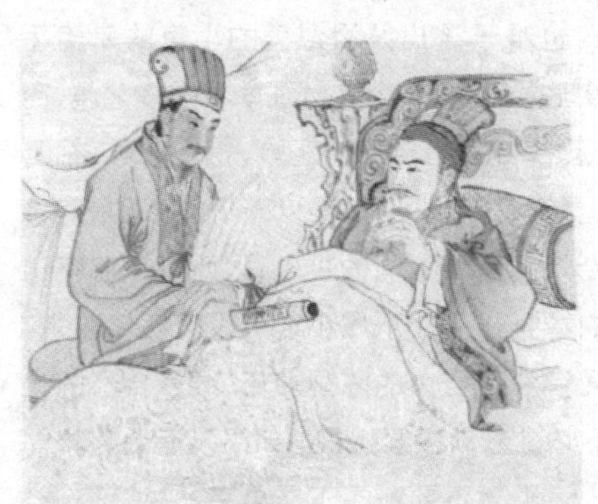

知识浅薄，没听丞相的话，遭到今天的失败,实在后悔万分。看来我这病是难好了,我儿子能力太弱,不得不将大事托你。”刘备说完,泪流满面。诸葛亮也哭着说:“望陛下保重身体。”刘备用眼睛看了看左右的将官,见马谡也在身边,就叫他暂时退出,对诸葛亮说:“这人言过其实,不能重用,对于他,丞相要慎重考察。”说完,刘备召集众将官到齐,拿笔写了遗嘱,交给诸葛亮,感慨地说:“我本想和你们一同消灭曹丕,不幸中途先行一步。麻烦丞相把我的遗嘱交给太子刘禅,以后一切事情,都望丞相指点。”诸葛亮拜倒在地上说:“望陛下好好安息,臣等一定全力效劳,辅助太子。”刘备叫左右的人扶起诸葛亮,一手掩着眼泪,一手握住诸葛亮的手说:“我现在快要死了,有心腹的话要说。”诸葛亮问:“有什么事吩咐？”刘备说:“阁下才干高于曹丕十倍,一定能办成大事,如果刘禅可以帮助就帮助,实在不行,你就作两川之主。”诸葛亮听到这话,立即哭拜在地说:“臣一定尽力辅助太子,一直到死了为止。” 说完,叩头出血。刘备又请诸葛亮坐在旁边,叫刘永、刘理到面前吩咐:“你们要记住,我死了以后,你们弟兄三个,都要把丞相当作自己父亲一样不能怠慢。”说完,叫儿子拜在诸葛亮跟前。接着又对众将官说:“我已把国家大事托拜给丞相,要我儿子待他像父亲一样,诸位也不可怠慢。”说完,双眼一闭,断了气。终年63岁。

签差拿人勿轻派

【原文】

讼一签差，两造不能无费,即彼此相安息销,亦且不易。余向佐主人为治,惟必讯之案,方签差传唤。其余细事多批族亲查理,或久而不覆,经承禀请,差催从不允行,亦不转标。盖事可寝搁,必其气已平,因而置之,有益无损。

【译文】

办理一件案子,一旦派差役去抓人,原告和被告双方都会破费银两。即使双方已经和好、相安无事,要想撤诉,也很不容易。从前我辅佐主人治理政事时,只有那些必须审讯的案子,才派人叫犯人来。其余细小事情，大多指示给有关家族亲人协调办理。有时很久都没有回复,经承、差役都请求催促,我从来没有允许,也不传票。大凡诉讼之事能够被搁置起来,一定是双方怒气已消,所以不再理睬,这样做有益无害。如果叫差役去催促,反而会挑拨离

加以差催转多挑拨矣。且族亲纵有袒护,终有敢尽没其真。没则惟利是视,更不可信也。

间,只能把事情搞得更糟。况且,同族亲属即使有偏袒之处,最终也不敢完全掩盖事实真相,差役唯利是图,更不值得信任。

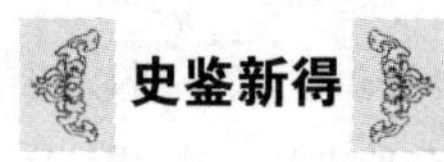

史鉴新得

俗话说:冤家宜解不宜结。当官者应多为百姓着想,多行善事,多化解矛盾,才能使人民安居乐业。

战国时魏国有一位名叫宋就的大夫,他有一年被任为魏国边县之令。魏国与楚国相邻,两国边境都种着瓜。魏国这边的村民十分勤快,经常担水浇瓜,所以西瓜长得快,而且又甜又香。楚国这边的村民种瓜十分懒惰,很少给西瓜浇水,所以他们的瓜长得又慢又不好。楚国这边的县令看到魏国的西瓜长得那么好,便责怪自己的村民没有把瓜种好。而楚国的那些村民却将怨恨加在魏国村民身上,嫉妒他们为什么要把瓜种得那么大那么香甜。于是,楚国这边的村民就想方设法去破坏魏国村民的瓜田。每天晚上,楚国村民轮流着摸到魏国的瓜田,踩他们的瓜,扯他们的藤,这样,魏国村民种的瓜每天都有一些会枯死掉。

魏国村民发现这个情况后,十分气愤,他们也打算偷偷去破坏楚国的瓜田。一位年纪大的村民劝阻大家,说:“我们还是把这件事报告给县令,向他请示该怎么办吧?”于是大家来到县衙。宋就耐心地劝导村民说:“为什么要这么心胸狭窄呢?如果没完没了地这般闹下去,结怨只会越来越深,最后把事态闹大,引起祸患。我看最好的办法是,你们不计较他们的无理行为,每天都派人去替他们的西瓜浇水,最好是在夜间悄悄进行,不声不响地,不要让他们知道。”

魏国村民依照宋就的话去做了。于是,从这以后,楚国的瓜一天天长好起来。楚国村民发现自己的瓜田像是每天都有人浇过水,感到很是奇怪,互相一问,谁也不知道是怎么回事。于是他们开始暗中观察,终于发现为他们的西瓜浇水的正是魏国的村民,楚国的村民大受感动。

很快,这件事情被楚国县令知道了,他既感激、高兴,又自愧不如。他把这些情况写下来报告给了楚王,楚王也同样很受感动,同时也深感惭愧和不安。后来,楚王备了重金派人送给魏王,希望与魏国和好,魏王欣然同意了。从此后,楚、魏两国开始友好起来。边境的村民也亲如一家。两边种的西瓜都同样又大又甜。

勿以草供为据

【原文】

罪从供定，犯供最关紧要。然五听[①]之法，辞止一端。且录供之吏，难保一无上下其手[②]之弊。据供定罪，尚恐未真。余在幕中，凡犯应徒罪以上者，主人庭讯时，必于堂后凝神细听。供稍勉强，即属主人覆讯，常戒主人不得性急用刑，往往有讯至四五次及七八次者。疑必属讯，不顾主人畏难，每讯必听。余亦不敢惮烦也。

往岁壬午[③]八月，馆平湖令刘君冰齐署。会孝丰[④]事主，行舟被劫，通详缉捕[⑤]，封篆后余还里度岁，而邑有回籍逃军曰盛大者，以纠匪抢夺被获。讯为劫案正盗。冰齐迓余至馆，检阅草供。凡起意纠伙上盗，伤主劫赃，表分各条，无不毕具，居然盗也。且已起有蓝布棉被经事主认确矣。当晚属冰齐覆勘，余从堂后听之，一一输供，无惧色。顾供出犯口，熟滑[⑥]如背书。然且首伙八人，无一语参差者，心窃疑之。次晚复属冰齐故为增减案情，隔别再讯，则或认，或不认，八人者各各歧异。至有号呼诉枉者。遂止不讯，而令库

【译文】

给犯人定罪，是要根据供词的。所以犯人的供词最为重要。但五种办案方法里，考察言词只是一种，况且记录供词的吏役，难免有做手脚的弊端。根据供词定罪，最害怕的就是供词不真实。我在做幕僚时，凡遇到应定为服劳役罪以上的犯人，每当主人在庭堂审讯时，我一定在庭堂后面聚精会神地细听。供词稍有牵强不畅之处，就嘱托主人反复审讯，还常常告诫主人不能着急用刑。往往有的审讯，达到四五次及七八次之多。有疑问一定会嘱托主人复审，不顾主人担心有困难，每次审讯我都认真细听，从不敢厌烦。

前年壬午八月，我在平湖县令刘冰齐先生府上作幕僚，正好遇到孝丰一带航船被劫，乘客被杀，官府就通报详情，缉拿追捕。年终官府封印休息后，我回到故乡过年。同乡中有个叫盛大的逃兵跑回家来，因纠集土匪抢劫被抓获，经过审讯盛大为抢劫案的主犯。冰齐把我接到官府里，考察初次口供，包括起心纠集伙伴、无端伤害别人、抢劫财物、按份分赃等罪行，每一条都具备，俨然名副其实的土匪强盗。并且已经有一件蓝布棉被，经受害人辨认，也确凿无疑。当天晚上，我嘱托冰齐再考查审讯，我在后堂听，他们都一一招供，没有恐惧的表情。考虑到犯人口里的供词那么熟练顺畅，如同背书；而头儿和喽啰八人没有一句话不相吻合，我心里便暗暗怀疑起来。第二天晚上，我又嘱托冰齐故意将案情进行增减，隔

书典税书依事主所认布被颜色新旧借购二十余条。余私为记别，亲以事主原认之被属冰齐当堂给认，竟懵无辨识。于是提犯研鞫⑦，佥不承认。细诘其故，盖盛大到官之初，自意逃军犯抢，更无生理⑧，故讯及劫案，信口妄承⑨。而其徒皆附和之。实则被为己物，裁制有人即其本罪亦不至于死也，遂脱之。越二年，冰齐保举⑩知府引见，而此案正盗由元和发觉，起赃主认。冰齐回任，赴苏会审定案。初，余欲脱盛大时，阖署哗然，谓余枉法曲纵，不顾主人考成。余闻之，辞冰齐，冰齐勿听。余曰："必欲余留止者，非脱盛大不可。全失赃甚多，而以一疑似之被骈戮数人，非惟吾不忍以子孙易一馆，为君计，亦恐有他日累也"。然短余者犹窃窃然私议不止，幸冰齐不为动，至是冰齐语余曰："曩力脱盛大，君何神耶？"余曰："君不当抵罪，吾不当绝嗣耳。"盖余自此，益不敢以草供为据矣。

【注释】

①五听：审理案件的五种方法，即所谓的辞听、色听、气听、耳听和目听。

②上下其手：相互串通作弊。

③壬午：即乾隆二十七年，公元1762年。

④孝丰：县名。

⑤通详缉捕：即通缉。

⑥熟滑：熟练而不呆板。

⑦研鞫：仔细审问。

离犯人再行审讯，便有人认罪，有人否认，八个人言语分歧很大，甚至有的人大呼冤枉。于是便停止审讯，叫库房里掌管财务的人依照受害人所认领的棉布被的颜色，或新或旧共购得二十多条，我暗地作了记号，把受害人的被子也放在里面，当场叫他们辨认，竟然都认不出来。我便提审犯人，竟然都不承认。详细审问其中的缘故，原来是盛大被抓到官府时，自己思量逃出军队，又犯抢劫，没有活命的理由了，所以审讯到抢劫案时，信口开河予以承认，他的同伙也随声附和。其实被子是自己的，有的人即使犯上这种抢劫罪，也不至于定死罪呀，便放了他们。两年之后，冰齐被推举受到知府接见，而这件案子的真正犯人是由元和发觉的，赃物拿出，受害人也前来认领了。冰齐回到官府，又奔赴江苏会审案子。开初我想为盛大开脱时，全衙门的人都哗然，说我不顾国法，委曲纵容，不顾主人的考核结果。我听了后，就去向冰齐辞别，冰齐不同意。我说："一定要我留下来，就必须解脱盛大的罪过。况且丢失的东西很多，只因一条可疑和相似的棉被，就要杀好几个人，不只是我要为我的子孙考虑所以不愿丢掉现在的位置，也是在为您考虑，是担心你日后会受到拖累。"但批评我的人还在窃窃私语，幸好冰齐不被这些议论所左右。真相大白后，冰齐向我说："先前竭尽全力为盛大开脱，你怎么料事如神啊？"我说："您不当抵罪，我不应绝后啊。"从这以后，我更不敢把初次供词作为给犯人定罪的凭据了。

⑧生理：生活的理由。

⑨妄承：不真实供认。

⑩保举：旧时官员举荐属员并为其作保。

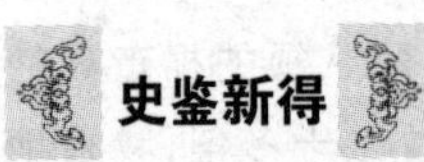

史鉴新得

古时许多酷吏常采用逼供的方法审案，这样犯人因为心存畏惧，就会提供不真实的供词，因此，办案时要查清事实，正确断案，应采取各种审讯方法，不能仅靠犯人口供便妄下结论，否则，错案将不可避免。

京城里有伙盗贼抢劫一户人家时，丢下一本册子。天明一看，上面都是富户子弟的姓名。册中写道：某日某人在某地与人喝酒，商量事情，或者在一起赌博、嫖娼等等，共有二十条。失主告到官府，官府按照册子把人拘捕到案，捉来的全是行为放荡的青少年，于是认为坏事就是他们做的。他们的父母也都说，这些孩子平时不守本分，也很怀疑他们会不会聚在一起干坏事；而这伙人在一块喝酒、赌博又都是事实。其实，这些情况却是盗贼探听来以后一一记下来的。这些青少年经受不住严刑拷打，被迫承认是他们抢劫了那户人家。追问赃物放在什么地方，他们便胡说埋在郊外某地。官府派人去一挖，竟然全找到了。得知此事后这伙青少年面面相觑，大吃一惊，哀叫："老天爷不叫咱们活了！"官府就这样结了案，那些青少年则被关押起来听候处理。

一个指挥对案情很怀疑，可是又搞不清原因，想了很久才说："我左右有个长胡子的人，职务是养马，可是为什么一到审讯本案时，他就到我身旁来侍候？"于是又提审了几次犯人，发现那个长胡子的人每次都来，而审问别的案子却不这样。指挥突然问他来干什么？他说没有别的用心。指挥叫人把炮烙刑具带上公堂，长胡子的人吓得伏地叩头，要求让左右的人回避，然后才说："开始我并不了解这个案子的情况，可是盗贼向我行贿，叫我每次问案一定记住您和犯人的对话，之后立即向他们报告。他们答应给我一百两银子。"指挥因而知道挖出的赃物，是盗贼得到报告后，连夜埋在那里的。长胡子的人请求去捕盗贼，立功赎罪。指挥命令几个士兵换上便服和他一起前去，到了一个偏僻地方，把盗贼全部抓获，那伙青少年才被释放。

相合则留，不合则去

【原文】

嗟乎！尽言二字，盖难言之。公事公言，其可以理争者，

【译文】

唉！"尽言"这两个字是很难说清楚的。公事公言，可以据理力争，也容易把事情说清楚；然而当对方假公济私，我自己却站在正义的立

言犹易尽，彼方欲济其私，而吾持之以公，鲜有不龃龉[①]者，故委蛇[②]从事之人劝曰："匠作主人模或且从而利导之；"曰："箭在弦上，不得不发也。"嗟乎！是何言哉！颠而不持[③]，焉用彼相[④]，利虽足以惑人，非甚愚暗，岂尽迷于局中。果能据理斟情，反复于事之当然及所以之故，抉利害而强诤之，未有不悚然悟者。且宾之与主，非有势分之临也。合则留，吾固无负于人，不合则去，吾自无疚于已。如争之以去就，而彼终不悟，是诚不可与为善者也，吾又何所爱[⑤]焉。故欲尽言。非易退不可。

【注释】

①龃龉(jǔ yǔ)：不合，相抵触。

②委蛇(wēi yí)：形容随顺，这里有敷衍了事的意思。

③持：扶持、扶助。

④相：辅助、帮助。特指扶助盲人或扶助盲人的人。

⑤爱：吝惜、舍不得。

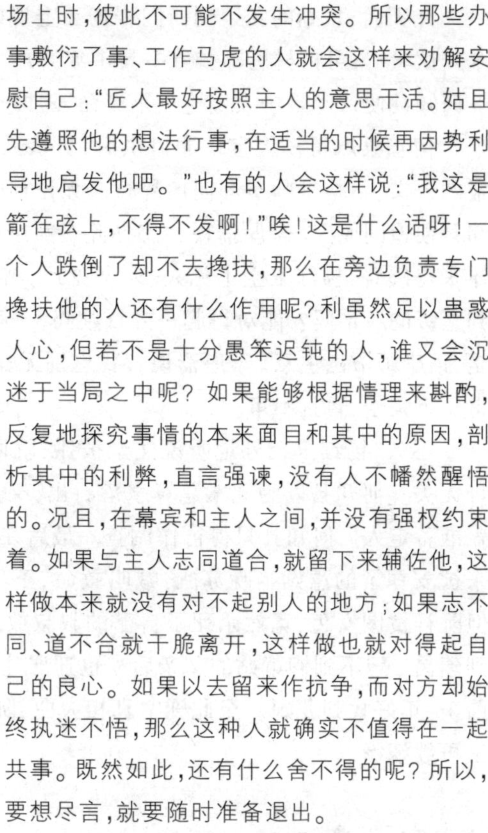

场上时，彼此不可能不发生冲突。所以那些办事敷衍了事、工作马虎的人就会这样来劝解安慰自己："匠人最好按照主人的意思干活。姑且先遵照他的想法行事，在适当的时候再因势利导地启发他吧。"也有的人会这样说："我这是箭在弦上，不得不发啊！"唉！这是什么话呀！一个人跌倒了却不去搀扶，那么在旁边负责专门搀扶他的人还有什么作用呢？利虽然足以蛊惑人心，但若不是十分愚笨迟钝的人，谁又会沉迷于当局之中呢？如果能够根据情理来斟酌，反复地探究事情的本来面目和其中的原因，剖析其中的利弊，直言强谏，没有人不幡然醒悟的。况且，在幕宾和主人之间，并没有强权约束着。如果与主人志同道合，就留下来辅佐他，这样做本来就没有对不起别人的地方；如果志不同、道不合就干脆离开，这样做也就对得起自己的良心。如果以去留来作抗争，而对方却始终执迷不悟，那么这种人就确实不值得在一起共事。既然如此，还有什么舍不得的呢？所以，要想尽言，就要随时准备退出。

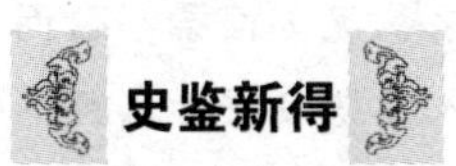

史鉴新得

师爷与主人因为立场和价值观的差异，很容易因为见解不同而产生龃龉，师爷若想要保持独立人格，只能择主就馆，合则留，不合则去。

清末光绪年间，顺天府武清县发生了一桩奇案：杨村农民杨天宝，为儿子杨红玉娶得童养媳柳蕙姑，三年后正式完婚。不料圆房之夜，蕙姑突然昏迷，气息全无。杨红玉吓得连夜逃离了家门。第二天早晨，杨天宝见媳妇赤身死在床上，儿子又不知去向，痛哭之余想到暑热季节，尸体不可久留，于是就草草安葬了蕙姑。

几天后，蕙姑的父亲到衙门告杨天宝逼奸儿媳未遂，杀人灭口。县官何知县下令开棺验尸，可棺材里却躺着一具中年男尸。经查实，此人乃邻县木匠阮阿毛。当下何知县便认定是杨天宝连夜杀二命，随即动用大刑，迫使其认罪。

何知县取得杨天宝认罪口供后，自认铁案如山，就请刑名师爷李厚斋起草上报的公文，不料李师爷却向他辞行。无论何知县如何挽留，李师爷都执意要走，何知县便追问原因。李厚斋说："您办此案为赶破案期限，竟不顾人命关天。阮木匠尸体来得蹊跷，杨红玉生不见人、死不见尸，柳蕙姑尸体不翼而飞，这样结案能不遭到上级的驳诘吗？能对得起一方百姓吗？"何知县这才觉得事情严重，赶紧连赔不是，请李师爷出主意。李厚斋说："我也别无良策，只有一个'缓'字。"何知县闻言只得压下案子，暂且不审。

不久，杨红玉在外地听说父亲被抓，就回乡自首，声称是自己连杀二命，与父母无关。何知县以为此案总算水落石出，又要结案，但李师爷仍不附同，再度卷铺盖准备走人。何知县只得再作调查。最后在承德附近的建昌县找到了柳蕙姑。原来被安葬了的蕙姑当晚苏醒，喊叫救命，正巧阮木匠与侄子阮祥经过，救出了她。但阮祥贪图女色，竟然杀死了自己的叔叔放进棺材，并胁迫蕙姑与他连夜逃亡，来到建昌。想不到柳蕙姑的父亲后来也迁居建昌，而杨天宝怀疑柳家移尸讹诈，跟踪前来，正好找到儿媳。至此疑案真相大白，阮祥杀死叔叔被凌迟处死，蕙姑也与红玉再续姻缘。

寒士应唯贤而助

【原文】

或曰：寒士以砚为田[①]，朝得一主人焉，以言而去；暮得一主人焉，又以言而去，将安所得为之主人者。呜呼！是又见小者之论也。幕客因人为事，无功业可见，言行则道行，惟以主人之贤否为贤否，主人不贤则受治者无不受累。夫官之禄，民之脂膏，而幕之修出于官禄，吾恋一馆而坐视官之虐民，忍乎？不忍！且当

【译文】

有人说："贫穷的读书人以笔砚为谋生的工具，早上结识了一位主人，因言语不合而离去。晚上又结识了一位主人，又因言语不合而离去。那么寒苦的读书人究竟要找什么样的主人呢？"唉！这是眼光短小者的看法。做幕僚的人不得不依据不同的人来做不同的事，没有什么功名业绩可以彰显于世。他的话如果行得通，那么他的理想也就能行得通，只有把主人的贤明不贤明来作为自己贤明不贤明的标准。主人如果不贤明，那么在他治理下的百姓，也就没有不受牵累的。当官者领取的俸禄，是老百姓的脂膏；而做幕僚的收入，也是官

世固不乏贤吏矣，诚[②]能卓然自立，声望日著，不善者之所恶，正善者之所好出。故恋栈[③]者或且穷途偃蹇[④]，而守正者非不到处逢迎。

【注释】

①以砚为田：文人恃文墨为生，所以说以砚为田。

②诚：确实、的确。

③恋栈：喻意贪图禄位。

④偃蹇(jiǎn)：困顿、不顺利。

俸中的一部分。可是我自己却因留恋于这幕僚的位子，而坐视为官者虐待残害百姓，忍心吗？不忍心。何况当今之世并不缺乏贤明公正的官吏，他们也确实不同凡俗，卓然独立，名声和威望也一天高于一天。不善良的奸诈之辈厌恶的事，正是善良正直之士所喜爱的。所以，留恋自己当前所得的人，或许尚待遭遇穷途末路的坎坷；而刚正不阿的人，也并不是到处不受欢迎。

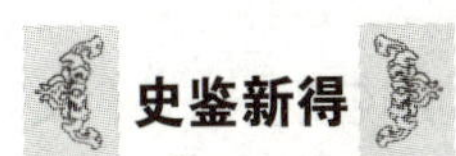

史鉴新得

寒士之所以寒，就因为他并不随意委身。找口饭吃并不困难，但要找到志同道合的领导，发挥自己的才干，那就不是容易的事了。

东汉末年，各路诸侯争霸。他们为取得胜利，都争相招贤纳士，争取人才，为我所用，所以，人才之争比起烽火战场的兵勇之争更为重要，更为激烈。而怀才之士也想选择明主来施展自己的抱负，隐居于山野之中的徐庶就是这样的一个人，他几经考察，最后选中了到处碰壁，走投无路的刘备作为自己投靠的“明主”。

刘备与关羽、张飞桃园结义后，挑旗起兵。他先后投过曹操、袁绍，都未遂志愿，后再投奔荆州刘表，又遭谗害，东奔西跑，没有一个立足之地，只得率部流落到新野县城。

一日，他在街上碰到一个人长歌而来，此人葛巾布袍，神态飘逸。他唱的歌词是：“天地反覆兮火欲阻，大厦将崩兮一木难扶，山谷有贤兮欲投明主，明主求贤兮却不知吾。”刘备听歌声不俗，立即派人请来相见。这个人就是怀有奇才的隐士徐庶。

徐庶早就闻知刘备的贤德，但只是耳闻，并未目睹，所以见面之时，先隐去姓名，还想探听一下虚实，他故意不答刘备的问话，却反客为主地说："我想看一下明公的坐骑。"看后又故作惊讶地说："这不是千里良驹'的卢'马吗？"

刘备说："先生果是慧眼，这确是'的卢'良马，可惜跟了我东奔西跑，并无出头之日。"

徐庶说："此马妨主，所以妨碍明公得成大业。"

刘备不以为然地说："是我自己无能，怪不得良马。前不久，此马还一跃而过檀溪，助我脱险！"

徐庶危言耸听地说："此马终要妨害一主。我可以为你出一个解救的办法，你将此马送给一个平生最痛恨的人骑，待它妨了主后，你再骑它，就不会有事了。"

刘备听了十分不悦地说："先生才来相见，不教我以正道，却教我做损人利己的事。己所不欲，勿施于人，刘备虽然潦倒，也不敢奉教！"

徐庶一听，佩服刘备为人果然忠厚，连忙笑道："过去我常听说明公为人仁义有德，因未亲见，不敢相信，故用话来试探，还望见谅。"

刘备大喜，便拜徐庶为军师。徐庶主军之后，调度有方，屡打胜仗。后来他因母亲被曹操扣押，不得已离开刘备时，还向刘备推荐才能超过他的诸葛亮。而他自己到了曹营始终"一言不发"，不向曹操献计，以报刘备知遇之恩。

幕客以力自食

【原文】

幕客以力自食。名为佣书①，日夕区书②，皆吏胥之事，而官声之美恶系焉，民生之利害资焉，非与官民俱有宿缘，必不可久居此席者。自视不可过高，高则气质用事，亦不可过卑，卑则休戚无关。

【注释】

①佣书：受雇为人抄书。

②区书：处理文书。

【译文】

幕客凭借自己的才能养活自己。名义上是受雇于他人抄书，从早到晚忙忙碌碌，处理文书，做的完全是下级官吏们才做的事情。然而这些事却关系到一个官员的声誉好坏，也与百姓生计利害攸关。一个当幕客的人，如果不是跟在职官员以及当地百姓有着割舍不断的深厚缘分的话，他在那儿肯定是呆不长的。因此处在这个位置上的幕客千万不要把自己的才能看得太高，自视太高了往往就会意气用事；当然也千万不要把自己看得过于卑微，自视太低了，在思考问题和解决问题时，就往往对和自己不相关的幸福与疾苦都漠不关心。

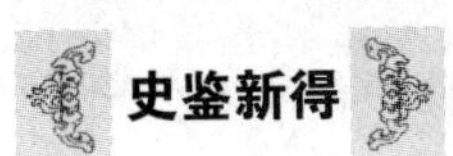

史鉴新得

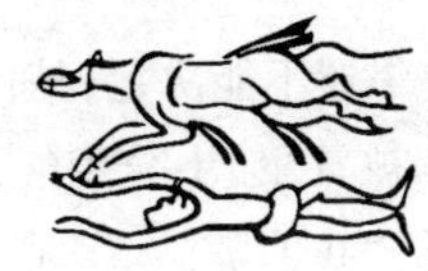

毛遂，战国末期薛国人。他曾为赵公子平原君赵胜的门客，居平原君门下的三年中，他整日无大事可做，因此没有什么名声，几乎不为人所知。

公元前257年，秦军围困赵国都城邯郸。为解邯郸之围，赵王想联合楚国共同抗秦。为此，他派亲王平原君到楚国游说。

当时“诸侯皆畏秦”。能否与楚联合，关系到赵国的生死存亡，平原君深感责任重大。于是决定在自己的门客中挑选二十名文武双全的人随同前去。可是平原君在门客中挑来选去只有十九人符合条件，最后一人竟选不出来。就在这时，有一位宾客不请自到，自荐补缺。他就是毛遂。

平原君上下打量了一番毛遂，问道：“你是什么人？找我何事？”

毛遂说：“我叫毛遂。听说为了救邯郸，你将到楚国去游说，我愿随你前往。”

平原君又问：“你到我这里，有多长时间了？”

毛遂道：“三年了。”

平原君就说：“世间凡有才能的人，就好比被装进口袋里的锥子一样，锋利的锥尖立刻会露出来。我这次去楚国，肩负着求援兵救社稷的重任，没有特殊才能的人是不能同去的。先生在我门下已经三年有余，却没有人提起过你，我也没有听说过你有什么本领。你还是留下来吧”

毛遂却充满自信地回答道：“你说得不对，不是我没有特殊才能，而是你没把我装在囊中。若早把我装在囊中，我的特殊才能就像锥子那样脱颖而出了。”

平原君觉得毛遂说得有道理，而且气度不凡，就勉强答应了。其他十九人也都看不起毛遂，暗笑他自不量力，毛遂并不介意，跟着平原君前往楚国。

平原君到了楚国，与楚王谈判，说明赵国的危急，要求楚赵合纵抗秦。楚王害怕秦国而不肯出兵。两人从日出时分一直谈到日中，仍然不能达成共识。大家一时一筹莫展。

这时，毛遂按剑大步走到堂上，对楚王说：“合纵抗秦，为的是共同的利益，本来两句话就可决定的事，你们却从早上谈到中午还不能决定,是什么道理?"

楚王被冒犯,十分生气,他问平原君:"这是什么人,敢在此胡言乱语?"平原君回答说:"我的随从。"楚王对毛遂怒斥道:"还不快下去,寡人正与你的主人在讨论国家大事,哪里有你说话的余地?"

毛遂持剑逼近几步,说:"大王,你之所以这样呵斥我,无非是凭借楚国强大的军队。但是,现在几步之内,你的性命却掌握在我的手中。"

经毛遂这么一说,楚王吓得满头是汗,不作声了。

毛遂又道:"如今楚国,土地方圆五千里,雄兵近百万,是应该称霸天下的大好时机,然而事实并非如此。秦将白起不过是一名无能之辈,率兵不足十万,与楚国交战时却一战夺去了你们的郢都,再战就烧掉了你们先王的坟墓,三战俘虏了大王的先人。这奇耻大辱,赵国都感到耻辱,而楚国还在苟且偷安,难道大王不觉得可悲吗?合纵抗秦,能满足彼此共同的利益,也是为楚国雪耻,并不仅仅只对赵国有好处。愿大王三思!"

毛遂的话击中了楚王的要害,楚王清醒了。于是说:"先生说得对,是应该合纵抗秦,就依先生所说,愿与先生盟誓。"

于是,歃血为盟,楚赵两国当即签订了联合抗秦的盟约。

平原君一行返回赵国时,楚王派出的救兵已经出动,这时魏国的援军也已到达,三国军队内外夹攻,秦军大败而逃。

立心正方能行事公

【原文】

谚云:"官断十条路。"幕之制事亦如之。操三寸管,臆揣[①]官事,得失半焉。所争者公私之别而已。公则无心之过,终为舆论所宽;私则循理[②]之获,亦为天谴所及,故立心不可不正。

【注释】

①臆揣:主观想象和揣测。

②循理:依照常理、常规。

【译文】

俗语说:"官断十条路"。做幕僚的人,在处理公事时也是这样。握着三寸之笔,心中思虑着官事,其结果是得失各占一半。他能够辨别得清楚的事只不过在于公私而已。心术正,即使出了差错,也是无心之过,到最后还是会被百姓子民的舆论所宽容;心术不正,包藏祸心,按照常规办事也会产生诉讼和纠纷,还要受到天地良心的谴责。所以作为一个幕僚,心术要端正。

史鉴新得

“政者，正也。君为正，则百姓从政矣。”从政者必须先修身正己，主持正义和公道。这是从政的一条基本原则，历来为具有正义感的政治家所遵从。古往今来，奉行“政者正”的人，人民将永远纪念他。

董宣，字少平，陈留圉人。东汉初任北海相、江夏太守、洛阳令等职。在职不畏强暴，惩治豪族。

汉光武帝的大姐湖阳公主依仗兄弟做了皇帝，骄横非凡，不但她爱怎么着就怎么着，连她的奴仆也不把朝廷的法令放在眼里。

一次，湖阳公主的一个家奴仗势行凶杀了人。凶手躲在公主府里不出来。董宣不能进公主府去搜查，就天天派人在公主府门口守着，只等那个凶手出来。

有一天，湖阳公主坐着车马外出，跟随着她的正是那个杀人凶手。董宣得到了消息，就亲自带衙役赶来，拦住湖阳公主的车。

湖阳公主认为董宣触犯了她的尊严，沉下脸来说：“好大胆的洛阳令，竟敢拦阻我的车马？”

董宣可没有被吓倒，他拔出宝剑往地下一划，当面责备湖阳公主不该放纵家奴犯法杀人。他不管公主阻挠，吩咐衙役把凶手逮起来，当场就把他处决了。

这一下，差点儿把湖阳公主气昏过去。她赶到宫里，向汉光武帝哭诉董宣怎样欺负她。

汉光武帝听了，十分恼怒，立刻召董宣进宫，吩咐内侍当着湖阳公主的面责打董宣，想替公主消气。

董宣说：“先别打我，让我说完了话，我情愿死。”

汉光武帝怒气冲冲地说：“你还有什么话可说的？”

董宣说：“陛下是一个中兴的皇帝，应该注重法令的权威。现在陛下让公主放纵奴仆杀人，还能治理天下吗？用不着打，我自杀就是了。”说罢，他挺起头就向柱子撞去。

汉光武帝连忙吩咐内侍把

他拉住,董宣已经撞得血流满面了。汉光武帝知道董宣说得有理,也觉得不该责打他。但是为了顾全湖阳公主的面子,还是要董宣给公主磕个头赔个礼。

董宣宁愿把自己的头砍下来,怎么也不肯磕这个头。内侍把他的脑袋往地下摁,可是董宣用两手使劲撑住地,挺着脖子,不让把他的头摁下去。

内侍知道汉光武帝并不想把董宣治罪,可又得给汉光武帝找个台阶,就大声地说:“回陛下的话,董宣的脖子太硬,摁不下去。”

最后,汉光武帝奖励了他,还给他加了个“强项令”的称号。

择贤者而侍之

【原文】

前言就馆宜慎,犹为处馆言之。实则人品成败,所关尤钜。盖寻常友朋,鲜能经年聚处,惟幕友之与主人,朝夕相习,性情气质最易染移。所主非人,往往远离其本。曩[①]余初入幕时懵无知识,在外舅署二年,未甚预官事也,迨至常州主海阳胡公,举目生疏,始凛凛[②]自励。公官太守而自奉俭约,过于寒士。无声色嗜好,无游谈狂语。日未出,先仆从起坐书室,治官文书,夜必二更余方入内室。风雨寒暑无间。每办一事,必撤始终反覆辩难,以求其是。尝言心之职思,愈用愈出。思字之义,以心为田。田中横竖二画,四面俱到,缺一面便不成字。僚属号公三世佛,谓过去现在未来无不周计也。余司书记,而公善余持论,

【译文】

前面说到选择幕府应该谨慎,尤其是针对如何在幕府工作而说的,实际上也和人品好坏有着极大关系。平常的朋友,很少有能够整年都相聚在一起的。而唯有幕友和主人就不同了,他们朝夕相处,性格、感情和气质最容易相互影响熏陶。如果所辅佐的人不怎么样,往往会使自己背离原来的本色。从前我在刚进入幕府的时候,稀里糊涂,缺少知识,在岳父的官署中混了两年,一直没有参与太多的公事。后来到常州胡公幕府中工作时,深感一切都很生疏,才开始惊醒自励。胡公官至太守却极为节俭,甚至超过了贫寒的读书人。既无声色嗜好,也没有到处游玩、闲谈吹牛的毛病。太阳还未升起,就先于仆役们起床,坐在书房中办理文书公事了;每天晚上,都是在二更过后,才到卧室里歇息。无论是刮风下雨,寒冷炎热,都从不间断。每办理一件公事,就一定贯彻始终,反反复复地辩论诘难,以寻找正确的处理方法。他曾经说:“心的职能就是思考,愈用就愈灵活。”“思“这个字的含义,是把心作为田,田中横竖有两画,四面都通达,缺一面就不成一个“思”字了。胡公手下的人称赞他是三世佛,因为他在考虑问题和处理公事时,对于过去、现在和将来,

遇刑名钱谷大事，必招其议，颇多刍荛[③]之彩。余是以乐为知己用。既敬公正直廉勤，又以公之生年月同先君子。仅后先君子一日，益严事之。公亦雅器重余，有国士之目，礼貌视他友加等。

帮他友皆苦公琐细，不乐久居。余独相依六载。觉立身制事之道，师资不少，其后择主与公异，辄不就。孔子曰："居是邦也，其大夫之贤者。岂可荀焉已哉！"

【注释】

①曩(nǎng)：以往，过去，从前。

②凛凛：严肃，这里引为惊醒。

③刍荛(chú ráo)：谦辞，在向别人提供意见时把自己比作草野鄙陋之人，没有见识。

每一个方面都考虑到了。我当时从事文书工作，胡公欣赏我遇事有观点、有主见，刑名钱谷方面的大事，经常召我前去商议，往往会得到许多精辟的论述和精当办法。因此我很乐于为他所用。既是因为敬佩他公正廉洁勤奋的品德，也是因为他和我那过世了的父亲的出生年月相同。只比我父亲小一天，因此我更为严谨地侍奉他。胡公也很器重我，用对待国士的礼节来对待我，礼遇明显比对其他幕友更高一等。

其他幕友都因胡公处事过于琐细而感到苦恼，不愿意长久地辅佐他，唯独我和他相互扶助了六年，从中懂得了立身治理事物的道理，获得的教益也不少。从那以后，我选择自己的幕府主人时，凡是觉得他的为人和品行和胡公不同的，我就不接受他的聘请。孔子说："居住在这个国家，就要选择到一个贤明的大夫那里工作，这种事难道可以苟且从事吗？"

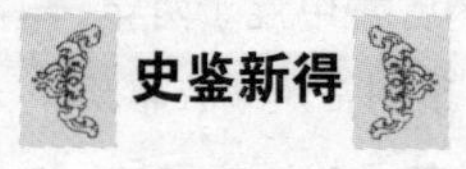

陈平是刘邦的主要谋士，比之张良，他辅助刘邦较晚，但一直延续了很长时间，他也不像张良那样一直侍奉刘邦，他曾三易其主。

陈平少时贫穷，却爱读书，有一次出外游学，恰逢当地社祭。众人推举陈平分肉。陈平分得十分公平，获得众人的称赞。陈平说："如果我主宰天下，也能像分肉一样，使大家满意。"可见其胸怀非同一般。

陈胜、吴广在大泽乡揭竿起义后，各地义兵蜂起，原先被秦灭掉的国家也立起旗号进行复国。陈平率乡人投奔魏王咎，参加反秦，被封为太仆，后来他见魏王昏庸无能，便逃离而去。

陈平听说项羽勇武有为，就去投奔了项羽，被封为武信君。到了楚汉相争时，因陈平曾出事过殷王，而殷王叛楚降汉，陈平被项羽猜疑，陈平便又逃离了项羽，投奔汉王刘邦。

陈平经过好友魏无知的推荐，被刘邦封为都尉，给予重用。汉王手下将领周勃

和灌婴对刘邦说,传言陈平品行不端,在家中曾与嫂子关系暧昧,现在又接受诸将钱财,不堪大用。刘邦便去问推荐人魏无知,魏无知没有从正面回答刘邦,只是说:“周勃重视的是‘品行’,我重视的是‘能力’,所以才将陈平荐给大王,至于他的品行如何,我也不详,更不敢妄言。”

刘邦就直接去问陈平,为何要收取诸将的钱财。陈平居然毫无隐瞒地说:“我要为大王做事,需要用钱财,既然诸将送我,我便留下,如果大王觉得不妥,我可以将它们全部退回。“

接着刘邦又进一步质问陈平,为什么先投奔魏王,又投奔项羽,最后才来投奔我,做人怎么能这样三心二意呢?

陈平答道:“良鸟择木而栖,贤臣择主而事,因为魏王和项羽都不是容人的明主,所以我来投奔大王。如果大王也不能容我,那我现在就离开。”刘邦见陈平如此坦诚,更加重用于他。

后来,陈平为刘邦“六出奇计”,辅助刘邦建立了汉王朝。一直到刘邦死,他仍遵守刘邦留下的盟约,平定了皇后吕氏家族的祸乱。

陈平在别处无法施展自己的才能,而在刘邦手下却把才能发挥到了极致。这正如陈平所说:良鸟择木而栖,贤臣择主而事。

入幕工作应慎重

【原文】

吾辈以图名未就,转而治生。惟习幕一途与读书为近,故从事者多。然幕中数席,惟刑名、钱谷岁修①较厚,余则不过百金内外,或止四五十金者,一经入幕,便无他途可谋,而幕修之外,又分毫无可取益。公事之称手②与否,主宾之同道与否,皆不可知,不合则去,失

【译文】

我们这些人由于追求功名未成,转而寻求其他谋生途径,而唯有学习幕府工作这条道路,跟“读书应试踏上仕途”的志向还比较接近,因而往这条道上挤的人还比较多。但幕帷中这么多席位,只有刑名和钱谷每年所得的报酬还稍稍丰厚一点,其余职位,每年收入不出百两银子,有时候还只有四五十两。读书人一旦入幕,就没有其他道路可供选择了,而且除了作幕宾的正常收入外,其他收入分毫没有。公事是否得心应手,主宾之间是否志同道合,全都是一个未知数。和主人合不来就离他而去,因而辞去幕府中的工作也是常有的事情。对于刑名、钱谷方面的工作谙熟干练而又端正方直的人,往往会有人争着聘用,因而得到这

馆亦常有之事。刑名、钱谷谙练而端方者，当道每交相罗致，得馆尚易。其他书记、挂号、征比各席非势要吹嘘，即刑钱引荐。虽裕有用之才，洁无瑕之品，足以致当道延访者什无一二，其得馆较难。以修脯而计刑钱，一岁所入足抵书号征比数年。即失馆缺用，得馆之后可以弥补。若书号、征比得馆已属拮据，失馆更费枝梧[3]。且如乡里课徒及经营贸易、蕴袍[4]疏食、勤俭有素，处幕馆者章身不能无具，随从不能无人加以庆吊往还，亲朋假乞，无一可省。岁修百金，到家亦不过六七十金。八口之家，仅足敷衍。万一久无就绪，势且典贷无门，居处既习于安闲，行业转难于更改，终身坐困，始基误之。故亲友之从余习幕者，余必先察其才识，如不足以造就刑钱，则四五月之内即令归习他务。盖课徒可以进业，贸易可以生财。作幕二字，不知误尽几许才人。量而后入择术者，不可不自审也。

两个工作还容易，其他如书记、挂号、征比各个职位，不是由有权有势的人安排，就是由刑名和钱谷推荐任命。虽然具备了工作才能，具有洁白无瑕的品行操守，但能让当政官员邀请访谈，委以重任的不过十分之一二，所以要获得这些职位很困难。从每年的收入来看，刑名、钱谷的职位，一年的收入足足比得上书记、挂号和征比好几年的收入。因此居刑名、钱谷职位的人，即使丢了工作，缺少钱花，但再次得到这种工作后，所得的收入还可以弥补起失业那段时间的亏空。然而像书记、挂号和征比这几个职位，他们得到这份工作时挣的钱就很有限了，而失去这个职位时，经济就更紧张了，他们如果是在乡里招几个学生来教教，或者经营商业，还可以有粗茶淡饭，保证温饱；勤俭节约，日子还算过得去，但若是在幕府中工作，衣服不能不制，跟班随从不能没有。再加上庆贺喜事，吊唁丧事，来来往往，也得费钱；亲朋好友借贷等等也要开支，每一项都是不能减省的。一年下来，所得收入才百两银子，拿到家里后也只不过是六七十两。对于一个八口之家来说，仅仅够敷衍生活，勉强过得下去。而万一好久都没有找到新的职位，就不得不典当家财，向人借贷过日子。已经习惯了过安闲无聊的日子，改行反而更难适应。于是终身都不得不受穷困的折磨。究其原因，完全是由于一开始就选错职业的结果。所以，我的亲朋好友中有跟随我学习幕府工作的人，我一定先要观察他的才能和见识，如果不能将其培养成刑名、钱谷方面的人才，那么四五个月之内，就一定叫他回家去学习其他谋生之道。设私塾教学生还可以使自己的学业得以提高，从事商品贸易可以从中获得利润。“作幕”这两个字，不知道耽误了多少有才能的人！总之，应该先衡量自己的才能所长，然后再选择是否进入幕府工作。选择人生就业道路的人，在面对这个举足轻重的问题时，不能不作一番深刻的自我评估啊！

【注释】

①岁修：一年的收入。修，干肉，旧时指教学的酬金。

②称手：适合自己实际，意便于发挥自己的特长。

③枝梧：支撑。

④蕴(yùn)袍：以乱麻为絮的袍子。

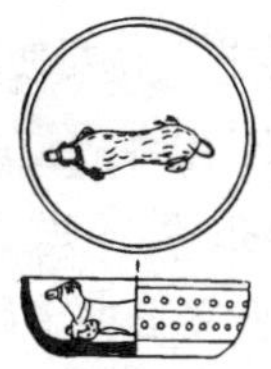

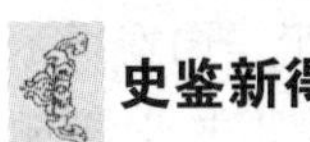

史鉴新得

吕蒙，字子明，汝南富陂人。东汉末年江东集团名将。他出身行伍，没有文凭，只是一介武夫。吴王孙权就对他说："你现在身当要职，掌握重权，不能还是那种粗率的作风，你应该试着改变一下！"吕蒙就以军中事务繁多为理由推托。孙权说："我难道是想要你钻研经史典籍而成为学问渊博的学者吗？只是想让你读点历史，汲取借鉴历史的经验而已，你说要处理许多事务，能多得过我处理的事务吗？我就经常读书，感到很有好处，因为遇事能够从前人的经验中找到方法。"吕蒙于是开始读书。后来鲁肃路过浔阳，吕蒙同鲁肃讨论天下大事，鲁肃听到吕蒙的见解后非常惊奇地说："你现在的才识智谋，不再是当日的吴地阿蒙了。"吕蒙说："士别三日，自当刮目相看，先生何执旧见呢？"

同心之友难易得

【原文】

广交游，通声气①，亦觅馆一法。然大不可恃。得一知己，可以不憾。同心之友，何能易得。往往交太滥，致有不能自立之势，又不若硁硁自守②者转得自全，且善善恶恶直道在人，苟律己无愧，即素不相识之人，亦未尝不为引荐，况交多则费多，力亦恐有不暇给乎。

【注释】

①声气：声音和气息，引申为消息。

②硁硁(kēng kēng)自守：浅见固执地生活在狭小的圈子里以保全自己。

【译文】

广泛结交朋友，互相通气，也是寻找工作的一种方法，但不一定完全靠得住。人生能够拥有一个知心朋友，就死而无憾了。可真正志趣相投的知心朋友，怎么可能轻易就找到呢！交游太广太滥，往往致使自己无法自立。有时倒不如那种固执己见、固步自封的人，反而得以保全自己。况且善善恶恶，择善择恶全在于自己。如果要求自己严格，无愧于心，即使是素不相识的人见了，又何尝不替你引荐呢？一个人交游多了，花费也就多了，对自己的金钱和精力来说都恐怕有力不从心之感吧！

史鉴新得

秦昭襄王一心要使赵国屈服,接连侵入赵国边境,占了一些地方。

公元前279年,他又要了个花招,请赵惠文王到秦地渑池去会见。赵惠文王开始怕被秦国扣留,不敢去。大将廉颇和蔺相如都认为如果不去,等于是向秦国示弱。于是赵惠文王决定硬着头皮去冒一趟险。他叫蔺相如随同他一块儿去,让廉颇留在本国辅助太子留守。为了防备意外,赵惠文王又派大将李牧带兵五千人护送,相国平原君带兵几万人,在边境接应。

到了预定会见的日期,秦王和赵王在渑池相会,并且举行了宴会,高兴地喝酒谈天。秦昭襄王喝了几盅酒,带着醉意对赵惠文王说:"听说赵王弹得一手好瑟。请赵王弹个曲儿,给大伙儿凑个热闹。"说罢,真的吩咐左右把瑟拿上来。赵惠文王不好推辞,只好勉强弹一个曲儿。秦国的史官当场就把这事记了下来,并且念着说:"某年某月某日,秦王和赵王在渑池相会,秦王令赵王弹瑟。"赵惠文王气得脸都发紫了。正在这时候,蔺相如拿了一个缶,突然跪到秦昭襄王跟前,说:"赵王听说秦王挺会演奏秦国的乐器。我这里有个瓦盆,也请大王赏脸敲几下助兴吧。"秦昭襄王勃然变色,不去理他。蔺相如的眼睛射出愤怒的光,说:"大王未免太欺负人了。秦国的兵力虽然强大,可是在这五步之内,我可以把我的血溅到大王身上去!"秦昭襄王见蔺相如这股势头,十分吃惊,只好拿起击棒在缶上胡乱敲了几下。蔺相如回过头来叫赵国的史官也把这件事记下来,说:"某年某月某日,赵王和秦王在渑池相会。秦王给赵王击缶。"秦国的大臣见蔺相如竟敢这样伤秦王的体面,很不服气。有人站起来说:"请赵王割让十五座城给秦王上寿。"蔺相如也站起来说:"请秦王把咸阳城割让给赵国,为赵王上寿。"秦昭襄王眼看这个局面变得十分紧张。他事先已探知赵国派大军驻扎在临近地方,真的动起武来,恐怕也得不到便宜,就喝住秦国大臣,说:"今天是两国君王欢会的日子,诸位不必多说。"这样,两国渑池之会总算圆满而散。

蔺相如两次出使,保全赵国不受屈辱,立了大功。赵惠文王十分信任蔺相如,拜他为上卿,地位在大将廉颇之上。

廉颇很不服气,私下对自己的门客说:"我是赵国大将,立了多少汗马功劳。蔺相如有什么了不起?倒爬到我头上来了。哼!我见到蔺相如,总要给他点颜色看看。"这句话传到蔺相如耳朵里,蔺相如就装病不去上朝。

有一天,蔺相如带着门客坐车出门,真是冤家路窄,老远就瞧见廉颇的车马迎面而来。他叫赶车的退到小巷里去躲一躲。让廉颇的车马先过去。这件事可把蔺

相如手下的门客气坏了，他们责怪蔺相如不该这样胆小怕事。蔺相如对他们说："你们说廉将军跟秦王比，哪一个势力大？"他们说："当然是秦王势力大。"蔺相如说："对呀！天下的诸侯都怕秦王。为了保卫赵国，我就敢当面责备他。怎么会怕廉将军呢。因为我知道，强大的秦国不敢来侵犯赵国，就因为有我和廉将军两人在。要是我们两人不和，秦国知道了，就会趁机来侵犯赵国。为了赵国，我宁愿容让点儿。"

廉颇听到此事后，感到十分惭愧。他就裸着上身，背着荆条，跑到蔺相如的家里去请罪。他见了蔺相如说："我是个粗鲁人，见识少，气量窄。哪儿知道您竟这么容让我，我实在没脸来见您。请您责打我吧。"蔺相如连忙扶起廉颇，说："咱们两个人都是赵国的大臣。将军能体谅我，我已经万分感激了，怎么还来给我赔礼呢。"两个人都激动得流了眼泪。打这以后，两人就做了知心朋友。

初交不易，交久更难

【原文】

人知宾主初交不易，而不知交久更难。盖到馆之始，主人情谊未甚融洽，尽我本分，可告无愧。若相处多年，其为契合可知交，既投契[①]，识论必有裨益。官声[②]所系，须事事为之谋出万全[③]；任劳分谤，俱义所应得；引[④]嫌避怨，便失朋友之道。特不可恃主人倚重，挟势以济其私耳。

【注释】

①投契：情义相投、默契。

【译文】

人人都知道幕客与主人开始交往不容易，却不知道交往久了更难相处。因为幕宾到任之初，与主人的情感还不很融洽，只要尽了自己的职责，就可以无愧于心了。如果相处多年，意气相投，就可以彼此相知而结交。既然相互投机了，那么在一起交谈，就一定很有益处。与官场声誉相关联的事，就必须事事替主人谋划周全。任劳任怨，分解谤毁，都是道义上应当的。若躲嫌避怨，就背离了朋友的原则。尤其不能依仗主人的信任，仗势弄权谋取私利。

②官声：官员的声誉。

③万全：周全。

④引：离开、躲避。

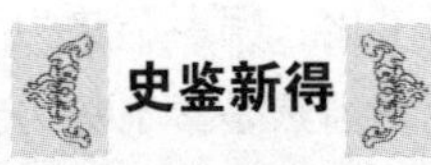

史鉴新得

很久以前，在京都有一家小木工厂。这家工厂虽说小，但也有数百人。工厂里又以百十号人为一组，分由几个工长带领。在一个名叫孙渊的人带领的小组中，有一个叫程渊的木工。这程渊活做得好，人又勤快，而且在厂子里为人也不错，众人都很敬佩他。同时，又因为他名号里也有一个“渊”字，于是便以名号中有字相同为由，与那工长孙渊成了朋友。

尽管程渊与工长孙渊因名字相同而关系较好，但始终还是领导与被领导、管制与被管制的关系，时间一长，总难免会出现一些摩擦，发生一些口角。一次，那程渊因手里的活出了点小毛病，上班又迟到了一会儿，遭到了工长孙渊的大声训斥。木工程渊心想我在厂里的活也是数一数二的，过去所做的一切都没有差错，今天为了一点小问题，你工长孙渊就鸡蛋里挑骨头，在众人面前大声数落我，也不讲一点“同号”的情面。越想越觉得气不打一处来，便拉开架式与工长孙渊对骂起来，两人闹得脸红脖子粗，竟然动手打起来，好在有众人极力阻挡劝解，才没有造成严重的后果，虽在众人相劝之下各自散去，但两人心中却各自有了怨气。一个认为对方是鸡蛋里挑骨头，故意找茬；一个认为对方不服管理，存心作对。从此两人之间便有了矛盾和隔阂。

俗话说“日久见人心”，交往越久，了解越深，那么优点和缺点越会同时显现。如若宾主志趣相投，感情融洽，必定合作愉快，彼此相互看重，越了解越信任。如若禀性不合志趣不投，难免发生矛盾，互不相让。越了解越不能容忍，越无法合作。因此说初交不易，久交更难。要相交长久，就得大度容忍，“责己重以周，待人轻以约”。

宾主相交莫忘形

【原文】

交至忘形①，方为容契②。独吾辈之于主人，宾主形迹断不可略。盖幕客之得尽其言以行其志，全

【译文】

与人交往达到不分你我的地步，才算亲密。唯独我们幕客与主人之间，礼仪规范一定不能忽略。幕客能说他想说的话，做他想做的事，全在于主人尊敬他、信任他。主人对

在主人。敬以致信，一言一动须主人有不敢简慢③之意。忘形则易狎，狎④则玩心⑤生，再言有不听者矣。余与光山刘君仙圃⑥甚洽。仙圃令平湖时，欲联齿叙⑦之欢。余曰："俟去馆日如何命。"同事者多笑之。先生不余迂也，故仙圃升任，余赠别诗有"形迹略存宾主分，情怀雅逼弟兄真"之句。盖纪实云。

他的一言一行不敢有所怠慢。忘形就容易不恭，不恭就会心生不敬，再劝谏主人就可能不听。我与光山刘仙圃相处得很融洽。仙圃做平湖县令时，曾要与我结拜为兄弟，我说："等我离开幕府的时候再说。"同事们大多讥笑我迂腐，仙圃并没有因此怠慢我。所以仙圃提升后，我的赠别诗中有"形迹略存宾主分，情怀雅逼弟兄真"的句子。就是记述当时的事情。

【注释】

①忘形：因为得意或高兴而忘掉应有的礼貌和应持的态度。

②密契：亲密，默契。

③简慢：怠慢失礼。

④狎：亲近而态度不庄重。

⑤玩心：轻慢之心。

⑥刘君仙圃：清代官吏刘雁题名仙圃，河南光山人，曾为海宁县令。

⑦齿叙：与人并列，这里指兄弟。

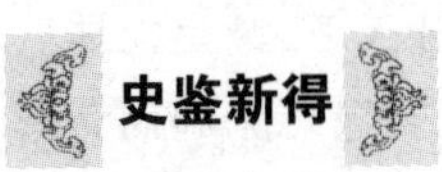

史鉴新得

汉朝楚王韩信，汉族，古淮阴人，西汉开国功臣，初属项羽，后归刘邦。中国历史上伟大军事家、战略家、统帅和军事理论家。中国军事思想"谋战"派代表人物。被后人奉为兵仙。"王侯将相"韩信一人全任。

韩信在归顺刘邦后，为汉室的建立立下了汗马功劳，但随着权力的增大，也渐渐受到了刘邦的戒备。

刘邦对韩信的戒心，是从攻打齐国开始的。这也是韩信命运的转折点。在这之前，韩信已创造了一系列辉煌战绩，战功赫赫，威名远扬。而刘邦却在正面战场上一再受挫，很不顺利。两相对比，刘邦对韩信的军事才能产生了一些妒忌心理，对他所执掌军事实力的急速膨胀也有了一些顾虑，于是在行动上开始对他有所限制。当时，刘邦正被困在荥阳，韩信打下赵国后，队伍正驻扎在黄河北岸的修武休整，与黄河南岸的荥阳隔河相望。刘邦由部将夏侯婴陪同，在夜里乔装打扮，渡过黄河，第二天一早潜入韩信营帐，夺走了他的印信，调走了他的精锐部队。又传回命令，让张耳留守赵国，才命令韩信收拾残部前去攻打齐国。根据刘邦下达的这道

作战命令，韩信把零星部队集结起来，整顿一番，便向齐国进发。不料，半路上得到一个消息，说刘邦早已派郦食其前往齐国招降，不费一兵一卒，齐国的问题已经解决。这显然是刘邦使的一个计谋：一方面，他要借助韩信挥师东征势如破竹的声威，让郦食其赶在韩信到达齐国之前，用三寸如簧之舌去说降齐国；另一方面，他有意要让韩信陷入“无功而返”的尴尬局面，削弱一下他锐不可当的气势，为自己负责的正面战场作战的失利找回一点儿平衡。

韩信打下了齐国，声威更大。用蒯通的话说，这时刘邦和项羽的命运都掌握在他韩信手里。韩信“为汉则汉胜，与楚则楚胜”。刘邦早就看到了这一点，所以既千方百计笼络他，又想出一些办法来控制他。项羽也看到了这一点，也在这时派武涉前来游说韩信。恰恰韩信自己看不到这一点，天大的机会出现在他面前时，他却“天与弗取，时至弗行”。蒯通竭力鼓动他，第一步与刘、项“三分天下，鼎足而居”，然后再图下一步发展。可是韩信却对蒯通说：“汉王遇我甚厚，吾岂可见利而背恩乎！”蒯通怒其不争，仰天长啸“时乎时，不再来”，“天予弗取，反受其咎；时至弗行，反受其殃”。说罢，装疯而去。

偏偏在刘邦对韩信充满戒心的敏感时刻，韩信却要求刘邦立他为“假齐王”。刘邦迫于同项羽对峙的困难局面，为了防止不测，作为权宜之计，接受张良、陈平的建议，封韩信为齐王。这样一来，局面是稳住了，但刘邦与韩信之间的疙瘩也结下了。

从此以后，刘邦将捆扎韩信手脚的绳索一步步收紧了。项羽一死，刘邦马上就给韩信颜色看。第一步先剥夺了他的军权，改封他为楚王。随后，又利用韩信狂傲自大、不善于处理人际关系的弱点，以有人告他“欲反”为借口，将他逮捕，押回洛阳，贬为淮阴侯。从此，韩信愤恨不平，人际关系更加紧张。最后，韩信失去理智，策应陈豨谋反，惹来杀身之祸。临死，韩信发出长叹：“吾悔不用蒯通之计！”

宾主之间未尝不可成为朋友。但不论是哪种形式的朋友也不应得意忘形，以至失态无礼。宾主虽可以感情融洽，但分寸必须把握。没有分寸，就会随便，就会不尊重，就会不信任。

仕途应以自立为主

【原文】

登高之呼，其响四应。吾辈声名所系，原不能不藉当道诸公齿牙奖借①。有相赏之实，自能说项。如攀援依附，事终无补，非必其人自挟贵自大也，即甚虚怀下士而公务殷繁，势不能悬榻倒屣②，司阍③者又多不能仰体主人之意，怀刺④投谒，徒为若辈轻薄，甚无谓也。总之彼须用我，自能求我，我若求彼，转归无用，故吾道以自立为主。

【注释】

①奖借：称许提拔，推奖。

②悬榻倒屣：比喻礼贤下士，对来客的热情欢迎。

③司阍(hūn)：守门人。

④怀刺：怀藏名刺。名刺即名帖，相当于现代的名片。谓准备有所谒见。

【译文】

登上高处呼喊，四面八方就都会有响应。在关系到我们这些人声名的大事上，原本就不得不借助于那些有权有势的权贵的夸奖赞赏。在他们赏识你的时候，自然会替你说好话。如果我们去攀龙附凤，依附投靠他们，对事情终究是没有多大帮助的，并不是这些权贵们凭借自己权势自高自大，而是他们公务十分繁忙。纵然是胸襟开阔、礼贤下士的权贵，也因公务繁忙，不可能在百忙中抽出太多的时间来接待我们，做到面面俱到，再加上看门人之类的仆役又不能够体察主人礼贤下士的深意；你却偏要去拜见主人，白白地被这些人羞辱轻视，实在是没有必要的。总而言之，那些权贵若需要使用我，自然会来求我，我们如果去求他们，反而是徒劳无益的。因此我提倡以自立为主。

史鉴新得

李白，字太白，号青莲居士，又号“谪仙人”。

天宝初，李白因道士吴筠及贺知章推荐，被唐玄宗召入长安，供奉翰林，由于李白性格傲岸不羁，也不能忍受“摧眉折腰事权贵”的生活。三年后李白因遭谗毁，自请还山，离开长安。安史之乱爆发后，永王李璘以平乱为号召，在江陵(今湖北江陵县)起兵，引水师东下，路过九江，李白应聘下庐山，入永王军为僚佐，自以为获得了建功立业的机会。哪知肃宗李亨以为其弟永王李璘率军东下是想同他争夺帝位，遂下诏讨伐。永王军队为唐肃宗消灭后，李璘被杀，李白也受牵连获罪下狱，后被流放夜郎，中途在巫山遇赦得归。

君子建功立业的宏图是不容诟病的，但应当谨慎选择，不要急功近利，给自己以充足的选择时间和机会，不要急于攀附权贵，要正确判定方向，分清是非。不要被人利用而遭致毁谤。正如杜甫诗所告诫："文章憎命达，魑魅喜人过。"慎其行为，不要授人以柄。

美缺好事不易为

【原文】

俗所指美缺[①]，大率陋规较多之地，岁例所入，人人预筹分润。善入而善出，惟才者能之。或不善于入而不能不出，则转自绌[②]矣。虑其绌而入之，不谨，过不旋踵。惧有祸而入之，稍慎又不足以应人之求。故美缺尤不易为。自好者，万不宜误听怂恿垂涎营调。白香山[③]诗云："宾客欢娱僮仆饱，始知官职为他人。"今之为美缺者，饱僮仆而已，妻妾欺娱其名也，实且贻子孙之累为。余向客归安，夜中闻雁，有"稻粱群鹜共，霜露一身寒"之句。非有所感也。主人王晴川讽咏数过，潸然[④]泣下。明年以终养[⑤]去官。居美缺者可不常自敬乎？

【注释】

①美缺：即肥缺，泛指好差事，此指好的职位。

②绌(chù)：犹"屈"，引申为不足。

③白香山：唐代大诗人白居易字乐山，自称香山居士。

④潸(shān)然：暗自伤心流泪。

⑤终养：古人辞官奉养父母或祖父母至寿终。

【译文】

一般人所说的好差事，大多数是在各种陈规陋习较多的地方。每年的照例收入，每个人都预先计划好了分配的数量。能够搞好收入和支出的，只有有才能的人才能办得到。有的人不善于收入，却又不能不支出，如此一来，各种费用就入不敷出。能够考虑到费用不够却又偏偏不谨慎地处理收入，那么祸患马上就要来临了。倘若害怕祸患，在收入上稍微谨慎一些，却又无法应付别人的要求，所以说人们眼中的好差事，却不容易干好。洁身自好的人，千万不要听别人怂恿，垂涎于眼前各种有利的营生。白居易有首诗这样写道："宾客欢娱童仆饱，始知官职为他人"，现在那些干美差、捞肥缺的人，把自己的童仆养得白白胖胖的，而自己所拥有的所谓妻妾欢悦，却是徒有虚名而已，其实质不过是给自己的子孙后代留下了一个沉重的包袱罢了。我先前曾经客居临安，半夜时听见雁的鸣叫之声，有所感触，写下了"忙于填饱肚子的群雁，却在风霜雨露中落得一身凄寒"的句子。这不仅仅是有感而发。主人王晴川把这两句诗暗暗诵吟了几遍，悄悄地流下了饱经风霜的泪水。第二年，他就以供养父母为借口辞官归家了。那些正在干好差事的人，难道不应该常常以此提醒自己吗？

史鉴新得

和珅，主宰朝政二十年，身历乾隆、嘉庆两朝，枉法纳贿，权势显赫。

和珅，字致斋，满洲正红旗人。19岁入宫担任校尉。他精明能干，又会察言观色、见机行事，且很早就暗下决心：定要成为一个一手遮天的人。

有一天，乾隆准备出外巡视，命侍从官员准备仪仗。手下人匆忙准备却不见皇帝专用的黄罗伞盖。乾隆怒斥，众官员吓得魂不附体，只有年轻的校尉和珅不慌不忙拨开众人行礼说："负责皇上出巡的侍从有直接责任。""你是什么人？敢如此大胆站出来说话？"乾隆笑问。"回皇上，我叫和珅……我见皇上发怒，怕气伤了龙体，所以才……"从此，和珅便官运亨通，平步青云。中国有史以来最大的贪官也就诞生了。

利用职权贪污是和珅敛财的主要手段，据野史记载，乾隆末年，各省进贡的东西，和珅私自侵吞了十之八九，以至和珅家中拥有珍宝多出内宫好几倍。他家所藏一颗大珠比乾隆御用的冠顶上的那颗还大。

一次，和孝公主的异母兄弟七阿哥不慎打碎了一个碧玉盘，此盘直径一尺多，是乾隆帝最喜爱的一件珍宝。于是七阿哥的弟弟成亲王让他去找和珅商量。和珅听完哥俩诉说，装作为难："此物世间稀有，我又有何办法？"哪知，第二天，和珅拿出了一个盘子，比打碎的那个更大，色泽更为精美。

乾隆五十五年，皇帝八十八寿，和珅筹办庆典时，从京城到圆明园，楼台歌榭一律用金珠翡翠装点，假山上还设有可自行跳舞的木偶和尚。和珅又行文各省，令其献宝物贺寿。乾隆陶醉于自己的文治武功，并不加阻，以为治成"盛世"、富有一国的他享受一下也无可厚非。不料，庆寿刚完，内阁学士伊壮图上得一本奏疏，内称：州县亏空，于廉政不利，请永停罚银之例；右省督抚声名狼藉，吏治废弛，商民皆蹙额兴叹，各省风气大抵皆然；请简派满洲大臣，密往各省盘查亏空。然而自信的乾隆见有人如此诋毁他的"盛世之治"，反而勃然大怒，不相信大小百官皆虚词贡谀，唯他伊壮图是实言相告，不信五十年来昏暗不明，受人蒙蔽。然而乾隆还不知和珅已耗虚了国财，给他所维持的仅

是一个"盛事"的空架子。和珅不能容忍伊壮图否定自己的"成绩",因此阻挠密查,保护同他狼狈为奸的贪官。和珅请求派他的爪牙侍郎庆成为钦差大臣,皇帝准奏。结果钦差的奏折中写道:"所过淮、扬、常、镇以及苏州省会,正当新年庆贺之时,溢巷摩肩,携豚沽酒,童叟怡然自乐。"显然,伊壮图反贪失败,反贪认识受到沉重打击。而和珅不仅通过爪牙在保护各地贪官时得到大量贿赂,且反贪人士的噤言为他以后的索贿、受贿创造了良好的氛围。从此他的索贿、受贿更为明目张胆,各地贪风日炽,政治更加腐败。

但是最终,和珅"一手遮天"的理想以失败告终。乾隆死了,和珅也死了。

谋生者应常虑家计

【原文】

鬻文[①]为活,非快意事,固不可有寒乞[②]相,使主人菲薄。而本来面目欲须时时自念,食饶粱肉[③],念家有应赡之妻孥[④],自不忍从粱肉外更计肥甘。卖及优伶,念家有待济之戚,自不暇向优伶中妄博欢笑。且客中节一钱之费,则家中赢一钱之资。家食无亏,行装可卸,又何必以衰年心力长为他人肩[⑤]忧患哉!

【译文】

卖文为生,不是快意的事情,所以不能有寒酸乞讨的外相,使主人看不起。但你的本来面目要常常记在心上。吃着细粮精肉,就应想想家中亟待抚养的妻子儿女,自然就不会在细粮精肉之外奢望山珍海味了。花钱看戏时,想想家中等待资助的亲人,有了钱自然就不会到戏子中博取欢笑。做幕客时节约一文钱,家中就多一文钱。家中衣食无忧,就可脱掉在外做事的行装,又何必在年高体衰时还长期为他人承担忧患呢!

【注释】

①鬻文:为他人进行文书方面的服务而养家糊口。
②寒乞:寒苦且寒酸。
③粱肉:指美味佳肴。
④妻孥(nú):指妻和子。
⑤肩:承担。

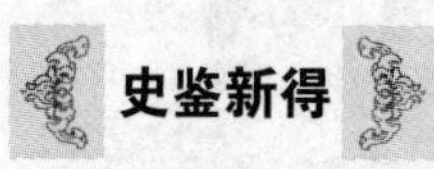

史鉴新得

东晋有个大官叫吴隐之,他幼年丧父,跟母亲艰难度日,养成了勤俭朴素的习惯。做官后,他依然厌恶奢华,不肯搬进朝廷给他准备的官府,多年来全家只住在几间茅草房里。后来,他的女儿出嫁,人们想他一定会好好操办一下,谁知大喜

那天，吴家仍然冷冷清清。谢石将军的管家前来贺喜，看到一个仆人牵着一条狗走出来。管家问道："你家小姐今天出嫁，怎么一点筹办的样子都没有？"仆人皱着眉说："别提了，我家主人太节俭了，小姐今天出嫁，主人昨天晚上才吩咐准备。我原以为这回主人该破费一下了，谁知主人竟叫我今天早晨到集市上去把这条狗卖掉，用卖狗的钱再去置办东西。你说，一条狗能卖多少钱？我看平民百姓嫁女儿也比我家主人气派啊！"管家感叹道："人人都说吴大人是少有的清官，看来真是名不虚传。"

做事要光明磊落

【原文】

关防[①]之名必不可受。而可以不受关防之故，全在谨慎。朋友为五伦[②]之一，主宾特朋友之一。重一主人而尽疏朋友，固非端人[③]之所以自处。然因主人不我关防而律己不严，将声名有玷，为主人轻薄，终有不得不受关防之势。故亲友往来，必须令主人知名，有事出宅门，亦须令主人确知。所往事事磊落光明，主人察其可信，自不敢露关防之迹。否则主人举身家以听，安能禁其不加体访也？

【译文】

"防范""猜忌"一类的名词，一定使人无法接受。然而要想不被别人防范猜忌，就应小心谨慎。朋友是五项人际关系中的一种，主人和幕僚也是一种特殊的朋友关系。看重主人而把其他朋友都疏远了，固然不是正派人立身行事的方法；但是，千万不要因主人不防范自己就不严格约束自己，将来使名声受到影响，也会被主人看不起，最后一定落到被防范猜忌的地步。所以，亲朋好友往来，一定要让主人知道他们的名字，有事情要离开官府，也需让主人知道要去什么地方，所有事情都应办得光明磊落，主人就会认为你值得信赖，自然不会防范你了。否则，主人全家防范你，你又怎么阻止他们这样做呢？

【注释】

①关防：防止泄漏机密的措施。

②五伦：又称五常，传统礼教用以指君臣、父子、兄弟、夫妇、朋友五种关系。

③端人：正派人。

史鉴新得

郭子仪，唐朝大将。因平定安史之乱有功，被任命为尚书令，后又晋封为汾阳郡王，唐德宗即位后，被尊为尚父。

在郭子仪为汾阳郡王时，他的府第在京城的亲明里，是京城最繁华的地段，来往的行人、车马很多。郭府的大门总是大开，不论是自家人还是过往行人都可以随便出入郭府，没有任何限制。有一次，郭子仪手下有位将军即将出征，特意前来向郭子仪辞行，由于不需要通禀，这位将军就直接来到郭子仪的房前。此时郭子仪的妻子和女儿正在梳妆打扮准备出门，郭子仪则在一旁伺候，夫人叫："拿毛巾来。"郭子仪就乖乖地拿着毛巾递给夫人。一会儿女儿又说："父亲，我要洗脸。"郭子仪就连忙端过洗脸水，帮女儿洗脸。还没等伺候完女儿洗脸，夫人又叫："快过来帮我梳梳头！"郭子仪又立刻跑到夫人那里伺候，十足似个仆人的形象。来拜见郭子仪的将军一时不知道该怎么办，心想自己看到郭大将军伺候妻子女儿梳妆，这对郭将军来说是多么难堪的一件事啊。因而不敢轻易上前说话，只好在门前不停地踱步。过了好一会，待郭子仪的夫人和女儿梳洗完毕，准备出门的时候，发现了这位将军，他才不好意思地说："郭将军，小人特地来向您辞行。"看到他难以启齿的样子，郭子仪就明白了，一定是他觉得不应该看到自己给夫人女儿梳洗，认为这是有辱自己身为大将军尊严的事情。于是，就哈哈大笑，将他请进屋里，说："习惯了，习惯了，平时我都是这么伺候她们的。"

这位将军拜别了郭子仪，心里越想越觉得不妥，郭大将军身为郡王，还像仆人一样伺候夫人和女儿，这太不像样了，更不像话的是他还开着大门，让来人都看到了，这有辱我大唐将军的威严啊。于是，他在临走之前召集郭子仪的弟子们，和他们说了自己看到的"不该看到的一幕"，其他人也都说，自己也碰到过这样的情况，大将军太不顾自己的脸面了。大家商量着，要一起说服大将军不要这样不顾身份。可是，无论他们怎么苦口婆心地劝阻，郭子仪就是不听，仍旧坚持己见。弟子们急得团团转，甚至流下泪来，说："大将军，您功名显赫、德高望重，但却不知道自重、自爱。不论贵贱，什么人都可以在您的寝室里随便走动，我们认为就是伊尹、霍光那样贤德的大臣也不应该这样啊！"郭子仪笑笑说："我的做法不是一

般人所能够理解的。我们家现在有四五百匹马吃公家的粮草，一千多人吃公家的粮食，所以进退没有什么余地。如果我围起高墙，紧闭大门，不和外面来往，一旦有人与我结仇，诬陷我不守臣子的法度，再加上那些贪图功利、嫉贤妒能的人借机煽风点火，那么我们全家就要遭受灭族之灾。现在我胸怀坦荡，四门大开，虽然有人想诋毁我，但也找不到什么理由。”弟子们听了，都佩服郭子仪的做法，也就不再劝他了。

官场中，趋利避害的关键是自己的行为光明磊落，不给别人陷害、中伤自己的机会。郭子仪为官几十年，深知官场险恶，知道自己虽然已经官至郡王，但是难免有和自己结仇的人伺机报复，躲避暗箭最好的办法就是不给别人以口实——将家门敞开，表明自己没有什么见不得人的地方。这种办法看似委屈了自己，实则是保全自己最好的办法。

墨吏不可为

【原文】

吏不可墨①，固已。余则以为匪。惟不可亦且不必。

数十年前，吏皆洁，谨折狱以理。间以贿胜，深自讳匿。自一二亏帑②之吏，藉口弥补，稍稍纳贿。讼者以贿为能，官惟贿径不开，莫得而污之。偶一失检，墨声四播。

盖家人吏没皆甚乐官之不洁，可缘以为奸。虽官非事事求贿，而若辈必曰：非贿不可假官之声势，实没之橐囊③。官已受其挟持，不能治其撞骗，且官以墨著，讼者以多财为雄，未尝行贿亦冒贿名。其行贿者，又好虚张其数自诩。富豪假如费藏镪④三百两，必号于人曰五百两。而此

【译文】

当官不能够贪污，这是毫无疑问的。我则认为，当官不但不能贪，而且也没有必要贪。

几十年前，当官的人都洁身自好，小心谨慎地按规定处理各类诉讼案件。虽偶尔也有通过行贿取胜的，但他们都极为保密，不敢声张。自从一两个短缺银两的官儿借口弥补开支，稍微接收了一点贿赂后，诉讼的人就以行贿取胜作为自己的本事。当官的人只有不开纳贿的方便之门，才不会被什么事玷污他为官的声誉。偶然一次受了贿，那么贪名就四下传播开来。

大概官员的家人和随从们都喜欢那种不廉洁的官儿，因为他们能够趁机捞取好处。虽然做官的也并不是每件事都收取贿赂，但手下一定会说：“不接受贿赂就不能够显示出官府的声威和力量。”其实他们实际上是为了充实自己的荷包。当官的人一旦受到了行贿者的挟持，就不能够惩治奸邪之辈的丑恶行为。再说，

三百两者说合过付吏没，家人在在⑤分肥。官之所入不能及半，而物议讹传，多以虚数布闻。

上官之贤者，必摭他事弹劾，即意甚怜才，亦必予以愧厉⑥之方，其不贤者，则取其半以办公，而所出之数已浮于所入之数，不得不更求他贿，自补其匮，而上官之风闻蹑至。故贪必愈墨，且愈贫，阳谴在身，阴祸及后。则何如洁己自守者临民不怍，事上无尤乎？

【注释】

①墨：通"冒"，指贪污。

②亏帑(tǎng)：帑，国库，国库所藏的金帛。亏帑，即亏损公帑。

③橐(tuó)囊：口袋。

④藏镪：贪污受贿的钱。藏通"赃"。镪，古代称成串的钱。

⑤在在：处处。

⑥愧厉：使之羞愧。

如果一个当官的人以受贿出名，那打官司的人必定会以财力雄厚而称霸，即使他没有行贿也打着行了贿的招牌。那些行贿送礼的人，都喜欢夸大行贿的数目，夸耀自己富有。一户富有人家如果花了三百两银子的贿礼，必定在别人面前吹牛说成五百两。而这到手的三百两银子，从双方说妥到付钱，随从和家人们层层分肥，当官所得到的还没有一半，可别人在议论中却是按虚数五百两算的。

如果上司贤明廉洁，一定会寻找借口弹劾他。即使上司很爱才，也一定会严厉批评他。如果上司是不贤之人，则会将贪官所受贿赂的一半以补充公务支出的名义，攫为己有。而上司所拿走的数目又早已计入受贿的总量。因此，贪官不得不追求新的贿赂，以弥补自己的"亏空"。而上司听说他受贿，又会闻风而至，再次攫取。所以，贪官一定会越来越贪，越贪活着骂声越多，死了以后越受人指责和议论。看来还不如洁身自守好。面对百姓不感到脸红，惭愧；面对上司没有过失，错误的把柄可抓。

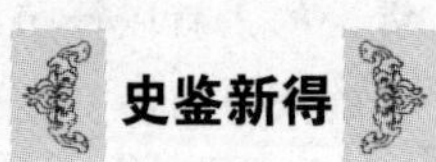

史鉴新得

为官与为人，都应有自己的原则，不应随波逐流。

子罕是春秋时期宋国的贤臣。宋国有个人得到了一块美玉，把它献给了子罕，子罕不肯接受。献玉的人说："我已经拿给玉工看过了，玉工认为它是宝物，所以我才敢进献给您呀！"子罕说："我把不贪婪当作宝物，你把美玉当作宝物。如果把玉给了我，那么我们两个人都丧失了宝物，不如各人保有自己的宝物吧。"

献玉的人叩了个头，然后对子罕说："小人怀中藏着宝玉，到哪里都不安全，还是把它送给您吧。这样就可以免于被人谋财害命了。"于是子罕就把美玉放在自己住的地方，让玉工雕琢它，然后又卖了出去，把钱给了献玉的人，让他成了富翁，然

后送他回家去了。

可见,做一个廉洁奉公的官很不容易,他必须要有坚强的意志。稍不检点,偶一失足,自己的名声就可能毁于一旦,即使百般解释也无济于事;甚至地痞恶棍抓住你的把柄,任意摆布,操纵。这时候投鼠忌器,无从下手。因此,清官不好做,贪官也不可为。只有洁身自好,因公忘私,无私才能无畏。世界上能打倒自己的首先是自己。

勿恃己能

【原文】

余尚在胡公[1]幕中,初读律书时,惴惴焉,恐不能习幕是虑。友人骆君炳文,端方谙练,独严事[2]之。尝语余曰:"以子之才之识,为人佐治,所谓儒学医案作齐者,非不能之患,正恐太能耳。"余请其故,曰:"衙门中事,可结便结。情节之无大关系者,不必深求。往往恃其明察,一丝不肯放过,则枝节横生,累人无已。是谓已甚,圣贤之所戒也。"余心识之,不敢忘。数十年来,觉受此语之益甚多。

【注释】

①胡公:即胡文伯,乾隆年间曾任常州知府。

②严事:尊敬地侍奉。

【译文】

我在胡公府做幕僚,刚刚开始学习法律时,经常诚惶诚恐,惴惴不安,担心自己不能学好幕府中的知识,无法从事幕府工作。我的朋友骆炳文,为人端正方直,精明干练,深谙幕府之道,自我要求严格。他曾经对我说:"凭你的才干和胆识,无论是为人处世,还是辅佐政务,都绰绰有余。不管是传授儒道、齐身治国,还是治病疗伤、劝课农桑,都难不倒你。并不是担心做不来,而是担心你太能干了。"我恳请他说明其中的原因,他说:"衙门中的各种事情,可以了结的就让它了结。和事情本身没有多大关系的,就不要去深究。有时候自以为明察秋毫,对问题的细枝末节,一丝一毫都不肯漏掉,那就会枝节横生,给别人带来无穷的牵累。这就是做得太过分了,大圣大贤也很忌讳。"我把这番话牢记在心里,不敢忘记。数十年来,在具体工作中,我觉得这些话对我的启发和教益很多,受益匪浅。

史鉴新得

西汉时，汲黯被任命为东海太守，当时东越部族相互攻打，汉武帝就派遣汲黯前去巡视，他只走到吴国就回来报告说："越人相攻，是他们的习俗，不值得委屈天子的使臣去介入。"

河内郡失火，火势蔓延烧毁民房一千多家，汉武帝让汲黯前去巡查，他返回后报告说："百姓不慎失火，因为房屋毗连才蔓延燃烧了一千多家，不值得陛下担忧。只是我经过河南郡时，见到河南郡因遭受水旱灾害，有一万多家贫民困苦无靠，以至于到了父子相食的悲惨境地，我恭谨地行使陛下授予的见机行事的权力，用陛下的符节让河南郡的官员开仓救济贫民。现在我归还符节，请求陛下处罚我假托天子命令擅自行事的过错。"汉武帝听后很高兴，认为他处置得当，赦免了他的罪责。

汲黯在东海郡守任期内，整肃吏治，谨慎地选择郡丞等官员，然后放手任用。他只布置和检查主要政务，不苛求细枝末节。他处理政务，强调以清静无为为本，倡导遵守根本的制度，不拘泥法令条文。

得民者必先自爱

【原文】

官之得民与否，去官日见，真幕之自爱[①]与否，去馆日毕露。佐主人为治，须算到去官日不可有遗议败名。总之官之得民，要在清勤慈惠。故苛细者与板冗，交识[②]幕之自爱，要在谦慎公勤。故依回[③]者与刚愎同病。

【注释】

①自爱：爱自己。爱，爱惜、爱护自己的名声。

②交识：交流看法。

③依回：优柔寡断。

【译文】

当官的是否得民心，离任那天就会真相大白；幕僚是否爱惜自己的名声，离职那天也就看得清清楚楚了。辅佐主人治理政务，应该考虑到主人离官去任时，不能留下恶名让人议论。总之，为官者要得民心，关键在于清廉、勤勉、慈善、多施恩惠。所以，官员整日对幕僚要求苛刻、板起面孔显得多余，要取得幕僚的真心，使幕僚自重自爱，关键在于要廉洁、谨慎、奉公、勤奋，所以办事迂回拖沓的人跟乖戾固执的人一样，不受人喜欢。

史鉴新得

为官者要想在离任时留下英名，就应在任职时勤政爱民。

唐僖宗中和二年，邛州爆发了以阡能为首的农民起义，起义被镇压下去后，唐西川节度使陈敬瑄张贴告示说：所有与叛匪阡能有关的亲朋党羽一律都不追究。

但是，榜文刚公布不久，邛州刺史申报说抓获了阡能的叔父阡行全一家三十多人，囚禁在狱中，请求依法将他们处死。陈敬瑄便征询掌管文书的幕僚唐溪的意见。唐溪说："你已经贴出告示，宣称对阡能的亲友不再问罪，可是邛州刺史还是把阡行全一家逮捕，这里面必定有原因。现在若是杀掉阡行全一家，不仅会使你失信于民，而且还有可能导致阡能的党羽再次起兵谋反。"陈敬瑄采纳了唐溪的话，便派近侍牛晕去邛州查办。牛晕在邛州府门前召集民众，当众释放了阡行全一家，并借此询问他们为什么被刺史抓了起来。原来是阡行全家有良田，刺史想占为己有，而阡行全不让，所以刺史怀恨在心，借此报复。

陈敬瑄听说此事后，便召见邛州刺史，准备将其治罪，刺史却忧惧而死。

后来，阡行全为感谢唐溪的救命之恩，就暗地给唐溪送来纯金片一百两。唐溪说："这是太师陈敬瑄仁慈开明，与我无关啊。"令他们如数带回。

幕僚书吏，虽无实权，但是一语之间，可以生杀数变。因此，对于事件的论辩措辞，不可不慎重。有功勿居，非分莫取，于此可见人品。无论在官之日，或是去官之时，其官声自相一致。不论你做过什么，自会有一天真相大白。

办理幕务在于勤

【原文】

办理幕务最要在勤一事。入公门伺候者，不啻[①]数辈，多延一刻，即多累一刻，如乡人入城控事[②]，午前得了，便可回家。迟之午后，必须在城觅寓。不惟费钱，且枉废一日之事。小民以力为养，废其一日之事，即缺其一日之养。其羁管监禁者，更不堪矣，如之何勿念？

【译文】

办理幕府政务，最关键的是要勤勤恳恳地做好每一件事。只要你身在衙门，就得和好几辈人打交道。多拖延一刻时间，就会多拖累别人一刻。这就像乡下人进城办事情一样，如能在中午之前办好，马上就可以回家。如果推迟到下午，那就只好在城里找个地方住下来。如此一来，不仅要多花钱，还浪费了一天时间，耽误了一天工作，平民百姓哪个不是靠苦力来养活自己，耽搁一天的事情，就会缺少一天的口粮。那些被看管

况事到即办，则头绪清楚，稽查较易。一日积一事，两日便积两事。积之愈多，理之愈难，势不能不草率塞责。讼师猾吏，百弊从生，其流毒有不可胜言者。譬舟行市河之中，来者自来，往者自往，本无雍塞之患。一般留滞，则十百舟相继而阻，而河路有挤至终日者矣。故能勤则佐剧亦暇，暇自心清。不勤则佐简亦怄。怄先神乱。

【注释】

①啻(chì)：但、只、仅。

②控事：即办事。控，控制，掌握。

监禁的人，更不能忍受这种事情，在衙门干事的人为什么不好好想想呢?

况且一有事情就立即办理，也能让头绪清楚，调查起来也比较容易。如果一天堆积一件事，两天就堆积两件事。事情堆得越多，处理起来就越难。势必草率搪塞，敷衍了事。讼师以及奸诈的役吏，也就会趁机浑水摸鱼，从中渔利，以饱私囊，各种弊病层出不穷，产生的严重后果，用语言也难于表达清楚。就好象小船在繁华的河道中行驶，来的自来，去的自去，本来不必担心河道会阻塞不通。可有一只小船停留不前，随着就会有十只、百只小船被堵在河里，这样一堵有时能堵上一整天。因此，能够勤勉工作，即使做复杂的事情也会觉得闲暇有余，而闲暇会使人内心清静平淡。否则如果工作不勤勉，即使干很简单的事情也会忙忙碌碌，而忙碌又会使人神昏意乱，当然也就干不好任何事情。

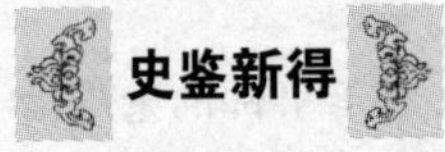

史鉴新得

“书山有路勤为径，学海无涯苦作舟”是妇幼皆知的俗语，读书勤为先，做官也是如此。政务的最大特点就是繁杂，如不勤劳，政务就不能及时处理，轻则政务堆杂，重则误国误民。所以，为官之人应勤勉。

陶侃，字士行，东晋时期著名的政治家、军事家。本鄱阳人，后迁居庐江郡浔阳县，其母湛氏乃我国古代四大贤母之一，其曾孙即著名文学家陶渊明。由于军功卓著，政绩斐然，陶侃官至太尉，封长沙郡公，拜大将军，成为东晋重臣。陶侃一生严于律已，励志自守，克勤克俭，为官廉明，堪称世代楷模。

陶侃的父亲陶丹，曾为三国时代吴国的边将，官至扬武将军。扬武，系杂号，地位不高。陶侃出世后，正当时局混乱，战事不断，随着三国归晋，陶丹的家道也因此而衰落。陶侃少年丧父，家境清贫，与母亲湛氏相依为命。陶侃“少长勤整，自强不息”，通过自己的长期勤勉努力，由县府小吏成为功名显赫的权要。这在“上品无寒门，下品无世族”，等级制度森严的晋朝十分不易。这种经历，使他格外惜时勤力，常常对人说：“大禹圣者，乃惜寸阴，至于众人，当惜分阴，岂可逸游荒醉”，“生无益于世，死无闻于后，是自弃也”。

陶侃从政四十余年，始终严于律己，勤于政事。他每天要处理大量军政事务，千头万绪，事事皆有着落，无一遗漏；凡来往公文书信，皆亲自挥毫回复，无一积压；对来访求见之人，都一一热情接待，有问必答，不敢怠慢。友人们都称赞他：“陶公神明鉴似魏武，忠顺勤劳似孔明。”意思是说陶侃处事英明决断像曹操，工作忠顺勤谨如诸葛孔明。

律之精蕴要神明

【原文】

幕客佐吏，全在明习律例。律之为书，各条具有精蕴。仁至义尽，解悟不易，非就其同异之处，融会贯通，鲜不失之毫厘，去之千里。夫幕客之用律，犹秀才之用四子书也。四子书解误，其害止于考列下等；律文解误，其害乃致延及生灵。昔有友人，办因奸拐逃之案，意在开脱奸夫，谓是奸妇在逃改嫁，并非因奸而拐。后以妇人背夫自嫁，罪干缳首[①]，驳诘平反，大费周折。是欲宽奸夫之遣[②]，而几入奸妇于死，所谓知其一不知其二也。故神明[③]律意者，在能避律，而不仅在引律。

【译文】

做幕宾、当佐吏的人，得以胜任职务完全凭借于熟识法律条例。法律作为法定文件，各个条款都具有精确的含义。仁至义尽，理解透彻很不容易。不对法律条例中相同相异之处加以融会贯通，就很少有不失之毫厘，差之千里的。幕宾使用法律条文，就像秀才使用“四书”一样，对“四书”理解或解释错误，其害处只不过是在应考时被列入下等成绩；解释理解错了法律条文，就会祸及生灵百姓。以前我有个朋友，办理一个由于通奸而拐逃的案件。他的意思是要为奸夫开脱罪名，认为是奸妇自己逃离家庭后再改嫁，并非是由于有了奸情才拐逃。后来这个妇女就以背夫自嫁罪而判为绞首，后上报被驳诘，予以平反重审，颇费周折。这是想要宽容奸夫使其免受谴责，但却差点置奸妇于死地。这就叫做只知其一，不知其二。所以，真正理解法律本义的人，在于能够避开某些条例，而不仅仅在于能够运用法律条文。如果只能死板地引用法

如能引律而已，则恳律一条以比附人罪一刑，胥足矣，何藉幕为？

律条文，那么摘引法律条文来比附所犯罪行，一个小小的刑吏就足够了，还需要幕宾来干什么呢？

【注释】

①缳(huán)首：即绞首。缳，绞杀。

②遣：通谴。谴责。

③神明：通明，真正理解。

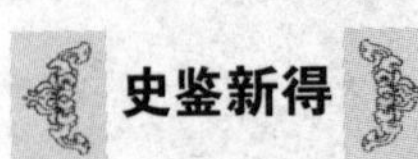

史鉴新得

处理政务，首先应通晓法律。知法才能用法，才能保护良善，惩处犯罪。当官为吏者，既要严格依法办事，又要机动灵活，根据具体事宜分别处理。

曾巩，字子固，抚州南丰人。北宋政治家，文学家，散文家，唐宋八大家之一。他在治理齐州时，以肃清奸邪和盗贼、安定百姓为根本。当时齐州的富户周氏，家资豪富，他家的势力影响广泛，他的儿子周高恃势横行霸道，为害良民，污辱妇女，由于他“力能动权贵”，所以州县官吏都怀有忌惮之心而不敢追究。曾巩到任后，却不以为然。他根据调查，取得确凿证据，下令将周高抓获，并绳之以法，一时震慑了那些横行霸道之徒。

章丘有人在村庄里聚集成党，组成扰乱社会治安的黑社会组织，号称“霸王社”。他们杀人越货，抢劫财物，以至于明火执仗地劫牢囚。曾巩下令对该组织进行严厉打击。他把当地的老百姓按照保伍制度进行编排，派人侦察“霸王社”中人的动静，只要发现他们出动，就立即敲击锣鼓，相互策应，于是很快就平定了这个团伙。从此，齐州地方得到大治，真正达到了出不闭户的境界。

读书乃治事之法

【原文】

学古入官，非可责之幕友也。然幕友佐官为治，实与主人有议论参互之任，遇疑难大事，有必须引经以断者，

【译文】

学习前代知识，再步入仕途当官，并不能拿这样的标准来责备幕宾。但幕宾辅佐官吏治理政务，实际上和主人也同样具有相互议政的责任。如遇到了疑难大事，就必须引用经书来帮助判断，这

非读书不可。

昔在秀水时，有陶氏。某以长房[①]独子，出继[②]叔父。生五子，而长子故绝，例得以次子之子为后，其三子谋以己子，后其伯兄因乘父故，伪托遗命，令仲子归嗣本生[③]。袒次房者，谓以孙称[④]祖，礼难归继，袒三房者谓本生有子而无后，于情不顺，归继之说未为不可，荐绅[⑤]先生纷如聚讼，上台檄下，县议，余亦无能执中。长夜求索，忽记“礼经”殇与无后者食于祖之文，爰[⑥]佐令君持议，谓称祖之论必不可行。陶某既出继叔后，断难以子归继本宗，本宗有子而绝，情有莫安，请以其主附食，伊父听陶某子孙奉祀，大为上台所赏。

后在乌程有冯氏子，因本宗无可序继，自抚姑孙为后，及其卒也，同姓不宗之，冯氏出而争继，太守允焉。余佐令君持议，据儒陈氏，北溪字义系重同宗同姓，不宗即与异姓无殊之说，绝其争端。向非旁通典籍，几何不坐困耶？每见幕中公暇，往往饮酒围棋，闲谈送日，或以稗史小说消遣自娱。究之无益身心，无关世务，何若屏除一切，读有用之书、

是不读书就难以办到的。

我以前在秀水的时候，有户姓陶的人家，陶某以长房独生子的身份被过继给叔父，后来生了五个儿子。可是长子死去了，按例应该以次子的儿子作为后嗣。他的另外三个儿子都打算把自己的儿子作为后嗣。后来他的伯兄趁着父亲过世，伪造遗嘱，让二儿子归嗣原来的亲生父母。偏袒次房的人，则认为把孙子立在宗庙中来称祖先，按照礼法来说是很难归回本宗继嗣的。偏袒三房的人则认为，其亲生父母有儿子却没有后嗣。按情理是讲不通的，让他归宗继嗣未必就不行。于是就推举本族有名望的绅士、先生，纷纷聚集到衙门打官司。上台就发下公文，让县衙处理这桩公案。我也没有能力提出公平适中的方法。于是就在长夜中苦苦思索，寻求解决的办法。突然，我记起了《礼经》中有这样一句话：“未成年而夭折，和没有后代的人，可以和祖先在祖庙中享受公祭。”这句话启发了我办案的灵感，于是帮助主人提出论述。我认为以孙子承嗣祖父的观点根本就行不通。陶某既然过继给叔父为后，绝对很难再以他的儿子归嗣本宗。他的本宗虽然有儿子，但却没有后人继嗣，于情理上来说都难以让人感到安宁，因此请求准许把他的儿子作为主人来享受会祭，他的父亲听任陶某人的子孙奉敬祭祀。我这样处理，大受上司台府的赏识。

后来我在乌程任职时，有一家姓冯的人的儿子，由于自己本宗没有人可以继嗣，就自己扶养他姑母的孙子作为后嗣。等到他死了以后，同姓的人却不把他的后嗣当作本宗看待。于是冯氏就自己站出来争取继嗣的名分，太守批准了这个请求。我当时辅助主人作出决断时，依据宋代儒者陈氏的《北溪字义》对这种情况的理解，更为重视同一宗族，同一姓氏，不同宗就和异姓没有任何区别，故而根据这个道理，处理了冯氏争继的问题。

以之制事，所裨岂浅鲜哉！

【注释】

①长房：家族中同一辈分中年长者所在之家。

②出继：即过继，指把自己的儿子送给没有儿子的亲属作继子。

③本生：出继儿子的亲生父母。

④祢(nǐ)，古代父死在宗庙中立牌位以后的称谓。

⑤荐绅：指士大夫有官位的人。

⑥爰：于是。

假如不是旁通典籍，那么很多时候不就一直身处困境而无法解决困难吗？我经常看见幕帷中不忙的时候，幕友们往往是在饮酒下棋，用闲谈打发日子；或者是以野史、小说之类，自娱自乐消遣时光。仔细探求这些做法，对身心修养并没有多大益处，也与世务没有关系。哪里比得上摒除一切干扰，清静寡欲，读点有用的书籍，把学到的知识应用到处理政务中去？那样一来，从中所获得的裨益，难道会少吗？

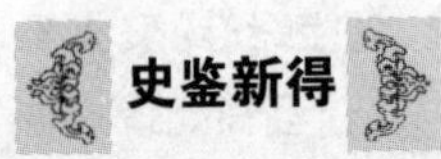

史鉴新得

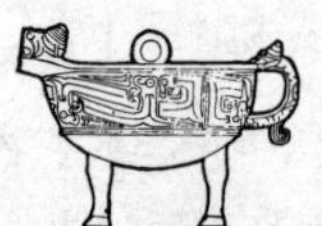

做官的人要读书。读书不一定尽是经传典籍，凡有益于身心发展的都可阅读。古人云："读万卷书，行万里路。"读书能净化人的心灵，端正品行；能开阔人的视野，增长见识；能拓展人的思维，开启智力；也能激发人的创造冲动、建功欲望。读书最重要的是理解内涵，是借古鉴今，做到学以致用。如果平时读书种类太单一或数量太少，毫无知识蓄积，遇事就会不知所措。即使读书仅仅是为了消磨时光，也一定会从书中得到生活的启示，比不读好，所谓"开卷有益"。

我过去曾经看到过一个朋友，在下级送来的报告中可以加以反驳批示的地方，却不加以反驳，只是批上"暂且等候"之类的语句。想到我们过从甚密，我便不动声色，从容地和他谈论。然而这个朋友的辩论诘问却极为精切，而且常常有出人意料的论断。我吃惊之余，就对他说："你既然能如此深刻地观察洞悉事理，何不在呈报上加以批示呢？"我的朋友陡然之间就垂头丧气："我真后悔自己从前书读得太少了啊！因此常常由于笔头枯竭，写不出东西来而感到羞愧难当。"当时他的书桌上就放着古文书籍，我就指着那些书对他说："你的才能和见识都很高，要是真的能够读一读书，这个时候开始也还不算太迟啊！"我的那位朋友听了这话后，很高兴地选了些较易理解的文章，专心致志地开始阅读。

这样坚持了没有几个月，他的文笔就极为流畅通达，辞彩宏丽，一时间被称为"最佳笔杆子"。这事旋即就被上级知道了，硬是想方设法把他调到了上一级幕府中任职。几年以后。按照惯例，他在幕府中获得副职而离任。

可见，多读书不仅能够丰富知识，开阔视野，增长见识，更重要的是会在艰难的情势下引领你走出困境。因而古人说："读万卷书，行万里路。"

无论出身高低或是贵贱，读书都会给你帮助。贫贱的人会因为读书而改变命运，出身低微的人会因为读书而有所作为，懦弱的人会因为读书而思想坚定，愚钝的人会因为读书使自己的智慧得到开启，平庸的人会因为读书而使人生更加精彩。

与受须分明

【原文】

合则留，不合则去，是处馆要义。然有不能即去者，不仅恋馆之谓也。平日过受主人之情，往往一时却情不得。岁修无论多寡，饩廪[①]称事总是分所应得。此外多取主人分毫，便是情分受非分之情，或不得不办非分之事。故主宾虽甚相得，与受必须分明，即探支[②]岁修亦宜有节。探支过度，则遇有不合，势不得洁身而去矣！

【注释】

①饩廪(xì lǐn)：赠送粮、谷物等。饩，赠送(食物)；廪，粮仓。

②探支：预先支取。探，预先。

【译文】

与主人合得来就留下，合不来就离去，是我们入幕作事的准则。然而也有不合却不能马上离开的情况，这不仅仅是留恋这个职位，也是因为平日过多地接受了主人的恩惠，往往一时碍于情面，不好意思提出辞职。年收入无论多少，接受粮食谷物等馈赠和自己所付出的辛劳应该相当。除此以外，多接受主人一份馈赠，就多欠主人一份恩情。受了非分的恩情，有时就不得不做非分的事。因此，主人和幕僚虽然相处得融洽，但是该接受的就接受，不该接受的就该分毫不取。即使是预支每年的收入，也应该有所限制。预支的数量和次数太多了，万一遇到意见不合的情况，情势逼迫之下一定不能洁身而退。

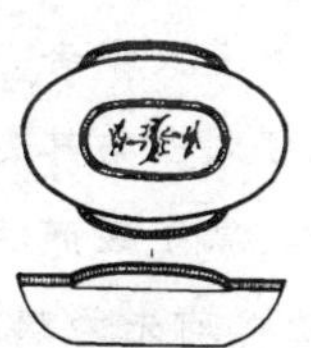

史鉴新得

为官者，拿人家的手短。得到别人的东西，就会落把柄在他人手中，就要为他人办理一些不合乎常理的事情。凡事应该有度量，越权行事就是为官之人变质腐败的开始，最终不会有好结果。为官之人要有原则，不该接受的财物分文不取，这样就能安心、公正地治理地方。

曾子总是穿着很破旧的衣服耕田，鲁国的国君派人封给他一块采邑，曾子坚决不受。再送来，曾子还是不受。使者说，这又不是先生你向人要求的，是别人献给你的，你为什么不受？曾子说：“我听说，接受别人馈赠的人就会害怕得罪馈赠者；

给了人家东西的人，就会对受东西的人显露骄色。那么，就算国君赏赐我采邑而不对我显露一点骄色，但我能不因此而害怕得罪他吗？”孔子知道了这件事，说，曾参的话，是足以保全他的节操的。

所以，为官之人，不应该做的事，坚决不做。公事私事都是一样。勉强自己迁就去做，就可能犯错误。但在官场上拒做某事应注意不要让人难堪。与人合作，特别是做别人的助手，应多尊重别人的意见。尽力和别人保持一致，保持融洽。但这不意味着应以牺牲原则作代价。为官者还应当洁身自好。俗语说：“拿人家手短，吃人家嘴软。”接受了别人的恩惠，怎能秉公办事？

择主要慎重

【原文】

幕宾之作善作不善，各视乎其所主。宾利主之修，主利宾之才，其初本以利交。第主宾相得，未有不道义亲者。薰莸[①]强合，必不可久。与其急不暇择，所主非人，席不暖而遽去之，不若于未就之前先为慎重。则彼我同心，自无掣肘之患。愈久而愈固，异己者亦不得而间之。

余自维朴憨，故就馆最慎。然从无半途割席之事，职是故也。昨留别同事诸君，有一事留将同辈述，“卅年到处主人贤”之句，不可谓非天幸矣。通计幕

【译文】

幕宾行不行善道，做不做好事，完全要根据各自所辅佐的主人来看。幕宾在意的是主人所给的报酬，主人看重的是幕宾的才能。在开始时，宾主双方都是以利益作为交往的基础，各取所需。等到主宾之间变得融洽起来，双方都觉得志同道合的时候，没有不是由于道义而亲近起来的。好人和坏人勉强凑合在一起，肯定是不会长久的。因此，与其急切之间不加选择，而却又觉得所跟从的主人不是与自己能够合得来的人，可能连席子都还没有焐暖就又匆匆离去，那就不如在没有入幕之前，慎重考虑。这样一来，彼此相互了解认同，自然就不会有办起事来不顺的担忧，而且主宾关系反而会越久越牢固。即使是怀有异己的小人，也难于找到挑拨离间的可乘之机。

我自认为质朴憨厚，所以选择幕府时最为谨

游,自壬申[2]春迄己巳[3]秋,凡是三十四年。惟始二年,主者为外舅王坦人先生,不在宾主之数。余所主几十六人,其中无锡、慈溪二处皆偶托也,实则十四人而已。具详于左。

乾隆十九年甲戌二月,馆常州知府胡公幕。公讳文伯,字偶韩,山东海阳人,其年冬迁苏松常镇[4]太粮储道,余偕行。明年胡公督运临清,余病不能与俱,假馆无锡县魏君幕。魏君讳延庆直禄柏乡人。至六月仍回胡公幕,凡主胡公者六年。

乾隆二十四年十二月,余欲专治刑名,受长洲县聘,辞之归。

乾隆二十五年正月,馆长洲县郑君幕,君讳毓贤,山东济宁人。是年十二月以秀水县孙景溪师台,辞之归。

乾隆二十六年三月,馆秀水县幕。景溪师讳尔周,山东昌邑人,余受业师也。至次年八月,升河南开封府同知去官,余即受平湖县刘君聘。是月至平湖。刘君讳国烜号冰章,奉天人。

乾隆三十二年正月升江西九江府吴城同知。去官,余即受仁和县李君聘。二月至仁和。李君讳学李,陕西三原人。是年十

慎。然而一经选择后,却从来没有在中途辞职绝交离去的事情,这是由于职守的原因。昨日留别同在幕中供职的诸君,有一件事要告诉同辈诸人,即“卅年到处主人贤”的句子,不能说不是上天对我的偏爱啊!统计我在幕中任职的时间,从壬申年春到己巳年秋,共三十四年。只有开头两年辅助的人是我的岳父大人王坦人先生,不能算是做幕宾。我所辅佐的十六位主人,其中在无锡和慈溪两处,都只是很偶然的在那儿依托了一段时间;实际上只有十四个人,都详细地列在了下面。

乾隆十九年甲戌二月,我供职于常州府知府胡公的幕中。胡公名文伯,字偶韩,山东海阳人。那一年冬天,胡文伯升任苏州府松常镇太粮储道,我也随他赴任。第二年,胡文伯又到临清监督运粮。我有病没能同去,暂时在无锡县魏君幕府中供职。魏君名延庆,直禄柏乡人。到了六月份,仍然回到胡文伯幕府。算起来,总共在胡文伯幕中供职六年。

乾隆二十四年十二月,我想专门从事刑名幕宾工作,于是接受了长洲县的聘请,辞别了胡文伯幕府。

乾隆二十五年正月,我到长洲县郑君幕府供职。郑君名毓贤,山东济宁人。当年十二月,由于我的老师秀水县的孙景溪先生召请,我辞掉了长洲县的职务,到他所在的秀水县幕府工作。

乾隆二十六年三月,我到秀水县幕府供职。我的老师孙景溪先生名尔周,山东昌邑人,是我的授业恩师。到了第二年八月,我的老师升任河南开封府同知而离职赴任,我就接受了平湖县刘君的聘请,当月就到平湖。刘君字国烜,号冰章,奉天人。

乾隆三十二年正月,刘君升任为江西九江府吴城同知。我就接受了仁和县李君的延聘,二

月缘事去官，余即受乌程县蒋君聘，是月至乌程。蒋君名志铎号振庵，奉天人。至次年五月缘事去官，接任者为战君名效曾号鲁村，直隶宁津人，延余接办，九月叨乡历十二月，以会试辞归。

乾隆三十四年五月下第回，馆钱塘黄公幕。公名泰元，号亨章，云南泰和人。至三十五年十二月以会试辞归。

乾隆三十六年五月下第回，受海宁刘君聘，以故人战君官嘉善辞不获，因却海宁聘，至嘉善。七月战君调富阳，余偕行。九月孙公讳含中号西林来官宁绍台兵备道，公景溪师子也，义不可辞，乃去富阳，馆宁波道幕者四月。十二月以会试辞归。

乾隆三十七年五月下第回。海宁刘君复以聘来，七月至海宁。刘君名雁题，号仙圃，河南光山人，居海宁者二年余。至三十九年八月，海宁县升为州，刘君解官，余归里。

乾隆四十年会试成进士，后丁母忧[5]归。九月馆慈溪黄君幕。君名元炜，不一月，辞归。时战君已由归安升海宁州，以聘来，复就海宁。十二月以平湖刘君寻旧约，辞之归。齐君前海宁令也。乾

月里到了仁和。李君名学李，陕西三原人。同年十月，李君因事离职。我又被乌程县蒋君延聘入幕，当月到了乌程。蒋君名志铎，号振庵，奉天人。到第二年五月，蒋君因事离任。接替他的是战君，名效曾，号鲁村，直禄宁津人，他延请我继续工作。而我九月间承蒙乡里的举荐，十二月因要参加会试而辞职。

乾隆三十四年五月，我于会试落第，就职于钱塘黄公幕府。黄公名泰元，号亨章，云南泰和人。到了乾隆三十五年十二月，我由于参加会试而辞职。

乾隆三十六年五月，再次落第归来。受到海宁刘君聘请，但因为以前的朋友战君在嘉善任职，请求辞职未被批准，于是我回绝了海宁的聘任，到嘉善供职。七月战君调任富阳，我也随同前往。同年九月，孙含中先生，号西林，赴任宁绍台兵备道。他是我恩师孙景溪的儿子，从道义上讲是不能推辞他的邀请的。于是我离开富阳，在宁波道幕府中任了四个月的幕宾。然后由于十二月份去参加会试而辞职。

乾隆三十七年五月我再次落第。海宁刘君再次聘请，于是我在七月到了海宁。刘君名雁题，号仙圃，河南光山人。我在海宁呆了两年多。到了乾隆三十九年八月，海宁县升为州，刘君解职，我也只好回到家乡。

乾隆四十年，我通过了会试成为进士，后来因为母亲去世而归家守丧。九月又到慈溪黄君幕中任职，黄君名元炜。不到一个月，我又辞职回家。当时战君已由归安提升到海宁州，来聘请我，于是我又一次来到海宁。十二月由于平湖刘君要我践行以前的约定，我便辞别海宁。刘君是先前海宁县令。乾隆四十一年正月，我到了平湖，在此任职共四年多。

乾隆四十五年，刘君升任杭州东海防同知。

隆四十一年正月至平湖，凡四年余。

乾隆四十五年刘君升杭州东海防同知。余受署乌程县兴君聘。是年五月至乌程。兴君名德，号勉庵，满洲人。至四十六年四月前令涂君回任，延余接办。涂君名朝亮，山东莱阳人。六月涂君丁忧去官，余归里。是年九月受龙游王君聘，十月至龙游。王君名士听，号晴川，奉天义州人。居龙游一年余。乾隆四十年七月，王君调任归安，余偕行，居归安三年余。乾隆五十年八月，王君以老告养，解官归里。

【注释】

①薰莸：香草和臭草，比喻好人和坏人。
②壬申：即乾隆十七年，公元1752年。
③己巳：即乾隆十五年，公元1750年。
④苏松常镇：即苏州、松江、常州、镇江。
⑤丁母忧：遭母亲之丧。

我便接受了乌程县代理县令兴君的聘请，当年五月到了乌程幕府。兴君名德，号勉庵，满洲人。到了乾隆四十六年四月，前任县令徐君回任乌程，继续聘用了我。徐君名朝亮，是山东莱阳人，同年六月徐君由于父母去世而辞官守丧，我也回到故里。就在这年九月，我又接受了龙游王君的聘请，十月到了龙游。王君名士听，号晴川，奉天义州人。我在龙游工作了一年多。乾隆四十七年七月，王君调到归安任职，我和他同去赴任。我在归安居住了三年多，在乾隆五十年八月，王君以母亲年老需要侍奉为由辞官，我也就回到了家乡。

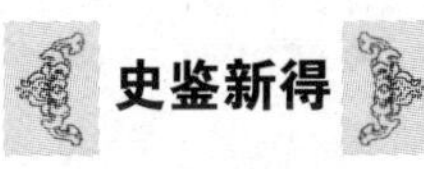

史鉴新得

清代乾隆年间，有位姓居的刑名师爷，在直隶州县当刑名幕友达二十年，案牍熟练，精于判案，很有名气，被州县官争相聘请。

后来，这位居师爷觉得自己佐治二十年，积得不少余财，很想捐个官做做，大展身手。他自信轻车熟路，必定能顺利一路升迁，于是出银子捐了个大八成的县官，又到督抚衙门里找了些门路，很快就候得实缺，得任直隶南皮县知县。不料到任后，事事不称职。每每坐在堂上主持审判时，“愦愦如木鸡”，面对原告被告，常常面红耳赤，语无伦次，甚至瞪着眼说不出话来；拜见上官时，也是慌慌张张，手足无措，进退应对的礼仪无不颠倒，引得上官不悦。最后他才当了一年的知县，就以“才力不及”而被参劾罢官，不得已只好转回来重操旧业，继续当他的居师爷。奇怪的是，一旦面对案牍，他依旧剖断如流，精明果决。后来这位不走运的下台县官，只得自嘲有“穷鬼”附身。

成人之美，君子所为

【原文】

吾言不合则去，非悻悻[1]也。人之才质各有所偏，宾之于主，贵相其偏，而被之于韦弦，水火之用始尽，佐治之任不合云者，必公事实有不便，不可全以意气矜张[2]。主人事有未善，公当范之于善。不能就范则引身而退，是谓不合则去。若吾说虽正，而主人别有善念，此则必须辗转筹画，以成其美，方于百姓有益。断不宜坚持不合之义，恝然[2]舍去。即谚所云"公门中好修行"矣。

【注释】

①悻悻：恼怒，怨恨。

②矜张：自负。

③恝(jiá)然：无动于衷，毫无顾忌的样子。恝，淡然，不经心。

【译文】

我说过与主人不合，就干脆离开，并不是因为怨恨。人的天赋禀性各不相同。幕僚对于主人，重要在于根据各自的偏好形成互补。能够在水火一般相互矛盾的事物间进行调和运用，才算尽到了协助主人工作的责任。和主人不合之说，一定是公事有不顺利的地方，不能凭着意气放任为之。主人办事有不尽完善的地方，做幕僚的就当向好的方面引导示范而使之达到完善。如果主人不采纳，那么就应该引身而退，这就叫做"不合则去"。如果我的说法虽然正确，而主人另有别的好想法，幕僚就应该为他认真谋划，以成全他的美意。这样做，对百姓才有益处。千万不要坚持与主人不合的想法，固执己见而毫无顾忌地撒手而去。这就是谚语说的："官府里好修行"的道理所在。

史鉴新得

成人之美，利人利己。

清乾隆年间，钱塘人许乐亭长期在陕甘两省做幕宾，颇负盛名。

乾隆二十四年，直隶总督兼漕运总督方观承到陕西督运军粮，延请许乐亭入幕，专掌起草奏折。当时平凉一带发生饥荒。许乐亭自行起草了一个奏折，奏请皇帝批准将购买、输送军粮的帑银赈济饥民。方观承见许师爷未征询他的意见就以他的名义起草奏折，心里有点不高兴，且唯恐这份奏折惹皇帝不悦，怪罪自己，遂将它压下，不作任何表示。

两天后，许师爷见自己的奏折草稿根本没被打算采用，就直接去找方观承，

请他立即签署发出，否则立即辞馆不干。方观承不愿失去这个帮手，只得亲笔修改后发出。不料乾隆皇帝见了此折，大加欣赏，以方观承能爱民如此，御笔朱批拨库银四十万两赈济灾民，并下令嘉奖他。方观承得知后喜出望外，连连感谢许师爷的用心。

资民力必先惜民力

【原文】

先儒有言，一命①之士苟留心于爱物，于物必有所济。身为牧令②，尤当时存此念。遇地方公事不得不资于民力，若不严察吏役，或又从而假公济私，扰累何堪！故欲资民力，必先为民惜力，不惟弭怨，亦可问心。

【注释】

①一命：周代最低一级的官。命，官阶。周代官阶自一命至九命。

②牧令：古时治民之官，即州、县的长官，州官称牧，县令称令。

【译文】

先儒曾经这样说过："一个官员，如果能够留意珍惜节约物力，那么对积累物力必定会有所帮助。"作为治理地方老百姓的官员，尤其应该时时存有这样的想法。碰上地方上有公事不得不借助于民力的情况，如果不严格督察官吏，有的人就会趁机假公济私，老百姓对这些扰乱和摊派又怎能忍受呢？因此，要想借助于民力，就一定要先珍惜民力。这不仅仅是消除怨恨不满的问题，同时也是为了自己问心无愧。

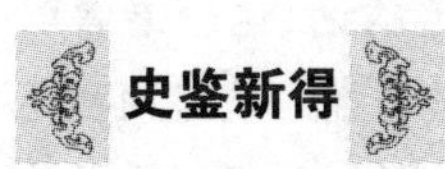

史鉴新得

有功名欲望的官员，都想在任期内有所成就。这里涉及一个成就的标准问题：是造福一方，为民谋利，还是为一己之私，只想着升官发财？不管怎样，成就的取得需要人们的理解和支持，或者借助民力。这就需要珍惜民力，减轻人民负担。

明孝宗弘治十年，刘大夏奉命到边境掌理边防储备事务。他的朋友劝道："北方的粮草是由官宦子弟经营，你性格刚直，恐怕会遇到麻烦。"刘大夏说："做任何事都是要讲求方法的，既不能蛮干，也不能受制于人，我会想出一个合适的办法的。"

刘大夏到任后，诚恳拜访当地父老，虚心听取他们的想法，深刻了解问题的症结所在，没过多久就完全掌握了处理事务的要领。

随后，刘大夏就公开贴出告示："某仓库缺少米粮若干石，每石给官价若干元，凡是境内外的官吏、人民或商人，只要愿意运米十石以上、茭草百束以上的都给予批准通行。”很快，边关仓库储备就绪。原来，以往运量规定标准太高，“运送米粮高达百石、茭草高达千束”才批准通行，一般百姓没有能力承担；而由少数官宦子弟垄断经营后，他们便压低收取价格，陆续运送，谋取高额利润。自从实行这个办法后，有粮草的人家就可以自己运送，公家也得到充足的粮草保证，平民家里也得到了相当的利润。

为官应安贫自守

【原文】

余安贫自守，固禀二母训，不敢陨越[1]，然玉我于成[2]，临桂中堂陈公实有力焉，而人未之知也。往岁庚辰二月，余馆长洲。有某髯者，蛊余以利，谓非此不足济贫。且诡玷[3]前辈知名诸君，以相歆动[4]。并道余纳赂之术。余笑而不答。髯意余诺也。如其述来。严斥之。增赂以复。余甚恐，拟批提[5]主讼人。髯来褐，大诧。余谢曰：主人意也，遂绝之。

至七月。余归应乡试。代庖者，误为所惑。比余九月至馆，甫三日而事败，奉中丞访究，二人苍黄[6]窜逸。中丞临桂公也。于是余私自幸，益悚然于法之不可试，利之不可近。初志以迄今，未尝见叶于大人先生。盖数十年来，得力全在“慎刑”二字也。

【译文】

我安于清贫，保持自己清白的品行，固然是由于遵承母亲的教育，丝毫不敢有所逾越。但是磨砺我，使我获得成功的则是临桂的内阁大学士陈公陈老先生。而这是别人并不知道的。去年庚辰二月，我在长洲幕府供职。有一个长着大胡子的老者，用利益蛊惑拉拢我，并且告诉我除了这个办法，想要致富是不可能的。他还诡秘地在我面前玷污败坏那些知名人士和老前辈的声誉，想以贿赂来让我动心，并且还告诉我接受贿赂的方法。我只是微微而笑，没有回答他的话，这个老者以为我同意了。于是就按他说的行贿方式来向我行贿，我严厉地斥责了他。没想到他反而加重了贿赂的分量再次前来，我心里很害怕，打算批示提审原告。老者又来拜访，大吃了一惊，我就解释说：“这是主人的意思。”于是才绝了他的念头。

到了七月，我回家参加乡试，代理我工作的人误入圈套被他诱惑。等我九月回到长洲幕府刚过三天，事情就败露了，我于是奉巡抚大人的命令察访追究。二人闻讯后仓皇出逃。那个巡抚就是临桂陈公。于是我在私下自感庆幸，更加警戒自己不要以身试法，不义之财不可贪占。坚定自己当初廉洁奉公的志向，迄今为止，始终如一，也没有被大人先生抛弃。数十年来，完全得力于“慎刑”两个字。

【注释】

①陨越：败坏，逾越。

②玉我于成：爱我而使有成就。

③诡玷：玷污。

④歆动：感动，触动。

⑤批提：批复提审。

⑥苍黄：急忙，急匆匆的样子。

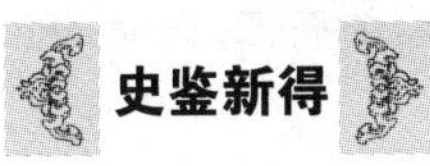

史鉴新得

金钱是重要的。有钱，就可以过上优裕而且高雅的生活，这是谁也不怀疑的事实。但是，对于一个正直的人来说，不是自己劳动所得的不义之财是绝对不能获得的。

高允是北魏时期的大臣，官至中书令，曾先后辅佐五位帝王，声名显赫，位高权重。但他从不恃权自重，贪赃枉法；倒是以清贫自守，为官清正廉洁，非常受人尊重。

北魏之初，百官无俸。一些官吏经受不住清苦，开始以权谋私，搜刮民财。高允却不随波逐流。为了生活，他常常让儿子们上山打柴，靠卖柴的微薄收入养活全家。高宗在位期间，提拔高允为中书令。但高允清廉自守的信条始终没变。一天，司徒陆丽对高宗说："高允虽承蒙皇上宠爱礼遇，但家中却一贫如洗。妻子儿女们也没有固定的生活来源，有时米罐空空，连饭都吃不上。"高宗不信，当天就亲临高允家，见到高允家只有几间茅草房子，几条破棉被，家人穿的棉袍里面塞的竟然是乱麻丝时，高宗叹息道："再没有比高允清贫的了。"于是立即赐给高允绸缎五百匹，粟米一千斛，并任命他的长子高忱为绥远将军、长乐太守。高允却多次上表，坚辞不受。高允为官几十年，一芥不取，至死节操不移。

不义之财不可取，这个道理人尽皆知，但能做到却很不容易；一辈子做到更不容易。要经得住威胁利诱，始终保持自己清白的品行，就必须修身养性。如果平时不能加强品德修养，不能控制私心杂念，那么，稍有不慎，一念之差就可能断送自己的美名。

办事要勤勉中正

【原文】

办事要整暇，尤要勤敏。尽前事未去，后事又来，百事从集，忙中有错。且一人在官，一家失业。早为结案，免穷民守候缧绁之苦，即是造福。

万事胚胎，皆在州县。至于府司院，皆已定局面，只须核其情节，斟酌律例，补苴渗漏而已。然其事稍易，而其责更重。且汇各属之案牍，则事绪愈多，检点偶疏，每致舛错①，可不慎哉？

院司为法纪之宗，要在持平。不可苛细，以察为明，以刻为能。上司之意旨一开，则通省之风气靡然纵之，不可问矣。大吏体统，不患不尊，若再尚客气，震作威权，则下情不能上达，耳目之壅蔽多矣。故接见属吏，如你父兄之于子弟。恤其不知而匡其不逮，则和衷共济，吏治必有观者。

法律要宽一分，所谓与其杀无辜，宁失不经。然非纵之谓也，情真罪当，自当置之重典。处事贵得中，不是调剂乎宽严之间而执其中，宜宽宜严，赏之而非私，杀之而不怨，便是得中。

【译文】

办理事情应严整从容，尤其要勤恳敏捷。总是前面的事还没有办理完毕，后面的事情又来了。许多的事情纠集堆积，繁忙中就会出现错误。况且一人吃官司，全家人就不能够正常的工作。尽早结案，以免除穷困百姓守候、拘禁的痛苦，这就是造福于百姓。

万事的萌芽，都在州、县。至于府、监司、都察院，诸事都已成定局，只需要核实情节，斟酌法律条文，补充它的遗漏罢了。虽然事情稍为容易一些。但是责任更为重大。况且汇集各级部属的案件文书，事情的头绪更多，检查批示偶有疏忽，就会造成错乱，能不谨慎吗？

都察院、监司是主要执法机关，最重要的是要执法公正。不应该苛刻繁琐，使人难以忍受；不能把挑剔看作明察，把苛刻当作才能。上司的意见一公开，整个机关的风气都顺势发展，其后果不敢想象。高级官吏的体制规矩，不害怕不尊显，如果再崇尚虚骄之气，利用职权耍弄威风，那么基层的实情就不能汇报上来，耳目闭塞的弊病就很严重了。因此，接见下属官吏，必须和蔼亲切，就像是父兄对待子弟一样，体恤他们的无知，纠正他们的不足，那就会齐心协力、同舟共济，为官的政绩就必然可观。

执法要宽大一些，即所说的“与其滥杀无辜，还不如不照章办事”。但这并不意味着放纵，如果犯罪事实确凿、审判得当，自然应当处以重刑。处理案件，最宝贵的是公正不偏。不是指在宽与严之间寻求平衡而取其中，而是该严则严，该宽则宽，奖赏人不是出自私情，杀戮人而使人没有怨恨，这就是做到了中正。

大臣以明察下属官吏为首要职责。官吏选择

大臣以察吏为先。吏得其人，则民受其福，察吏所以安民也。人孰无过？私罪不可宥，而公错所宜宽。或冒昧之过，或疏懒之过，皆可情恕，弃瑕录用，庶使群工观感自奋。若恣情贪酷，任性乖张，难以姑容。一路[2]哭何如一家哭乎？

院司办事，要高一著，亦要先一著，方可驾驭群吏，统理万端。若漫无主裁，但凭胥吏定稿拟批，一味照行，则太阿倒持，百弊从出矣。

上司兼听并观，方能妍媸毕照。然须虚心详慎，不轻信人言。每有资消息于武弁，寄耳目于佐亲，不加详察，偏听生奸，且以长若辈挟持短长、狐假虎威之弊。大吏不在自用，而在用人。不在用便给智巧之人，而在用老成练达之人。才略易见，心地操守必历试而后定。有等悃，无华而能任大事，不可以言貌少之。欲得真才，必历试艰巨，不可以一事之能，片言之合，轻为赏识也。

未审事件，无期挨次县牌示审，则人皆依期赴案，不致临审不到。而未挂审者，又得暂息归农，以免守候。其零星事件，原被已齐，随堂带审，不

任用得当，那么老百姓就会受到福泽，明察官吏正是为了安顿老百姓。哪个人能没有过错？为了私利而犯罪不可原谅，而为了国家、集体所犯的过失，则应当宽宥。有的犯了轻率莽撞的过失，有的犯了疏忽懒惰的过失，都可以根据情况谅解宽恕。只要改正错误，仍然可以任用，从而使下属官吏们受到感动，自我激励。如果是纵情贪污，滥施酷刑，任性执拗，就难以姑息宽容。与其使一个地区百姓遭受不幸，还不如让一家人承受痛苦。

都察院、监司办事，要比别人高一招，也要比别人先一招，才能驾驭下属官吏，集中治理纷繁的事端。如果散漫没有决断，只是听任师爷、文书一类的人拟定批示，自己一味照着办理，那就是倒着拿太阿剑，各种弊端就会像杂草一样蔓生了。

上司善于听取不同意见和全面观察问题，才能清楚地分辨出美丑善恶。但必须虚心、细致、谨慎，不轻信别人的话。常常有这种情况：从随行侍卫那里收集消息，在部属亲信中广设耳目，自己不加以周详的考察，偏听偏信，就会奸邪横生；况且，这样做只会增长这些人借势要挟、狐假虎威的弊病。朝廷要员不在于自用其才，而在于用人。不在于任用随机巧变、善于逢迎的人，而在于任用踏实成熟、干练通达的人。一个人的才能谋略，容易看得清楚，而他的内心本性、道德节操必然在经过多次考验后才能确定，分出优劣差别。那些心怀至诚、质朴无华的人才能承担重任，不应该以言谈相貌轻视他。要想得到真正的人才，必须经过多次艰巨的考验，不可以因为一件事表现出的才能、一句话的投契，就轻率地赏识他。

没有审讯的案件，若是先设定期限，依照次序悬牌通知审讯的具体事情，那么有关人员都会按期赶来参加，不至于到审讯的时候缺席。而没有被挂牌通知的人，又能够得到暂时的休息，回家务农，以免守候。那些零星细小的案件，原告、被告已

必拘定持牌送卷也。有两造已齐，而原差不禀到；或经承未得规礼，不送牌卷禀审者，察出当予重儆。

批发词讼，虽属自理，其实是第一件得民心事。讼师奸民，皆以此为尝试，若不能洞见肺腑，无以折服其心。或持论偏枯，立脚不稳，每致上控，小事化为大事，自理皆成宪件矣。即或不至上控，造入词讼册内，亦难免驳查。故必能办理刑钱之案者，方可以批词。

书启一项，凡略通文义者，皆谓胜任愉快。然其要总在知彼知己，方能心人之心，口人之口，言皆巧合，非但以华赡见长，更有钞撮肤词，妄填故事，触犯忌讳者，尤见哂于大方家也。

登记号件，似易而实难，似轻而实重。叙由简明，人人所能，惟以摘催而不使弊搁，查限而不致逾违，或一事而分手两办，或一手而原被异批，逐一厘剔较正，斯足以助刑钱之不及，非但识词记注而已。必厚其修脯，择力余于事者，始克展布裕如。尝以为无关轻重之任，不能择人，则发事多矣。

【注释】

①舛(chuǎn)错：差错、错乱。

经到齐的，就随堂顺带审理，不必拘泥于持牌，送卷的规矩。如有原告、被告已经到齐，而当事差役不禀告；或者经办人没有得到好处费而不送牌、卷禀告审讯的，一经查出就应当给予重重的处罚。

批示签发诉讼案件，虽然属于自己料理的事情，而实际上是一件得民心的事。那些专写状纸的师爷、刁猾百姓，都把这件事当作试金石。如果不能洞察肺腑，就不能使他们内心折服。或者立论偏颇错误，站不稳脚，常常造成向上控告的情况，小事变为大事，自己处理的事全变成上司批办的案件了。即使不至于向上控告，把这些错误的偏颇观点写入诉讼卷宗内，也难免遭到驳斥、查处。因此，必须是能够办理杀人、盗窃等案件的人，才可批阅诉讼的状子。

拟写给上级的文件，凡是粗通笔墨文义的人，都可以说能够胜任，也都很乐意做这些事情。但它的关键在于知彼知己，才能体察别人的心迹，模仿别人的口气，说的话都能吻合，不能只追求文辞的华美，而忽略文件的主旨。更有这样一类人，抄录摘取空泛的词藻，随意乱引典故，触犯忌讳，尤其见笑于精深此道的人。

编号登记案件，看起来容易，实际上很难；看起来轻松，实际上责任重大。叙述事由简明，人人都会；唯一需要注意的是把文件的事由摘要登记而不产生弊端，限期查究而不致逾期，或者是一宗案件而分别由几人不同办理，或者是一体办理而对原告被告作出不同的批文，逐一整理订正的，这才足以弥补主办的不足，不只是专管登记注册就算了事。必须给予优厚的薪俸，选择有较强办事能力的人担任这个职务，才能做到应对自如。如果认为此职无关轻重，不能选择合适的人才，那么所引发的事情就会很多了。

②路:宋、元时行政区划名。宋代的“路”相当于现代的“省”,元代的“路”相当于现代的“地区”。

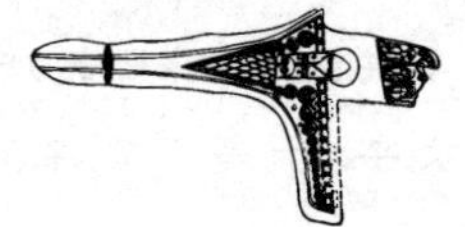

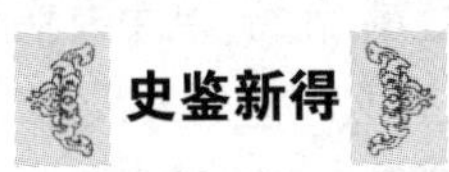

史鉴新得

郭躬,东汉官吏。字仲孙,颍川阳翟人。父亲郭弘,研习《小杜律》。太守寇恂让郭弘做决曹椽,断案达三十年,执法公平。郭躬年轻时继承父业,讲授法律,学生常达数百人。后来他做了郡吏,被公府征召。永平年中,奉车都尉窦固出击匈奴,骑都尉秦彭做他的副将。秦彭带兵驻扎在另外的地方,有时不经请示就依法杀人,窦固上奏皇帝说秦彭专权,擅自杀人,请求诛杀秦彭。显宗于是请公卿朝臣评判秦彭的罪行。郭躬因为通晓法律,也被召见参与审理。

大家都认为窦固的上奏是对的,唯独郭躬说:“从法律角度看,秦彭该杀那些人。”皇帝说:“军队出征,校尉要一律受制于主将。秦彭既然没有斧钺,怎么能专权杀人呢?”郭躬回答说:“校尉要一律受制于主将,那是说校尉与主将驻扎在一起,现今秦彭另率一支军队驻扎于别处,情况不一样,军情瞬息万变,有时不容许先禀告主将后再作处置。况且按汉朝制度,戟就是斧钺,这样,判秦彭死罪不符合法律。”皇上听从了郭躬的意见。

又有一案,兄弟两人一起杀了人,但罪责还没有分清。皇帝认为做兄长的没有尽到教育弟弟的责任,所以判了哥哥的重刑而免除了弟弟的死罪。中常侍孙章宣读诏书时,误说两人判的都是重刑,尚书上奏皇帝说孙章假传圣旨,罪当腰斩。皇帝又召见郭躬询问他的看法,郭躬回答:“孙章应处罚款。”皇帝说:“孙章假传圣旨杀人,怎么能只处以罚款呢?”郭躬说:“法律上有故意犯罪和失误犯罪的区别,孙章传达诏书出现错误,事属失误,对失误者法律量刑要轻。”皇帝说:“好。”后来,郭躬三次升迁,元和三年,被任命为廷尉。

幕中流品,良莠不齐

【原文】

幕中流品,最为错杂。有宦辙覆车,借人酒杯,自浇块垒;有贵胄飘零,摒挡纨绔,入幕效颦;又有以铁砚难靡,青毡冷淡,变业谋生;又有胥钞谙练,借栖一枝;更

【译文】

幕府中的人才品类,最为错综复杂。有仕途不顺,借别人的酒浇自己胸中愁闷的;有贵族世家子弟,家道衰落,放弃自己贵族子弟身份,投入幕府学做僚属的;又有经受不住刻苦攻读的艰苦,熬不住清贫穷困的生活,而改行谋生的;还有精通文牍、书记,借入幕府暂时栖

有学剑不成，铅刀小试。其中优劣不一，力能赞扬识者，未赏不加敬礼。乃有委蛇进退，碌碌无所短长者，滥厕吹竽，于是莲花幕客，侪于佣伍矣。

息的；更有学习剑术没成名，就做刀笔吏稍试才能的。其中优劣不一，凡具有一技之长，能佐助主人的人，未尝不加以敬重、礼待。其中有把握不定，犹豫不决，又没有什么才能的人，滥竽充数，从而形成高洁如莲的君子和卑鄙庸俗的小人混杂为伍的局面。

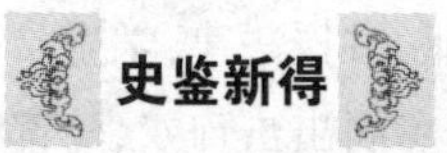

史鉴新得

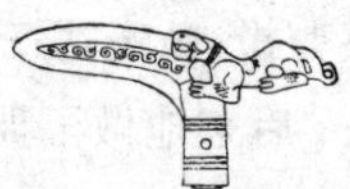

孟尝君是齐国的贵族，名叫田文。他为了巩固自己的地位，专门招收人才。凡是投奔到他门下来的，他都收留下来，供养他们。这种人叫做门客，也叫做食客。据说孟尝君门下一共养了三千个食客。其中有许多人其实没有什么本领，只是混口饭吃。

秦昭襄王听说齐国最有势力的大臣是孟尝君，就邀请孟尝君来咸阳，说是要拜他为相。孟尝君上咸阳去的时候，随身带了一大帮门客。秦昭襄王亲自欢迎他。孟尝君献上一件纯白的狐狸皮的袍子做见面礼。秦昭襄王知道这是很名贵的银狐皮，很高兴地把它藏在内库里。

秦昭襄王本来打算请孟尝君当相，有人对他说："孟尝君的确贤能，可他又是齐王的同宗，现在任秦国宰相，谋划事情必定是先替齐国打算，而后才考虑秦国，秦国可要危险了。"

于是秦昭襄王就罢免了孟尝君的宰相职务。他把孟尝君囚禁起来，图谋杀掉孟尝君。孟尝君知道情况危急，就派人冒昧地去见昭襄王的宠妾请求解救。那个宠妾提出条件说："我希望得到孟尝君的白色狐皮裘。"孟尝君献给秦昭襄王的那件白色狐皮裘价值千金，天下没有第二件了。孟尝君为这件事发愁，问遍了宾客，谁也想不出办法。有一位能力差但会披狗皮盗东西的人，说："我能拿到那件白色狐皮裘。"于是当夜化装成狗，钻入了秦宫中的仓库，取出献给昭襄王的那件白狐裘，拿回来献给了昭襄王的宠妾。宠妾得到后，就向秦昭襄王劝说把孟尝君释放回去。秦

昭襄王果然同意了,发下过关文书,让孟尝君他们回去。

孟尝君得到文书,急急忙忙地往函谷关跑去。他怕秦王反悔,还改名换姓,把文书上的名字也改了。到了关上,正赶上半夜。依照秦国的规矩,每天早晨,关上要到鸡叫的时候才许放人。大伙儿正在愁眉苦脸盼天亮的时候,忽然有个门客捏着鼻子学起公鸡叫来。一声跟着一声,附近的公鸡全都叫起来了。

守关的人听到鸡叫,开了城门,验过过关文书,让孟尝君出了关。

秦昭襄王果然后悔,派人赶到函谷关,但此时孟尝君已经走远了。

自此以后,宾客们都佩服孟尝君广招宾客不分人等的做法。

佐主不可介以私

【原文】

宾之佐主,所办无非公事,端[①]贵和衷商酌,不可稍介以私。私之为言,非必己有不肖之心也。持论本是,而以主人意见不同,稍为迁就,便是私心用事。盖一存迁就之见,于是必费斡旋,不能适得其平。出于此者,大概为馆所羁绊。不知吾辈处馆非为宾主有缘,且于所处之地必有因果。千虑之得有所利,千虑之失有所累。小者尚止一家,大者或偏通邑,施者无恩怨之素,受者忌报复之端,所谓缘者,宿缘有在,虽甚龃龉未必解散。至于缘尽留恋,亦属无益。且负心之与失馆轻重悬殊,何如秉正自持,不失其本心之为得乎?

【译文】

幕宾辅佐主人,所办理的无非都是公事。处理的原则,完全是贵在和衷商量斟酌,不能夹有一点私心。说夹有私心,并不是说产生不好的念头。自己的看法本来就是正确的,却由于主人有不同的意见而稍加迁就附和,这就是私心用事。由于心里产生了迁就主人意见的想法,在办理事情时就不得不费心从中周旋,其结果是不可能把事情办得公正妥帖。之所以迁就主人的意见,大概是被自己所处的幕宾地位所牵制约束造成的。但是这种做法,实在是忘记了我们做幕宾的人,并不仅仅是因为宾主之间有缘分,而且也是跟自己所在的地方必然有着某种因果联系,才会聚在一起共事。正所谓千虑之得有所利,千虑之失有所累。如果考虑不周,小的影响可能仅涉及一家人,而影响大的有时就会涉及整个州县。办理事情的人不夹杂个人恩怨,接受处理的人也就不会有报复的想法。如果有缘分,即使意见不合,也未必就会造成宾主离散。至于缘分已尽而留恋不舍,也没有必要。况且辜负民心和失去幕府的工作相比,轻重悬殊极大。

怎么比得上因坚持原则、不失做人本分而得到的收获呢？

【注释】

①端：终究、真正、完全。

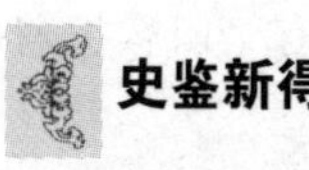

史鉴新得

李氏灭隋兴唐后，又经过数年征讨，到李世民称帝时，才算彻底平定天下。李世民封赏有功之臣，房玄龄、杜如晦等人都受到了重用，被视作股肱之臣。但李世民大封天下，却引起了许多旧部的不满。其中他的叔父淮安王李神通最为不悦。

李神通说："我起兵关西，最先拥戴高祖。如今，连房玄龄、杜如晦这样的人都位居我上，我是李氏家族的长辈，这让我怎么能够服气？"李神通此言一出，立刻得到响应。那些没有得到升迁的旧部，也纷纷抱怨起来。

见此情景，李世民对李神通说："叔父是我的至亲，我非常尊重您。但您虽首倡义军，却无功于国家。起兵是为了避患，您先在山东全军覆没，后在与刘黑闼作战时望风而逃。如果没有房玄龄等的辅佐，我早就被敌人打败了。我不能因为您是我的叔父，就把您和开国元勋同功论赏。"

一席话说得李神通面红耳赤，闭口无言。李世民又说："为政之道，只有无私，才能让天下人心服。行赏只能按功而论，任用有用之才。秦王府的人虽是我的旧部，但有的人却缺德少才，只会空发怨言，这哪是治国安邦的大计呢？"

听了李世民的一番言辞，众将心悦诚服，纷纷说："陛下如此大公无私，对至亲的叔父和旧部没有一点私心，我们还有什么可忧虑的呢？自是一点也不敢有非分之想，唯有尽力报效国家了。"

第三编　执法慎戒

办事以见解为主。呈状一到，要识得何处是真，何处是伪，何处是起衅情由，何处是本人破绽，又要看出此事将来作何结局，方定主意，庶有把鼻。

执法传讯应谨慎

【原文】

提人不可不慎。固已事涉妇女，尤宜详审，非万不得已，断断不宜轻传对簿。妇人犯罪，则坐①男夫具词，则用抱告律意，何等谨严，何等矜恤。盖幽娴之女，全其颜面，即以保其贞操；而妒悍之妇，存其廉耻，亦可杜其泼横。

吾师孙景溪先生讳尔周言令吴桥时，所延刑名幕客叶某者，才士也，一夕方饮酒，偃仆于地，涎沫横流，气不绝如缕，历二时而苏。次日齐沐②闭户，书黄纸疏，亲赴城隍庙拜毁，回署后，眠食若平常，越六日又如前偃仆，良久复起，则请迁居外寓。询其故，曰：吾八年前馆山东馆陶，有士人告恶少子调其妇者，当核稿时，欲属居停，专惩恶少子，不必提妇对质。友人谢某云，此妇当有姿首，盍寓目③焉。余以法合到官，遂唤之。已而妇投缳死，恶少子亦坐法死。今恶少子控于冥府，谓妇不死，则渠④无死法，而妇之死实由内幕之

【译文】

传讯人犯，不可不谨慎从事。涉及妇女的案子，尤其应该详细审核。不到万不得已的时候，断断不要轻易传讯妇女当堂对簿。妇女犯了罪，就会牵连家里的男人或丈夫入官准备答词，代替犯罪的妇女出庭受审。由此可见，法律在这方面的用意是何等谨慎严密，何等同情体恤人民！因为对一个幽静贤淑的女子来说，保全了她的自尊心，也就是保持了她的贞操；而对那种嫉妒成性，凶狠泼辣的妇女而言，维护了她的廉耻之心，也就杜绝了她在公堂上的撒泼耍横。

我的老师孙景溪先生(讳尔周)，讲述过他在吴桥任县令时，曾延请聘用掌理刑法案件推断的幕宾叶某，那是一个很有才能的人。一天晚上，他正在喝酒，突然仰面倒在地上昏迷不醒，口水和唾沫流得到处都是，气息奄奄，若有若无，经过了两个时辰才苏醒。第二天，他又关门闭户，斋戒沐浴，在黄纸上写了一篇文章，亲自赶赴城隍庙烧纸拜祭。回到县衙后，叶某睡眠和吃饭都跟平常一样，但过了六天，又像先前那样仰面倒在地上，过了好久才又爬起来。就请求迁移到外面去住宿。老师询问他迁居的原因，他说："八年前，我在山东馆陶做幕宾。有个读书人状告恶少调戏他的妻子。我在核审案卷时，想要传命调停，只惩戒那个恶少，受害女子则不必到堂对质。我的好朋友谢某说：'这个妇女必定很有姿色，何不叫她来看一眼？'我认为这也符合法律，于是就命人传讯她到庭。没过多久，这个妇女就上吊自尽了，恶少也因此而被处死。现在这个恶少在阴间告了状，认为那个女子

传唤。馆陶城隍神关提⑤质理，昨具疏早剖，谓妇被恶少子所调，法合到官，咀唤妇之说，起于谢某。城隍神批准关复，是以数日幸得无恙，顷又奉提，谓被调之后，夫已告官，原无意于死，及官传质审，始忿激捐生。而传质之意，在窃其色，非理其冤念。虽起于谢某，笔实主于叶某。谢已摄至，叶不容宽。余必不免矣。遂为之移寓于外，越夕而殒。夫以法所应传之妇起念不端尚不能幸逃阴谴，况法之可以不传者乎？

【注释】

①坐：牵连。

②齐沐：全身上下沐浴，清洗。齐，全，整体。

③寓目：过目，看到。

④渠：他。

⑤关提：发布拘捕令。关：发放；提，提取。

不上吊自杀，那他也就不会判死罪。而妇人的死，完全是由于幕府中的人传讯所致，馆陶的城隍神发了拘捕的关牒文书，来质问当初的事理，昨天我就是去上疏申诉剖白情由。陈述说那个妇女被恶少调戏，按照法律她应该到庭对质。况且传讯妇女的想法，是谢某产生的。城隍神因此批准了我的请求，发下文书让我回来，所以这几天我侥幸得以安然无恙。随即我又被提审，理由是妇女被调戏之后，她的丈夫已经向官府提出了诉状，她原本也没有自杀的念头。等到官府传讯对质审问后，才感到羞忿而不想活下去了。至于传讯对质的目的，是想看她的姿色，并不是要为她申冤主持公道。虽然这个邪念产生于谢某，而笔下定夺实际上是由我作主的。谢某已经被带到阴司，我也不能得到宽容，所以我一定不能幸免啊！”于是我将他安置到外面去住，过了一晚他就死了。按照法律应该传讯的妇女，由于传讯人起念不端，尚且不能逃脱阴间的审判，更何况根据法律不能传讯的人呢？

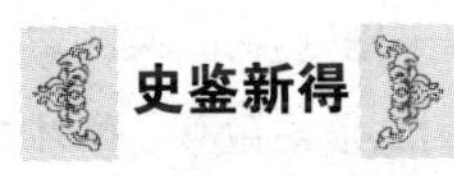

史鉴新得

陆云是晋代文人陆机的弟弟，他不仅反应机敏，善于论辩，而且观察能力、判断推理能力也十分出众。在他为“太子舍人”时，曾出任浚仪县令。浚仪县由于处于“都会之要”，风俗侈糜，奸猾之人横行，非常难以治理。陆云到任之后，首先整顿吏治。由于他机敏能干，又办事严厉，所以属下对他很是敬畏、佩服。

一次忽报有人被杀，陆云亲临现场，仔细观察，却找不到任何线索，但看到死者的家中没有丢失任何东西，可以断定不是因财而起。又看到死者的妻子神色恍惚，回答支吾，他凭直觉觉得这女人不善，有奸杀的可能。不过这只是猜测，并没有证据。于是，他就命人把死者的妻子带回衙门拘禁。陆云对她并不审问，只是把她关押了十天。后来对她说:“你丈夫可能是自杀的,你可以回家了。”并且把这个消息放出去,让大家都知道。

待死者的妻子走出衙门后,陆云便派人严密监视死者妻子的行动,并命令道:“如果她离家外出,要随后监视,估计不出十里,会有一个男人与她相会,到那时即可一并抓来。”

三天之后,派出去的人果然带回了一男一女,而那女的正是死者的妻子;陆云当堂审问,那男子承认两人勾搭成奸,是他们共同谋杀的那个死者。那女子也讲,丈夫死后县老爷说“可能是自杀”,而且几天来没一点风声,她以为没事了,便想与同谋见面。但出于谨慎,与他相约在城外十里处相见。至此,一件无头案只用了十天时间便水落石出了。

古代社会十分注重男女之防,妇人尤其看重名节,因此,在案情中涉及妇女时一定要小心行事,避免给女子带来不必要的麻烦;现代为官也是如此,事情牵涉到妇女,也应谨慎。

事关人罪宜慎言

【原文】

谚云:“好动扶人手,莫开杀人口。”居幕席者,更当三复此言。昔吴兴某以善治钱谷有声,当事某公所慢。曾故人子官浙中大僚,某讦其侵盗阴事,竟成大狱。狱甫定,某忽自啮其舌,至本溃以死。顷读无锡诸类,谷先生洛近稿载其邑人张希促事,尤可鉴也。

希仲馆归安令裘鲁青署。归安有民妇与人私。而所私杀其夫者狱具。裘以非同谋,欲出之。时希仲在座

【译文】

谚语说:“好动扶人手,莫开杀人口。”身居幕席,有生杀大权,更应当把这句谚语反复诵读。以前吴兴县某人素以善于管理钱谷而闻名,但却被他的一位同事所轻慢。于是怀恨在心,伺机报复。恰好他老朋友的儿子在浙中做大官,他就揭发曾轻慢过他的同事侵盗官家资财,同事因此而被定成大罪。罪刑刚刚判定,某人忽然自己咬自己的舌头,一直咬到舌根,溃烂致死。刚才我读无锡县的各类文书,其中谷洛先生近稿记载他的同乡张希仲一事,尤其可以作为借鉴。

希仲是归安县令裘鲁青官署的幕客。归安县有一个民妇与人私通,而与她私通的那个男人杀了她的丈夫,罪案确实,县令裘鲁青因为那民妇不是同谋,要将她释放。当时张希仲在堂,他大声说道:“赵盾不讨伐逆贼就是杀君,许世子不尝药就是杀父,春秋时期有诛杀妄意的法律。这件案子决不可以宽容。”那位民

大言曰："赵盾不讨贼为杀君，许世子不尝药为杀父。春秋有诛意之法，是不可纵也。"妇竟论死。

后希仲梦一女子披发持剑，捕膺而至，曰："我无死法，尔何助之急也？"以刃刺之。旦日其刺处痛甚。自是夜必来，遂归。归数日，鬼复至，愈厉。使巫视之，如梦，竟死。

夫某公侵盗有据，于法得死，宜为大僚所治，某言非虚妄，特意出于私，尚罹险过。况传闻有未实者乎？若希仲诛意之说，非法家所忍言，宜为鬼难矣。吾辈读律佐治，身当其任，自不得曲法姑宽。如不在其位，又何忍下石耶？

妇最后竟然被以死罪论处。

后来，张希仲梦见一个女子披散着头发、手持长剑扑胸而来，说："法律本不该定我死罪，你为什么要急着置我于死地？"用剑直刺张希仲。第二天，张希仲感到被刺的地方疼痛难忍。自这以后那女鬼每夜必来，张希仲只好回家躲避。回家不几天，那女鬼又寻到，而且更厉害可怕。请巫婆来观察，确实像梦中一样。张希仲竟然就这样死了。

那位被判大罪的同事，侵盗官家资财有证据，依法应当处死，也应该受到大官的惩办，某人所告虽然不是虚妄之词，但是意图在于泄私愤，因而他尚且遭受阴鬼祸害，何况那些传闻臆测往往不可证实呢？像张希仲诛杀意妄的说法，不是法官能忍心说出来的，应该遭阴鬼报复。我们这些人研读法律，辅佐治理，身担其任，自然不能曲解法律，加重处罚或姑息宽容。如果不在其位，又怎么能忍心落井下石呢？

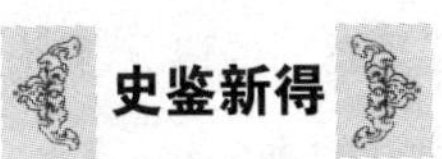

史鉴新得

有一次，宋太宗设酒摆宴款待众臣。手下有两个大将孔守正和王荣因为多喝了点酒就相互争起功来。二人越争越激烈，竟忘记了皇帝就在面前。宋太宗觉得很尴尬，就命人将两人分别送回府中。

第二天，两人酒醒，自知失态，有损皇帝威严。连忙去向皇帝请罪，这更使太宗左右为难。治两人的罪吧，明明是两人酒后的妄言，醉酒之话是不算数的；不治罪吧，会显得放纵他们。他就假装糊涂,说:“这事朕已记不得了,当时朕也喝醉了。”两将如释重负,从此约束自己,再不居功自傲了。

律例精义在名例

【原文】

一部律例精义,全在名例。求生之术,莫如犯罪自首一条。余初习法家言,邻邑奴获私铸以所供逃犯起意案已咨部完结。越二年,逃者获讯,不承为首,例提从犯质鞫。犯已远戍,诸多掣肘,松江友人韩升庸在座,谓可依原供而改捕获为闻拏。自首,则罪仍不死,案即可完。邻令用其言,犯亦怡然输供。余心识之。后遇情轻法重者辄袭其法,所全颇多。

曩于《佐治药言》曾记删改自首之报。辛亥居长沙,闻盗首杨辛宗在逃,知官中比父限交赴案投首,司谳者谓与未经破案,不知姓名、悔罪自首不同,不准援减,仍拟斩决。余旋即归里,未见邸钞,不知部议云

【译文】

一部《律例》,精华全部深含在它所适用的案件部分。犯罪后想获得新生,最有效的办法莫如去投案自首。我在刚刚学习法律著作时,邻县抓获了一名私自铸造官钱的案犯,他供述是一个在逃犯给他出的点子,这个案子已经通过刑部审查结案。过了两年,逃犯被抓获并经审讯。但他却不承认自己是首犯。按照惯例,应当提取私铸钱币者来和他当面对质,但那个造币的人已经被发配到遥远的地方戍边去了,使得这个案子在办理过程中遇到了诸多困难。当时恰好松江友人韩升庸在我那里作客。他建议说:可以依据原来的口供把捕获犯人改成犯人自首。自首就不至于获得死罪,案子也就可以结束了。邻县的那个县官便采纳了这个建议,罪犯也高高兴兴地全部如实招供。于是我就在心里暗暗记下了这个好方法。后来我遇上那种情节不很严重,然而依据法律却必须重判的情况,就沿用了这个原则。因此保全了不少罪犯的性命。

在前面的《佐治药言》一书中,我记得有删改成自首的事情。辛亥年,我居住在长沙,听说绥宁县的强盗头儿杨辛宗在逃。他知道了官府令他父亲在限期之内把他交给官府的事,于是主动投案自首。可是主办此案的官员认为杨辛宗这个情况同法律上说的“没有经过侦破的案子,也不知道罪犯姓名,其案犯由于后悔自己所犯的罪行而投案自首”的情况不同,不予从轻处罚,仍然上报判他死刑。我因为急着要回乡里,没有看到官报,也不知道刑部怎样处理这事。可是在我心里,却暗暗地思考着有关犯罪自守的法律条文规定,“凡是犯罪没有被发觉,就去投案自首的,免除他已犯的罪行”,这是针对那种官府

何。窃思犯罪自首津云：凡犯罪未发而自首者，免其罪。是指未经破案者言也。事发在逃，律注云若逃在未经到官之先者，本无加罪，仍得减本罪二等。又乾隆三十八年刑部议覆苏臬陈奏定，例闻拏投首，除盗犯按本例分别定谳外，余俱于本罪上准减一等。是皆指被告被缉而言。故云闻奴也。杨辛宗事发在逃闻限比其父，挺身投案，正苏臬所奏。虽无悔过之心，尚存例免死，发遗未为曲法，而曰与未经破案不知姓名悔罪自首不同，是必逃，在事未到官，津得免罪者方可依闻奴自首科减，向使杨辛宗避罪远扬不顾其父之比责，偷生迟久，被捕弋获，亦止罪于斩决，不致刑更有加绎。

读谳词殊切耿耿。近日读津之友遇一加重成案，辄手录以供摹仿，在杨辛宗死何足惜，万一闻拏自首之津例不可径引，则凡案类辛宗之被缉而事非强盗者，亦将棘手狐疑。况原献云杨辛宗因事主家止妇女，辄向事主

没有破案的在逃犯而言的。案情暴露而逃亡在外，法律上说："如果罪犯在事情败露后逃跑，但还没有被抓获以前投案自首的。本来就不要加罪，仍然可以把他所犯的罪减去二等。"又如，乾隆三十八年，刑部议论并批准了苏臬的提案条款。这些条款中有一条就是这样定的："罪犯听说受到追捕通缉后，主动投案自首者，除了盗窃犯依照法律应判的罪刑外，其他的罪刑全部都在他原本判决的罪刑上减轻一等。"这是针对正被通缉的罪犯而言的。所以在提案条款上说的是"罪犯听说受到追捕通缉后"。杨辛宗听说事情败露，逃跑在外，后来听说父亲被官府限期交出他来，于是便挺身投案自首。这种情况正是符合苏臬所奏的那一条。虽然杨辛宗并没有悔过自新的想法，但总还存在着畏惧法律威严的思想，即使免去他的死罪，把他发配到外地也并不是没有按照法律办事。这和有关条文中"没有经过官方立案侦破，也不知道罪犯姓名，后悔自己的罪行而自行投案自首"是不相同的。但并不是说犯罪后罪犯非得要逃跑不可。而在事情还没有被告到官府，按法律可以免去罪行的罪犯，才能够使用"听说要抓自己就逃跑了，然后去投案自首"的条款，并按这条减罪。假设先前杨辛宗为了躲避惩罚，远远地躲起来，也不顾念年老的父亲在期限到了后交不出儿子将要受到的惩治。这样苟且偷生许久后，被抓住了，按照法律也只不过是杀头而已，而绝不可能再加上其他什么罪行。

当我读到对于杨辛宗的判词后，总是耿耿于怀。最近有个学习律例的朋友，他只要碰上了加重判决的案子，便动手把它抄录下来，以供将来判案时模仿和学习。杨辛宗一个人判处死罪，算得了什么！可万一"听说官府在追捕，便投案自首"的条文不能被直接引用，那么从此以后，凡是类似杨辛宗这样被追缉而事实上又不是强盗的罪犯，一定会怀疑满腹，而判

回骂临时行强，被指名缉拿，其投首在伙犯获后，不准援减。查辛宗劫止一次，并未伤人，视凶劫伤主之盗首，尚属情事较轻，特以首在被辑之后，仍拟斩决，恐援以为准，从总无生路，且案未破而自首者、千百中未闻一二，其甘心投案，多因捕缉紧急，比及父兄子弟，动乎一时天性之恩，到官伏罪，若并此一线天良而绝之，则在逃之犯，更无自首。

闻拿自首之例几成虚设矣。綦非手办事阅，九年疑实在胸，终难自释，因论治术，商及津例，愿以正之高明。方今圣天子以不忍人之心，行不忍人之政，为吏者遇可出可入介于津可轩轻之事，当与幕友虚中办论仰体圣慈，力求至当。名例一门义尽仁至，大概必不得已而用法者，尤宜细细体究，而自首各则断不可略观大意，倘有投案之犯，务在求生以全民命。欧阳

案人也觉得棘手。何况在原判词上说，杨辛宗由于原告家里只有女人，于是就对原告大叫大骂，临时逞一时之强。后来在被指名追捕、投案自首后，主办官吏却没有援引律例为他减刑。再考查杨辛宗行凶仅一次，也并没有伤人的情况，把他的罪和行凶杀人的强盗相比，他的罪行属于情节不太恶劣，案情较轻的。特别是他投案自首是在被通缉之后，如果仍然判决死罪。我担心自此以后其他官吏在判案时，都会把杨辛宗一案作为典范来加以援引使用，从此以后，盗贼们都将无生路可走。况且，案子未破之前就投案自首的罪犯，在千百个中也没有一两个人。那些心甘情愿投案自首的罪犯，大多数都是由于官府追拿得紧，又加上官府限期他的父母兄弟交出罪犯，出于一种与生俱来的骨肉之情，自己跑到官府投案自首。如果他们有了这种与生俱来的良心和道德了，我们的法律却不给他们一条改过自新的活路，那么，那些正在潜逃的罪犯，就更不会去投案自首了。

我听说法律上所规定的“听说在追捕通缉自己，便投案自首”之类的条文，已经几乎成了一纸空文，毫无意义。杨辛宗这个案子不是我亲自办理的，事情虽已过去了九年，对这个案子的怀疑始终埋藏在我心里，总是难以释怀。因此在本书谈论到治理方法，讨论到法律案例时，就把这件案子提出来，以便有识之士修正明鉴。当今皇上英明，以仁慈之心施行仁慈的政略。做官的人遇到了那种可宽可严，可重判可轻判的案子，应该虚心地和幕僚商量，多方听取意见，对上要好好体会皇上仁慈的用心，力求把案子办得妥当些。法律总则，力求义尽仁至。大凡必不得已，才用法律惩处，但也要细心体察。而对于投案自首这一节内容，绝对不能够仅仅看个大概。假如有投案自首的罪犯，就应该使求生者保全性命。欧阳崇先生说过，只有求生而不能，使他死而无怨，判案的人才能不觉得后悔；二者没

崇公所谓“求其生而不得，则死者于我两无憾也”，敢为学治者敬告，幸为治者勿哂其老而悖鄙其说之赘。区区之诚，重有望焉。

有遗憾才可以。我斗胆把这句话告诉学习治理方法和研究法律的人，希望那些对治理方法很擅长的人，不要嘲笑我年迈力衰，因而瞧不起我说的这番话。那么我心中的至诚之意，也就有了新的寄望。

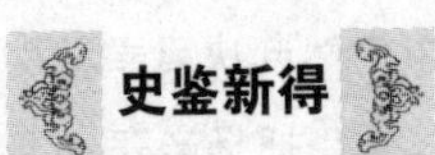

史鉴新得

魏太宗登基后，对太祖的重臣崔玄伯仍旧十分信赖，遇到大事就与他计议，曾下诏命崔玄伯与南平公长孙蒿等人在朝廷中坐堂，审断狱案。

魏时各地都有许多豪强大族，极有势力，常有人聚众滋事，作奸犯科，对抗官府，骚扰百姓，危及社会秩序。太宗担忧时间一长，他们势力扩大后会失去控制，因此下诏书要把这些豪门大姓迁徙到京城，加强控制，防患于未然。这些人家久居本土，天高皇帝远，又有根基，何等自在；再说，“越鸟栖南枝，狐死必首丘”，人恋故土，难舍难离，都不愿意背井离乡远迁他方。负责督办此事的那些地方官吏办事不力，频频向他们施加压力，强令迁离，弄得怨声载道，人心惶惶。于是，一些好事之徒、不良子弟借机到处煽动，互相联络，聚集起来寻衅生事。西河、建兴等地的盗寇也乘机纷纷起事，四处劫掠。加上当时战事不断，民生艰难，铤而走险的人越来越多，一时间群寇蜂起，一片混乱，民怨沸腾。当地的官府弹压不住，连连向朝廷告急。

太宗见事态愈演愈烈，急忙召集崔玄伯及寿光侯叔孙建、元城侯元屈、北新侯安同等商议对策。太宗说：“过去那些凶顽狂放之徒侵扰百姓，因此征召他们到京城加以节制，而各地守官不能妥善安抚督管，致使许多人逃亡流离，违犯律令，但不能全部诛杀，朕欲实行大赦，一律宽免，以此安定人心，你们以为怎么样？”元屈回答：“刁民潜逃，触犯律条，不予治罪，却施恩赦免，似乎是在上者反而有求于下，无形之中助长刁民气焰。不若先斩杀为首凶犯，再赦免余党。”玄伯却不这样看，他说：“为君者治理天下，以安定民心为根本，不可拘泥于细小处的是非曲直，执行法律也须审时度势，合乎实情。立法与执法，当琴瑟和谐，否则就应改弦更张；法律如不合理恰当，就需更改修定。大赦虽不是正常做法，但为今日情势所迫，唯有此法暂且可行。自秦汉以来，都是这样相互效法，灵活处置。元屈主张先杀后赦，臣以为不妥，不宜又杀又赦，可一律大赦，仁至义尽。如仍有不思悔过者，再杀不迟。”太宗也怕施行高压会激起民变，认为玄伯的主张比较稳妥，最终还是采纳了他的做法。

法律无情，自首从宽

【原文】

余馆秀水时，幕寮在三堂东。又东为内宅门，门外东南为庖厨。室故为楼，甚宏敞，板梯久毁，西向尚悬爱日楼匾额。天阴雨辄闻鬼泣声。令君孙景溪先生偏询署中人，无知其故者。一老吏年八十余，言：康熙时，令有母，喜诵佛号，始创此楼奉佛。雍正初年，刑名幕友胡姓歙人，盛夏不欲人见，因独处楼中。凡案牍饮馔缒而上下。一日薄暮，闻楼头惨叫声，从者急梯而上，则胡赤身仰卧，自白刃于腹，肌肤如刻画，血被体。问之，曰：向客湖南某县，有妇与人私。夫为私者所杀，妇首于官。吾恐主人罹失察处分，作访拏详报，疑妇凌迟。顷见金甲神率妇上楼，刃吾腹，他不知也。叫呼越夕而死。嗣常见形。楼头板梯所由撤也。先生为文忏之，后稍戢。今不知庖厨有更易否。夫律例一书于明刑之中，矜恤曲至犯罪自首一条，网开一面，乃求生之路。删改

【译文】

我在秀水县做幕客时，办公的地方设在县衙大堂的东面。再向东是内宅的大门，门外东南方是厨房，是过去的旧楼房，楼建得十分宏大敞亮，只是楼梯年久朽坏，楼的西侧还悬挂着“爱日楼”匾额。碰到阴雨天气，就能听到鬼的哭泣声。县令孙景溪先生问遍衙署中的人，没有人知道其中的原因。一位八十多岁的老吏说，康熙年间，有位县令的母亲喜欢念佛经，才建了这座楼供奉佛像。雍正初年，有一位主管刑事的幕僚姓胡，歙县人，盛夏天气里不愿让人见到他，因而独自住在楼中，公事文书、饮食所需都用绳子吊上垂下。一天傍晚，忽听楼台上有惨叫声，几个人急忙架了梯子爬上去，发现姓胡的赤裸身体仰卧在地，自己持刀扎在腹部，肌肉皮肤已经割得像是雕刻画，血流满身。问他，他说，以前自己在湖南某县做幕客，有一妇人与人私通，妇人的丈夫被私通者杀害，那妇人向官府自首了。他恐怕主人遭受失职的处分，就做了访查缉拿的详细报告，并想判处那妇人凌迟。刚才他看见金甲神带着那妇人上楼来用刀割他的腹部，而他自己却不知道是自己割的。姓胡的幕僚喊叫了一夜就死了。后来人们常看到楼台上有鬼影，楼梯也因此被撤掉了。孙景溪先生写了篇文章为他忏悔，那鬼才稍微收敛了一些。现在不知道那厨房楼更改了没有。法律是有明文规定的，案件的书写更应慎重，量刑判决应当充分考虑罪犯有自首情况的条款，网开一面，刀下留人，这是给自首情况者的求生之路。如果人为地删改而导

而致之重辟，是死于我，非我死于法也。鬼为之厉宜矣。

致自首者被判处死刑，这是死于我手，而不是死于法律。鬼出来害人，也是应该的。

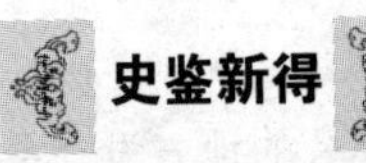

史鉴新得

左司郎中王本立是朝廷的一位秘书，他依仗皇帝的宠爱，在朝廷横行霸道，仗势欺人，大臣们都不敢得罪他，只有狄仁杰上奏弹劾王本立的罪行，但唐高宗却下旨宽恕了王本立。狄仁杰再次上奏说："朝廷虽然缺乏人才，但也不缺少像王本立这样的人，陛下为什么要宽大他而违反了国家的法律呢？如果陛下一定要宽恕王本立，那么就先把臣流放到荒野之地，以警告朝廷的忠贞之士。"唐高宗同意狄仁杰的看法，王本立得以依法治罪，满朝文武都佩服狄仁杰的胆量和勇气，对他肃然起敬。还有一次，狄仁杰奉命巡视岐州，在路上遇到数百名逃亡的兵士抢劫老百姓的财物，人们非常恐慌，四处逃散。地方官府抓捕了一部分士兵，并严刑拷打，有的甚至被折磨致死。狄仁杰看到这种情况，对地方官吏说："这种办法不对，要是把他们逼得走投无路，就要发生灾祸。因此，最好的办法就是对他们宽大处理。"于是，岐州官府张贴了告示，声称抢劫财物的士兵只要主动投案自首，官府可以宽大；已被抓获的士兵只要说明了情况，当场释放。抢劫士兵听到这一消息后，奔走相告，兴奋不已。很快，这些士兵都主动来官府自首，一次大的灾祸得以避免。这件事传到朝廷，唐高宗非常高兴，连声称赞狄仁杰办事得体，为政宽厚。

审理命案勿蔓延

【原文】

应抵命案，吏没尚知畏法。惟自尽路毙①等事，更易蔓延滋扰。盖百姓无知，最惧催人命牵连，恐吓撞骗易于藉口，全赖相验时力归简易。凡自尽人命，除蚌起威逼或有情罪出入，尚须覆鞫②；其于口角轻生仅可当场断

【译文】

应该抵命的杀人案件，官吏们尚且畏惧法律的威严，不敢胡作非为。只有那些自杀身亡，暴死街头的案子，才更容易扩大事端、骚扰百姓。老百姓由于无知，最害怕的就是牵涉进人命案件，因而恐吓、招摇撞骗的事也容易找到借口。这些事全靠验尸人尽量把它弄得简明。凡是自杀的人，除了由于挑衅、威逼或奸情，需要重新审讯外，其他那些因为口角而轻生的，

结③，不必押带进城，令有守候之累。如死由路毙及失足落水，则验报立案，不待他求。有等④鹘突⑤问官，妄向地主⑥两邻根寻来历以辗转扯拉，徒饱吏役之橐，造孽何有纪极哉！

【注释】

①路毙：指因饥寒劳顿而死于路途中。
②覆鞠：再加审讯。
③断结：了结。
④有等：有一些。
⑤鹘(hú)突：糊涂。宋代人的语录中常用之。
⑥地主：当地主人。

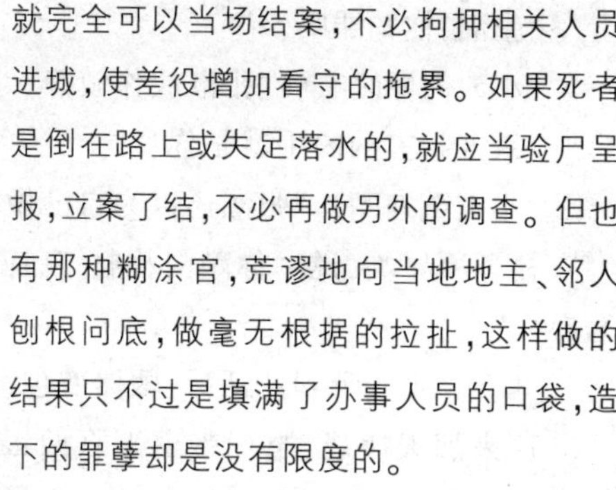
就完全可以当场结案，不必拘押相关人员进城，使差役增加看守的拖累。如果死者是倒在路上或失足落水的，就应当验尸呈报，立案了结，不必再做另外的调查。但也有那种糊涂官，荒谬地向当地地主、邻人刨根问底，做毫无根据的拉扯，这样做的结果只不过是填满了办事人员的口袋，造下的罪孽却是没有限度的。

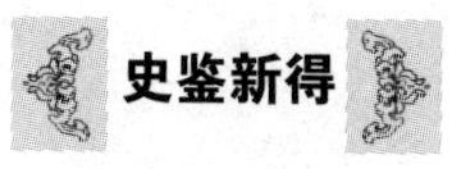

史鉴新得

《疑狱集》中记录了这样一则故事，说的是明朝时杨评事巧破赵三失踪的事。湖州的赵三与周生是好朋友，他们相约一起到南都去做生意。两人雇了张潮的一条货船，装好货后，与船主张潮相约某日五更开船。

赵三的妻子孙氏不同意丈夫远行，为此两人争吵了好几天。出发当天，孙氏就起来做饭。赵三吃完饭后，把五百两银子连同衣物打成包裹背在身上，与妻子告别后就去乘船了。

五更时，周生来到船上不见赵三的影子，就叫张潮前去催促。这时天已大亮。张潮猛烈敲着赵家的门，叫喊着："三娘子！三娘子快开门！"孙氏打开门一看，原来是船主张潮。张潮问道："三官人为什么到现在还没有上船？"孙氏大吃一惊，说："我丈夫走了很长时间了，怎么到现在还没有上船吗？"张潮回来告诉周生，周生大为惊异，连忙与孙氏分头去找。可是找了三日，毫无踪迹。周生怕受到连累，连忙到官府报了案。

县官怀疑孙氏另有所爱，而故意害死丈夫；又怀疑周生谋财害命，但又找不到证据。这个案子拖了很久。有位担任决断疑难案件的大理寺官员杨评事，查阅了案卷，指着"敲门就叫三娘子"这几个字，分析判断说："船主张潮敲门就叫三娘子，肯定已经知道房内没有了孙氏的丈夫！"根据这点他推断出张潮犯了罪。于是命人将张潮抓来审问。

“张潮,你知罪吗?”

“小人何罪之有?”张潮故作镇静。

“杀害赵三的凶手就是你!”

“小人冤枉啊!”张潮还以为自己做得神不知、鬼不觉,企图抵赖。

杨评事一笑,说:“你敲门找赵三,应该喊赵三的名字,为什么却喊赵三妻子的名字?”

“啊?”张潮听到此话后,骤然变色,吓得目瞪口呆,最后不得不低头认罪。

原来那天凌晨,赵三带着五百两银子上船时,因为时间太早,就和衣睡在船中。船主张潮见财起了歹心,趁着天黑无人,悄悄地把船移至僻静之处,杀了赵三,将尸体捆上一块大石头沉入河底,然后又把船划了回来,若无其事地等待周生上船。

创立良法要收实效

【原文】

设积贮于民间,社义二仓①尚已。然行之不善,厥②害靡穷。官不与闻,则饱社长之橐。官稍与闻,则恣吏没之奸。盖贷粟之户,类多贫乏,出借难缓,须臾还仓,不无延宕,官为钩稽,吏需规③费,莞④论之司,终多赔累。故届更替之期,畏事者多方规避,牟利者百计营求。甚有因而亏挪仅存虚籍⑤者。此社长之害也。其或勸捐之日,勉强书捐⑥。历时久远,力不能完,官吏从而追呼,子孙因之受累。此捐户之害也。此等良法,固不宜因噎废食⑦,究不容刻舟求剑⑧。欲使吏不操权,仓归实济,全在因时制宜,因地立

【译文】

把粮食积贮于民间,社、义二仓就是这样做的。如果做得不好,那就祸害无穷。官方如果不参与,就填满了社长的腰包。官方若略微参与这事,就会助长手下官吏贪赃枉法。借贷粮食的人家,大多数都很贫穷,借粮容易还粮难。借贷不久就要按规定归还,没有不拖延的。官员只注重政绩,吏役则需要各种费用,管理仓库的机构即使精打细算,也终究要赔本。所以到了该换人的时候,怕事的人就想方设法躲避;而想从中牟利的人,则千方百计也要得到这份工作。甚至还有因为亏空挪用,只剩下虚空账目的。这就是管理仓库的社长造成的祸患。有时向人募捐,他们会勉强他人写出捐助文书。由于数目巨大,年深月久,捐献者无力承受,官吏们却向他们追索,以至捐献者的子孙后代都因此而受到连累。这就是设立捐助之法带给捐户的祸害。这种接济老百姓的好办法,

法。旧有捐署者，务求社长得人，为之设法调剂捐户。如果无力完缴，亦不妨据实详免。若本未捐设，断不必慕好善虚名，创捐贻患。

固然不能够由于有弊端就不使用了，但终究不能生搬硬套。要想使官吏不滥用职权，使义仓能确实发挥接济老百姓的作用，关键在于因时因地制定办法。过去捐赠过的，以及社长的推选一定要能够得到可靠的人。这二者务必处置得当，从而使社长设法对捐户作出调剂。如果捐户真正无力捐助，也不妨根据实际情况免除。如果本来就没有捐粮，也不必为博得个乐善好施的好名声，而留下捐粮的后患。

【注释】

①社义二仓：即社仓和义仓。隋文帝开皇年间始设义仓，向民户征收积储，备荒年放赈。因设在里社，亦名社仓。以后或者有常平仓，或有义仓，或有惠民仓，或有社仓。清朝规定，州县设常平仓，市镇设义仓，乡村设社仓，咸丰、同治时大都名存实亡，甚至名实俱废。

②厥：代词，此指那个。

③规：通“窥”，窥测。

④莞(guān)：水草。

⑤虚籍：指登记在册而实无其物。

⑥书捐：指在捐纳谷物以前，先在簿册上登记个数目。

⑦因噎废食：此典出自《吕氏春秋·荡兵》。后比喻因小而废大，或怕做事而索性不干。

⑧刻舟求剑：此典出自《吕氏春秋·察今》。后比喻拘泥固执，不知变通。

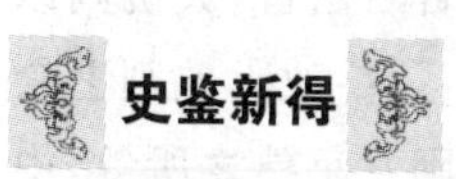

史鉴新得

战国时期的魏国国君魏文侯是一个较为进步的君主。他在其执政期间，任命李悝为相推行新政。新政方针中最有名也是最有效的内容就是“尽地力之教”。《史记·货殖列传》记载：“当魏文侯时，李悝尽地力之教。”李悝所谓的“尽地力之教”是指劝教农民提高土地亩产粮食的能力，他特别重视农业劳动力的作用。

李悝为一般五口之家的农民算了一笔账，认为他们种田百亩，每年所收获的粮食待交完租税，留足口粮，支付各种费用后，就所剩无几了，连添制衣服也感到困难：“今一夫挟五口，治田百亩，岁收亩一石半，为粟百五十石，除十一之税十五石，余百三十五石。食，人月一石半，五人终岁为粟九十石，余有四十五石。石三十，为钱千三百五十，除社闾尝新、春秋之祠，用钱三百，余千五十。衣，人率用钱三百，五人终岁用千五百，不足四百五十。”如果遇上疾病、丧葬等事或国家增加苛税，就更没有办法了。

为此李悝提出“尽地力”的办法来解决农民的困难，就是充分发挥土地的潜力，以增加单位面积产量。他看重的并不是农业技术本身，而是推行封建制的生产关系，以提高农民的积极性，并采取措施保证粮价稳定，以保障农民的生活。这种稳定粮价的措施就是“平籴论”。

李悝认为，粮价太贱，农民入不敷出，生活困难，国家就要贫困；粮价太贵，城市居民负担不起，生活困难，就要流徙他乡。因此粮价无论太贵太贱，都不利于巩固国家统治。其基本思想是“籴甚贵伤民，甚贱伤农。民伤则离散，农伤则国贫。故甚贵与甚贱，其伤一也。善为国者，使民不伤而农益劝”。

为了发展农业生产，战胜自然灾害，增加朝廷税收，李悝根据“平籴论”的思想颁布了“平籴法”。平籴法”利用经济杠杆来协调不同年景时的粮食价格，一举解决了丰年多粮、灾年少粮的矛盾，对后世影响很大。

“平籴法”规定每家农民收入的粮食中，除交十分之一的税及自己食用、消费外，多余的粮食由国家收购。法令把好年成分为上、中、下三等，坏年成也分为上、中、下三等，好年成由官府按好年成的等级出钱购进一定数量的余粮，坏年成由官府按坏年成的等级平价粜出一定数量的粮食。这样“故虽遇饥、馑、水、旱，籴不贵而民不散，取有余以补不足也”。

在具体实施中，法令规定以“治田百亩”的一个农家作计算单位，上熟、中熟、下熟时由政府分别收购其余粮三百、二百、一百石，以防止粮价下跌。如遇歉收年份，小饥则政府以下熟所收百石出售，中饥则以中熟收购的二百石出售，大饥则以上熟收购的三百石出售，“善于平籴者，谨视岁有上、中、下熟。……故大熟则上籴三舍一，中熟则籴二，下熟则籴一，使民适足，贾平则止。小饥则发小熟之所敛，中饥则发中熟之所敛，大饥则发大熟之所敛而粜之。”

这一措施的实行，可使粮价保持稳定，既不“籴贵伤民”，又不“甚贱伤农”，即使是灾荒之年，粮价也不会抬高，农民也不会因饥饿而逃亡了。就实际来说，“平籴法”是后来历代王朝的均输、常平仓等办法的开端。

李悝关于平籴法的主张在魏国实行后，国家因此得以富强。

借名启讼之人应严惩

【原文】

豪强侵占，律所不容。若世业相承，重加修整；或本非官产，原听民便。注注地棍藉端挟持，需索①不

【译文】

豪强恃势侵占，是法律所不容许的。如果是世代家业相承，又重新加以修整；或者本来就不是公家的产业，还是应该听任百

遂，即饰词[2]讦控。一经准理，必先差查。差查不已，必须勘断[3]，官或不暇遽及[4]，则棍差朋比，费已不赀[5]。此等借名启讼之人，多非善类。能于呈控时严切批斥，使小人畏法，固为上策。否则催主人速勘严证，必有阴受其福者矣。

【注释】

①需索：敲诈勒索。

②饰词：掩饰真相的话，托词。

③勘断：审问决断。

④遽及：指迅速处理。

姓自便处置。往往有地痞恶棍借口要挟寻衅滋事，勒索不成，就玩弄文词控告对方。官府一旦批准审理，必定要先派差役进行调查，调查没得到结果，就必须进行裁断。官府有时没有时间细察，那些地痞就与差人相勾结，借机敲诈勒索，案子还没了结，被告人的钱财就已被勒索净尽。这类找借口打官司的人，大多不是善良的人。如果能在他们呈交控告诉状时给予严厉批评斥责，从而使这些小人畏惧法律，才是上策。否则，催促主判官迅速断案，必定有暗地里受到福佑的人。

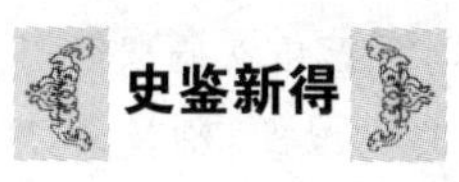

史鉴新得

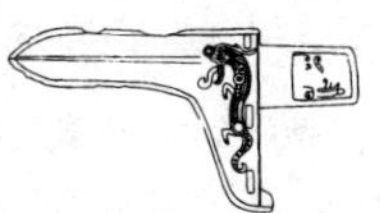

贪，是人的一种天性。一般说来，官贪靠权，民贪则凭欺、盗、赖。自从私有制产生以来，就出现了贪，而且贪的花样不断变幻，查的智慧也层出不穷。

从前，范县有个老实农民，娶了富户的女儿为妻以后，他家的一头母牛，因没有牛栏关，便寄养在岳父的牛栏里，每天都是这农民自己去放牧。几年以后，母牛生了小牛，小牛也生下牛崽，一共有了十二头时，这个农民建起了牛栏，要把牛从岳父家牵出来时，岳父却说牛是自己的，一头都不让这个农民牵走。

于是两人就告到了县衙，县令以“家务事”为托词，一直不肯受理。乾隆五年郑板桥担任县令后，这个农民又去告状。郑板桥是个清官，历来就憎恶那些为富不仁的人。他听完诉状后，令衙役把告状农民捆绑好，又用布蒙住头。将他押送到居住的村庄后郑板桥令人召集村民聚会，宣布说抓住了一个偷牛贼，特来核查在这里销赃的牛，各户都必须把家里的牛牵来，讲清楚牛的来历，交代不清，就是赃物。

那时的人极端畏惧官府，生怕受连累，纷纷把家里的牛牵到聚会的地方，那个农民的岳父也把家里的牛一齐赶来了。由于他的牛多，急忙上前向郑板桥申明说：“大人，我家的牛中有十二头是我女婿的。这些牛的来历，请你要他说清。”郑板桥点了一下头，随后令衙役将“盗贼”松绑，去掉头上蒙的布，对他说：“你岳父已经把你的牛牵来了，快牵回去吧！”

讼词切忌草率递交

【原文】

一词到官，不惟具状[①]人盛气[②]望准，凡讼师差房无不乐于有事。一经批驳，群起而谋，抵其隙。批语稍未中肯，非增原告之冤，即壮被告之胆，图省事而转让事矣。夫人命奸盗及棍徒[③]肆横，原非常有之事。一切口角争斗类皆户婚细故[④]。两造非亲则故，非族则邻，情深累世，衅起一时，本无不解之第摘[⑤]，其词中要害，酌理准情剀切[⑥]谕道，使弱者意平，强者气沮，自有亲邻调处。与其息于准理之后，费入差房，何如晓于具状之初，谊全姻睦。

【译文】

一篇讼状送到了官府，不只是告状人满怀愤怒，希望依法判决，就是讼师和差房也因有事可做而高兴。而讼词一旦被驳回，所有的人就都串通起来，寻找可利用的漏洞和失误。批语稍微不中肯，不是增加了原告的冤苦，就是给被告壮了胆。希望省事反而让事情变复杂了。杀人奸淫、偷窃抢劫，地痞恶棍肆意横行，本不是常有的事情。一切口角争斗，大都属于近邻或亲家之间的小事情，双方不是亲戚就是老友，不是同族就是邻居，情谊深厚，世代交好，一时间发生争端，并没有不可解开的仇怨。应该依次摘取他们讼词中的要害，动之以情，晓之以理，细致地开导，使弱者心平气和，强者怒气消散，自然有亲戚邻居进行调停。与其使争端平息于审讯判决后，使花费落入差房。还不如在告状之初就进行开导，使双方友情保全，亲家和睦。

【注释】

①具状：即整理案发实情以备官府审理。
②盛气：怒气冲冲的样子。
③棍徒：无赖流氓之类的人。
④细故：琐碎小事。
⑤第摘：次第摘取。
⑥剀切：切实。

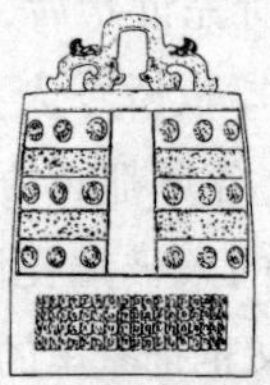

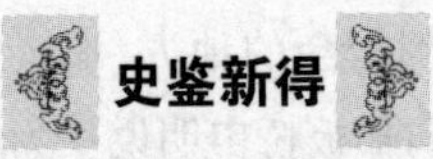

史鉴新得

明初，吴履为南康县丞。县民王琼辉与同里的富豪罗玉成结下了冤仇，他抓住罗玉成的家人鞭打羞辱了一顿并且将人带走了。罗玉成的哥哥罗玉汝和罗玉成的儿子等人非常愤怒，集合了一千多名年轻人，围住王琼辉的家，把他们的家人抢回来，又把王琼辉绑住，在半路上把他打了个半死，才把他放掉。

王琼辉兄弟五人告到县衙公堂，当堂砍断手指，立下血誓，定要与罗家人同死。吴履考虑到判此案会牵连一千多人，情势多有不便，于是就把王琼辉召来，发话问道："只有罗家的人围住了你家吗？"王琼辉答道："大概有一千多人。"他又问："这一千多人都辱打你了吗？"王琼辉说："只有几个人。"吴履劝道："你恨这几个人而连累一千多人，这样做好吗？而且众怒难犯，如果这一千多人不顾死活，把你全家都杀掉，即使把他们都逮捕法办，又对你有什么好处呢？"

王琼辉听后醒悟过来，叩头听从吴履的判决。吴履将杖打王琼辉的四个人抓起来，当着王琼辉的面打了几十棍，打得他们鲜血一直流到脚后跟；又命令罗家人向王琼辉陪罪下拜。事情就这样解决了。

省事之法在于明批

【原文】

谚云：无谎不成状。每有控近事而先述旧事，引他事以曲证此事者，其实意有专属而讼师率以牵摭①为技。万一宾主不分，势且纠缠无已，又有初词②止控③一事，再续呈④渐生枝节，或至反宾为主者，不知所以翦裁，则房差从而滋扰。故省事之法，第一在批示明白。

【注释】

①牵摭(zhí)：牵涉到，牵连，涉及。

②初词：初次提供的讼词

③止控：仅仅控告。

④续呈：指随后进呈的讼词。

【译文】

谚语说："无谎不成状"。常常有控告最近事情的，却先叙述过去的事，引用别的事情，拐弯抹角地以证明想说的事。其实，这些情况的意图只在某一点上，而讼师大都以牵扯连累为能。万一对案子的主线和支脉不分，必然纠缠不已。还有开始的讼词只控告一件事，而后来再呈送的讼词却渐渐有枝节了，有的甚至将枝节变成了主线。如果不知道如何剪裁，牢房的差役就会从中滋扰生事。所以，省事的方法，第一在于指示要清楚。

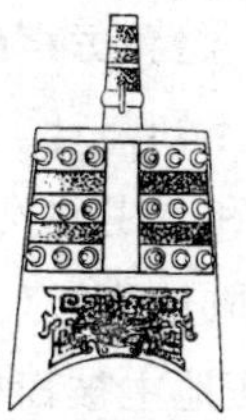

史鉴新得

古代诉讼断案，人治的成分较多，需要断案的人能明察秋毫，抓住实质。因此，办事要懂行,要有主见。不能人云亦云,让别人牵着鼻子走。冷静思考,抓住问题的实质,才能达到解决问题的目的。

公元861年,江南的江阴县新上任了一个叫赵和的县官。他是个以善于裁断疑难案件闻名的好官。

有一次,赵和碰到了这样一个案子:淮阴县有两个富裕农庄是相邻的。当年,东庄的地主想买田,由于手头紧一些,便把现有农田的地契拿出来,抵押给西庄地主,借了一千贯铜钱,约定归还铜钱时赎回地契。

农田买来的第二年就喜获丰收。东庄地主是个实在人,卖了粮食,便拿着钱找到西庄地主还债,第一天还了八百贯,其余的说好第二天来还。两家彼此很熟,东庄地主就没有要西庄地主打收条,也没有要回已还清的债券和地契。想不到第二天西庄地主突然翻脸,不承认前一天的事,拒绝归还地契。

东庄地主只好到官府起诉。县官说:"审理财产案件全凭证据,你既无债券、地契,又无人证,我怎么审理呢?"东庄地主又到州衙起诉,也被驳回。他听说江南江阴县令赵和善断疑案,就过江来到江阴县起诉。

赵和接手了这个案子。但按当时法律,只有发生重大强盗案件,才允许地方官越境追查。赵和派了几个得力手下到江北淮阴县送去一件公文,说是江阴县日前破获一起截江大盗案件,罪犯的口供牵连到淮阴县某农户,请求将其引渡到江阴审问。

公文中提到的农户就是西庄地主。淮阴县令见是江洋大盗案件,不敢怠慢,赶紧让江阴县的捕快带走了西庄地主。

西庄地主就这样被带到了公堂上。这时,端坐在上的赵和猛地一拍惊堂木,喝道:"好大的胆子,竟敢行劫!"西庄地主连忙申辩:"我是个本分农民,从来不会打家劫舍。"赵和冷笑地说:"强盗的供词说得明明白白,看来你是不打不招了。"西庄地主吓得连连磕头求情。

见他中了招,赵和故意说:"你家有些什么财产,报个清单上来。"

西庄地主赶紧如数报出:家里有稻谷多少斛,是庄人某某归还的;有绸绢多少匹,是家中自织的;有铜钱八百贯,是东庄还债赎地契的。

听到这里,赵和厉声断喝:"这么多铜钱肯定就是盗赃!"

西庄地主不知是计,急忙说:"确实是东庄还债的,债券、地契都还在我家中。"赵和说:"你敢和东庄的人当面对质吗?"西庄地主哪里知道这是赵和的圈套,一边磕头一边说:"敢!敢!"

这时,东庄地主被衙役带上公堂,见到他,西庄地主只好承认了之前自己故意赖账的事。于是,东庄地主取回了地契和债券。

历史上,有很多类似的积案,因为证据不足,并且互不相让,一时不能确定。但是并不是说不能解决。关键在于断案人的应变能力。

命案不宜牵累无辜

【原文】

前明涂相国阶①柄政②时,作家书示子弟,尚诫命案不可牵涉,何况寻常百姓?余乡居见命案列证,便举家惶骇③,往往见凶犯赤贫④,累归词证者。故在馆阅报词⑤,非紧要人证,即属主人当场省释⑥,不命入城。应取保⑦者讯后立追保状,然获闻有官保私押之事。一日不归,则其家一日不宁。如之何,勿念至路弊案件,差保无可生发,每将地主牵入。此则真属无辜,尤其须属主人禁绝。核稿时更宜字字检点,以防株累。

【译文】

从前,明朝的相国徐阶在执掌国家政权时,写家信给子弟,尚且警告涉及人命案时,不能株连他人,何况寻常百姓呢?我在乡下住时,看见官府在传唤人命案所牵扯的证人时,证人全家都惶恐不安,常见凶犯极度贫穷,就连累到告词的证人。所以,在官府里读到禀报的状词时,不是关键的证人,就应吩咐主判官当场考察释放,不必叫他入城来。需要找人保释管制的嫌犯,就让他在事发地等候审讯,一旦审讯完毕,立刻追回有关取保的令状。但还是听说有嫌疑犯已被保释而遭人扣押的事。证人一天不回家,家人就一天放不下心,怎么能不担心在路上发生没有丝毫线索的人命案呢?差役无从下手时,常常将当地的人牵连进来。而他们往往全是无辜的,所以尤其需要吩咐主判官禁止该事发生。审核有关案稿时,更应字字斟酌,以防株连他人。

【注释】

①徐相国阶:明代一位大臣。
②柄政:执政。
③惶骇:亦作“惶駴”。惊骇。
④赤贫:穷得一无所有,极其贫穷。
⑤报词:判词。
⑥省释:检验查证。
⑦取保:允许被告要求担保人,外释以待审讯。

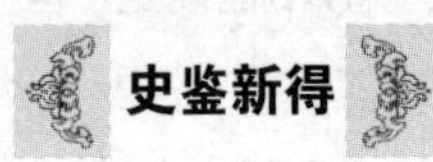

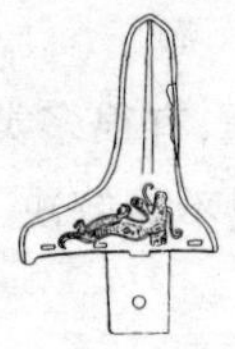

史鉴新得

老百姓最怕打官司,这是几千年封建制度的后遗症。时至今日,民众仍怕扯上官司,但在这真真假假的世界里,民众有时稍不留神,就会陷入官司的沼泽地里。

东汉冯焕任幽州刺史时,曾多次惩治奸恶之徒,因此遭到一些人的怨恨。当时玄菟郡太守姚光也在任上得罪了不少人。后来,冯焕和姚光的对头伪造皇帝诏书,谴责冯焕、姚光二人,并赐刑刀一把,意思是要他自尽。同时,他们又伪造诏书给辽东都尉庞奋,要他迅速处置冯焕。庞奋立即将姚光斩首,并将冯焕逮捕。到了这种地步,冯焕决定自杀。

可是他的儿子冯绲觉得诏书行文有些异常,不让冯焕自杀。冯绲说:"大人在幽州,立志要除去邪恶,实在没有什么过错。这一定是凶恶奸诈之徒想通过诈骗来实现他们的罪恶阴谋。大人不妨将此事上报朝廷。如果诏书是真的,再服罪也不迟。"

冯焕听从了冯绲的话,上书为自己申辩。后来才知,这诏书果然是奸诈者伪造,朝廷根本不知此事。结果,庞备以失职抵罪,冯焕虽病死狱中,但冤情却得到昭雪。

治盗以防诬累

【原文】

安良必先治盗,而寄赃买赃之累又因治盗而起,凡诬扳窝伙,犹可留心访察。至寄买赃物之处,实为舆论之所不著。不惟黠于贼易挟赚嫁祸,且有捕役牢头①择殷教柔因而为利者,即官为审释,良民已受累不堪矣。浙中旧习获赃到官率供无主之案,混认多赃,指某某寄顿,某某

【译文】

安抚善良百姓必须首先要惩治地方上的盗贼,而窝赃和购买赃物的牵连则又是因为治理盗案而产生的。凡是乱指窝藏赃物的同伙,还可以留心侦察。至于寄存赃物和购买赃物的地方,确实是道德和舆论都难以到达的地方。不仅狡猾的盗贼容易挟嫌嫁祸他人,而且缉捕人员和牢头也想利用对那些较为殷实或是软弱无势的人栽赃的方式,从中获得利益。即使官吏弄清情况后将其释放,善良无辜的百姓也已经因为受了拖累而难以忍受。江浙地方旧有的习惯就是小偷被抓到官府中时,大都招供些无头公案,胡乱认指赃物,并指

价买。承行之吏据供吊赃佥差[②]四出，治赃无着落，终以游供完结。而没婪于橐，吏分其肥，愚民被获贼之害，境内不受治盗之益。余居乡时，深知此弊，故佐主人治盗惟严究有主之贼而不起无主之赃。前于药言约略言之，今录简易之法于左以备采录。

寻常窝赃，止须饬地保[③]谕，吊谕[④]内注明速将原赃交保禀解[⑤]，不必到官。如果被诬，许自行呈诉。慎毋托故诿延致干差扰响。在嘉湖幕中行之民以为便，未有不缴不诉者。案重赃多必须差吊者，檄内注明止许吊赃不必带审。如未买未寄，听本人呈诉，毋许提人滋扰。庶捕役不敢肆横。以被诬呈诉者，受词时即提犯质释，俾免守候。或于词内批释，不必令平民与赃匪对簿，以恤善良。无论为窝为伙买赃寄赃，有恤称与贼并不相识，横被诬扳[⑥]者其中必有教供之人，可令被诬者亲立稠人

出寄存在某某处，某某人用什么价钱买的，处理案子的官员就会根据他的招供寻找所谓赃物，派遣捕快四处寻查。结果赃物根本就没有着落，最终只能是以不着边际的口供作结。案子没有什么进展，而差役们的贪婪却早已使自己中饱私囊，小吏们也分得一份实惠，却只让老百姓承担了捕捉盗贼所带来的祸害，而境内根本就不能受到治理盗贼的好处。我还在家中居住的时候，就深深了解这种弊端，所以在辅佐主人办理盗窃案时，只严厉追究有主赃物，对无主赃物则不予追究。关于这点，前面已在《佐治药言》中概括地谈到，现在摘录一些简明扼要的办法，以备办案人员选择参考。

查办一般的窃贼所藏的赃物，只给地保带个信去就是了。提取赃物的命令中注明"速将原赃交给地保"字样，同时告诉他们不必到官府打官司。如果是属于被诬陷的，要允许他们到官府来自主申诉。特别要小心的是不要借故捱时拖延，让差役捕快们扰乱乡里。我在嘉湖幕府中时就是这样做的，老百姓都认为很简便，从未有过不交赃物的，也从未有过想申诉却没有申诉的事。案子重大而赃物较多的，需要派人前去提取，在公文中应该注明"只许提取赃物，不得加以审问"。如果没有购买赃物，窝藏赃物，就要完全听取被害人的申诉，不许提取人审问，进而制造事端，骚扰百姓。这样缉捕办案人员就不敢肆意横行作恶。由于被诬陷而提出申诉的人，就要在接受诉状时，当即提取犯人，质疑澄清后释放所关押的人，让他们免除等待的麻烦。或者就在诉状内当即批阅，加以释放，没有必要让平民百姓跟盗贼在公堂上对质，这么做是为了怜惜善良的百姓。无论是窝家、同伙、买赃的人、藏赃的人，只要诉称自己与盗贼并不相识，而凭空被诬陷的，其中一定有教唆诬陷的人。如此就可以让被诬陷的人夹在人群中，先叫窃贼自己

之中先令贼犯指认，如指办模糊，立时谕归安业，专治贼犯以诬良之罪。然此法须时时变通，用之习以为常，则其人状貌教供者亦能预告说知。倘以识面为非诬，恐又成冤狱耳。至印官事冗，小窃案件有不能不发佐贰代讯之势，但听其查办，即不免有需索之弊。应令讯毕即送草供一切，传主希赃俱由亲核，庶权不下移，民不受扰。

办重案之法，一人治一事，及一事止数人者，权一而心暇，自可无误。或同寅会鞫事，难专断，或案关重大，牵涉多人，稍不静细即滋冤抑。遇此等事须理清端绪，分别重轻，可以事为经者，以人纬之，可以人为经者，以事纬之。自为籍记，成算在胸，方可有条不紊，不堕书吏术中。其土音各别，须用通事者一语之讹毫厘千里，万宜慎之又慎。

指认。如果指认含糊不清，就应立即将被害人释放，让他回家安居乐业，而专门处理盗贼诬陷良民的罪行。可是这个办法要时时变通，灵活应用，如果一成不变地使用，那么教唆的人就一定会预先告诉那个人的相貌。如果仅仅以认不认识作为判断诬陷的标准，恐怕又要造成冤案。至于主要官员由于事务繁忙，小的盗窃案就不得不叫辅佐的人代理审讯。但是如果听任他们去查办，恐怕又难免要出现受贿的弊端。应该命令主办人审讯完毕后马上送当堂供述的记录原稿，对于传讯证人，提取赃物等都应亲自审核。这样权力既不会下放，老百姓也不会受到侵扰了。

办理重大案件的方法是：一个人办理一个案子，以及一件案子只牵涉到少数几个人的情形，权力既集中而精力也充沛，自然不会出现差错。有时会同同事一起审讯，事情难以专心；有时案件关系重大，牵涉的人也多，稍不小心，就会产生冤案。碰上了这种事，要先理出一个头绪来，分清轻重主次。可以根据事情发生的时间顺序为主线，将涉及的人员及事实逐一联系起来；也可以将主要人物的行为作为主线，将发生的事实联结起来。自己作出记录分析，做到胸有成竹，才能做得有条不紊，也就不会落入文字记录人员的诡计之中。另外，各个地方的方言不一样，就需要用熟知方言的人员翻译。因为一句话搞错了，就会导致案件的性质和罪责不同，真可谓差之毫厘，谬以千里。因此，处理这些要慎之又慎！

【注释】

①牢头：主管监狱的头领。

②佥差：佥通“签”，即签派差役。

③地保：又称地甲、保正，旧时乡里的小吏。

④吊谕：谕是上告下的通称，吊即吊察，提取。吊谕指下令拿取。

⑤禀解：属吏向长官报告以使了解情况。

⑥诬扳(pān)：扳通"攀"，援引、挽引。诬扳指因遭诬陷而被牵连。

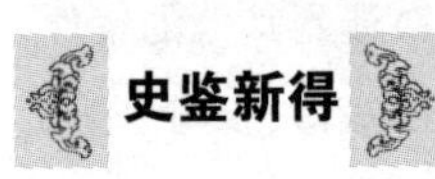

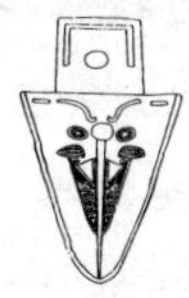

嘉靖三十六年，王世贞外派为青州兵备副史，在青州初显其大智大勇的谋略。青州有一名叫雷龄的惯匪首领横行青州、潍坊一带十几年，官兵一直无法将他惩办，气焰十分嚣张。上级官员急于捉拿他，但是他藏匿得很隐秘，急切之间捕拿不到，于是就责令王世贞处理。王世贞几次设计擒拿，雷龄总是先一步逃脱，王世贞怀疑内部有人给雷龄通风报信。又有一次，王世贞设计捉拿雷龄，故意对王捕尉稍微透漏了一点消息，雷龄就闻风而逃了。王世贞质问王捕尉："你是怎么隐匿雷龄的？"王捕尉大吃一惊，赶紧认罪，表示愿意捉雷龄归案来赎罪。很快，雷龄就被捉回。王世贞对他说："你本应被处以死刑。但是如果你能把你的同伙捉来，就可免于一死。"命令王捕尉和雷龄同去，果然捉到了其他的盗贼。

差役逮捕了七个盗贼，其中一个跑掉了，盗贼的头目胡乱说出了逃跑者的姓名。不久，差役就把叫这个名字的人捆了来，这人直叫冤枉。王世贞命令盗贼头目站在离公堂远一点的地方，让被绑的人穿着丝鞋跪在台阶上，盗贼头目几次从后面偷看他。王世贞暗中叫过一个差役，把被绑的人拉下去，然后派一个差役穿上丝鞋，装扮成那人的样子。盗贼头目不知道已经换了人，依旧指认穿丝鞋的人就是逃跑的人。王世贞道："你把我的差役当成盗贼了。"于是立即放了被绑的无辜者。

盗案应隔别研审

【原文】

盗案隔别研审，紧要处须逐层清出。如人数、姓名、住址、何年月日、谁为起意、谁为同谋、有无线跷窝家；如何纠邀；何处会齐；执何器械；是何时候；如何上盗；何人入室；何人接赃；有无捆缚、考逼、架送；何处出水，是何赃物，何处表分，

【译文】

盗窃案件应当隔离审讯，仔细查究，紧要的地方必须逐层清理标明。如：人数、姓名、住址、何年何月何日；谁出的主意，谁参与谋划；有没有人牵线搭桥找到窝主；如何纠集相邀，在什么地方集合，携带什么器械，集合作案的时间；怎样开始行动的，谁入室盗窃，谁在外接送赃物，有没有捆绑、拷打逼问、劫持主人的情况；在什么地方销赃，是什么赃物；在什么地方分赃，分

分得赃物现在何处；伙盗在何处；如何被获；有无私拷，曾否窃劫；剑别案及同居父兄人等，知情分赃情事。一人如此供，人人亦如此供，方是一线穿成，阅者醒目。

盗案情节，盗犯姓名，初报时即要安排妥当，以次顺序。覆审成招，即照此层次挨叙，惟加以诘问情节，较详尽耳。不可颠倒，致难查对。叙供时，恐参差遗漏，则将各犯姓名摘出，以第一要犯或要证供内，先以各情节叙明。余人俱照此顺序，不过将各人情事不同之年添换，自然齐截，而其中年月日要著实。人犯到案续获，各官承审接审，以及报病等项俱要清楚。更有院批不驳而司批拈出，院司不驳而府州拈出者，于叙供时另作一问答，以便上司转详时易于删除。未获盗案，人数未确，不可多报。每有事主，并未确见，随口混供多人，稍不详情，据供转报，将来获贼审详，大费笔墨，不如浑含为是。

计赃四十两以下未获贼者，例载按季汇报。其实窃盗赃五十两以上，问徒；不及五十两者，拟杖。似应以五十两以下按

得的赃物现在什么地方；同案犯居住什么地方；如何被抓获的；有没有私刑拷问、以前有没有偷盗强抢的犯罪行为，是否还牵涉到其他的案件，以及家中妻子、父兄等人是否知情、参与分赃的情况。一个人这样招供，所有案犯及涉及的人都这样招供，才是一线贯通，调阅案卷的人也就能够一目了然。

盗窃案件的情节，盗犯的姓名，第一次呈报的时候就要安排妥当，以此排列主从次序。复审招供，就依照这个层次挨个叙述。只需加上诘问的话语，情节就比较详尽了。不可以颠倒次序，以至于难以查对。叙述供词的时候，恐怕发生前后不一致和遗漏的情况，则将各个犯人的姓名摘出，在第一要犯或最重要评价的口供内，先将此案各个情节叙述清楚。其他的人都依照这个情节顺序来叙述，只不过把各人所犯事实不同的地方加以增添改换，自然就整齐划一了。对于其中的年、月、日，要审查得准确可靠。罪犯“到案”“续获”，各官“承审”“接审”，以及“报病”等项目都要填写清楚。更有都察院批示“不驳”而有司批示“拈出”，院司不驳而知府、知州“拈出”的案件，在叙供时另作一番回答，以便上司“转详”时删除。没有破获的盗窃案子，罪犯人数不确定，不可以多报。常常有被盗的主人，并没确切看清罪犯，随口混报多人。稍微不仔细谨慎，根据原告述词呈报，将来抓获罪犯，详细审讯落实，致成矛盾，又要大费笔墨解释说明，不如初报措词含混较为妥当。

被窃财物，价值在四十两银子以下而又没有抓获罪犯的。按照惯例分季度汇总上报；实际盗窃财物达五十两以上的，给予刑事处罚；不及五十两的，处以杖责；拟以五十两以下按季度汇

季汇报为是。事主有虚开赃数之弊，有指控旧贼之弊。其虚开赃数者，痛恨被窃，欲获贼之后，重治其罪。而胥吏即有减估之弊，以赃多，恐上司提比，且欲获犯后，赃轻易结，为恶贼开脱也。其指控旧贼者，急欲破案，寻踪于旧匪，亦须提讯虚实，以释其疑。或果得真赃，始可定为正贼。如诬指者，即行释放，勿使捕役羁留索扰，滋生事端。

总上报为妥当。被盗的人有虚报被盗财物数量的通病，也有指控以前盗贼的毛病。虚报被盗财物数量的人，是因为痛恨盗贼，想在抓获罪犯后，加重惩治他的罪行。而官署中的师爷。文书等却有低估、减轻被盗财物数量的弊病。因为赃物数量大，他们害怕上司提比，而且抓获罪犯后，赃物少容易结案，这样可以替可恶的罪犯开脱。那些指控旧贼的人，急着想破案，在有前科的罪犯中寻找踪迹，也必须提审讯问，弄清虚实，打消他们的怀疑。或者追查到真正的赃物，才可以定为真正的罪犯。如果纯系诬告，应立刻释放，不要使追捕的差役趁机拘留、敲诈罪犯，滋生事端。

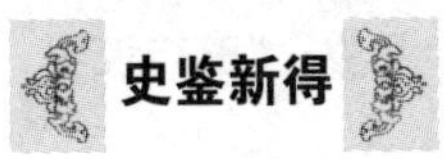

史鉴新得

元好问为官清正，断案有方，百姓都尊称他为元大人。

元大人上任的第二天，就有人来击鼓告状。元大人接过状纸，只见上面写道："小民侯妙，状告王二，其父生前将他家三亩二分地以五百两纹银卖予小民。其子现不肯交割，望大人高悬明镜，为民作主。"

元大人忽然想起刚到任就听人说：镇平县城西有个无恶不作、欺压乡邻的土豪，名叫侯妙。人们对他恨之入骨，因山里的猴子尿又辣又臊，就送他个外号叫"猴尿"。莫非告状之人就是此人吗？

元大人看完状纸问道："侯妙，听你所言，王二的父亲把地卖予你，可立有契约？"

侯妙答道："有！小民有契约。"说着，忙从怀中掏出契约，递交给元大人。元大人看过契约后，又问道："可有证人？"侯妙急忙答道："有！有！证人都在堂外。"元大人随即传证人上堂。衙役把证人带到大堂，只见这些人衣帽不整，眼神飘忽不定，都不像是本分之人。

元大人对证人问道："王二的父亲把地卖给侯妙，你等可知详情？"这些人同声答道："知道，知道。"元大人命衙役速传王二上堂。话音刚落，外面急匆匆走进一人，朝着元大人当堂跪下，声泪俱下道："元大人，小民冤枉啊！望大人为小民作主。"

元大人问道："下跪者可是王二？""小民正是王二。"元大人又问："你父亲生前把地卖给侯妙，你为何拒不交割？"

王二闻听，哭诉了事情的经过："我父亲去世时，小民已二十五岁，当时家中一切事务均由小民作主。家父有病卧床，得的是心胸疼痛之症，侯妙多次托人到我家说合，要买我家那块地，父亲因这是祖上留下来的，说啥也不肯卖，侯妙见买地不成，就放出口风说，地若不卖给他，就断了我家车路。"元大人问道："何为断了你家车路？"王二道："我家这块地四面都是侯妙的地，他断了我家车路，不许我家的人畜车辆从他的地头经过。这块地就成了闷葫芦，哪还种得成？到那时，这块地想卖也得卖，不想卖也得卖，老父听如此说，当时气结胸心，来不及救治，活活气死在家中，死时只有四十几岁。"王二说罢，泪流不止。

元大人听了王二的诉说，又看看堂下跪着的这些人，心里已明白了几分。立即命人把证人带下堂去，单留侯妙一人。元大人问道："侯妙，交接地契之时，你家可吃酒席？"侯妙答道："买卖地产房屋，设宴招待证人，这是老规矩了，小人哪能少得了。"元大人又问："这几个证人可都在场？"侯妙答："在场，在场！"元大人微微一笑道："这就好办了。"

元大人命这些人一个一个进来，一个一个地问："侯妙买地吃酒席时，你可在场？""在场，在场。""在哪面坐？"这些人万没料到元大人会问及这事，要串供已来不及，只好胡诌一气，随便说个方向。元大人命师爷一一记下，命衙役抬来一张方桌，证人一共六个，就搬来六把椅子。在大堂上安放停当。命这六位证人按自己说的方位对号入座。

此时，大堂外面已被百姓们围得水泄不通，都要看看这位新上任的县太爷如何审问这个祸害乡里、欺诈良民的"猴尿"。

只见六个人乱了一阵，一个人按自己报的方向坐了上坐，其余五人报的都是左边，两个人同坐一把椅子，已经挤得吭哧吭哧，还剩一人急得团团转，头上直冒汗。元大人惊堂木一拍："大胆，还不快快坐下，再不坐，小心大棍伺候！"这人吓得哆哆嗦嗦，坐在了两个人的腿上。

此时围观的百姓哄堂大笑，个个捧腹。

元大人待六人坐定，问道：“侯妙，吃酒席你是主人。这座位你是怎么安排的？”围观的百姓又一次笑弯了腰。

“猴尿”见事情败露，豆大的汗珠直往下滴。

元大人威严地大喝一声：“大胆侯妙，竟敢串弄作假，欺瞒本县，诬告良民，还不从实招来！”侯妙见抵赖不过，更怕皮肉受苦，就一五一十地如实招了供，把如何伪造地契，串通几个酒肉朋友作假证的经过和盘托出。

元大人听后说道：“刁民侯妙，欺压良善，丧尽天良，本当办你个诬告之罪，念你尚能如实招供，拉下去重责四十大板，日后若再为非作歹，定要严厉惩办。”堂前站班衙役大都为当地人，对“猴尿”的为人了如指掌，恨之入骨，元大人话音刚落，众衙役一拥而上，把“猴尿”当堂按下，重重打了四十大板。侯妙被推出大堂后，在街道旁捡了个打狗棍当拐杖，一瘸一拐地回家去了。

缉贼不可执有成心

【原文】

缉贼不可执有成心。旧说皆以为夜间贼，来去不出二十里，故多在近处访查。殊不知强悍之徒，一时路过，便能起意作贼。若无真赃，宁作悬案，切不可顾虑考成，一时轻信，而有失察诬良心之咎也。若其平日访察，不可不密。有等游手好闲，一无生计而鲜衣美食，或竟日聚饮，或白昼酣睡，必非善良。此等举动，难逃地邻之耳目，但恐敛怨，或利共余润，自安缄默耳。又有乞丐之徒，年力精壮，三五成群，惯能刨掘填墓，皆不可不察。盗贼诬良，出于本犯之挟嫌报复

【译文】

捉拿盗贼，不可以有固执的偏见。旧有的说法，都认为夜间的盗贼来去不超过二十里，因此多在案发地点附近访问侦查。殊不知强悍的罪犯，在路过之时，便能顿生盗心，突然作案。如果没有查获真正的赃物，宁肯作为悬案，切不可顾虑到自己政绩的考核，一时轻信，而犯下有失体察、诬陷贤良的过错。但是在平时的访察中，不可不保密。有这样一类人：他们游手好闲，毫无生活来源而穿着华丽、饮食丰盛；或者整日聚众豪饮，或者白天酣然大睡，这些人必然不是善良的人。他们的举动很难逃脱邻居的耳目，只是邻居们害怕招来怨恨，或者得了人家的好处，自求平安而沉默不语罢了。又有一些乞丐，年轻力壮，精力强盛，三五成群结伙，习惯于盗掘坟墓。对于这些人，都不可不进行察访。盗贼诬告善良的人，出于该犯心怀仇隙、伺机报复的还很少；出于贪鄙的差役拣选殷富而加以指使的实际上很多。一经到案，必须察言观色，追

者，尚少。出于蠹没之择殷指使者，实多。一经到案，必须察言观色，究出真实赃证，方可定案。不可轻用刑讯，致有冤抑。若得诬良确情，务必重治其罪，并究及主使之人，庶不敢再行妄供。

捕役获盗，视有奇货，教供嘱扳，非称窃伙，即指买寄赃物，必须研审明确，并释无辜，于初报文内删除。若持两端，以待覆审，则拖累无穷矣。真正窝伙，一经差拘，捕役即带领多人，捉拏拷打，搬抢物件，饱其欲壑，然后解官。真赃埋没，即在此时。道路村庄失事，连疏防正限三年零四月。盗首窝线伙盗，尽可设法弋获。即逾限不获，致干吏议，亦属公过，可望擢用。断不可妄思侥幸，有意讳饰。一经事主告发，上司访闻，别县破案，照例革职，不止降调，悔无及矣。查参疏防文内，叙明失盗日期，并事主报呈口供。已获贼者，叙明伙盗数目，不重事主所报人数，必以初获之贼供出者为确数。

查出真赃实据，才可以定案。不可以轻率地施刑审问，以致造成冤枉、逼迫的冤情。如果查出诬告善良的确实情况，务必严加惩治他的罪行，并追究主使人的刑事责任，使他不敢再次妄行诬供。

捕役抓获盗贼，把他看作是奇货，教唆盗贼如何口供，暗示他供述进行牵连，乱招同案犯，随便指控收买赃物的人。对此必须反复审讯、调查落实，释放无辜的人，并在初次禀报的文稿内将他们删除掉。如果判断不明确，模棱两可，等待复审，那样造成的拖累就是无穷的。真正的同案犯和窝主，一经命令拘捕，差役捕快就立即带领很多人去捉拿、拷打，搬走抢劫财物，以填饱他们贪婪的欲壑，然后才将罪犯押解送到官府。真赃失踪，就发生在这个时候。道路和村庄发生的盗窃案，包括通缉在内，正式规定破案的期限是三年零四个月。首犯、窝主、眼线、同伙等，完全有充足的时间设法擒获。即使超过期限而没有抓获，以致遭到弹劾，也是属于工作中的失误，还可以有希望得到提升重用。但绝对不可以妄想侥幸过关，有意隐瞒、遮掩。一经被盗人告发，或者是上司查访出来，或者是别的县案破案时附带破案，依照规章条文应当予以革职，就不只是降职远调的问题了，到那时后悔就来不及了。查看通告缉拿的文件，叙述明白失盗日期，并附上被盗人初次禀报的口供。已经抓获作案贼的，要叙述清楚同案要犯的数目。不以被盗人所报人数为依据，必须以刚抓获的盗贼招供的作为确切数目。

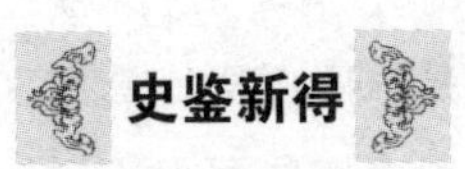

史鉴新得

唐朝贞观年间,有一天,卫州版桥客栈老板张逖的妻子回娘家探亲,适巧魏州三卫杨正等三人到客栈投宿。次日五更时他们就启程赶路了。

就在这天夜里,有人用杨正等人的腰刀把张逖杀死,而后又把腰刀插进刀鞘之中。天亮以后,客栈的伙计发现老板被杀,立即追赶杨正三人,一看到他们腰刀上沾满血污,马上就把他们扭送到官府。杨正等被关进监狱,受到严刑拷问,由于无法承受酷刑只得被迫承认自己犯了杀人的罪行。

唐太宗对这起案件感到怀疑,派遣御史蒋常对案件进行复查。蒋常抵达卫州,把客栈中年龄在十五岁以上的伙计都集中起来,加以审讯,但由于人没有全部到齐,决定延期审理,把众人放回,唯独扣留了一位年逾八旬的老太太,直到傍晚才把她放回家,同时派遣衙役在暗中对老太太进行监视。蒋常对衙役说:“如果有人找这个老太太问话,你就把他的姓名记下来。”果然有个人跑来问老太太:“御史大人是怎样讯问的?”一连三天都是这个人向老太太刺探消息。蒋常决定将此人逮捕,通过审讯,此人承认与张逖的妻子通奸,因而把张逖杀死。调查结果,罪证确凿,杨正等三人也得以获释。

缉拿罪犯不能只凭已有的经验,须知罪犯与罪犯的手法不一样,缉拿的方式也不相同,因人而异、因事而宜是一种办事的方法。所以,做任何事情,都不可持有己见,更不能固执不变。成见会使我们盲目自满,偏见会令我们误入歧途,固执会令我们失去帮助而变得孤立,如此,那么我们还能成就什么?

贼情不一宜详慎

【原文】

贼情不一,开参疏防,最宜详慎。如拒殴而后攫贼,则为临时行强,或攫贼而后拒殴,则为抢盗拒捕。拒捕之中,又分临时、追逐。

临时是未离盗所,追逐则已离盗所。追逐之中又分护赃求

【译文】

盗贼的情形不一样,拟定参报、通缉,最好应当详细谨慎。如果是抗拒而殴打械斗后抢走赃物的,就称作“临时施行强抢”;有的是抢夺赃物后拒捕殴打的,就称作“窃盗拒捕”。拒捕之中,又分为“临时”“追逐”。“临时”是没有离开行盗的地方,“追逐”是指已经离开盗窃的地方。追逐又分为“护赃”“求脱”。“护赃”是指贪

脱。护赃则图财格斗，与临时无异，求脱则犹知畏惧，未为强悍。又有赃物为他贼携去，无赃可弃，是其拒捕，究亦求脱。移步换形，此中大有分别。

图财物而格斗拒捕，与"临时"没有差别。"求脱"则表明还知道畏惧，不算是恃强凶狠之辈。又有赃物被其他贼人带走，没有赃物可取，这样的拒捕，细究起来也是求得逃脱。移动一步就变换一种形状，这中间有很大的区别。

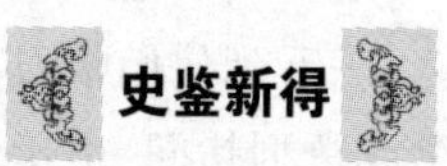

史鉴新得

断案要根据实际情况，选择适当的方法。实事求是，对症下药，这是处事的不二法则。如果凭自己一时之兴趣，从经验出发，凭感情用事，则容易出偏差。而这一偏差往往可能人命关天。

唐朝时，在刘崇龟镇守的南海郡，发生了一起命案。有一个年轻的富商子弟，面容白净，长得不像一般出门做买卖的商贩。他的船停泊在江边。就在船靠岸的地方，有一位少女，长得艳态妖容，别人用眼盯着她瞧，她也不回避。这个少年找了个方便的机会对她说："我在黄昏的时候到你家来。"那女子听后，面无难色，只是微笑。

天黑的时候，女子果然开门等候。夜里，富商的儿子来了，刚进门，脚就踩上了不知什么东西，把他滑了一跤。起初他以为是水，但用手一摸，闻闻有血腥味，跟着又一摸，地上躺着一个女子，已经死了。少年慌忙连夜解开缆绳，开船而逃。女子家人发觉后，顺着血迹追到江边，不见踪迹。于是写状子到官府控告。官府查问岸上居民，居民说："这几天岸边停泊了一条客船，昨天夜里突然开走了。"官府差人追上那少年，为他戴上刑具，投入监牢，各种酷刑全部用尽。少年把一切情况都从实招认了，唯独不承认杀人。

后来，差役在现场找到一把刀，官府长官一看是把屠刀，于是下令说："某天要举行盛大宴会，境内所有屠夫都到府衙集中，等候宰杀牲畜。"屠夫们到齐后，长官又传令说："今天已晚，厨师们把刀都留下，明天再来。"随后长官叫人把刀拿到衙门里来，用凶手留下的杀人刀换下其中的一把。第二天命令各人到衙门取刀，大家都认领了自己的刀后离开，只有一个屠夫最后不肯拿刀走。长官问其原因，他说："这不是我的刀。"长官随后又问："是谁的刀？"回答说："某某的。"待差役奉命去抓捕犯人时，犯人却已经逃跑了。

长官想了一计策，用一个应该处死的囚犯，来代替富商的儿子，在夜晚执行了死刑。假装此案已经了结。那个犯人的家人每天偷偷派人打听消息。等到处决了假囚犯,没过两天,逃犯果然回到家中。官府马上把他擒获,罪犯全部供认了杀人的经过:原来那天晚上,这个少年还未来赴约的时候,屠夫路过女子家门,见门开着,房内没点灯,就急忙闪进去。那位女子以为是少年来了,立即上前靠近,屠夫却以为有人发觉了来抓他,惊慌之中,用随身携带的屠刀朝来人一刺,然后丢刀而逃。女子家里的人也未发觉。这个杀人凶犯受到了法办。而富户的儿子在夜间闯入别人家里,按照当时法律规定只受到了杖责打背的处罚。

办理盗案,以速为贵

【原文】

办理盗案，以速为贵，获盗不速，则必远飞。起赃不速，则必花费。审拟不速，则畏罪而思脱逸、淹禁至死亡。故不惜悬赏买线，多给盘费，或以贼擒贼，则获盗速矣。委员起赃，或发内票著地保查起。其不知情而寄顿、误买者，只令呈缴原赃，免其到官拖累，则起赃速矣。供情已确，赃物已获，即速审拟。虽盗伙未全，不妨另结，毋使妄生枝节，辗转拖累。况未满限而先详，即有饬驳，亦可依期覆审，不致迟延矣。不独盗案，凡有事件，皆应迅速也。

破案必须赃据。蠹捕每报出一二小件，其细软珍重之物，先已瓜分。事主以失物无着，不肯便休。上司以赃物有限，不足凭信。须密查有无克

【译文】

办理盗窃案件,以迅速为最重要。抓获罪犯不迅速,罪犯必定远走高飞。搜查缴获赃物不迅速,赃物必定会被挥霍。审讯定案不迅速,犯人就会因为畏罪而想逃跑,或者被长期囚禁以至于死亡。因此,官府不惜悬赏重金,收买线索,增加破案经费,或者利用盗贼来擒获盗贼,那么抓获罪犯就迅速了。委派专人搜查收缴赃物,或者签发内部传票令地保搜查缴获。那些不了解情况而寄放赃物、误买贼货的人,只是命令他们上缴原赃,免去他们吃官司的麻烦,那么缴获赃物就迅速了。招供的情况已经查证落实,赃物已经搜获的,就迅速审理定案。虽然同案犯并没有全部缉拿归案,不妨另案处理,不要使案子另生枝节,辗转往复,造成拖累。况且,没有到规定期限就先行破获结案,详叙上报,即使受到上司的训诫驳问,也可以在规定期限内重新审定,不致迟误。不仅仅是盗窃案,所有的案件都应当迅速办理。

破案必须以真赃为依据。贪污的捕役只报出一两件小赃物,其中的金银珠宝、首饰玉器等贵重物品,早已瓜分掉了。被盗人因为失物没有着落,不肯就此罢休。上司因为赃物数量有限,认为不足凭信。这就必须秘密查访捕役人等,有没有削减截留赃物

留，不使从中乾没。斯赃无遗匿，案易审解矣。案已审定，即将现赃当堂给领。若欲追起全赃恐延搁无期。事主之物，一失不可复得。

又有假手经承，为吏查发者，需索侵匿，必滋多弊。典当盗赃，例应起出认领，在犯人名下追还当本。惟江南窃盗赃只令事主赴认画押。如本犯无追，事主取赎，浙江遵例办理。近日，各县竟有捕役领同事主赴认，即给票差提，呼应不灵。此经差舞弊，以致贼虽到案，赃不追领；则在承审时，加意查察，遵循例也。

的情况，不使他们从中侵吞。这样一来，赃物没有散失隐瞒，案件就容易审理结案了。案件已经审定，就应立即将现有的赃物当堂示众招领。如果想等到追缴全部赃物后才认领，恐怕拖延搁置，遥遥无期。被盗人的财物，一旦丢失，就不能重新获得。

又有借他人之手，经过承办官吏和掌管财库的官吏来查证发放赃物的，其间敲诈勒索，侵吞隐瞒，必然滋生出许多弊端。已被典当的赃物，按照规定应当追查取出，由失主认领，所当本金由犯人负责偿还。只有江南地区盗窃的赃物，只令失主前往画押认领。如果本案罪犯无法确认，就由失主赎取，浙江一带均遵照这样的规定办理。近来各县竟然有捕役带领失主一同认领的事情发生，即使签票差役、也呼应不灵。这是承办官吏和差役从中舞弊，造成盗贼虽然归案，赃物却无法追回认领的情况。这就需要在审讯时，特别留意观察查访，遵照规定的条例办事。

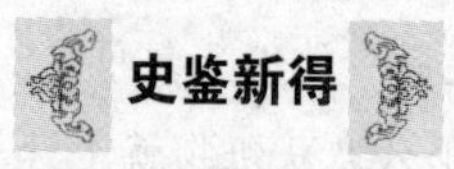

史鉴新得

办理盗案，必须以赃物为证。同样的，办理各种案件，都必须注重证据，而不是供词。从而避免动用酷刑，进行逼讯。

从前曾经发生过这样一件事：有个商人从外面做生意回家，看见自己的妻子被奸盗杀死，肢体都在，却不见头。他既悲伤又害怕，马上告知他妻子娘家的人，娘家的人急忙拉着他一同见官。在狱吏严刑拷打下，他没有办法说清问题，又受不了拷打的痛苦，就被迫承认妻子是他自己杀的。这样案子就算认定了，大家也都以为不错。

郡主把此案交给从事处理。从事深表怀疑，不肯轻易作出判决，并对郡主说："我既然占据幕僚的席位，尽管滥竽充数，也应该竭尽自己的本分工作。人死不可复生，万一有冤枉，你这个掌管刑罚的人要追悔也来不及了！这个案件务必要缓一缓，把案情彻底查清再作处理。况且从情理上来讲，做丈夫的怎么能忍心杀死自己的妻子呢？就是有什么仇怨要杀死她，也必定要想出个脱祸的计谋，或者推脱病

死,或者借口暴亡,而不会把尸体留着,头颅丢掉,这个道理是很清楚的。"郡主觉得从事言之有理,同意他进行复查。

于是从事另选了一座房子,当作临时监牢,并慎重挑选参加审讯的官员,细心地审问那个囚犯,还发给囚犯酒食,让他洗澡洗头,又把这座房子的大门上锁,墙上安棘蒺,不让里面的情况泄露出去,同时从事又叫检验尸体、办理丧事的差人,将最近替人埋葬死人的情况写成书面报告,然后又当面一一盘问:"你们给人家办理丧事的时候,有没有发现什么可疑的事情?"有一个人说:"我在一个富豪家办丧事,他们说的是死了一个奶妈。五更初,我把棺材抬过墙头时,觉得很轻,就像里面没有装死人一样,那棺材现在埋在某地。"从事立即派人去把坟墓挖开,果然找到一个女子的头,他将这颗头配着那具尸体,叫被关着的商人来验认,他说:"这不是我的妻子。"于是从事把那富户捉来审问,原来是他杀死了一个奶妈,把奶妈的头装在棺材里埋葬了,而将尸体冒充商人的妻子放在商人家,却将真的商人的妻子养在自己的私房里。

案情大白,于是郡主判处富户死刑,在集市上当众执行。

可见,事实调查与证据的提取,是法律的重要基础。凡审理案件,应先认真审察供词,反复参验,"以理推寻",从而找到线索和方向,而不是形成自己的主观成见。如果事状疑似,而当事人又不肯实供,则可采用相应的技术手段或是调查取证的方法,找到有力的实证,从而使案件得以破解。从而在事实确凿的前提下,准确地运用法律进行判定。

关涉命案不可枉纵

【原文】

斗殴被伤,例禁抬验。问伤之轻重,或委员代验,或四骑亲往。其包裹粘结处,不可揭动,以防进风。若系共殴,必问明何处系何人所伤,何处系何物所伤,取具保、辜存案。一面饬令医治。如伤处颇重,则以凶首锁押,令其亲属代为调理,并须禁止被伤之家,不得

【译文】

斗殴被伤,按规定禁止将人抬到官署验伤。查验伤的轻重,或者派专人代验,或者单独骑马亲自前往验看。伤者包扎黏结的地方,不可揭动,以防止进风感染。如果是多人殴打致伤,必须问清楚什么地方是什么人打伤的,什么地方是什么东西打伤的,使其具结,存案备查。另一方面,饬令伤人的人医治伤者。如果伤势较为严重,就将首凶关押,责令他的亲属代为调理伤者,并且还须禁止被打伤人的家属,不得借机敲诈勒索,滋

故为勒索，滋生事端。

命案初报，事起仓猝，其情尚真，稍迟则有挑唆，有装点。天热发变，渐难推动，故须随到随验，尤要在当场定案。死伤共有几处？同殴共有几人？孰轻孰重，孰先孰后？某人致伤某处，追出凶器，与伤痕比对，逐一相符，然后案无游移。

仵作多不谙检验，往往有无名死首，伤痕鳞比，以深入者为枪伤，齐截者为刀伤，紫赤青肿又为拳伤，棍伤，信口乱报。若不亲自查验，诘问明白，随填随报，不但驳查不了，将来亦难缉凶结案。案无真凶，或案犯不肯供认，又无确证者，固须随后访查。然往往当场之时，真凶确证混迹于稠人，潜行窥伺者，察其举止、神色，摘伏发奸，垂手可得。

死伤检验，原不在体统壮观，向来命案报到，随即出票。差役有票到手，即押令乡地，在凶犯家勒索钱文，搭棚挂采，供应差役人等酒食，打点仵作，招房使用，乡地又于中取利，是即官未及相验而穷民早已破家。及至官到，正襟危

生事端。

杀人案件初次禀报，事情发生很突然，其情理、事情经过还比较真实。稍微迟延，就会出现挑拨教唆、粉饰捏造的情况。天气炎热，尸体变质，逐渐难以勘查推断。因此，必须随到随验。尤其重要的是应在当场定案：尸体的伤痕一共有几处？参与斗殴的一共有多少人？谁的情节轻、谁的情节重？谁先动手、谁后动手？某人致伤某处？追查出凶器，与伤痕相比较，逐一相符，然后案子才不会辗转游移。

官署中负责查验死伤的吏役，大多不熟习检验。常常有无名尸首伤痕累累，于是他们就将伤痕深入的伤定为枪伤，伤痕齐截的定为刀伤，伤痕紫赤青肿的又定为拳伤、棍伤，信口乱报。如果不亲自查看验证，查问明白，只是随意地填写，不负责任地禀报，将来也就很难缉拿凶犯，了结案件。案子没有真正的凶犯，或者捉拿归案的犯人不肯供认而又没有确凿证据，固然须在随后部署访查。然而，往往当场勘验尸体的时候，真正的凶手、确凿的证据会混迹于众多人群之中，偷偷进行窥伺，应观察每个人的举动、神色，运用埋伏之计发现并抓获奸诈之徒，那么就很容易破案了。

尸伤的检验，本来就不在于体制规矩的壮观。从来都是人命案件报来，随即签票勘验。差役一拿到传票，总是立即押解凶犯，纠合乡官、地保，在凶犯家中敲诈勒索财物，罪犯家人必须搭棚挂彩地供应差役等人的酒食，花钱疏通负责验尸的吏役，准备好房子以供使用，乡官地保又从中谋取利益，这样一来，主办官吏还没有到来勘验，穷苦百姓早已破产。等到主管官吏到来，衣冠齐整地端坐堂上，点燃薰香，香气馥郁，却只听任验尸的吏役大声报告检验结果，这样做的弊病是

坐，香熏馥郁，一任仵作喝报，其弊多矣。故出票差役，只许齐犯候审，照例轻骑简从，带刑书仵作各一名，皂隶二名。路远之地捐给饭食，时加觉察，及至相验，不避秽恶，亲自验看，辨别伤痕，庶无朦蔽。

中风猝死，手足爪俱青。真心痛者，四肢俱青。凡是别无起衅、争角、情事而检验多有可疑者，须细问其平素有无疾病，或食异物，于《洗冤录》及医书详查之。不可自生疑窦，冤滥无辜。

事变万端，有理之所必无，而事之所或有者，切不可拘泥。如自刎之死，起手重，收手轻，谓负痛缩手，因而渐轻，然亦有不尽如此者。有自缢之尸，悬挂高处，坠下以致气绝，然亦有平平拴系，即便身死者。盖其人不能善终，必非偶然，或遇有鬼祟即能殒命，慎毋固执，以滋冤滥。

无名被伤身死，初报即将死人居住村庄，相去若干里，家内有无携带银钱物件，出门时有无同伴，尸身近何村庄，有无墩拨，地主何人俱要叙明。扣限六个月缉钱，拿获后如审系盗杀，补参疏防。无主身尸，例应

很多的！所以签票以后，差役只准把犯人聚集起来等候审问，不得扰民，主办官员按照规定轻骑简从，带领书吏、验尸吏役各一人，跟班差役二人。路途遥远的地方，就让供应简单饭食，随时留意察看是否有勒索现象。等到验尸的时候，不避污秽恶臭，亲自检验观察，辨别伤痕，这样做大约就不会有被蒙蔽的情况了。

中风突然死亡的人，手脚的指甲都是青色的。真正是心绞痛发作的死者，四肢都是青色的。凡是没有其他原因引起事端、没有口角争斗、没有感情纠葛而死亡的，从检验的情况中多有可疑的地方，必须仔细询问他平常有没有疾病，或者吃了什么异常的东西，然后详细查看《洗冤录》和医书。不能够无根据地乱怀疑，以免冤枉无辜百姓。

案情总是变化多端。对有些道理上绝对荒谬而事实上却偶尔发生的事情，切不可拘泥固执。比如自刎而死的人，起手时用力很重，而收手时变得用力渐轻，说他是因为怕痛而缩手，因而渐轻。但也有不完全是这样的情况。又比如上吊自杀的尸体，悬挂在高处，身体垂下以至于气绝身死，但也有平平拴紧就气断身亡的。大概死者不能善终，必然不是偶然的，有的人遇到鬼祟就即刻死去，千万注意不要固执己见，以免造成冤案。

不明原因被杀身亡的，初次上报，就应将死者居住村庄与尸体相距距离、离开家时有没有携带钱财、出门时有没有同伴、尸体靠近什么村庄、有没有土堆翻动的情况、土地的主人是谁等等都要叙述清楚。责令限期六个月缉拿凶犯，凶犯被捉拿归案后，如经审讯确实是盗窃杀人的，应补充上报通缉公文。没有找到家属的尸体，按照惯例应当给予棺木收敛埋葬。如果过于吝惜

捐棺盛殓。若吝惜小费，委之乡地，势必派累科敛，且因之为利，不可不察。尸亲悲愤，讼师挑唆，有以斗殴告作谋故，一人牵连数人。徒手增写凶器，若不研审确实，覆讯亦难定。或取有确供而与原报呈不符，亦终费驳诘，务必于数日内审，画一。确供尸亲混告之处，逐一质对明晰允服，方可定案。通报只叙尸亲呈状，其余族人挺身出告，以及被告诉呈，无关紧要者，或捏饰抵赖者，皆可删除。

仵作原不叙供。若伤痕有疑似处，须添叙口供。盖详内推勘明白，则可免上司之驳诘矣。人命至重，求其生而不得，则死之。然死灰复燃，倘情节可以宽减，亦应确切声明，不可删抹。今日定案，即为将来秋审矜释张本，笔下超生。慎毋取断案之坚确，绝他日之生机也。

这些小的花费，将其推诿给当地乡村，势必造成摊派以致累加科敛，并且当地的豪强难免借此渔利，这不可不明察。死者亲属悲痛愤恨，经打官司的师爷挑拨教唆，有把斗殴致死诉告为故意谋杀的，结果一人犯罪而牵连多人。又有徒手殴斗却增写凶器的情况，如果不反复调查核实，再次审讯也难以定案。即使获取的确切口供与原告呈状不相符合，也始终要费耗心力驳斥诘问，因此，务必在几天中审讯提取口供证据，并与事实相符一致。确定口供与死者家属乱告不符合的地方，一个一个地加以对质，使它们清晰明白、妥当服帖，才可以定案。通报中，只叙述死者亲属的呈诉状词，其余家族中的人挺身出来告发的，以及被告的申诉状子等无关紧要的东西，或者捏造掩饰抵赖的内容，都可以删除掉。

主管验尸伤的役吏，原本就不叙述供词。如果伤痕有可疑的地方，就需要补充叙述口供。总之，案情详细，推论勘查清楚明白，就可以避免上司的驳斥诘问了。人的生命至为重要，能帮人活命的，尽力帮之，实在无法活命的，就判以死罪。但是死灰可以复燃，如果犯罪情节可以宽宥减轻，也应作出确切的声明，不可删削。今天的定案，就是为秋天的最终判决作准备，应当字斟句酌地拟定判词，以仁慈之心，在笔下超生。千万不要凭主观臆断，写出决断的判词，断绝犯人将来的求生机会。

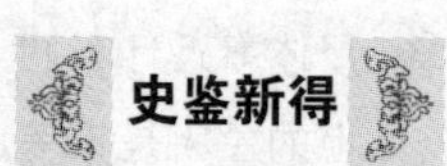

史鉴新得

清朝嘉庆年间，金陵有一个姓周的人，有一天路过清凉山，忽然听到微弱的呼救声。

周某前去寻找，发现一个妇人赤身裸体躺在地上，仔细一看，原来是邻家的媳

妇。周某十分惊讶,连忙询问。妇人呻吟着说:“前些天我在家门口看到一个乞丐偷邻家的鸡,赶紧呼叫,邻人出来把乞丐痛打了一顿。今天我从这里经过,不想又遇到那个乞丐,他吹了几声口哨,引来了一帮乞丐。他们把我拖到山上,夺走了我的衣饰,还把一个大竹筒插在我嘴里,用火熏进一条大蛇。现在,那帮乞丐已经跑了,可我疼痛难忍,求你快些将这些事告诉我家人,让他们来救我吧!”

周某不敢迟延,赶忙回去呼救。这个妇人的丈夫匆匆赶来,却发现妇人已经头撞石头而死。妇人的娘家和夫家都认为乞丐虽和妇人有仇,却不至于如此残酷,多半是周某强奸而导致的。最后,这两家居然以周某逼死妇人为由将他告到了官府。

县令验尸完毕,拘押周某审问,没说两句话就开始刑讯逼供。周某耐不住苦刑,只能招供。有个姓张的幕友劝阻,这个县令不听,他说:“两家如此坚信是周某害死妇人,除了他,凶手还能是谁呢?”

听到这个消息后,周某的妻子忙到狱中探望丈夫。周某见到妻子,不禁哭着说:“我反躬自省,没觉得自己品行不端,不想却负此奇冤,希望你能好好赡养母亲、教育子女,我便死而无憾了。”周妻赶忙劝解,要丈夫告诉她事情的始末。周某遂详细讲述。周妻是个刚强有主见的人,蛇死腹中,足以为凭,她决定拼死为夫申冤。

周妻头顶冤状,到省里击鼓鸣冤。正值总督巡视,于是亲自审讯,周妻请求开棺验尸。总督说道:“验尸并不难,但是,如你所言不实,加罪怎么办?”周妻自言甘死不悔。总督果断命令开棺验尸,尸体并未腐烂,破腹一看,果真有一条大蛇。于是总督速遣兵差,限令三日内将清凉山周围四十里内的乞丐全部拘捕。捕来的乞丐不下数十人,经过讯问很快找出了真凶。最终凶丐被判处决,帮凶发配边疆充军,那个县令也被撤了职。

判案之人,掌握着罪人的生死大权,因此判案一定要心细,不可让那些小线索轻易闪过。要做到细致就得熟悉调查取证、判案的各个环节,特别要知道怎样作弊,哪些地方有作弊的可能,这样才能避免作弊的发生,也才能不冤枉好人,不放过坏人。其实,细致与否,首先是责任心的问题。但还应具备一条基本的素质,就是能够洞察幽微,在不引人注意的细节处发现案件的关键。尤其是对于那些玩弄法理的人,要有所警惕,避免弊端,从而在判案中,做到既不牵累、冤枉好人,也不放过凶徒。

交接要互为设想

【原文】

交代以驿马为先，无论正署，皆限一月内接收。库项仓谷固宜详慎，杂项钱粮以及赃罚赎锾，不入奏报者，亦须留心，不可忙中有错也。上手交盘，册是根据，再添以每年奏销册，及各项卷宗，按款清厘。已解者，有批回。已给者，有领状。如批回未掣，或详明请示，必求确凿而后已。

滋存未解之款，只要银两现存，不妨代为起解。若虑及赔累解费，给与批文勒令起解。离任之员，能堪此乎？佐贰俸廉，衙役工食，每有透支预发者。若果确实，即准销算，不必苛求。去任之员，必多垫项。有准流抵，亦有不准抵，各省定例不拘一辙，临时查办。

授受不清，例由民司委员监盘，然新任旧任，意见不合，即可于附近邻封内，择其公正者，自行禀请饬委，俾情理允协，亦免锱铢较量。读禀互详，为识者所鄙也。

新任操得为之权，胥役无

【译文】

办理移交手续以驿马为先，无论是正式任命还是代理、暂任的官员，都限期一月内移交接收。库里款项、仓库粮谷固然应当慎重详察，其他杂项钱粮以及赃物、罚款、赎金，不写进奏报的东西，也必须留心，不可忙中出错。移交应以账册为根据，再加上每年奏销的账册，以及各项卷宗，按照条款清查考订。已经解送的，有批文回复。已经给还的，有领取收据。如果批文回复没有抽取，或者详细奏报请求，必须求得确凿无误才行。

征收田赋的钱如果没有解送，只要银两现存，不妨代为起解。如果担心赔垫解送的费用，给予批文勒令起解，离任的官员，能够承受吗？府州的辅佐官员俸禄低薄，衙役的工费生活补贴，常常有超支、预发的。如果确定属实，就准予报销结算，不必苛求。离任的官员，必定有相当多的垫支款项，有准予按照流动收支抵付的，也有不准如此处理的，各省的规定不一致，可根据实情临时办理。

交接不清时，按规定由上司委派专员监督移交。但是新任、旧任意见不合，就可在附近的州府内，选择公正的人，自行禀告请求委任，以便能够依据情理保持公正协调，也免除了极微小的银钱的计较。如果互相告发对方渎职，评论得失，争论不休，实为有见识的人所鄙视。

新任官员操持着决定他人命运的权力，官署中的师爷、文书、差役等人无不仰承意旨。如果存心苛刻、吹毛求疵，有什么做不到的呢。倘若愿意

不仰承意旨。若欲苛刻吹求，何所不可？傥肯为去任者设身处地，并想日后自己收场，便能放宽一著。

存仓米谷，惟霉变者不可收受。仓谷底面配搭，每石碾米五斗，即属合例。其余米色稍陈，或灰土稍多，可以代为设法籴借易新者，亦当接收，不可勒令风扬，明讲折扣。

各项皆易确核，惟民欠钱粮，有无官役侵蚀，难于查考。以流水堂簿总数合对奏册，略知大概。又有问出欠数，令里长催头查明出结者。亦有令经承出总结存查者，须量地方之繁简酌办。

养廉例不加闰，遇闰惟有按日均推，至为公平。勿以些小便宜，妄生较量。

前任因公挪动之款，必详明批准立案，不可含糊接收。额设囚粮等项，皆按季分派，不可先行扣算，致有偏枯。

交代迟延议处，例应分别新旧任。故旧任将一切册籍移交之日，自问仓库无缺，即以交送日期、缘由禀明。日后新任查收迟延，责有攸归，不致一并参处矣。

刑名案件，接任承审，便得展限。如限期紧急者，一面详转，一面办理。

为离任的人设身处地考虑，并想到将来自己卸任时收场的境况，便能够放宽他人一马。

仓库中存储的米谷，只有霉变了的不可接收。仓谷底部和表面相搭配，每石按碾米五斗核算，就属于合乎惯例的。其余米色稍显陈旧，或者灰土稍多，可以代为设法卖出、借贷交换新谷的，也应当接收，不可勒令进行簸扬，公开要求折扣。

各项款项都容易核实确定，只有百姓拖欠的钱粮赋役，有没有官吏差役私自侵吞的弊端，很难查考。用流水账簿的总数与奏册核对，可以略知大概情况。又可以问出所欠数目，责令里长、催头核查详明拿出结果，也有责令承办书吏出具总结以待查考的，应当根据所处地方的具体情况斟酌办理。

官吏养廉按规定不加闰俸。遇到闰月只有按天数平均推算，最为公平。不要因为一些小便宜乱作计较。

前任官员因公务挪用的款项，必须详细奏报请求批准立案，不可含糊接收。编制设制中的费用、囚徒的口粮等项，都按季度分派，不可以先行扣除折算，以免产生偏颇失误。

办理移交迟延被弹劾处理的情况，按规定应当分清新任旧任的责任。所以，旧任把一切册籍移交的那一天，自问仓库没有亏缺，就应当即刻将交送的日期、原因上报清楚。以后新任官员查验接收迟延，责任自然归他承担，不至于一起受到处罚。

刑事诉讼案件，接任官员承接主审，按规定应当宽限日期。如原限期紧急的，一边详细报奏，一边着手办理。

史鉴新得

办理公务交接是官场常见的业务。而“攻乎异端”以彰显自己的正确，这似乎是古来官场流行的通则。继任者总是对前任大加贬责，归过于前任，以高人一筹的姿态来否定前任，以期彰显自己的高明。

官场中，公务交接是官场惯常的业务。交接时既不可糊里糊涂地全盘接受，但是也不能苛刻地制造事端。交接要以事业为重，存心正直，明确责任，勇于承担。政绩和失误都须公开，让老百姓明白。

继任者要有大家的气度，虚心地汲取前人的合理思想，为自己即将展开的事业找到方向。离任者应努力做好善后工作，不留包袱给接任者，使他能够轻装前进，做好以后的工作。

公务交接是一个传承的过程，是一场接力赛，只要身处官场，就不可避免地会成为这一场接力赛中的一个环节，既不是起点，也不是终点，唯一所能做的，就是跑好自己的那一段，不要留下任何隐患。

离去或到来，都是不可避免的，各自负责，不可推卸。所以，在交接时，必须熟悉精通。万不能糊里糊涂，匆忙交接。如若不按规定，仓促交接，就可能给自己留下祸端，也可能给别人增加麻烦。因为这牵扯到责任的归属。另外，交接工作，居心要正，要善，不能不怀好意地隐瞒，也不能居心险恶地欺骗。骗人的人最终要被人骗。

征粮收税应因事而宜

【原文】

直隶地土纠葛，皆由界址不清。而界址不清，总在地圩无册。纳户名下只有地数、银数，其坐落何乡，不可知也。由是影射欺隐，以彼混此，以少混多，总无确据。故第一要清丈，经界既正，则立鱼鳞册①。册籍明，则地与粮皆按籍可稽矣。然旗民杂处，犬牙相错，猝不能办也。

【译文】

直隶省的土地纠纷，都是由于疆界不清楚。而疆界不清楚的原因，总是因为土地没有图册。交纳田赋的户主名下，只有土地数目、承担田赋的银钱数目，而土地坐落在何乡，却无从知道。于是就造成影射欺瞒，以彼混此，以少混多，始终没有确切凭据的情况，也就无法处理。因此，首先要清理丈量土地，经营管理的地界既然清楚确定，就要建立“鱼鳞册”。册籍明确，那么土地与粮赋都按册可查，有据可依了。但是旗人汉民混杂居住，像犬牙般相

滚单[②]省差便民，为催粮善政，先要顺庄，使业户归于一体，然后分社经理，皆有头绪。

分乡设柜，收纳亦易。顺庄之法，与圩图相表里，故曰版图。就田问赋，粮额可清，顺庄就公问赋，易于催科，二者不可偏废。惟北省地无阡陌，且有旗民杂处者，清理不易，查丈造册犹或可行，而顺庄催粮，断不能行，不必胶柱鼓瑟。总之行法在乎得人，立法妙于因地。

拖欠钱粮，半在顽户观望，半在粮头保歇人等包揽侵欺。顽户犹易催，而粮头人等之弊难革。盖花户零星谷远，州县都有，查比粮头而花户不之问者，老奸包纳花费，任催不完。又或偏觅惯受刑杖之人承认花户，受比搪限，徒费敲扑，为课仍悬。必须剔清旧弊，逾限不完，即拘真正花户到案，谕令按限自封投匮，寓抚字于催科，亦在随时立法而已。夫欠粮之人，其书差使费，积而计之，已与正项等，能使百姓少出一分杂费，自然多完一分正供。

国家于惠生民，何所不至。一遇灾祲，蠲租缓征，开仓赈米，设场赈粥。其流离于外者，或酌量安插，不使有失所。立法之周，互交错，一时之间是不能办理完成的。

滚单节省差役，方便老百姓，是催征钱粮的好办法。先要理顺庄户，使庄户和田产归于一体，然后分社治理，这样便使处处都有头绪。

分乡设立官柜，征收缴纳也容易。顺庄的办法与划分土地簿册的办法互为表里，因此称为版图。按田征收赋税，粮额可以做到清楚明白，按照顺庄的方法由官府征催田赋，方便催收，二者不可偏废。只是北方省份的土地没有疆界，并且是旗人汉民混杂居住，清理起来不容易，调查丈量、编造图册或者还可以实行，而顺庄催粮则绝对不能实行，不必拘泥，一成不变。总之，推行法令在于选择得当的人，立法的精妙之处在于因地制宜。

拖欠钱粮，一半是由于刁猾的庄户观望等待，一半是粮头、保歇等人的包揽和侵吞欺骗。刁猾庄民容易征催，而粮头等人的弊端则难以革除。花名表中所列户主有的居住零散，所欠粮谷时间久远难查。这种现象各地州县都有，只查粮头而不问零散户口的人，老奸巨猾，包纳花费，零散户的田赋任你征催也不能完全缴纳清账，又或者寻找到受惯刑杖的人，承认是零散户，互相勾结搪塞期限，白白费了一番敲打鞭笞的功夫，国家的税赋仍旧悬着而没有着落。必须剔清旧弊，超过期限不交纳的，立即拘拿真正的零散户到案，责令他们按照限期自行封好田赋投缴国库。寓“抚”字于征催钱谷，也在于随时立法罢了。那些欠粮的人，应付差役的破费打点，累积计算，已与应该交纳的田赋相等。能够使老百姓少出一分杂费，自然可以多完成一分正式的赋税。

国家对百姓的恩惠，像父母对待子女一

恩泽之涯如此，而无补于贫民者，所谓以官养民，则不足。以民自养，则有余。民生于勤，平日不能务农重谷，荒其本业，则盖藏少而生计疏，又兼吉凶宾嘉，踵事增华，有一朝而耗终岁之需者，岁一不登，岂能自立？故救荒于未荒，其要在黜惰禁奢靡，庶几家有饶蓄，缓急可恃。诗曰："职思其居，职思其忧。"礼曰："国奢示俭，国俭示礼。"是在父母斯民者，风示之耳。

样无所不至。一旦遇到灾害，免租缓征，开仓赈济，发放救助粮米，设点开设施救粥饭；那些流离在外的人，或者根据情况进行给予安置，不使他们失去生活的依靠。设立法度如此周到，恩泽如此优厚，而贫民却没能真正受益的原因，就是像人们所说的：国家供养老百姓则不足，老百姓自己供养自己则绰绰有余。老百姓的生计在于勤勉，平时不从事农业生产，不注重播种粮食谷物，荒废本业，那么必然会缺衣少食，生计困难。再加上红白喜事、宾客往来，各种人情事务繁多而花费增大，甚至有一天就把一年的耗费花光了的。年景一旦遇到灾荒，怎么能够养活自己呢？所以，救荒应在没有发生灾荒时进行，它的核心在于贬黜游闲懒惰，禁止奢侈浪费，以期居家有丰饶的积蓄，灾荒时有所仗靠。《诗经》说："经常考虑你的生活，经常思考你的忧虑。"《周礼》说："国家奢侈就显示以简朴，国家简仆就显示以礼节。"这都是作为父母官所应该预为绸缪的政举，是依靠风俗化育的结果。

州县三四月间，照米谷时价，酌减详明，开仓平粜。惟顺天府通州则有仓场奏明，行州领籴，仍一面请部郎监籴。一切食用，惟州牧是问。折耗既无开销，供应又属赔垫，似应照办差委员之例，酌给薪水，在仓场茶果项下报销。不然，或就近委本仓监督，或即令该州及州佐等办理，既无误于事，亦可省一切赔累也。

州县三四月间，按照米谷当时的价格酌情减少，详细奏报，然后开仓平价调配粮谷。只有顺天府、通州有粮仓市场，可奏明州府，代理领取粮米，仍然一面请部院的乡官监督买入，一切食用耗费，都由州府官员承担。粮食的折损耗费无处开销，郎官的费用又属于赔垫，似乎应参照办事差役、委派人员的规定，酌情供给薪水，在仓场的茶水费用项下报销。不然的话，或者就近委派本仓监督，或者就责令该州长官或副手们办理，既不耽误事情，也可以省去一切赔垫。

保定府驻防兵，米一万一千四百七十八石。永平府属亦有此项。每年分派州县采买，解仓收贮，临时给发，照折中定价，每石准销银一两，并有量加核减者。夫采照依时价何

保定府的驻防军兵，耗米一万一千四百七十八石。永平府属内也有此项开支。每年分派各州各县采买，解送仓库贮藏，到时候供给。按照折中

折中之有？折中之价一定明示。以贱则冒销，贵则赔垫，州县畏累，保无勒买之弊。

乾隆二年，藩司张以米价昂贵，请将截潜米拨给保定兵米。然亦可暂而不可久，似应照采买仓谷之例，平价实销，方为允协。起解正杂钱粮，皆有平饭，节在耗羡内开销。惟是带办缺官缺禀，住降、俸银、夫马、小建、留二、禀粮等项，只有此数。起解之时又要平饭，必须捐赔。州县畏累，将巧取之民矣。故欲使无耗外加征之弊，其自革除平饭始。征解要识缓急。地粮为急，官租次之，杂项又次之。地粮之中，大户为急，中户、小户又次之。地粮项下，起运急于存留。起运之中，又以河工兵饷为急。须查往例应解若干项，于某时起解，仿而行之，自无错误。一领一解，不如以领抵解。若不准作抵，自谓防弊，其实弊不在此。天下有治人无治法，亦视行之者何如耳。催征钱粮，全要内摘，先尽大户催纳，以次挨递，方见至公。且大户粮多，终属有余之家，完纳亦易，此在内友之勤密。财赋重地，弊由外摘，非延搁即侵收矣。故必能设法催

的定价，每石米准予报销白银一两，并可以酌情加减。采买是按照当时价格给付的，哪有折中的价格呢？一定要将折中的价格明白地告示州县，买得贱就高出开销，买得贵就自行赔垫。州县惧怕受到赔垫的牵连拖累，才能确保没有勒索强买的弊端。

乾隆二年，布政使张某因为米价昂贵，奏请将截留的偷偷转运的米粮拨供给保定府驻兵作为军粮。然而也只可暂时使用而不可长久效法，似应参照采买仓谷的规章，实行平价实销的办法，才能称作允当妥帖。押送正项及其他杂项钱粮，都有伙食补贴在耗费内开销。唯有带办没有官职、没有公粮供应，住降、俸银、夫马、小建、留二、禀粮等项，只有固定的数目。解送的时候又要给付生活补贴，必须损失赔垫。州县害怕连累自己，将会巧取于民。因此，为了消除耗费以外的浪费而增加征敛的弊病，其实应先从革除生活补贴开始。征催、解送要识别缓急。田赋为急，国家的租税次之，各种杂项赋税又次之。田赋之中，大户为急，其次才是中户、小户。田赋项下，起运急于存留。起运之中，又以治理黄河的民工、军队的粮饷为急。应当查询以往的惯例，应当解送的有多少项，什么时候起解，仿效进行，自然没有错误。一个管领一个押解，不如以领抵解。如果为了防止弊病，不准作抵。其实弊病不在这里。天下有治理得好的人而没有治理得好的法度，要看执法的人如何执行罢了。催征钱粮，都应从内部收取，首先从大户催纳，以此类推，才能大公无私。何况大户粮多，终究属于有结余的人家，完成交纳也容易。这些公务的顺利完成在于平时来往较多、情况了解准确，关系密切。财赋重地，弊端都出于从外收取，不是延搁

科，方可当征比之任。毋以会计小席，而忽之也。

过割推收，若一设局，必致派费。但令花户于开征之前报明。收除过割，即行入册，可免滋扰。惟收清则户皆现业，授受分明，且契券不能漏税，盗卖亦从此少矣。

期限就是加重征收了。因此，必须是能够想办法征催科税的人，才可以担当征催的重任。不要认为会计是卑微的工作而忽视它。

错过交割期限而推迟征收，如果一经设立条例法规，必然造成摊派费用的情况。只要责令分散的户口于开始征收之前报明，收割以后，立即造入册籍，便可以免除滋事扰乱。只有收成清楚了，则每户才能显露家当，做到该交纳的情况，该救济的一目了然，况且契约债券不会出现漏收赋税的情况，偷买偷卖也从此减少了。

【注释】

①鱼鳞册：一种为征催赋役而造立的土地簿册。图上田亩，挨次排列如鱼鳞，故名。

②滚单：催收田赋的一种文件。单上逐户开明田亩数、银米数、应完份数和期限，由官府发给地保，挨次催缴，令自封投柜。

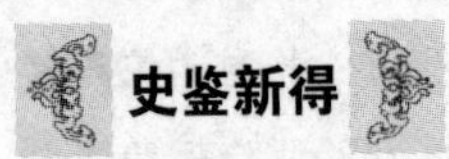

史鉴新得

明朝成化年间，松江地区赋役繁重。虽然法令相沿完备，但是执法官员的变动，使旧有的法令日渐混乱，因此百弊丛生。尤其在钱粮运输耗损方面特别严重，官府积债沉重，豪强索求偿付，各级公职人员借机巧取官家资财，占为己有。这些弊病尽人皆知，但是却没有办法彻底革除，矛盾日渐凸现。

樊莹在担任松江知府后，了解到当地税收的众多弊病，就对此进行了深入的调查，打算解决这一问题。经过调查，他认为造成各种弊病的原因主要在于税粮的解运。运输损耗的原因是由于没有统一指挥，从而使一些狡诈之徒借机获利，让百姓承担了繁重的劳役。夏秋两季的田税，往往辗转运输，增加了损耗，弊端也由此产生。

于是，樊莹奏请皇帝允准，由专人负责运输税粮，制定了宽减运输费用的优惠政策。税粮除了保证常年供需以外，其余一律折算成白银的形式收取。改革征收办法后，负责专职运输的人因为事关自己的切身利益，便不再浪费。掌握钱款的人因银两收支数目明确，无法暗中作弊，更无从私自侵吞。用白银缴纳税赋与交纳米粮相比，百姓的负担明显减轻，也不受中间盘剥，因此很受百姓欢迎。

政策实施以后，那些多年积累的弊端逐渐消除。樊莹又下令革除收购米粮的囤积户，防止粮长侵吞；开放商人贩运自销，以弥补官府运送的不足。这些措施因其有利于民，税收及税粮运输也随之顺畅。

办事以见解为主

【原文】

办事以见解为主。呈状一到，要识得何处是真，何处是伪，何处是起衅情由，何处是本人破绽，又要看出此事将来作何结局，方定主意，庶有把鼻①。事件初到，不可先有成心②。及至办理，又不可漫无主意。盖有成心，则不能鉴空衡平，理必致偏枯；无主意，则依回反覆，事多两歧，词讼蜂起。

【注释】

①把鼻：同“巴鼻”。根据，由来。

②成心：成见，偏见。

【译文】

办理案件，最重要的是有真知灼见。呈文或状纸一递上来，就应看得出哪里是真实的，哪里是虚假的；哪里是引起事端的原因，哪里是呈状人的破绽。又要预先推测出这件事会有什么样的结果，然后才确定主意，也才有作出处理的依据。事件在接手之时，不可以先有偏见。等到办理的时候，又不可以漫无目标，胸无主意。总之，有了偏见，就不能明察秋毫、办案公正，判断是非必然会有所偏颇；没有主意，就会徘徊犹豫、反复无常，致使事件增加歧义和矛盾，诉讼骤起，就像砸了窝的蜜蜂乱飞。

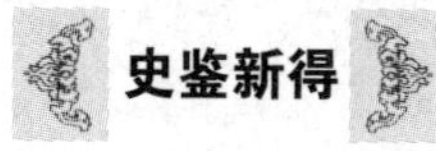

史鉴新得

雍正十年，献县有一个人叫吕松，在一个雷雨天被雷劈死了。偏巧，事发当天，吕松的老婆回娘家了，所以免于一死。有人报了官，县官赶去勘察，看到吕松家的房顶被雷掀掉了，吕松睡觉的炕被炸碎了。县官将现场的情况一一记录下来后，冷笑了一声，一句话没说就走了。之后，这个案子就被搁下了，老百姓也不清楚原因，都说是吕松没做好事，让雷给劈死了。

大约过了十五天，县官突然传唤村民丁坤。县官问丁坤为什么买了三十斤火药。丁坤说是用来打鸟的。县官说火枪打鸟，一天用不了二两火药，你为什么买三十斤呢？你打鸟用剩下的火药呢？丁坤一听没话说了，没等用刑就赶紧招供了。

原来，事发当天，县官就看出吕松死得蹊跷。表面上看吕松是被雷击死的，但雷是从天而降，地面不会被击裂，炕面也不会被击裂。可是，吕松家的炕面都给打碎了。县官心里有数，没多说话，回来后立刻暗地派人调查。调查时左邻右舍都说吕松的老婆和丁坤私通。另外，他们还秘查硫磺店，得知丁坤买了大量的硫磺。县官经过分析判定吕松不是被雷击死的，而是被人用火药炸死的。

雷电打击对人的伤害主要是电灼伤和电击伤两种：电灼伤主要是局部的热光效应，轻者只见皮肤灼伤，严重的面积大并可深达肌肉、骨骼。电流入口处较出口处严重，组织出现黑色碳化。电击伤主要是电流对人致命的威胁，造成心脏的心室纤维性颤动，很快导致心跳停止，以及电流对神经中枢的危害导致呼吸停止。

作为官员，对每一件案子都要认真分析、仔细调查，确切搞清楚它的真实情况，要有自己的主见。对于具体的事务，要有自己的思路和思想。对于具体的问题，要有自己的独立见解。切忌人云亦云，跟风附和。

案件要公正剖断

【原文】

案件重在初报，总要简净。以后再可详尽，再可转变。须有剪裁，不致庞杂。若支离繁冗，招详难办，纵曲为辨解，声说周到，幸免驳诘，亦大费心力矣。

审供先问起衅根由。初供多有浮混，必须追究其底里，使无躲闪。其情虚处，每有支饰，必诘其根原。或以情理驳之，或以前言驳其后语，或以原被证佐之不符处，乘间指摘，使供情画一。堂供有脱落舛诸者，应即取看添正，然后过朱附卷。各供内有紧要处，亲自用笔录记。叙供时，总要实情实理，有浅深次序。叙供既妥，则出看自易。

【译文】

审理案件最重要的是原始资料，而初次报告就是重要的原始资料，其总体上要简明扼要。以后可以再逐渐补充详尽，增减变化。报告应当有剪裁，才不至于庞杂零乱。如果支离破碎、繁复冗赘，招供虽详尽也很难办理，纵使曲意辩解、申述周到，侥幸免于上司的驳斥疑问，也可能大为费心劳神，事倍功半。

审讯提取口供，首先应了解引起事端的原因。初次口供，常有虚浮不实、含混不清的地方，必须认真分析，追问穷究其深层的缘由，使供述者无法逃避躲闪。其内心胆怯的地方，常常有支吾、粉饰的情况，一定要盘问其根源。或者用情理驳斥他，或者用他的前言驳斥他的后语，或者用原告、被告提供的佐证材料不相符合的地方，利用其矛盾的地方加以指斥、摘问，使供述的事件、情节一致。当堂口供有脱落、错误的，应当立即取来审看、加以增减改正，然后加盖红色印

删改供词，久有例禁。然间冗处不必多叙，令人阅之烦闷。并意到而词不达者，必须改定。土语难晓者，亦须换出。但不可太文耳。

事件不必怕驳。斩绞大案，上司未有不驳。总要成招之时，预料其在何处驳诘，作何项覆，则胸有成竹，愈驳而案愈定。若中无定见，案情本属舛误，一遭驳诘，手足无措矣。

上司欲重其罪，固在重处吹求；欲贳[①]其罪，亦先在重处敲击。总要看透，自然有处置。辨若错解人意，谓欲加之重典，因而照驳改重，杀人多矣。然亦有不可固执，不得不改正者，总视情罪之允协与否而已。

文移虽为小事，立言皆要有体。间有平行往来，不甚留意，词旨倨傲，获罪同官，即非睦邻之道。

自理词讼，批断不妨详尽。能将两造情伪指出，则直者快，曲者畏，渐渐心平，可以息争，亦使民无讼之一道。

州县为亲民之吏，与上司体统不同，词状不妨多准。身为父母，膝下之勃溪[②]，岂有漠

章，附于案卷内。各个供词内有关键的地方，应当亲自用笔抄录记载下来。叙述口供时，关键是要依据事实，讲究深浅，注重次序。口供既已整理妥当，那么发现问题自然就很容易。

删改供词，早有明文禁令。然而重复的地方，不必反复叙述，否则使人读着感觉烦躁沉闷；那些意到而用词不准确的供词，一定要改正。土话俗语难以明白的，也应当用通用语言表达出来，但不可太文绉绉的。

案件不必害怕辩驳问难。对于斩首、绞刑等大案，上司没有不驳难的。关键是要在形成口供时，就要预料到上司可能在什么地方驳疑诘问，自己又该作何答复辩解。要做到胸有成竹，愈是驳难的案件愈容易判定。如果心中没有坚定的看法，案情本来属于错判，一旦遭到驳难诘问，就会手足无措了。

上司打算加重犯人罪过，本来就会在犯罪情节等紧要的地方吹毛求疵；打算赦免犯人的罪行，也会先在重大情节上推敲诘问。关键是要看透其用意，那么自然就有办法作出妥当处置。辨析时如果错误地领会上司的意思，认为他想对犯人施行重刑，因此遵照驳文而改判重罪，那就杀人太多了。当然，也有不可固执、不得不改判的。总之，要根据情理与罪行是否一致来判。

不相统属的官署间发送的公文，虽然是一件小事，但立意措词都要得体。有时候，同级官吏的公文往来，不那么留意，立意措词傲慢不恭，必定会得罪一同做官的人，这不是和睦友邻的行为、方法。

亲自处理诉讼，批语论断不妨周详全面。能够明辨是非，将原告、被告讼词中的捏造、虚假之处指出，那就会使有理的人快意，无理的人畏惧，

不关心之理？且一经上司控准发审，又多一事，总要随到随审，严察胥役人等，无留难需索诸弊，则自无拖累。至于虚囊听断，不在刑求。静剖其是非，如入人之家室而为之排解，民之食德无涯矣。

初呈不可批煞，恐其情未确。一经断定，便无转身地步。若有未协，固执前批，又贻害不浅。与其回护在断，不如速改，犹为君子之过也。

词讼息结，极为美事。然惟户婚田土及角殴小事，则可；若关系诬告、命盗、赌博、风化及卑幼犯尊等呈，皆须究诬，不可轻易准息。庶刁健之徒知所畏惧。

北省民情朴鲁，即有狡诈，亦易窥破。南省刁黠，最多无情之辞，每出意想之外。据事陈告者，不过十之二三。必须虚囊批断，俟质讯以定案。《小司寇》："以五声听狱讼，求民情。"可见纸上千言，不如公庭一鞫。未可执内幕之臆见另定评也。

从而使双方渐渐心平气和，平息纷争，这也是使老百姓不发生诉讼的一种方法。

州县官吏是亲近老百姓的官吏，与上司的体制、规矩不同，讼词状纸不妨尽量受理。身为父母官，对老百姓的争吵，岂有漠不关心的道理？何况一旦经过向上控告，上司核准，指示审理，又多一事。因此，对于民诉，就应随时审理，并对如文书、差役等官僚严加管束，力除诸如借故刁难、敲诈等弊病，自然就没有拖累。如果做到虚怀公正地听讼论断，那么治理并不在于滥用刑罚。冷静地剖析是非曲直，就像进入别人的家中替别人排忧解难一样，那么老百姓受到的恩惠就宽广无边了。

初次呈状，不可以批示结束，恐怕案情不确切。一经断定，便没有回转的余地。如果有不妥当的地方，固执地坚持前次的批文，就会遗留下更多的隐患。与其曲为辨解、维护错误判断，不如迅速改正，还算是君子的过失。

诉讼的和平了结，是一桩很好的事情。但只有婚嫁、田土和斗殴等小事，可以和平了结；如果关系到诬告、盗窃、杀人、赌博、有伤风化和以卑犯尊、以幼犯上等事，都必须追查惩处，不可以轻易地准许和平了结。这样才能使狡猾顽健的人有所畏惧。

北方省份的老百姓秉性纯朴鲁莽，即使有狡诈的人，也容易识破。南方省份的老百姓刁野狡猾，最好捏造谎言，常常出人预料。根据事实陈述禀告的，不过十分之二三。必须虚怀公正地加以判断，等待对质讯问以后再定案。《周礼·周官·小司寇》："以五声（辞听、色听、气听、耳听、目听）判断狱讼，探求民情。"可见，纸上的数千句话，不如公庭上的一次审讯。不能以审前的主观臆断作为定评。

【注释】

①贳(shì):赦免,宽大。

②勃溪:指家庭中的争吵。

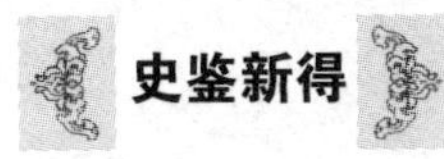

史鉴新得

有一年的农历三月十八日,镇平城隍庙举办了庙会。元大人吃完早饭后,正在审阅案卷,忽听大堂三声鼓响,急忙升堂。只见堂下跪着一老一少,老者双目失明,六十岁上下。那少年十六、七岁,跪在堂下眼泪汪汪地说道:“大人,小人今早拉了两捆山柴进城赶庙会,临行时把我娘织好的两匹布带到会上去卖,打算多买些棉花。在半路,遇到这个老头,想搭我的车进城赶会。我看他是个盲人,就扶他坐上车来。不料他下车时,硬说这两匹布是他的,还望大人明断。”

瞎子也说道:“启禀大老爷,小老儿今日进城卖布,顺便乘他的车,谁想临下车时,他竟讹我的布,希望大人替小民做主!”

元大人命衙役从瞎子怀里取过那两匹布,问道:“这布可有记号?”少年回答说:“临出门时,娘只交代让我卖布,至于有什么记号我也说不上来。”瞎子急忙接口说:“大人,这布是我的,我有记号,布面一尺二寸宽,两丈四尺长,两匹布宽窄长短一样。”元大人命人取来尺子当堂量过,竟同瞎子说的分毫不差,元大人当即勃然大怒道:“清平世界,朗朗乾坤,年轻人竟来讹诈老人,真是天理难容!”少年听了,只是流泪,说不出话来。元大人又平和地说道:“看这布染得黑蓝黑蓝的,颜色真够足的。”少年结巴着还没说出话来,瞎子急忙说道:“我外甥是开染坊的,我让他把这两匹布颜色染好点,好卖个大价钱。”元大人和当堂众衙役听了,都笑得前仰后合。瞎子听众人大笑,朝上直翻白眼,不知何故。

这时,只听堂上惊堂木一响:“大胆刁民,坐了人家的车,不思感谢,反而恩将仇报。这明明是白布两匹,哪来的颜色?还不从实招来!”瞎子这时方知中计,无奈事已败露,又怕皮肉受苦,只好乖乖地招了供。

原来瞎子一坐上少年的车,摸摸身旁有两匹布,就见财起意,一路上用手卡了布的长短,又一页一页数了布的层数,暗暗记在心里。

元大人狠狠地斥责了瞎子,念其是盲人,免了四十大板,又亲手把布交给少年。只用一时三刻的工夫,了结了这桩公案。

凡是审讯案件,总会遇到难决的事,往往会被各种供述所误导,一时之间难于追究事情的原委,这是很正常的。不要心急,要以虚怀为要,博爱为仁,千万不要以个人的喜怒加之于人。应该仔细地研究审讯记录,找出其相同的和矛盾的地方,进行核实，进行合乎事实发展的推理，并虚心听取参加会审人员的见解。不要固执于个人的意见自行决断，要择善而从，秉公断案。

执法徇私必害己

【原文】

妄①打人多怨，妄申文②多悔。执法本于守理③。灭理顺情，奉承他人，伤害自己。

【译文】

胡乱责打人犯必然招致更多的怨忿，胡乱向上级申报处理人犯则必然多有悔恨。执法的根本在于维护社会天理。如果不顾法律、天理，只认人情，只顾讨好他人，就必然会使自己受到伤害。

【注释】

①妄：胡乱，随意。②申文：陈述、说明的文件。③理：天理。

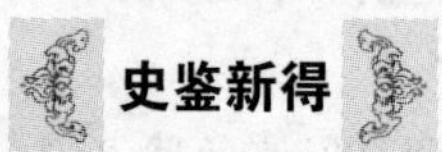

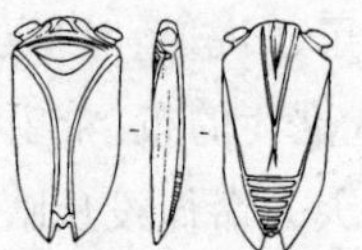

羊舌鲋，一名叔鲋，字叔鱼。羊舌鲋担任代理司寇后，负责处理一桩诉讼多年未决的土地纠纷案。当事者是晋国两个地位显赫的人物——邢候和雍子。

邢候的封地和雍子的封地毗边，封地的界限没有严格划分。雍子扩大自己封地的边界，侵占了邢候的封地，导致相互之间不断争夺。

雍子得知羊舌鲋要办理这桩公案，便抢先将女儿许给羊舌鲋为妻。

羊舌鲋得到了雍子的女儿，便不问是非曲直，宣判雍子无罪。由于他徇私枉法，后被晋国贵族统治者论律定为“墨”罪，成为我国历史上第一个被奴隶制的法典钉在耻辱柱上的贪墨之官。

事非急切，毋发堂签

【原文】

事非急切，断不可当堂签提。没招齐銮堂，甚于狼虎。往往人未到官，赀已全罄。余里居见堂签破家甚于常行，故不可不慎。万一发

【译文】

案情不是十分急迫，千万不要当堂发签提人。那些差役只要拿到堂签，凶狠简直胜过虎狼，往往当事人还没有到官府，家财却早已经耗费完了。我住在乡下的时候，便看见堂签使家破人亡的事，简直像家常便饭一样平常。因此，使用堂签不能不慎重。万不得

签，须当日讯结。若拖延一日，即民多受一日之累。如路远人多须至两日三日者立簿登记。恐事冗偶忘，则役操其柄，所关匪细。其签必须盖印发行。其他朱单签谕事与堂签一例，总须盖印登号，以防蠹役地棍诈伪指撞之弊。右二簿官中必不可少，且须时时检阅，世时久则客言簿可省矣。

已发了堂签，那就必须在当天讯问处理，如果拖延一天，也就是让老百姓多受一天的苦累。如果路途遥远，要带来的人又多，必须得两三天才能到，那就应建立一个登记簿登记起来。以防万一事情繁多，偶然忘记，那么差役就会利用这种权力进行敲诈，实在是非同小可。堂签必须盖上大印才能发出。至于其他官府发出的红色传单、朱谕之类的公文也应和堂签的一样处理。总之，一定要盖上印鉴，登记序号，防止差役、地痞恶棍伪造行诈作弊。以上所谈的两本册子，在官府中是必不可少的。不仅如此，还需要时时去翻阅查看。等到时间长了，对当地情况了解了，客人的谈话记录也就可以不要了。

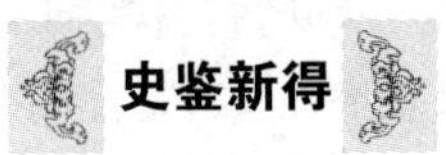

史鉴新得

松江太守赵豫办案的一贯风格是对于不是十分紧急重大的讼案，都不急于立案审理，只是先告诉他们“明日来”。于是，人们都嘲笑他，有“松江太守明日来”的传谣。但是，他这样的处理方式，却在不知不觉中平息了很多的诉讼。因为，大凡人们情急之下，激于一时的愤怒，容易互不相让而起诉讼。但是，在经过一夜之后，事情缓和了，气也平了，双方都能够理性地对待这件事了；或者经过亲邻之间的调解，矛盾也就化解了，因而也就停止诉讼。“明日来”就是这样使民众不轻起讼端的。

与那些擅长钩拘之术，无事生非，借机起事，以博取能吏之名的人相比，赵豫存心的厚道与此辈的阴险狡诈，不啻天壤之别。其安定百姓的心意实足效仿。

管押审理要谨慎

【原文】

管押之名，律所不著，乃万不得已而用之。随押随记，大概贼盗之待质者最多，审则重者禁，轻者保，无关者省

【译文】

清查在押人犯的名单，这是法律所没有规定的。是万不得已才采用的一种办法。只要关押进监，便马上把它记下来。一般来说，在小偷强盗之中，等候审讯的最多。提审后对那些罪行比较严重的就关

释，立予销除。命案牵连应即时诘正取保，势不能速结者、至四五日断不可不为完结。若词讼案件，自可保候、覆讯不宜差押。政之累民，莫如管押，且关系甚重，或贼押而捕纵行窃，或命押而怕累轻董；至讼案押而招摇撞骗，百弊错出。向有班房夜间，官须亲验以防贿从。数年前，禁革班房名目，令原差押带私家，更难稽察，似不如仍押公所为安。役之贪狡者，命案、讼案及非正盗正贼，藉谕押以恣勒索。每系之秽污不堪处所，暑令熏蒸，寒令冻饿，至保释而病死者不少。故非万不得已者，断不可押，既押须亲自查验，幕犹恐被人欺止能求尽其心，官则心尽而力可自尽，慎勿为人蒙蔽。不设此簿，或有遗忘，势且经旬累月，民受大害矣。

押起来，罪轻的就让人保释出去，和案件没有牵连的，干脆把他们释放了，立即销去他们的名字。和命案有牵连的人，那就应该立即讯问证人，然后让人取保释放。实在不能够立即结案的，到了四五天后就不应该还结不了案。如果说是一般的民事案件，自然可以让人把他保释出去，第二次审讯的时候就不应该再派人押送。治理地方，最让老百姓受拖累的就是将其关押起来。而且这对当官的来说，关系也很重大。有时小偷被关押起来了，但看管人员却放纵他去行窃；有的因为杀人被关押起来，由于害怕拖累便轻生而死；至于那种民事案件，人被关押起来，捕役则招摇撞骗，勒索家属。总而言之，错漏百出。先前还有班房，到了晚上，差人便将他放走以行私。官吏必须亲自检查，以防在押犯人行贿。几年前，皇帝曾下令不要班房，叫原来的差役把犯人带回家去，这样一来就更难查清楚，似乎还不如押在班房妥当。捕役人员中的那些贪婪狡诈之徒，凡是杀人案、民事案件，以及不是强盗头目、小偷中要犯的犯人，他都随心所欲地敲诈勒索。捕役往往把犯人押在污秽不堪的地方，在炎热的盛夏让犯人受熏蒸之苦，严寒的冬季让犯人挨饿受冻。等到被保释出来，病死的很是不少。所以说，不是万不得已，千万不要关押人；已经被关押起来了，就必须亲自过问。幕僚们害怕被别人欺骗，只求能够尽到一点心意，当官的则不仅该尽心而且尽力。小心在意，不要受人蒙骗。要是没有这个登记册或忘记记录，一些案件势必会拖很久，老百姓将深受其害。

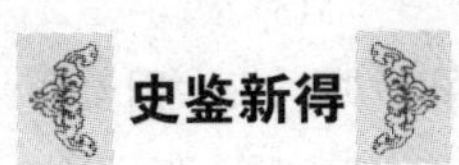

随着人类社会的发展,判案依据经历了从愚昧到科学的漫长的道路。远古时期神秘裁判神秘的面纱,曾寄托了人类对法制最虔诚的希望。神秘裁判的面纱揭开之后,人类司法历程开始走出愚昧的阴影,大堂上的人证、物证,成为判案的依据,官员手中的惊堂木使作奸犯科者闻风丧胆。而现代科技的发展,更是使为非作歹者无处躲藏,在今天,日新月异的科学技术让科学证据成为维护司法公正最有效的门槛。在这漫长的发展过程中,不同时期,不同判案依据对人类社会的发展都产生了不同的影响。

深入调查研究、掌握真实情况是为官者的重要素质。只要始终坚持深入调查研究,掌握真实情况的工作方法,做大量耐心、细致、深入的调查研究工作,就能在纷纭复杂的环境中做到审时度势、明辨是非。

为官者,应了解自己的职权,责任。尽管说很多事情可以委托他人办理,但自己心里一定要有主见。用人不疑,但前提是自己要搞清用人干什么,怎样要求,怎样检查。如果自己什么都不知道,难免别人会从中要手段,营私舞弊,结果就可能会造成失误,最终责任还是会落到当官者自身。

男女奸案需明察

【原文】

奸情暧昧,最不易知。务存一分宽厚之心,保全妇女名节。苟无确据,即为指奸勿论,不可轻易吹求。

妇女颜面,最宜婉惜,万不得已,方令到官。盖出头露面,一经习惯,顽钝无耻,以后肆行无忌矣。

有黑夜乘本夫不在,入室刁奸者,或以声音相貌似熟识之人,

【译文】

奸情幽暗隐曲、复杂不明,最不容易弄清楚。务必存有一分宽厚之心,保护、顾全妇女的名誉和节操。如果没有确凿证据,就是被指控犯奸,也应搁置不论。不可以轻率地吹毛求疵。

妇女的脸面,最应当被看重爱惜。当万不得已时,才可以责令到官署受审。因为妇女抛头露面一经习惯,就将不顾节操、寡廉鲜耻,以后就肆意乱来、无所顾忌了。

有黑夜乘妇女的丈夫不在,潜入妇女居室狡诈骗奸的。因为骗奸者声音相貌与妇女熟习的人相似,被指任控告到官的,毕竟不是在奸

指告到官，究非奸所捉获，不可轻率定案。

调戏未成奸，本寻羞忿自尽。其中有因奸夫不肯输情服罪，越时久远，始行轻生，或因亲属人等加之斥辱，有激而成；又或穷人拼舍一命，藉以图诈，非尽由羞忿。凡有告调奸者，审实即行严。本夫本妇，好言劝慰，庶免生事端。

有向系和奸，一时败露，奸妇讳和为强，本夫信以为实，遂告强奸者。有本属强奸，奸夫避重就轻，诈称和奸者。情伪不一，不可不察。

污之地捉获的，不可以轻率地定案。

调戏妇女而没有构成奸污的，妇女因羞耻愤怒而自杀。其中有因为罪犯不肯认罪伏法，过去时间太长，就决定轻生的；有因亲属等人加以斥责侮辱，受刺激而自杀的；也有穷人拼舍一命，借以敲诈的，并不全都因为羞耻愤怒。凡是有控告调戏奸污的，审查清楚后就立即严肃处理。对原夫原妇，应好言劝解安慰，尽可能地避免滋生事端。

有本来是互相通奸，奸情忽然败露后，奸妇忌讳通奸而声称被强奸，丈夫信以为真，于是控告强奸的。有原本属于强奸，奸夫为逃避罪责而避重就轻，假称通奸的。案情虚假不一，不可不明察。

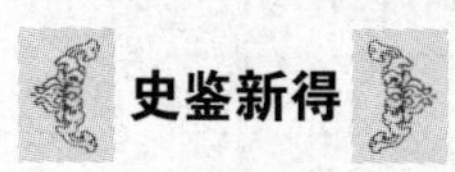

史鉴新得

北宋名臣范仲淹的儿子范纯仁，后来也是一位著名的文官，位登宰相之职。他曾因反对王安石，一度被贬出京，先后两次任河中府知府。

在范纯仁第二次任河中府知府时，衙门有个名叫宋儋年的录事参军。有一次这个官员晚上在家里举行宴会招待宾客后，夜里突然暴毙。范纯仁派子弟去吊丧，正好赶上殓尸，那子弟见到尸体口鼻都有出血痕迹，回去就报告了范纯仁。范纯仁觉得这位部下死得非常可疑，就要求官府介入，暗中进行犯罪调查。官府很快就发现，宋儋年的一个小妾与本衙门的小吏有奸情，他们有着毒害宋儋年的动机和机会。于是这两人就被抓了起来。

从家乡赶来治丧的宋儋年的儿子，已经将宋儋年的尸体装殓停当放在棺材里，运回家去了。范纯仁发出公文，把宋儋年的儿子拦了回来，开棺验尸。发现宋儋年的尸体“九窍流血”，眼睛突出，舌头已经腐烂，浑身皮肤都已发黑，就好像是涂了一层黑漆。检验结果证明宋儋年是被毒死的。于是官府根据检验结果审问下毒的情节，那小妾说：“是把毒药放在了大块的甲鱼肉里的。”主审的官员觉得案件可以了结了，上报知府。范纯仁看了这段口供，说：“问清楚大块甲鱼肉是第几道菜了

吗？这道菜肯定不会是最后一道，难道中了这样厉害的毒药的毒还能够活到宴会结束吗？肯定还有真实情节没有坦白！”他命令重新审讯。果然后来才搞清楚，在那晚的宴会结束、客人们都回家以后，宋儋年当时已经喝醉了酒，回到内室，那小妾在他的酒杯里下了毒，劝他再喝一杯睡觉。宋儋年喝下去立刻就毒性发作，死于非命。

小妾的前一次供词是有意为翻案准备的伏笔，原来宋儋年是不吃甲鱼的，而且上了甲鱼后还有好几道菜肴。这样就预留下了供词的纰漏，到朝廷复审时，可以提出申诉，来混淆司法部门的视听，达到翻案的目的。这应该是那个熟悉法律的小吏的诡计。

至此真相大白，奸夫淫妇受到了法律的惩处。

法重事实，情贵存疑

【原文】

外舅王坦人先生讳宗闵令金山时，余初入幕平湖。杨君砚耕为外舅故交，时从山西来，言雍正年间尝馆虞乡，主人兼署临晋县。有疑狱久未决，主人素负能名，不数日，鞫实，乃弟杀胞兄至死。遂秉烛拟罪属稿毕，夜已过半，未及灭烛而寝，忽闻床上钩鸣，帐微启，以为风也。复寐少顷，钩复鸣，惊寤，则帐悬钩上，有白发老人跪床前叩头，叱之不见。几上纸翻动有声，急起视，即拟谳稿也。反覆细审，罪实无枉，惟凶手四世单传，其父始生二子，一死非命，

【译文】

我的岳父王坦人先生，讳字宗闵。他任金山县令时，我刚到平湖做幕客。杨砚耕是岳父的老朋友，当时他从山西来，说：“雍正年间，我曾在虞乡做幕客，主人兼管临晋县。临晋县有一个疑案很久没有得到解决。主人向来以才干闻名，不几天就审问清楚事实，是弟弟与哥哥厮杀致死。于是主人当夜就点烛拟量罪刑，写完裁决稿，已过半夜，没吹灭蜡烛就睡下了，忽然听到床上帷帐的挂钩鸣响，纱帐微开，主人以为是风吹动的，就又睡了。过了一会儿，帐钩又响，主人惊醒过来，只见纱帐已撩开在挂钩上，有一位白发老人跪在床前叩头。主人呵叱了一声，那老人就不见了，桌上有纸翻动的声音。主人急忙起来查看，是刚才写的裁决稿。他又反反复复仔仔细细审核了一下，罪责确实，并非冤枉。只是凶犯四代单传，他的父亲生了两个儿子，一个死于非命，另一个又伏罪，这第五代就将无人

一又仗辜，则五世之祀绝矣。狱无可疑而以疑久宕，殆老人长为乞怜耳。因毁稿，存疑如故。后闻今皇帝御极大赦，是案竟以疑宥，余闻而谨识之。故凡遇父子兄弟共犯者，尤加意审慎焉。

祭祀了。这桩罪案本无可疑，却因疑拖久，大概是因为那位白发老人常常为后代祭祖而乞求同情的缘故吧。主人因此撕毁了裁决稿，像以前那样继续存疑。后来听说当今的皇帝下了大赦令，竟然因为这个罪案是疑案就宽恕了。"我听了这件事，就把它记了下来。凡是遇到父子、兄弟共同牵涉案子犯罪的，尤其特意谨慎审理。

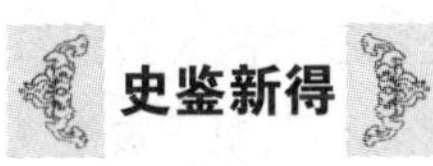

史鉴新得

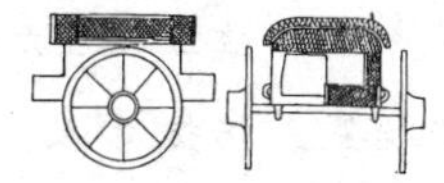

孙传庭，字伯雅，代州镇武卫人。生于明神宗万历二十一年，卒于庄烈帝崇祯十六年，年约五十一岁。

明神宗万历四十七年，孙传庭出任永城县知县。到任后，当地发生了一件奇案。

当地有一个读书人，结婚不久父亲就去世了。按照儒家礼仪要求，父母死后应该守丧三年，在三年里要吃长斋、睡草棚、穿生麻织成的不卷衣边的丧服、不得与妻子同房、不得出任官职。他就在父亲的坟墓边搭建了一座草棚守孝。

有天晚上，一个无赖穿着丧服，扮作孝子，乘黑摸进新娘子的房间，和新娘子调笑同房。孝子的母亲听见响动，第二天问媳妇，媳妇说是孝子半夜回家。母亲就去责问孝子。孝子大吃一惊，当天晚上悄悄回家，躲在暗处。半夜里又见到那人穿着丧服进入妻子房间，孝子就冲了过去，那个无赖夺路逃掉了。孝子返回家时，发现妻子因为羞愧难当，悬梁自尽。孝子见妻子已赴黄泉，万念俱灰，也就在妻子旁边上吊。

老母亲早晨见儿子、媳妇都死于非命，她就拾起那个无赖脱下的丧服，去县衙报了案。孙传庭接案，却只是敷衍了事地问了几句，按照常规验尸，根本就不提那件丧服的事，也没有马上发出通缉令。

过了几天，他突然暗中下令，把全县所有的裁缝秘密带到衙门传讯。让裁缝们对那件丧服进行辨认。果然有一个裁缝认出是自己的手艺，说是做给某某公子的。孙传庭立刻派出衙役把那个公子抓来审讯，那个公子见无法抵赖，就伏了罪。为了防止公子的亲属去上级拉关系阻止审讯，以及考虑到此案若公开审理，会暴露孝子和他妻子的隐私，有违孝子守丧初衷。于是孙传庭就安排监狱里的牢头禁子,暗中将这公子在监狱中处死,只报呈"病绝"。

办理盗案要保全良善

【原文】

赃真则盗确,窃贼亦然。正盗正窃罪,无可宽所。尤当慎者,在指扳之人与买寄赃物之家。往往择殷而噬①,藉端贻累。指扳之人,固须质审,其查无实据者,亦可摘释。至不知情而买寄赃物,律本无罪,但不得不据供查吊。向尝不差捕役,止令地保传谕,檄内注明有则交保,不须投案;无则呈剖,不许带审,亦从无匿赃不缴,自干差提者,此亦保全善类之一法。盖一经差提,不唯多费,且窃盗拖累,几为乡里之所不齿。以无辜之良民,与盗赃庭质,非贤吏之所忍也。

【译文】

只要赃物真实,那么盗窃案就是确实无误的,窃贼也是这样。主要盗窃犯的罪行,没有可以宽容原谅的。尤其要谨慎对待的是被盗贼指供的同案犯和收购窝藏赃物的人家。盗贼往往选择殷实的大户人家进行诬陷,无端将别人也牵连入案。因而,对于被盗贼指供的同案犯必须加以对质审问。对那些没有罪证的人,也可以甄别释放。至于那些不明真相,受盗贼蒙骗而收买、窝藏赃物的人,按照法律是没有罪行的。但办案的人,不能不按照窃贼的供词进行调查询问。以前官府对这些人不派捕役去收审,只命令地保传下命令,并在官府文书公告中注明:"有窝赃的交出赃物给当地地保,不须投案;没有窝藏赃物的,则要写出原因,加以解释,不允许把窝家带庭审讯。"从来就没有窝藏赃物而敢不上缴,而自己愿意被差役提审的,这也是保全善良百姓的一个方法。因为只要一经差役提审,不仅仅是要花上很多钱,而且被盗贼牵连后,就会被同乡之人唾弃不齿。让无辜受牵连的善良百姓,在公堂上与盗贼当场对质,并不是一个贤明善良的官吏所忍心做出的事。

【注释】

①噬(shì):咬。

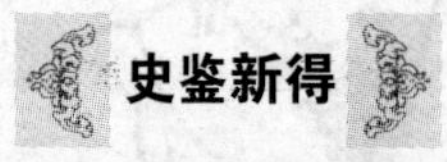

史鉴新得

垂拱年间,武则天代理国政,罗织罪名害人的事情屡有发生,很多人遭受陷害。湖州有一个小官叫江琛,有一次做错了事,受到刺史裴光的处罚。他怀恨在心，想害死裴光，可是一直没有机会。

后来徐敬业起兵反抗武则天。江琛想，如果捏造证据，告发裴光是徐敬业的同党，裴光肯定就会人头落地，自己报仇的愿望不就实现了吗？于是他偷了裴光平日亲笔写的文书，把上面的字，一个一个剪了下来，再左拼右拼，粘贴成一封写给徐敬业商量谋反的信。这封信伪造得十分巧妙，简直跟真的一样。江琛拿这封拼凑起来的信作证据，向朝廷告了裴光一状。

武则天以为裴光真的想谋反，立即下令把他抓了起来，交给御史审问。御史老先生拿信对照裴光的笔迹，果然完全相同。审问的时候，裴光根本不承认有谋反的事。御史就把信拿给他看。裴光看了这封信，不禁大吃一惊，信上的字果然是自己写的。这到底是怎么回事呀！他说："信上的字是我写的，可信上的话绝对不是我写的！"

御史继续追查，可除了这封信，再也找不出裴光谋反的任何证据了。因此案子一直定不下来。

武则天怪御史没本事，又连续派了两个官员去审理这个案子，也都定不了案。最后，武则天派了一个叫张楚金的大臣去审理。

张楚金一贯办事认真。他多方调查，除了这封亲笔信以外，还是没有查到一点裴光谋反的迹象。张楚金心情很烦闷，整天捧着那封信，苦苦思索。

一天，张楚金又捧着那封信，躺在卧榻上，看完正面再看反面，边看边思考。这时候，一缕透过窗户的阳光正好照射在书信上。他突然发现字和字之间有破绽，放平了则看不见，对着太阳就能看见。于是他将州府的官员召集到一起，弄来一瓮水，命令江琛把信扔到水里，信上的文字遂一一分散开来。

江琛见事败露，就承认了罪行，武则天敕令将其杖打一百大板之后再斩杀。

不以浮言为确据

【原文】

恃信之官，喜以私人为耳目访察公事。彼所倚任之人或摇于利，或蔽于识，未

【译文】

倚仗亲信办事的官僚，喜欢派自己所信任的人作为耳目去访察公事。他所倚仗信任的人，有的为利所驱使，有的鼠目寸光，这些人未必都是值得深信的。主事官员听信身边的亲信的话，原本就是不可靠的，一

必俱可深信。官之听信原不可恃，全在幕友持正不挠，不为所夺。若官以私人为先入幕，复以浮言①为确据，鲜不偾事②。盖官之治事，妙在置身事外，故能虚心听断③，一以访闻为主，则身在局中动多挂碍④矣。故访案慎勿轻办。

切全依赖身边的幕宾主持正义，坚持公道，才不被那些奸邪小人所左右。如果主事官员因为听从亲信的话而有了成见，又听到虚浮的传言作为确凿的证据，那么就很少有不把事情搞糟的。官员处理事务，妙在要把自己置身事外。这样才能够虚心听取各方面的意见，进而加以判断。如果一旦完全把传闻作为主要信息来源的渠道，就会陷于迷雾之中，而且一有行动就会磕磕碰碰，障碍颇多。所以，查访案子要谨慎，不要轻易去做。

【注释】

①浮言：没有根据的话。
②偾事：把事情搞糟、办坏。偾，毁坏、败坏。
③听断：听取陈述，作出决定。
④挂碍：触碍，牵阻。

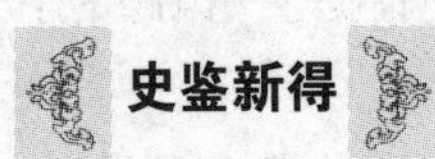

史鉴新得

武则天执政时，有人告崔思竞的堂兄崔宣谋反，武则天派御史张竹岌调查此事。原告先引诱崔宣的小妾，把她藏匿起来，却说："崔宣的小妾发现了他的阴谋，崔宣就将她杀了，把尸体投入洛水。"张行岌调查后，没有发现任何情况。武则天很生气，命令他重新调查，但回复却和先前一样。武则天生气地说："崔宣如果真的杀死小妾，谋反的实情自然明显。如果没有找到他的小妾，他如何洗刷自己的罪行？"

张行岌害怕了，就逼着崔思竞去找崔宣的小妾。崔思竞在中桥南北张贴告示，悬赏藏匿崔宣小妾的人，好多天都没有任何消息。而崔宣家每天私下讨论的事，原告都知道。崔思竟猜想家中一定有原告的同伙，就假装对崔宣的妻子说："准备二百匹绢，我要去雇刺客杀掉原告。"然后在第二天清晨埋伏在门口高台前。崔宣家有个寄宿的客人，姓舒，婺州人，为崔宣家服役，崔宣待他如同子弟。不久，崔思竟看见他走到高台前，贿赂看门的人去通报原告。后来，原告就宣

称说“崔家想要刺杀我。”崔思竟胁迫舒姓客人来到天津桥上，大骂道：“无赖阴险的家伙，崔家要是被抄家，也一定拉你为同谋，你哪有办法洗清罪过？你最好交出崔家的小妾，我可以送你五百匹绢，你回乡后足以建立百年的事业。不然，我一定要把你杀死。”舒姓客人非常后悔，连连谢罪，就带领崔思竟来到原告家，搜出崔宣的小妾，崔宣才得以赦免。

秉笔定罪要谨慎

【原文】

乾隆二十年间，浙江司臬同公当为人言办秋审时，夜将半，令小僮提灯，亲至各房科察看，皆灭烛酣睡。一室灯烛明，穴窗纸视之，一老吏方手治文书，几案前一白发翁、一年二十许妇人左右侍，心甚骇异。俄见吏毁稿复书讫，妇人敛衽退。吏别检一卷，坐良久，书签。白发翁亦长揖不见。遂入署传诘此吏。先书有为台州因奸致死之案，本犯为县学生。初意怜才，欲请缓决，后以败检酿命，改拟情实，后书者，为宁波索欠连杀致死之案。初意欲请情实，后念衅由理直，情急还殴，与逞凶不同。故拟缓决。然则年二十许者，为捐躯之妇。白发翁乃凶手之先人矣。吏之拟稿，不过请示，鬼犹瞰之，况秉笔定罪者，可勿慎欤？

【译文】

乾隆二十年间，浙江司臬同先生曾告诉别人他在办理秋季死刑犯大审时的情况。有一天晚上将近午夜，司臬同叫小童提着灯盏，亲自到各处房间察看，各房间都已灭烛，人们睡得正酣。唯独一房间里的灯还亮着。司臬同在窗纸上舔了一个洞往里看，一位老官吏正在起草文书，桌案前有一个白发老翁和一个二十岁上下的妇人各侍左右。司臬同心里很是惊异。不一会儿，看见年老的官吏撕毁文稿，又书写起来，写完了，那妇人便行了一礼退下。那官吏又另拿一卷案宗，坐了很久，写了张条子，白发老翁作了一个长揖也不见了。司臬同于是到公署传问那个年老的官吏，原来他前边写的文书是台州奸情致死的命案，案犯是县里的学生。最初他爱怜案犯有才，想请求缓期处决，后来请求失败，就检核造成命案的原委，改写为情实。后边写的是为宁波追索欠款牵涉殴打人致死一案，最初想以情实处理，后来考虑到争端是由于案犯在有理、情况紧急的情形下还手造成的，与蓄谋逞凶打死人不同，所以打算缓期处决。那位二十岁上下的妇人是奸情命案里死去的妇人，那位白发老翁是索欠致死案罪犯的先人。官吏起草案稿不过是向上级请示，鬼都来探视，何况那些执笔定罪的重要官吏，难道敢不谨慎吗？

史鉴新得

清代曾流传这样一个奇案故事:某地一商人,长期在外奔走做生意,家中留下一个瞎眼妈妈,由妻子供养服侍。有一天商人归来,老母亲高兴得不得了,叫媳妇煮鸡汤给儿子喝,不料当晚商人突然死去。族人报官请求验尸,验尸结果证明商人是中毒而亡。县官就认为肯定是媳妇另有奸情而谋杀亲夫,于是严刑逼供,屈打成招,判以凌迟处死,并报上级复审。

一次,该省巡抚至地方巡视,看了这个案件卷宗后,觉得其中似有疑问,就亲自到刑名师爷住处来商量。可是那位师爷正在和门徒对弈围棋,棋盘上杀得天昏地暗,根本顾不得分析案情,遂捏着棋子心不在焉地说:“这个案子已经过县、府、道、司几次复审,想来不会有什么冤枉,大人又何必再加驳诘,另生事端呢?”巡抚虽然心存疑虑,但听了这番议论,也就没再坚持。于是那位媳妇就被凌迟处死了。

行刑后的当晚,那位师爷正要睡觉,突然听见有人敲门,接着一个浑身是血的女鬼从门缝里钻了进来。女鬼指着师爷大骂:“你不过是一个酸秀才,自称精通法律,诓骗主人,坐享厚俸,竟然敢草菅人命!巡抚大人还想为我平反,特意不耻下问,而你为了一盘围棋就支吾漫应。我死不足惜,只是不甘心背上谋杀亲夫的恶名声。”说着就扑向师爷。师爷吓出一身冷汗,赶紧跪下求饶,说:“我罪应如此,只是家中有八十岁老母,离家经年,能否让我回乡探望一下?”女鬼说:“念你有孝心,暂缓两个月。”说完就不见了。

翌日,师爷即告假回乡探亲,后在回衙途中暴毙。后任巡抚再查此案,发现商人那晚在葡萄架下喝酒,而葡萄架上有一只四寸长的大毒蝎,它一闻到鸡汤香味就会喷射毒液。于是案情大白,商人妻子得到昭雪,县以上各级官员都被处罚。

办案勿轻引惯例

【原文】

成案①如成墨,然存其体裁而已。必援以为准,刻舟求剑,鲜有当者。盖同一贼盗而纠伙上盗,事态多殊;同一斗殴而起衅下手,情

【译文】

已经办好的案子就像已经研磨出来的墨汁一样,只留下相同的外表罢了。如果一定要拿以前审案的处理方式作为办案标准,那就如同刻舟求剑,办出的案子少有恰当的。即使

形迥别。推此以例其他，无不皆然。人情万变，总无合辙[②]之事。小有参差[③]，即大费推敲[④]。求生之道在此，失人之故亦在此。不此之精辨而以成案是援，小则翻供，大则误拟，不可不慎也。

【注释】

①成案：诉讼中已判定的条件，即案例。

②辙：指车轨。

③参差：不齐的样子。

④推敲：即反复认真地思考问题。

是同一个盗贼纠集团伙盗窃，事态情形也会有许多不同；同样是斗殴，可是起因、下手的情形也各不相同。按照这个道理推导其他事情，无不是这样。人情事态瞬息万变，找不到完全相同的事情；稍微有一点儿不同之处，就会让人反复推敲，大费心神。犯罪的人能获得生机的道理就在这里，因错误而让犯人受到误判的原因也在这里。对罪案不精细地辨别分析，具体问题具体处理，而只是搬用以前对类似案件的判决，小的后果可能会导致犯人翻供，大的后果就可能会产生误判，或者纵容了罪犯，也有可能冤枉了好人。因此，对案件的审讯不能不谨慎从事。

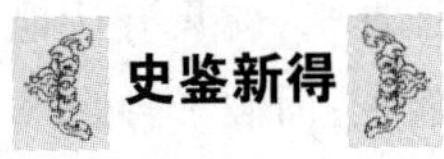

史鉴新得

案件有各种不同的情况，有针对性地采取措施，才能迅速办案，为民众办好事情。因此，处理任何事情，都要讲究方式方法，抓准个别，殊途同归，以获得最佳效果。

清朝道光年间，张静山被任命为新安太守时遇到了一件棘手的案子：两姓人互相控告对方，说自己的祖坟被对方冒认，这件官司已打了三十多年了。两姓人一姓是名门望族，族长衣冠华美，举止斯文，是个郡丞；另一姓的族长是个老秀才，七十多岁了，衣着寒酸。

张静山就对他们说："我查了查以前的案卷资料，你们两姓人各有各的道理，但双方都没有过硬的证据。我想，天下的事情，有一真必有一伪。昨天我做了一个梦，梦见你们的祖宗求我判断。他说他本是某姓之祖，被另一姓冒认，争讼几十年。因此，对这个案子，我心中已经十分清楚。一旦作出判决，从此以后，这座坟山只准真正的子孙上山祭祖，假冒的子孙从此不准再来。因此，我准许你们两姓在离开坟山之前，可以在祖宗坟前拜别，以慰祖宗在天之灵。你们愿意吗？"两姓族长都表示愿意听从。

拜别坟山由老秀才先拜，老秀才象征性地整了整自己的衣冠，走到墓前跪下，匆匆忙忙地磕了三个头，爬起来，站在坟前干哭，没有一滴眼泪，表情很不自然。

轮到郡丞拜别时，只见他跪倒在坟前，大哭起来，"我们子孙为祖宗打官司几十年,不辞劳苦。如今张大人做了一个梦,已知真假,不知道是否灵验,倘若不灵,判断有误,我们子孙再也不能来祭奠祖宗了。”说完,以手捶地,失声痛哭,哭晕了过去。

张静山对身边的官吏说:“你们看看这两个人辞别祖坟的情形,难道还要宣判吗?”

张静山转身对老秀才说:“你还有什么话说吗?”老秀才汗流满面,连连说道:“我知罪,我知罪。”于是张静山当场写下判决书,让两姓族长签字画押,三十多年断不了的疑案,就这样轻易地解决了。

原来,这座坟山本是郡丞的祖坟,老秀才听说郡丞家由于时间久远,将坟山的契约丢掉了,便想将坟山谋占过来。老秀才起初是和郡丞的祖父打官司,到郡丞已经历了三代人。历任太守在审查这个案子时,都主观地认为郡丞家是名门望族,可能有意欺负家境贫寒的老秀才,都对老秀才有同情和袒护的倾向。

后来有人问张静山,郡丞的祖宗真的托梦给他了吗。张静山说:“我只不过是随口说说,根本没有托梦的事。当时我想,既然两姓都拿不出证据来,就只有让他们拜辞坟山,从中观察他们的神情。如果是真子孙,就会非常痛苦;而假子孙自然是难以装出真感情的。因为即使是很坏的一个人,在大庭广众之下也不会心甘情愿地把别人的祖宗当做自己的祖宗来拜。”

断案要删繁就简

【原文】

断制云者,非师心①自用也。案无大小,总有律例②可援。援引既定,则例得无干者,皆无庸③勾摄④,人少牵连,案归简净矣。乡见貌为精慎之吏,不知所裁,以极细事而累及邻证,延蔓不休。有因而破家酿命者,曾为寒心,敢陈苦口。

【译文】

所谓判案果断,并不是指独断专行,刚愎自用。案件无论大小,总是有法律作为依据的。有了依据,那些与案件无关的人,就不需要传唤,牵连的人少,案件就简洁明了。我见过一些外表好象精明谨慎的官吏,不知道该怎样断理案子,因为一些极小的事而拖累到邻居和证人,案子越办越复杂,无休无止。有的人还为此家破人亡,闹出人命。我因此常感到心冷,所以在这里又苦口婆心地提出劝诫。

【注释】

①师心:心领神会,不拘泥成法。后来称固执己见、自以为是为“师心自用”。

②律例:律指法律条文,例指为补充律文不足而设的条例,细则或例案。

③无庸：不必，无须之意。

④勾摄：捉拿，拘捕。

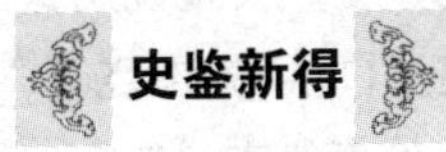

史鉴新得

判案准确的前提是官员要熟悉法律，要查明案情。不骚扰邻居、证人，并不是说不向邻居、证人了解情况。判案时对蛛丝马迹都不能放过，只有这样，才能做到准确判案，不枉不纵。不仅办案宜如此，做事也同样要果断，只要不违背原则，就要敢做敢当，提高效率。

霍邱县民范寿子，家境贫困，他的父亲在别村做雇工，将范寿子许给顾奶奶家做女婿。顾奶奶家也很穷，靠卖馄饨过活。范寿子到顾奶奶家做女婿已经一年。第二年正月十四，范寿子忽然不见了。顾奶奶派义子杨三到处寻找，没有发现踪迹。范寿子的父亲怀疑儿子被人害死，多次到顾奶奶家要人，由于说话得罪了杨三，被杨三推了一跤，于是范父就到县府控告了杨三。

县令就召集有关人证，经过审讯，仍旧没有弄清楚实情，正碰上县令家雇用的一位奶娘来到县府。奶娘与顾奶奶是同村人，县令就向她打听："你知道顾奶奶家中女婿被害的事吗？"奶娘回答道："听说过这件事，邻家女婿好像是因奸情被害。"县令王某因此心中有了成见，每天用严刑逼供。最后根据被告的口供，认定范妻顾氏与杨三私通，杨三萌发了谋杀本夫的歹念，并伙同顾氏母女一起将范寿子打死灭口。县令追问范寿子尸体，他就说当天晚上把尸体砍成八块，放在锅里蒸煮成浆汁，泼入土坑之中，又将尸骨烧了，以期毁尸灭迹。几个人的供词都相同，案件于是定了下来。罪犯被押送到上一级官府，也没有翻供。

当时，主管安徽提刑按察司的官员是夏县的李书年先生。罪犯被提出来审问时，李书年见众犯人的供词都顺口而出，就像熟读背诵下来的一样，多次追问批驳这些罪犯，他们都确认不变，这不能不使人怀疑案情的真实与否。所以李书年不敢上报都察院。他一面发函传死者的亲属和一切有关的证人到省里待审，另外还委托县令复审，结果证词、供词都相符。县令说："供词确实，不会有错。"高太守说："是假的。"李书年先生问："有什么根据说这些口供是假的？"高太守说："范寿子在岳母家，正月十三晚上还同岳母、妻子、弟弟等人一起外出观灯，看完灯回家，应有二更时分，后又打完牌才回家，自然已经是三更时分了。范妻顾氏和杨三、母亲、弟弟等人商定，各持器械将范寿子打死，已是四更时分了，又将尸体肢解煮成浆汁。捞起骨头来再烧成灰，然后把浆汁倒入土坑埋起来，要花费好长时间。人肉我未曾煮过，猪肉倒是天天买来煮着吃，煮烂必须一两个时辰，如要熬成肉汁，没有一昼夜的时间是办不到的。从四更到五更,有多少个时辰?这是供词最可怀疑的地方。况且范妻顾氏家居处集中,前后左右都有紧挨着的邻居,死者被打死,难道会没有一点声音?烧骨的臭味,难道会没有被别人闻到?这道理最明白不过了,正说明这件案子一定是不存在的啊。"李书年先生说:"的确如此,况且根据口供,煮肉烧骨,而肝肺肠肚还没有着落,看来可以从这里追根究底,或许另外会发现线索。"

第二天复审,县令请病假不来,高太守先传范父到面前,说:"你儿媳的罪拟处以凌迟,杨三斩首,媳母、媳弟都处以绞刑,下在死牢待秋天处决。这样判决冤枉不冤枉?"范父回答:"不冤枉。"高太守说:"你儿媳等人正法后,假使你的儿子又出现,那么这五个人的性命,你都应当抵偿,你愿意立下保证书吗?"范父说:"我只是上告儿子很久没有回来的事,至于因奸情被人谋害的情况,是官府审定的,与我有什么相干?"高太守将各个犯人一一详细审问,各犯人的供词仍旧像以前一样。高太守问:"你们这些人招供把肉煮了,把骨烧了,那么肝肺肚肠到哪儿去了?"各个犯人都面面相觑,不能回答。范妻顾氏及其弟顾三麻子才大叫冤枉。高太守说,"范寿子如果是活着,定可申冤,或者一是全尸,也可以从这追根究底。现在既没有尸体,你们这些人又不能供出别的情节,凭什么说是冤枉的呢?"顾三麻子说:"地保和我们一起来省里,他说这件案子实在冤枉,但解差关切地嘱咐我们:'按察使衙门审案,如有翻供者,就夹一夹棍。'因此地保不敢乱说。"高太守命人马上提地保来问:"这件案子是官府查访所得,还是死者亲属告发的?"地保回答道:"死者的父亲四月初告状,官府命令差役李遥同小人一起去查访。我们访至范寿子姨父陈大凤家,陈大凤已外出,他的妻子说,范寿子十五那天来拜年,住了一宿,十六日吃了早饭便走了。"高太守于是又令人提李遥审问此事,李遥的供词也完全一样。高太守问:"这些情节,为什么不向官府汇报?"李遥答道:"小人回县,本打算禀报官府,正值案已审定,就私下告诉看门的差役,没想到反遭斥骂,因此不敢再多言。"高太守将这一情节禀告李书年先生。等李书年先生委派的官员提审陈大凤质询时,霍邱县令王某已被撤职,派了一个姓陈的知县去接替他。高太守对陈知县说:"范寿子的案件不了结,终究是你的累赘,不可不严加防范。假使府、县两级官府嘱咐陈大凤不得承认,将怎么办呢?您到任后,先将陈大凤交给李先生委派来的官员,等陈大凤离去后传陈大凤的妻子,从他妻子的口中取出真实情况的供词,派专人送来,使任何人不能翻这件事的案。此事要秘密进行,不可泄露。"陈知县答应照办。

过了十几天,高太守接到陈知县的禀报:陈大凤的妻子已讯问明白,范寿子十五日晚上在她家过夜,十六日吃早饭后离去,并将陈大凤之妻口供一纸呈报审阅等等。高太守留下陈大凤妻的口供存案。等到李先生委派的官员押解陈大凤到省里审讯时,他的供状却说:"正月十五范寿子实在没有到我家。"高太守取出其妻的

供词给他看,他一看就哑口无言了。问他为什么不照实供认,陈大凤招供说:“本地的官府嘱咐说,如果供认范寿子正月十五在家住过,那么这件案子就没有出路了,所以嘱咐我不要供认。”假如没有他妻子的供词,那么此案又不能翻过来了。李书年先生下令将五人交保候审,责成该县官府查清范寿子的踪迹。

半年之后,一天突然有人到按察司大堂哭喊,自称是范寿子,因赌博欠债,被人逼迫,潜逃到河南,昨遇邻人告诉家中遇难,所以赶来自首。李书年先生传诉讼双方前来认人,果真是范寿子。至此这个案子才搞清楚。

实地勘察,断案才准

【原文】

事关田房坟墓类,须勘结。官事甚殷,安能日履山泽?且批勘[①]之后,凡遇催词,无可费心。故批勘最易,不知疆界不清,每易让成他故。如按图办址,核计鱼鳞[②]弓口[③]券册。明著者,或批断,或讯断,自能折服其心。不得已而批勘,须属主人为之速结,使造葬[④]无稽,亦所全不少。至勘有期,势必多人守候,尤万万不宜临期更改。

【注释】

①批勘:批示调查核实。

②鱼鳞:即鱼鳞图册,旧时登记每户之长幼姓名、年龄以及田亩四至的图册,相当于现今的花名册、户口簿。

③弓口:田亩数和人口数。

④造葬:即建造、埋葬。

【译文】

关系到田产、房屋、坟墓一类的案子,必须实地勘察才能断案。官府里的事非常多,哪能每天在山林河畔实地勘察?况且指示勘察以后,凡遇催促断案的告词,并不需要再去费心。所以批勘最为容易。但却不知道因为田界不清楚,常常容易酿成事故。如果按照地图辩明地址,核定计量土地面积的券册,明白记载的内容,或批示断案,或讯问断案,自然能使人心服。万不得已需要批勘,须托主判官迅速断案,使建房或墓葬没有根据也能保全不少。到了临近出示批勘的时候,一定有许多人在等候,此时应特别注意,不能临时再更改。

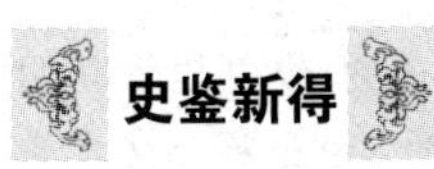

史鉴新得

于仲文曾在隋朝做过大官。在他小时候,遇到这样一件事:村上有两户人家同

时丢失了一头牛，分别倾巢出动去寻找，找了好久也没有找到。后来别人总算为他们找到了一头，两家都抢着说那头牛是自己的，双方争执不下，就到州衙请求州官明断，州官也难以判断，案子自此也就挂了起来。

这时，益州长史韩伯俊灵机一动，对州官说："听说少年于仲文聪颖过人，为何不召他来断案？"

州官不以为然他说："此案大人都不行，何况一少年？"

但由于没有其他办法，州官就答应让于仲文试一试。

于仲文到达州府后，问明事情的缘由，微笑道："这个案子很容易判定。"

说着，便叫任、杜两家各将自己的牛群全数赶到州府前的大操场上。他便喝令道："放牛！"

说完，那头牛直往任家牛群奔去。

场上人群欢呼起来："是任家的，是任家的！"

于仲文冷眼见杜家不服，便叫道："慢，把那头牛单独赶出来。"

牛出来了，仲文命差役用鞭子狠命地抽打，任家的人奔上前，拼命地抵挡，还将鞭子夺了下来；杜家的人只是在旁边喊道："莫打了，莫打了。"那喊声有气无力，像在演戏。

于仲文看了，便厉声盘问杜家人："如果查出这头牛不是你家的，而你们硬要冒领，除了十倍罚款，还要承担法律责任。"

杜家人知道瞒不过于仲文，只得承认自己有冒领之罪，诺诺连声，告退而去。

于仲文神断牛案的名声，从此传了出去。

词讼应以平息为主

【原文】

词讼之应审者，什无四五。其里邻口角，骨肉参商①，细故不过一时竞气②，冒昧启

【译文】

民事诉讼案件中，需要审理的，十件里没有四五件。其中乡邻之间的口角是非，骨肉之间的反目成仇，仔细探究，不过是一时负气，各不相让的结

讼，否则有不肖之人，从中播弄，果能审理，平情明切，譬晓其人，类能悔悟，皆可随时消释。间有准理，后亲邻调处，吁请息销者。两造既归辑睦，官府当予矜全[3]。可息便息，宁人之道，断不可执持成见，必使终讼，伤同党[4]之和，以饱差房之欲。

果。倘若冒昧地提起诉讼，就一定是有不正派的人在中间挑拨离间。如果能加以审理，平心静气地按照情理开导他们，使他们清楚其中的得失利害关系，一般来说大多数人都能悔悟，都能够很快冰释前嫌，偶尔也有在批准审理后，经过邻里乡亲的调解，双方消除矛盾，而强烈请求撤回诉讼的。当事人双方既已和睦友好，官府就应当加以怜惜成全。诉讼案件，能使争端平息的就争取平息，这才是安定老百姓的方法，绝对不要固执成见，一定要双方当事人把官司打到底不可。那样，只会伤害乡亲邻里之间的和睦，使差房役吏们中饱私囊罢了。

【注释】

①参商：二星名。参星在西，商星在东，此出彼没，永不相间。相传高辛氏二子不和睦，因迁于两地，分主参商二星。后因用以比喻不和睦。

②竞气：负气，赌气。竞，争逐。

③矜(jīn)全：爱惜而保全之。

④党：邻里，亲族。

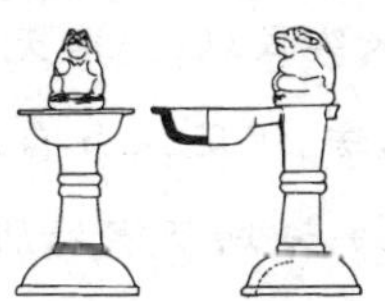

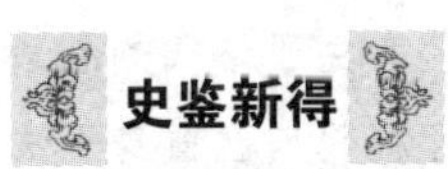

史鉴新得

叶南严任蒲州刺史时，发生了一起群殴事件，有几个人抬着受伤者来到州衙门来喊冤，后面跟随着一大群起哄的人。这虽然是法律严格禁止的事情，但是叶南严一看那个受伤者血流满面，脑袋上一个大口子，似乎已经裂开的样子，顿生怜悯，取出常备的刀疮药，给予救治，又命令谨慎忠厚的差役及幕僚好好照顾，并告诉他们："不要让其伤风，不要让他的家人靠近。如果伤者死了，就要你们承担责任。"

叶南严吩咐完后，自己又赶紧发传票，派衙役去抓凶手，同样也是将其立即关押到监狱里，不许亲属探望。过了十天半月，受伤者的伤势平复，健康没有问题了，他这才把凶手提出来审问，搞清楚不过是口角争斗引起的斗殴，便在稍微加以处罚后，将他们全部释放。

后来有人问叶南严为什么要这样处理，他回答说，每个人在争斗时都没有好气，伤成这样不急救立即就会死，一死就要闹出人命，而且又要牵连到不少证人，就会不止一人要破家。如果受伤的人不死，就只是一个斗殴罪名。因此在处理时的第一要务就是救人治伤。另外，总想获胜是人之常情，一旦挑起了头，彼此就会不肯让步。所以要把加害人和受害人都隔离起来，不让他们受到亲属朋友的鼓动。受伤的人痊愈后，自然火气消散；加害的人关了几天，冷静下来，也同样没有了火气。然后再处理案件，就事论事，自然就容易解决纠纷，诉案也就平息了。

要时常反躬自问

【原文】

且身为法吏，果能时时畏法、事事奉法乎？贪酷者无论，即谨慎自持，终不能于廉俸之外一介①不取。如前所云，陋规何者不干国法？特宿弊②因仍③，民与官习法所不及，相率幸免耳。官不能自闲于法，而必绳民以法，能无愧欤？故遇愚民犯法，但能反身自问，自然归于平恕。法所不容姑脱④者，原不宜曲法⑤以长奸情；尚可以从宽者，总不妨原情⑥而略法。

【注释】

①一介：形容非常细小的东西。
②宿弊：旧有的弊端。
③因仍：沿用，因袭。
④姑脱：指姑且逃脱法律的惩罚。
⑤曲法：扭曲、改变法律。
⑥原情：原谅初情。

【译文】

身为执法的官吏，真的能每时每刻敬重法律、任何事情都按照法律的规定办理吗？贪婪而冷酷的人就不必说了，就是那些谨慎自持的人，也终究不能做到在自己的薪水之外分毫不取。像在前面说到的，各种陈规陋习又有哪一样不触犯国家法律呢？只不过是弊病长久以来就存在了，老百姓和官府中人都没有认真地学习法律，而法律也还没有触及这些问题，使得相关人等侥幸免于法律的制裁罢了。况且任何官吏也不能将自己置身于法律之外，而只要求老百姓依法办事，这样做能够问心无愧吗？所以，遇到老百姓犯法，只要能够反过来问问自己，那么就渐渐地归于平静了。法律不能宽恕的，原本就不应该扭曲法律以助长奸情；如果可以从宽发落的，就不妨根据实际情况从宽处理。

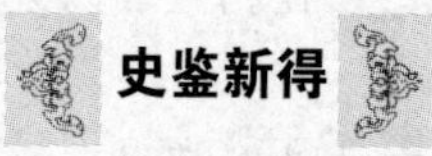

史鉴新得

元朝时代刑法的最大特点是宽刑慎法。元世祖忽必烈即位之初就曾公开宣示臣下："人命至重，悔将何及，朕实哀矜。"并着重提出宽刑慎法作为元朝刑法的指导思想:“朕治天下,重惜人命,凡有罪者,必命对再三,果实而后罪之。”而且忽必烈还屡屡告诫臣下:“朕或怒,有罪者使汝杀,汝勿杀,必迟回一两日乃复奏。”在至元二十二年(1285年)他又再次强调说:“人命至重,今后非详狱,勿辄杀人。”忽必烈的后继者们也遵循他的训导,秉持宽刑慎法的思想,如成宗大德四年中书省发布诏书说:“切惟国朝最以人命为重,凡有重刑,必须奏覆,而后处决,深得古先谨审刑辟之意。”

法律是人制定的,它一方面约束着人们,一方面也体现了人性的需要。法律最终面对的是人,所以执法者也应体现出对人的关怀。现在尚未定罪的人一律被称为犯罪嫌疑人,审判由原来的“疑罪从有”变为“疑罪从无”(原来是犯罪嫌疑人在拿不出证据证明自己无罪的情况下就被认定为有罪,现在法庭在拿不出证据证明犯罪嫌疑人有罪的情况下犯罪嫌疑人会被认定为无罪),这都是历史的进步。时代是发展了,现在打官司再也用不着像古代一样跪在县衙里了,这体现着现代法律对人的尊重。

减少诉讼方能安民

【原文】

记两造之住址,远近及邻证姓名。邑难健讼,初到时词多,然应准新词,每日总不过十纸余,皆诉词催词而已,有准必审,审不改期,则催者少而诳者怕。不久而新词亦减矣。手自注记,不过数行,何至于劳幕中为之?已有明效,官则受词时可以当堂驳还,词断不能

【译文】

记录下诉讼双方的家庭住址、住处离官府的远近,以及和他住在一块的邻居、证人的姓名。一个地方,即使特别好打官司,也不过在初来之时词讼较多,只要允许递状子,每天总计也不过十几张,且都是诉讼状和催促结案的状子。只要获准诉讼的,就一定要定下审判的时间,而且审判的时间也不能够改期。这样一来,催促了结案子的讼状就会减少,而且那种说谎打官司的人就会害怕。用不了多久,新的诉讼状也就减少了。主审官就可以亲手注记,不过几行字,哪里用得着幕僚来动手呢?我这样做,已经取得

多，何惮于记？故欲求无事，先在省事，此一方也，试之世验，实政官声俱不难致。放告须在日中，可以从容阅讯。令代书旁伺，情节不符，即可根问何戳及做状之人，立究讼师，不致被诬者受累。安民之道，莫善于此，断不可委佐贰收词。

了很明显的效果。做官的在接受诉讼状时，可以当堂驳回。这样一来，新的诉讼状就绝然不会增多，怎么还会害怕记呢？所以说，如果想没有太多的事，那就先得为自己省事，这一个方法，我多次使用，均有良好效果，为老百姓办实事，做官的声望就会轻易得到。叫那些有冤枉受错判的人来告状，时间应该放在中午，这样便可以从容地阅读诉讼状，详细询问情况。叫代写的人在旁边侍候，如果发现告状人所讲的情况与掌握的不符，就可以立即详细访问保释的人和写状子的人，立即向师爷追根究底，这样就不会被乱告状的人拖累。安定老百姓的方法，没有比这样做更好的了。断断不能委任自己的下属接收老百姓的诉讼状。

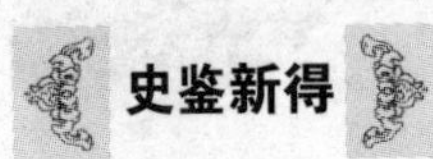

史鉴新得

明宣宗时，赵豫担任松江府知府。赵豫走马上任之初，松江一带有个不好的风气：人们习惯于争讼打官司，为了一些鸡毛蒜皮的小事，动不动就上衙门来击鼓鸣冤。

因为原告所告之事，多半并不是十分重要的案件，所以赵豫通常总是和颜悦色地对原告说：“今天我很忙，你明天再来吧。”

这样的话不知重复说了多少次，当地人开始时会在背后嘲笑他，还编了一首《松江太守明日来》的儿歌。但渐渐地，人们发觉，松江人争讼打官司的风气淡化了。因为凡是气冲冲来衙门告状的，大多都是一时激愤，让他“明天再来”，睡了一夜之后，气可能就渐渐消了，或者再经人一劝，也就不想再打官司了。

赵豫碰到一般的民间纠纷，当天不办案，要原告“明天再来”，不是因为偷懒，也不是不负责的“踢皮球”。他这一做法的目的，是小事化了，息事宁人。但他的这种大智上德，开始并未被人们所赏识，甚至还以歌词讥讽他。直到好打官司的民风得到转变，人们和睦相处，大家才醒悟到，赵知府的用心是何等良苦。

听讼要注重情理

【原文】

听讼不协情理，虽两造曲遵，毕竟是孽。断事茫无把握，以覆讯收场，安得不怠？原其故，只是不谙[1]律例[2]所致。官之读律与幕不同，幕须全部熟贯，官则庶务纷乘，势有不暇，凡律例下关职讼者，原可任之幕友。若田宅、婚姻、钱债、贼盗、人命、斗殴诉讼、犯奸杂犯、断狱诸条、非了然于心，则两造对簿[3]，猝虽质诸幕友者，势必游移莫决，为讼师之所窥测熟之，可以因事传例，讼端百变。不难立时折断，使讼师慑服，诳状自少，即获讼简刑清之益。每遇公余留心一二条，不过数月，可得其要。惮而不为，是谓安于自怠，甘于作孽矣。

【译文】

审理案件，如果不根据实际情况而信手乱断，即使双方当事人都委曲求全，服从了你的判决，你也不会心安理得。这毕竟是在作孽。在判决案件时，内心茫然，毫无把握，审讯冗长，而无结果。这样做，怎么会不延误政事呢？推究这种情形产生的原因，完全是不熟悉律例而造成的。当官的人学习法律知识，与那些幕僚们是不一样的。幕僚学习法律知识是要求全部熟读，并在心中加以贯通。而当官的人则由于日常公务繁重，没有空闲，所以当官的在读法律书时，可以不读那些与审讯、判决等无关的法律条文，因为这些条文原本就是应由幕僚们熟悉的。但是像诸如住宅、婚姻、钱债、贼人盗窃、人命案子、打架斗殴、诈骗拐骗、男女奸情以及其他类型的犯罪案件审理条款，如果当官的人不烂熟于心，应用自如，那么，在当事人双方公堂对质时，突然询问身边的幕友，就必然会对案情的处理犹豫不决，不知所措。如此一来，当事人双方的辩护师爷就会察言观色，从而导致判决过程中生出其他事端来。打官司的理由可以千变万化，但是只要根据案情，不难很快作出判断。只要心中有数，就可以震慑诉讼双方的辩护师爷，使他们佩服。如此一来，不真实的诉讼案自然而然就减少了。而当官的马上也就可以得到诉讼简明、刑事案件减少的好处。因此，为官者在处理公事的余暇中，每次留心一、两条法律条文，过不了几个月，就可以掌握其中的要领了。如果嫌麻烦不去做，就可谓是安于懒惰，心安理得地给老百姓造孽了。

【注释】

①谙：熟悉，了解。

②律例：刑法的正条及其成例。“律”是法律的文书，“例”是补充律文不足而设的条例或例案。

③对簿：即受审问。审问时据状文核对事实。

史鉴新得

钱若水，字澹成，河南新安人。他在任同州推官时，他的上司是一个心胸狭隘、性情急躁的人，处理问题总是主观臆断，经常发生错误。每次遇到这种情况时，钱若水总是同上司极力争辩，想方设法来说服上司。

一天，一个富家女奴逃亡出走，不知去向，女奴的父母就到州里告状，知州命录事参军办理此案。录事参军过去曾向这个富家借钱被拒绝，早对富家怀恨在心，在审案过程中，就武断地说是富家将女奴害死，弃尸河中，尸体随水漂走了，无法查找。

于是，富家父子数人有的被定为主犯，有的被定为主谋，按律都应处以死刑。富家父子均不认罪，录事参军就施以重刑，最后富户父子被屈打成招，承认了罪行。

定案后，录事参军将案子上报知州，知州召集有关官员进行复审，多数人认为此案处理正确，表示支持，只有钱若水对案件发生了怀疑，于是就把案子压下来了。录事参军知道后，来到钱若水的办公处所，责骂他说："你是否接受了富家的贿赂，想开脱他们的死罪？"钱若水含笑表示歉意，说："如今有好几个人由于这起案子而要判处死刑，怎么能不再仔细审核一下他们的供词呢。"于是他把案件扣了将近十天，中间尽管知州多次催他，他也没有把案子退回。

有一天，钱若水避开众人来见知州，他说："我之所以扣发案卷，是因为暗访女奴的下落，现在女奴已经找到了。"知州惊讶地问道："在哪里？"钱若水告诉知州，并定下了新的计谋。

第二天。钱若水秘密地把女奴送到了知州那里，让她藏在竹帘后面，然后把女奴的父母找来，问道："如果你们看到自己的女儿，还能认识吗？"女奴的父母回答道："自己的女儿，哪有不认识的道理！"知州把藏在竹帘后面的女奴叫出来，女奴的父母一看就哭了，并对知州说："她正是我们的女儿。"这时，知州就传令把富家父子从狱中提出来，打开刑具，全部释放。

严刑之下，难免会屈打成招，所致冤案何其多！有的嫌疑人是无意中被牵连，有的也可能是罪犯故意设下迷障，如果不能明察，必致冤屈，却让真凶逍遥，实为罪孽。因此应当博学广闻，尽可能地掌握各种审判技术，还无辜者以清白，使罪犯无处遁形。

立法必行，防微杜渐

【原文】

事微细，必防疏①。事嫌疑，当避毁②。法立必行，则法尊；令出不反，则令重。

【注释】

①疏：不细密，粗忽。

②毁：诽谤，说别人的坏话。

【译文】

事情虽然微小，但也必须预先防范出现疏忽；遇有敏感之事，就应回避，以免受别人的诽谤。既然制定了法律，就必须严格执行，那么法律才能够受人遵从。号令既然发出就不能反悔，号令才会被人重视。

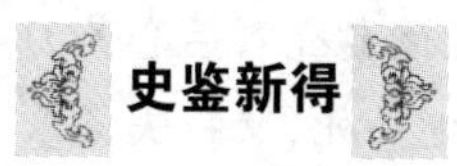

蜀后主建兴六年，诸葛亮为实现统一大业，发动了一场北伐曹魏的战争。他命令邓芝、赵云为疑军，占据箕谷，亲自率十万大军，突袭魏军据守的祁山，任命参军马谡为前锋，镇守战略要地街亭。

临行前，诸葛亮再三嘱咐马谡："街亭虽小，关系重大。它是通往汉中的咽喉。如果失掉街亭，我军必败。"并具体指示让他"靠山近水安营扎寨，谨慎小心，不得有误"。

马谡到达街亭后，不按诸葛亮的指令依山傍水部署兵力，却骄傲轻敌，自作主张地想将大军部署在远离水源的街亭山上。当时，副将王平提出："街亭一无水源，二无粮道，若魏军围困街亭，切断水源，断绝粮道，蜀军则不战自溃。请主将遵令履法，依山傍水，巧布精兵。"马谡不但不听劝阻，反而自信地说："马谡通晓兵法，世人皆知，连丞相有时得请教于我，而你王平生长戎旅，手不能书，知何兵法？"接着又洋洋自得地说："居高临下，势如破竹，置死地而后生，这是兵家常识，我将大军布于山上，使之绝无反顾，这正是致胜之秘诀。"王平再次谏阻："如此布兵危险。"马谡见王平不服，便火冒三丈说："丞相委任我为主将，部队指挥我负全责。如若兵败，我甘愿革职斩首，绝不怨怒于你。"王平再次义正辞严："我对主将负责，对丞相负责，对后主负责，对蜀国百姓负责。最后恳请你遵循丞相指令，依山傍水布兵。"而马谡却固执己见，将大军布于山上。

张郃进军街亭时，侦察到马谡舍水上山，立即挥兵切断水源，掐断粮道，将马

谡部围困于山上,然后纵火烧山。蜀军饥渴难忍,军心涣散,最终不战而败。马谡失守街亭,战局骤变,迫使诸葛亮退回汉中。

诸葛亮总结此战失利的教训,痛心地说:“用马谡错矣。”为了严肃军纪,他下令将马谡革职入狱,斩首示众。临刑前,马谡上书诸葛亮:“丞相待我亲如子,我待丞相敬如父。这次我违背军令,招致兵败,军令难容,丞相将我斩首,以诫后人,我死而无怨,只是恳望丞相以后能帮我照顾好我的妻儿老小。这样我死后也就放心了。”诸葛亮看后心若刀绞,要斩掉自己十分器重赏识的将领,自己怎么忍心?但若免他一死,又将失去众将之心,无法实现统一天下的宏愿。于是,他强忍悲痛还是下了命令。

马谡被斩后。诸葛亮又宣布了一道命令:对力主良谋,临危不惧,英勇善战的副将王平加以褒奖,破格擢升为讨寇将军。善于自省的诸葛亮斩马谡,升王平后,多次以用人不当为由,请求自贬三等。

第四编　修身尽职

才者德之用，有图治之心，而才不足以济之，则内外左右皆得分益其柄，以求自济其私。故一事到手，须自始彻终，通盘熟计，实能收之，然后发之。万一难以收局，且勿卤莽开端。盖治术有经有权，惟有才者能以权得正，否则守经，犹恐不逮耳。

立身制事要坚持原则

【原文】

立身制[1]事，自有一定之理。惟人是倚，势必苟同；以己为是，势必苟异。苟同者不免诡随[2]，苟异者必致过正。每两失之。惟酌于理所当然而不存人己之见，则无所处而不当。故可与君子同功，亦不妨为小人分谤。

【译文】

为人处世，自然有一定的原则。倚仗他人，势必会毫无原则地迎合他人的意见；自以为是，势必对任何事情都毫无原则地加以反对。毫无原则地赞同别人的意见，不免随波逐流；毫无原则地反对别人，也势必会矫枉过正。这两种态度都是错误的。只有认真地考虑事物的客观情况，而不存有任何个人和他人的偏见，那么就不会出现任何处理不当的情况。所以，一个人可以和君子共同享受功劳，也不妨做好受小人诽谤的思想准备。

【注释】

①制：裁决。

②诡随：谓不顾是非而妄随人意。

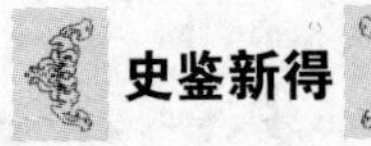

史鉴新得

汉文帝时有个叫张释之的官吏，因为为人正直，汉文帝任用他为廷尉，负责执行刑律。

有一次文帝出游路过一座桥，突然有一个人从桥下走出，吓惊了御马，让文帝差点跌下马来，气得文帝当场勒令把他送交张释之处置。张释之开堂审问，那人分辩说："我是从乡下来的，听说皇上来了，要清道回避，我就躲在桥洞里。过了很久，以为皇上过去了，就走了出来，没想到误撞了皇上的御马。"张释之见他讲的是实情，便启奏皇上："误撞御马，按律应罚款。"

文帝听了勃然大怒,说:“这人惊了我的马,幸好此马温顺。如果换了别的马,说不定会把我摔伤。如此大罪,怎么能以罚款了之?”

张释之奏道:“刑律是天子与老百姓共同遵守的。乡下人误闯车驾,按律只能处以罚款,不能因为冲撞了天子而加重处分。那样,就会丧失法律在老百姓中的威望,我身为廷尉,是执掌刑律的官员,如果用法因人而异,就会失之公道,遭致百姓反对,还望陛下深思。”文帝沉吟良久,说道:“廷尉的判决是对的。”

又有一次汉高祖庙里的座前玉环被小偷偷走,罪犯归案后经廷尉审判定为死刑,文帝说:“只杀他一人而不杀他全家,叫朕如何恭承宗庙?”张释之说:“你在位后不是已废除了‘一人有罪,株连全家’的法令吗?按新法令只能杀此贼一人。”文帝听后无话可说,文帝的母亲薄太后也认为应按廷尉判决办理,不再多加干涉。

为治不可无才

【原文】

才者德之用,有图治之心,而才不足以济之,则内外左右皆得分盗其柄,以求自济其私。故一事到手,须自始彻终,通盘熟计,实能收之,然后发之。万一难以收局,且勿卤莽①开端。盖治术有经②有权③,惟有才者能以权得正,否则守经,犹恐不逮耳。

【注释】

①卤莽:同“鲁莽”,说话做事不经过考虑。

②经:常行的义理、法度、固定不变的原则等。

③权:与“经”相对,是指灵活的变通。旧时称道之至当不变者为经,反经合道者为权。

【译文】

才能是一个人内在品德的外在表现。有了治理的打算,可自己的才能却不足实现这个计划,那么在他周围的人,就会乘机窃取或盗用他的一部分权力,达到假公济私的目的。因此,遇到事情,当官的人必须从头到尾,通盘加以仔细考虑,确有把握能够掌握局面后再付诸实施。万一感到难以处理,那就千万不要匆忙动手。大凡做官的技巧和手腕,有不变的,也有变化的。只有有才能的人,才能够反复权衡考虑而使事情有好的结果;否则一味地固守原则,反而会把事情办砸了。

史鉴新得

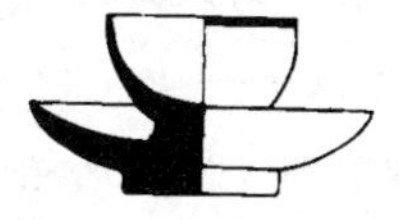

战国时期的魏国,在魏文侯执政时通过变法跃居强国之列。魏文侯去世,武侯即位,选用国相。当时朝中大臣中才干最出色而且功劳最大的是吴起。这位吴起在历史上赫赫有名。他曾经求学于曾子，在鲁国杀妻求将，大破齐军；到魏国带兵，吮疽驱死，抗击秦韩赵三国，强秦不敢东向。魏国主持变法的李悝，赞扬吴起用兵“虽司马穰苴不能过也”。就连太史公写《史记》，都把吴起与孙子合为一传，可见其兵法方面的造诣。魏武侯要选择大臣担任丞相，无论是论功劳还是论资历，吴起都排在最前面。但魏武侯没有选择吴起，而是选择了田文。吴起对自己没当上丞相很不服气，就找田文当面辩论。

吴起说：“统率大军，攻城略地，百战百胜，威震外敌，保障边境安定，是你比我高明吗？”

田文说：“我不如你。”

吴起又说：“那么，治理国政，抚恤百姓，富国养民方面，你的才能超过我吗？”

田文说：“我佩服你的才干。”

吴起接着说：“镇守西河，使秦国不敢侵犯，韩、赵顺服，外交方面你比我擅长吗？”

田文说：“你比我优秀。”

于是吴起气愤地说：“既然你在这三方面都不可与我相比，你凭什么居我之上？”

田文很诚恳地说：“国君年少，继位之初，国人疑虑不安，大臣观望。那么就需要一个能协调关系，巩固政权的人出任宰相。从国君的立场出发，是你胜任呢？还是选择我合适呢？”

吴起沉默良久，终于心悦诚服，觉得田文是比自己更适合担当宰相的重任。

心无定识事不成

【原文】

疑人则信任不专，人不为用；疑事则优柔寡断，事不可成。二者皆因中无定识①之故。识不定则浮议②得以摇之。凡可行可止必先权于一心。分不应为者，咎有不避；分应为者，功亦不居。自然不致畏首畏尾，是谓胆生于识。

【译文】

怀疑别人就会导致对他的信任不会专一持久，即使有才能也不会被重用。对事情疑虑重重就会优柔寡断，事情也就不能取得成功。这两种情况都是因为自己没有主见的缘故。自己没有主见，那么就会受到一些没有根据的议论的干扰。凡是可做可不做的，必须先在心中作出权衡考虑。本来就不应该做的，做错了也不应该回避；本来就应该做的，即使有功也不自傲。这样就不至于畏首畏尾，这就叫做胆量来自于见识中。

【注释】

①定识:固定的见识。
②浮议:没有根据的议论。

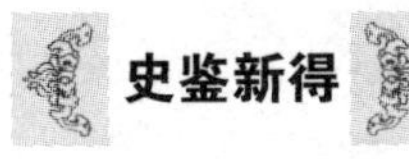

史鉴新得

“任人之道,要在不疑。宁可艰于择人,不可轻任而不信。”任何时候,人才都是胜利的决定性因素。选准了,就要信任他,放手使用他。不疑的前提是知人。多疑的官员容易轻信人言而疑忌部属,常常产生误会,使下属离心离德,贻误大局;而开明的君主用人不疑,使谋臣忠于内,将帅战于外,都能尽心竭力,报效朝廷。在现代社会,若能做到用人不疑,使人才充分发挥聪明才智,就能为社会做出重大贡献。

东汉末年,天下大乱,诸葛亮于隆中躬耕陇亩,后经刘备“三顾茅庐”,出山为其所用;其兄诸葛瑾避乱江东,经孙权妹婿弘咨荐于孙权,受到礼遇,初为长史,后为南郡太守,再后为大将军,领豫州牧。

诸葛瑾受到的重用,引起了一些人的嫉妒。他们在背后中伤他明保孙吴,暗通刘备,实际上是被他弟弟诸葛亮所用的。一时间谣言四起,满城风雨。孙吴名将陆逊善明是非,他听说后非常震惊,当即上表保奏,声明诸葛瑾心胸坦荡,忠心事吴,根本没有不忠之事,恳请孙权不要听信谗言,应该消除对他的疑虑。

孙权说道:“子瑜与我共事多年,恩如骨肉,彼此也了解得十分透彻。他的为人我是知道的:不合道义的事不做,不合道义的话不说。刘备从前派诸葛亮来东吴的时候,我曾对子瑜说过:‘你与孔明是亲兄弟,而且弟弟跟随兄长,在道理上也是顺理成章的。你为什么不把他留下来?他不敢违背兄意,我也会写信劝说刘备,刘备也不会不答应。’当时子瑜回答我说:‘我的弟弟诸葛亮已投靠刘备,应该效忠刘备;我在你手下做事,应该效忠于你。这种归属决定了君臣之分,从道义上说,都不能三心二意。我兄弟不会留在东吴,如同我不会到蜀汉去是一个道理。’这些话足以显示出他的高贵品格,哪能出现那种谣传的事呢?子瑜是不会负我的,我也不会负子瑜。前不久,我曾看到那些文辞虚妄的奏章,当场便封起来派人交给子

瑜,并写了一封亲笔信给子瑜,很快就得到了他的回信。他的信中论述了天下君臣大节自有一定名分的道理,使我很受感动。可以说,我和子瑜已经是情投意合、相知有素的朋友,绝不是外面那些流言蜚语所能挑拨得了的。我知道你和他是好朋友,对我也是一片真情实意。所以我就把你的奏表封好,像过去一样,也交给子瑜去看,也好让他知道你的一片良苦用心。”

适时变通可善治

【原文】

有才有识,可善治矣。然才贵练达[①],识贵明通[②]。遇有彼此殊尚[③],今昔异势者,尤须相时因地,筹其所宜。若自恃才识有余,独行其是,终亦不能为治,譬之医师用药不知切脉加减,而专袭成方[④],则参蓍[⑤]杀人,未始不与砒信[⑥]同祸。

【注释】

①练达:阅历多而为人处世游刃有余。

②明通:明白通晓。

③殊尚:喜好不同。

④成方:现成的方法。

⑤参蓍:人参和蓍草。

⑥砒信:砒石,又称信石,为中药,有大毒,宜慎用。

【译文】

具备了才干和胆识,就可以很好地做官理政了。然而才干却贵在练达,胆识贵在明白道理。遇上那种彼此风俗习惯不同,现在和过去形势不同的情况,特别要权衡时间和地点的差异,筹划出与之相适应的办法来。如果自恃才能和见识足以胜任,独断专行且自以为是,那么最终还是处理不好政务。就像医生用药一样,如果不知道怎样切脉,不懂得在处方中加药或减药,只是一味抄袭前人的现成药方,那么人参、蓍草也会置人于死地,这和用砒霜杀人没有不同。

史鉴新得

古时候,有个叫刘羽冲的人。他很相信书上的学问,而且总是一味照搬,不懂得变通。

有一次,他看了一本关于讲修水利的书后,画了一张修建水利的图。他拿着图来到官府,大力宣传修水利的好处。官员看他说得有道理,就让他去兴修水利。

刘羽冲来到工地后,不作调查,也不听当地农民的意见就开始施工。人们日夜

苦战，渠道终于建成了。结果，放水开闸时，渠道就被汹涌的大洪水冲垮了，农田也被淹没了，百姓怨声四起。

这时，刘羽冲才十分懊恼地说："难道古人会欺骗我吗？"

旧制不宜轻言革除

【原文】

今人才识每每不若前人，前人所定章程，总非率尔[①]，不能深求其故，任意更张，则计划未周，必致隐贻[②]后累。故旧制不可轻改。

裁陋规[③]，美举也。然官中公事廉俸所入，容有不敷支给之处。是以因俗制宜，取赢应用忽予汰革，目前自获廉名。迨用无所出，势复取给于民，且有变本而加厉者，长贪风，开讼寡，害将滋甚极之。陋规不能再复而公事棘手不自爱者，因之百方扣克，奸宄从而藉端，善良转难乐业。是谁之过欤？陋规之目，各处不同，惟吏役所供，万无受理。他若平余[④]津贴之类，可就各地方情形斟酌调剂，去其太甚而已，不宜轻言革除。至署篆[⑤]之员，详革陋规，是谓慷他人之慨，心不可问，君子耻之。

【注释】

①率尔：贸然；轻率貌。

②贻：遗留，留下。

【译文】

现在的人，才能和见识往往不如前人。前人所订立的各种规章制度绝不是草率而成。现在的人由于不能仔细地探求前人之所以订立这些规章制度的动机和原因，而随便地去对它加以更改或补充，就会因为计划不周密，而留下隐患，造成严重后果。所以，前人已经制定好了的各种规章制度就不可以轻易地更改。

裁除陈规陋习，是为人称道的美政善举。但是官署中的办公经费及养廉俸银等所有收入，或许有不够支出的情况。所以，要针对不同的风俗习惯，采取不同的施政措施，收取盈余用于补充各项公事费用的超支亏空。如果突然对它加以淘汰革除，当下虽然会获得一个廉洁的名声，但是等到各项费用支出无力给付的时候，势必还是要从老百姓那里搜刮，并且还会出现变本加厉征收的状况。如此一来，就助长了贪婪的风气，打开了诉讼的口子，祸害比原先将会更大。这种情况发展到极端，那些极其可恶的陈规陋习不仅没有革除，反而又会再次反复，公事却更加棘手难办。不能够自律自爱的人，就会借机千方百计地强行核减克扣，奸猾狡诈之徒也趁机浑水摸鱼，而善良的老百姓却反受其害，难以安居乐业。这是谁的过错呢？陈规陋习在各个地方是不相同的。但是对于官吏的俸禄薪水，千万不要动它。其他像津贴之类，可以参照各个地方的具体情况斟酌而定。去除那些太过分的陋规就

③陋规：不好的惯例。旧时多指官吏索贿受赂。

④平余：清代在征收赋税中以加派、加征的份额解送给户部的，叫"平余"。亦称"余平""随平"。

⑤篆：印章多用篆文，故为官印的代称。

行，但不要轻易说革除。至于个别官员提出要全部革除陋规，这叫做慷他人之慨，他的用心不言自明，有修养的人是以这样做为耻辱的。

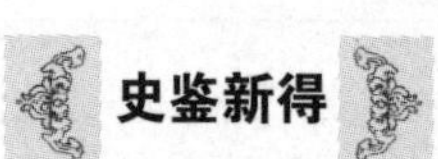

史鉴新得

陈规陋习理应革除，但不可随意革除。这些陈规陋习绝非一朝一夕形成的。要想革除，必定会冲撞很多人，也会影响某些事情的办理。因此，一个成熟的官员革除弊制前，首先就要搞清哪些是必革之规，哪些是可留之习；哪些可先动手，哪些可缓一步；再就是认真思考陈规被革除后有哪些问题，怎样解决。分清轻重缓急，做好应变准备，革除旧弊是完全可行的，为什么不能做呢？

赵普任宰相期间，在办公室放置了两个大缸。他在批阅各地的公文时，凡是看到轻易谈论制度得失、建议改变的文书，一概投入缸中，积满后就烧掉。既不外传，也不转奏皇帝。

李文清说过这样的话："在我担任宰相期间，对于国家实在没有多大的建树。勉强要说的话，或许就是在阔论天下的陈述和建议方面，一概不予采纳，这算是对国家的一点贡献吧，至少是避免了清议乱国的弊病。因为国家的各种制度已经非常详尽完备了，重要的是不折不扣地施行相关政策，如果轻易地顺从那些哗众取宠的议论和建议，随意地改变政策，必定会产生更多的矛盾。那些一念之间的进言，本就很勉强；何况很多人并不了解全局，他们在议论时只是偏执己见，又哪里会顾及到老百姓的利益，关怀到老百姓的生计呢。"

陆象山也说过同样的话："朝廷冗员充斥，我也是其中白支薪俸的一员，委实感到惭愧。但是所幸的是，我能够在朝廷上，对于有人提出的建议改革的事项，认真地讨论，论证评估更改旧制的风险和代价以及所带来的不良影响。那些提出改革建议的书生及贵族们，并不熟悉民情，也不了解大局，更

缺乏统筹全局的见识，只是以其一孔之见，就随便地献计。如果依照他们的设想施行政策，那么一纸命令下达，会使万民受害，所以我每每和同僚尽心考量后驳回。我所能做的，也就是这样的事，实在是愧受官俸啊。”

太多的议论只会扰乱人的思路，今天革这，明天变那，朝令夕改，必然致使老百姓无所适从，如何求得发展呢。而且太多的议论，只会搞乱人们的思想，影响到政局的长期稳定。而稳定是发展的先决条件。当然，顺应社会的变迁，实行符合现实发展要求的举措，社会就将得到治理，地方就会安定，经济也就繁荣发展，事业就会进步。

吃喝应酬应适度

【原文】

凡有陋规之处，必多应酬。取之于民，用之于官，谚所谓“以公济公”，非实宦囊①也。久相沿，已成常便，万不容于例外加增，断不可于例中扣减。倘应出而吝，象齿之焚②，不必专在贿矣。

【注释】

①宦囊：做官所得的钱财。

②象齿之焚：即象齿焚身，谓象因有了珍贵的牙齿而招致捕杀。后用以比喻因财多而招祸。

【译文】

凡是陈规陋习多的地方，送往迎来的应酬也一定很多。从民众的手中拿取财富，用于官吏的应酬消费，正如民间谚语所说的“以公济公”，表面看并没有装到当官者的口袋。长久以来相互沿用这种陈习，已经成了一种常例。因此，万万不许在常例之外，再增加额外的负担，也断不能在常例之中扣减。假如应该拿出来的，却吝惜舍不得，就如大象的牙齿最终给自己带来杀身之祸一样。因此，不要只是注重钱财。

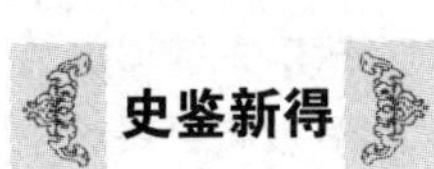

史鉴新得

北魏宣武帝元恪是孝文帝元宏的第二个儿子。孝文帝死后，十六岁的元恪登上了皇帝的宝座，次年改年号为景明元年。

从元恪继位之日起，北魏帝国的政治机体就呈现出失控的危机。他不努力挽救，却沉湎于佛教的极乐世界。元恪自幼即常因通宵讲论佛经而不知疲倦。做了皇帝以后，更成为佛教僧众最慷慨的施主。他养了西域和尚三千多人，在嵩山造了闲居寺，又在洛阳城南建景明寺，寺宇复殿重房，青台紫阁，极为壮丽。贵族们也仿效皇帝，大举兴佛。洛阳城内造起寺庙五百多所，州郡各地兴建佛寺一万多处。

然而，佛寺弥漫的香烟，并不能排除人世间沉重的苦难；洛阳虚浮的繁华，也只是贵族们贪婪奢侈的展示。元恪继位初年,在龙门开凿高达百尺的佛龛,费工数十万。城阳王元鸾修持“五戒”,不饮酒不吃肉,却不戒大兴土木之劳,大建佛寺,强加给老百姓沉重役务。官僚冯熙曾在各州营造塔寺,往往因工程而伤杀人畜。有和尚劝止他,他却说,待建成以后人们只会看到塔寺,谁还能知道为此而曾伤杀了人畜呢?以“戒杀生”为信条的佛教寺庙,竟以草菅人命的方式来兴造,那九州百郡千万所寺宇的兴建,又要耗费多少黎民百姓的血汗! 而作为一国之君的武帝,便是制造这场悲剧的祸首。

处处留心必有益

【原文】

民情土俗四境不同,何况民之疾苦,岂能画一。好问察迩,是为政第一要著。书役之言,各为其私,不可轻信;阍人之说,往往为书役左袒;绅士虽不必尽贤,毕竟自顾颜面,故见客不可不勤。余初到官见客,即问其里居风土,再见则问其生中有无匪类、盗贼、讼师,如有其人,并其年貌住处详问之。而告以迟迟发觉,必不使闻风归怨,故绅士无不尽言者。客去一一手记于簿,或问其地某多平原,某多山泽,与某连界亦手为详记,扃之箧中,置之内室,将升堂,逐一检视,有改名具词而与所记年貌相类者,猝然诘之,其真立败。或争水利等事,间以所闻正之,观者詟为不测。不半年而讼师盗贼他徙,匪类匿迹。上

【译文】

风土民情,因地而异。更何况老百姓的疾苦又怎么能够整齐划一呢?询问老百姓的疾苦,考察老百姓的生活,这是当官者最重要的职责之一,书吏差役的话,大多是为了自己的私利,是不可以轻易相信的。守门人的话,往往是庇护书吏役吏的。地方乡绅虽说不一定都是贤能之人,但他们毕竟要顾及自己的脸面。所以,会见这样的客人不能不多一点。我刚到地方上任,会见客人时就询问当地的风土人情。再次见面,便问他地方上有没有不法之徒、强盗小偷、包揽词讼之人等。如果有这样的人,我就把他们的年龄、相貌、住址详细地问清楚。并且告诉这些人,不会马上动手抓他们,也不会让他们风闻乡绅的作为而憎恨他们。所以乡绅们没有不完全讲出来的。等到客人走了,我就亲自将这些信息一一记录在记事本上。有时我也问他们住的地方的地形地貌,哪个地方土地平坦,哪个地方多沼泽河流,哪个地方与邻界相连,也都亲手详细记录下来,把它锁在箱子里,放在内室。在将要升堂问事的时候,便一一翻看,如果发现有改换名字来打官司,却与所记的某人年龄相貌相像的人,便突然盘问,他的真相就会立即败露。如果碰上争水利这种事,偶然以自己所听说的来更正,观看的人必定惊为神妙莫测。不到半年,那些帮人打官司的

官问境内利弊及界址，皆能详封。劳心者不过半年而逸以数岁，皆此簿之力也。但勤于见客，则周知外事，非吏役阍人所乐，须先严约束，客来毋阻，以示礼士之诚，以收听言之益。

人、强盗小偷之类便迁往他处，不法之人便销声匿迹，上司问到境内的利弊以及边界，便都能详细道来。费心的时间不过半年，但享受其好处却是好多年，全都是靠这个来客记事本的力量。只要勤于接见客人，那就能周详地了解外界发生的事。这种事是差役、守门人所不高兴的，所以就要首先严加约束他们，告诉他们有客人来了不能阻挡，也以此表示以礼相待的诚意，从而达到听别人讲话的好处。

史鉴新得

康熙二十三年，康熙第一次南巡。他先到黄河治河工地视察，沿黄河北岸堤坝走了一百八十里，见到堤坝巩固，河水清澈，心里十分高兴，当场给陪同视察的河道总督靳辅赐诗一首，诗曰：防河纡旰食，六御出深宫。缓辔求民急，临流叹俗穷。何年乐稼穑，此日是疏通。已着勤劳意，安澜早奏功。

此诗表彰了靳辅的治河功绩。但后来在朝中御前会议中，朝臣众口一词，说靳辅的治河方法不对，康熙不得已撤了靳辅的职，改派于成龙为治河总督。视察完黄河后，康熙又继续往南坐船七百二十余里，直抵苏州。在江苏巡抚汤斌帮他找的几位耆老的陪伴下，康熙游了一次著名园林拙政园，又在江南织造总署衙门留宿一宵，就匆匆忙忙返回北京。

五年后，康熙第二次南巡，又到了治河工地，看到治河工地仍然在采用靳辅的治河方法，便怒斥于成龙说："你过去说靳辅的治河方法不对，如今怎么也在照他的办法治河？"于是便把于成龙撤了职，依旧叫靳辅复任河道总督。

船继续南行。这一次，江南各地官绅和士民等事先已有风闻，所以早就张灯结彩，准备接驾。康熙皇帝的銮驾一到苏州，立即有苏州士民刘廷栋、松江士民张三才等人拦住銮驾告御状，请求减轻苏松地区的浮粮，解救民生的困苦。康熙立即下令侍卫收取状子，答应召开御前会议研究后再决定具体解决办法。此次南巡，康熙游玩的时间也不多，但了解到了吏治上的不少弊端，为改革陈规陋习找到了根据。

第三次南巡是十年以后的事。这次他的母亲慈圣太后也跟了出来。巡幸前，江南士绅闻风而动，大运河沿岸彩旗招展，江南各城内粉饰一新，到处张灯结彩，好不热闹。康熙皇帝看到这种情景，觉得过于铺张浪费，反而十分不快，便把游幸重点转到乡村。

乡下的村民毕竟比较朴实，皇帝来了，他们只敢在老远的地方跪迎圣驾。康熙皇帝见有不少乡民跪在庄稼地里，便传下圣旨说："正在耕作的农夫免跪，可继续耕作，特别是不要跪在田地里，免得损坏庄稼。”

当时，正是江南油菜籽结荚的时候，康熙看到那细长的荚子不知道是什么东西，便叫人摘取一枝来问江苏巡抚江革说：“农夫种此结荚之物有何用处？”巡抚赶紧启禀皇上说：“此乃油菜籽，是榨油用的，江南民间食用的菜油就仰仗于此物。”康熙听后笑道：“朕天天吃用油炒的菜，却不知菜籽能榨出油来，天下之事真是必须亲见才是啊！”

为官要造福避孽

【原文】

州县一官，作孽易，造福亦易。天下治权，督抚而下，莫重于牧令，虽藩臬、道府皆弗若也。何者？其权专也。专则一，一则事事身亲；身亲则见之真，知之确，而势之缓急、情之重轻皆思虑可以兴周力行，可以不惑。求治之上官，非惟不挠其权，抑且重予以权。牧令之所是，上官不能意为非；牧令之所非，上官不能意为是。果尽心奉职，昭昭然造福于民，即冥冥中受福于天；反是则下民可虐，自作之孽矣。余自二十三岁入幕，至五十七岁谒选，入三十余年，所见所闻牧令多矣。其干阳谴阴祸，亲于其身，累及嗣子者，率皆获上民之能吏。

率三十四五年间事，其嗣子有罹辟者，或流落浙江中为农氓乞养，甚为富室司

【译文】

我们都知道，州县一级的官吏，要做危害老百姓的事很容易，要为老百姓造福，也很容易。当今天下治理老百姓的权力，除了总督、巡抚这级官员外，县令的权力就是最大的，即使那些臬司、道府官员也比不上。这是什么原因呢？因为他的权力非常集中。权力集中，他就可以事事亲自过问；事事亲自过问，就能够了解到事情的真实原委，掌握的情况也更准确。这样一来，形势的缓急，事情的轻重，都可以通过深思熟虑和周密谋划后果断而行，完全不会有什么疑惑。希望境内得到治理的上司，不仅不阻挠他行使权力，而且会加重他的权力。县官认为对的，上司也不认为是不对的；县令认为是不对的，上司也不能颠倒黑白，自以为是。如果县官尽心尽力地做好本职工作，光明磊落地造福老百姓，那么，他也会在冥冥之中享受上天给他的福气；否则只能使老百姓受虐待，这是县官自己给自己造孽！我从二十三岁就入幕府工作。一直到五十七岁赴吏部应选，已有三十多年了，我所看到、听到县令的事太多了。那种干了伤天害理之事的人，报应就会马上显现在他身上。不仅如此，所带来的祸害还要延及子孙后代。这些人大抵都是被人们视为能干的官吏。

大约是乾隆三十四五年间的事：在官吏的子嗣中，有犯法被杀头的，有流落到浙中沦为无业游民的，甚至有的作了富人家的看门人，别人还称他为某某少爷，以此嘲笑他。也有的父母死了，但却不能够

阍，人犹呼某少爷，以揶揄[①]之。至遗榇[②]不能归葬者丕[③]。姓名尚在人口，余不忍书也。

而守拙安分，不能造福，亦肯作孽者，间亦循格迁官；勤政爱民，异于常吏之为者，皆亲见其子之为太史、为侍御、为司道。

天下报施捷于乡应，是以窃禄数年，凛凛奉为殷鉴。每一念及，辄为汗下。是以山行伤足，奉身求退。然且遽婴末疾，天不卑以康宁。盖之不易为如此，吾愿居是职者，慎毋忘福孽之见也。惟是造福云者，非曲法求宽之谓也。人之生真多枉少。真者弱，枉者强，故姑息养奸则宽一枉而群枉逞凶，能除暴安良则儆一枉而诸枉敛迹，是即福孽之所由分也。子产宽猛之论，可不熟读深思欤？

【注释】

①揶揄：嘲笑。

②榇(chèn)：棺材。

③丕(pī)：大。这里指大有人在。

回家安葬的。如此等等，真是不一而足。这些人的姓名我都知道，只是我不忍心写出来。

而没有什么才干，却也安分守己的父母官，不能够替老百姓造福，也不愿意作恶，这种人偶然也有能够升官的。勤于政事、爱惜老百姓，并且不同于一般官吏所作所为的官员，我亲眼看到他们的儿子官至太史、侍御、司道。

老天爷的报应很快，而且很灵验，我为幕宾数十年，一直谨慎小心地把这当做镜子加以借鉴。每当想到作恶的种种后果，我就汗流满面，心中惶恐。俗话说，在山上行走容易伤脚，趁我还没犯错误的时候最好全身而退。但是，我的身体却突然出现疾患，看来这是老天爷不愿给我康宁的日子啊！可见就是因为官不好做，所以我才有如此结果。我衷心希望在某个职位上做官的人，一定要记住我关于为老百姓造福、作孽的看法。不过为老百姓造福的说法，并不是要当官的不按法律办事，一味地宽大老百姓。人的一生，大抵还是正直的居多，不正直的少。如果正直的人弱小，不正直的人就会强大。所以，无原则地宽恕那些奸险邪恶之人，就会使更多的奸险邪恶之人逞凶行恶。只要能够除暴安良，打击一小撮坏人就可以起到震慑作用，使更多的奸邪小人收敛。这样也就能分得清什么是造福，什么是作孽了。战国时子产关于宽大和严惩奸人的议论，难道不值得我们每一个人细读细想吗？

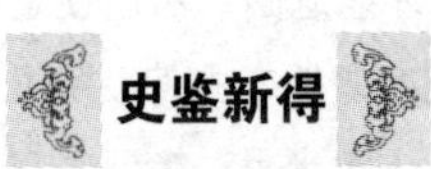

史鉴新得

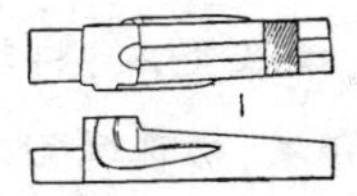

公元1045年，包公奉命出使辽国。在途中，他发现负责迎送外交使者的三番官员常借机在沿途勒索百姓和地方官员，边界的人民不堪重负，叫苦不迭。包公连忙上奏皇帝，请求大大缩短三番官员在边界的停留时间，严禁吃请送礼。仁宗采纳了包公的建议，下诏实行，很快，边界人民的负担便减轻了很多。

公元1049年，包公出任三司使财政官，更是时刻关心民间疾苦。他曾说过：

“民者，国之本也，财用所出，安危所系。”只有减轻百姓负担，才能长治久安，利国利民。因此，包公上书给仁宗皇帝，要求罢掉“天下科率”，减轻赋税。在他巡视山西时，发现漳河两岸的邢、洛、赵三州万顷肥沃农田被当成军马牧场使用，不准在那里种粮食。但是，军粮却从外地远道运来，费时费力又耗费国财。包公立即上书请求归还耕地，仁宗很快也下了诏书。结果，粮食、马料都得到了解决。

为官之本在于勤

【原文】

呜呼！此福孽之因也，称职在勤，前已言之。

怠之祸人，甚于贪酷。贪酷有迹，著在人口；间冗之害，万难指数。受者痛切肌肤，见者不关疴养，闻者或切，代为之解曰：官事殷忙，势不暇及，官遂习为故常，而不知孽之所积。神实鉴之。

夫民以力资生，荒其一日之力，即窘其一日之生。余少乡居，见人赴城投状，率皆两日往还。已而候批，已而差传，请亲觅友，料理差房，劳劳奔走，动辄经旬。至于示审有期，又必邀同邻证先期入城，并有亲友之关切者偕行观看，及至临期。示改，或狡者有所牵引，谕俟覆讯，则期无一定，或三五日，或一二十

【译文】

其实，这一切都是为民造福或是为自造孽的机缘。一个做官的人忠于职守，勤于公事的好处，我在前面就已经说过。

对于政事懒惰而给老百姓造成的祸患，远远大于因为贪婪所犯下的罪恶。如果做官的贪婪成性，别人也就心中有数；但是对政事不勤奋而造下的种种罪恶，却是很难被揭发出来的。只是受到这种祸害的人，有着深刻的切肤之痛，而看见的人却以为不关痛痒，听到的人或许要为当官的解释：政事太忙，没有时间兼顾，于是当官的也就习以为常，却不知道他所作的孽日积月累，神明看得很清楚。

老百姓用劳力来维持生计，如果你让他一天不做工，他一天的生活就无着落了。我小时候住在乡里，看见进城打官司的人，大都是两天才能返回。然后便是等候指示，等待差役传讯，还要请亲戚朋友去差役那里求情，四处奔走，这样动不动就是十天半月。等到告示审理的日子，又必须邀请邻里乡亲、证人等提前进城，并还有亲朋好友等关系密切的人偕同随行帮助料理。等到开始审理时，却又被告之审讯日期改变。也有当官的被狡猾的差役牵着鼻子走，便通知重新开始审判。审理案件的具体时间不确定，也许三五天，也许一二十

日，差不容离，民须守候，商旷业，农佃雇替，差房之应酬，城寓之食用，无一可省。迨事结而两造力已不支，辗转匮乏，甚有羁萦公所，饥寒疾病因而致死者。呜呼！官若肯勤，何至于是！其负屈不审，抑郁毕命者，无论已更有事遭横逆，不得已告官，候之久而批发，又候之久而传审，中间数日，横逆之徒复从而肆扰，皆怠者滋之害也。故莫善于受牒时，诘讯虚，即发还；其准理者，越夕批发，兢期讯结，官止早费数刻心，省差房多方需索，养两造无限精神，至讼师教唆，往往控一事而牵他事以为累，张本，然项庄舞剑，意在沛公，得其本指立可折断，万勿株连瓜蔓，以长刁风。

古云有"治人无治法"。余为进一解曰：无治法，有治心。但求不负此心，则听讼必无大枉。国家之厚吏有常禄，有养廉，居官之日，皆食民之食，乃不以之求治，而博弈伏酒，高卧自娱。民必怨，神必怒，如工何其不畏耶？余久食于幕而不愿子孙之习幕，尝试为吏而乐子

天。在这期间，差役不许等候审讯的百姓离开，老百姓就必须等待守候着。从而使经商的人不能正常营业，农民不能下地干活，只好雇人代替。差役人员的应酬，老百姓住在城里的花销，没有哪一样费用可以节省下来。等到官司了结，诉讼双方早已是筋疲力尽，经济难以支持，只得辗转借贷，资财耗尽，面临破产。甚至于有的人连返家的路费都没有，只好滞留公所，因饥寒疾病而葬送性命。唉！如果当官的能够勤于政事，何至于让打官司的人落到如此地步！那些因含冤受屈难以伸张，结果心情压抑而死的人，更令人心痛。还有那些因遭到迫害，不得已才打官司的人，需要等候好久才能批准立案，然后又得等候好长时间才开始审讯。这期间，骄横滥法之徒又任意迫害骚扰，这都是怠于公务的官员所造成的弊害。因此，审理一个案件，最好是在接受诉讼的时候就及时审讯，讯诘核实过程中，发现虚造事端，当即驳回；对于核实批准立案的，当晚作出指示，确定审讯时间，限期结案。这对于当官的来说，只要早费一点神，就会减少打官司的人被差役、看门人敲诈的机会，替诉讼双方节省许多精力。至于那些受讼师教唆打官司的人，往往借一件事为由把其他的事也牵扯进来，想以此打赢官司。但是，项庄舞剑，意在沛公。只要当官的抓住他本来的案子不放手，官司也就可以马上判结。千万不要株连无辜的人，把案子扩大，以免助长那种刁猾的风气。

古人说，治理老百姓没有固定的方法。我在这里替它加一个注脚，那就是没有固定的治理方法，但应该有治理好的决心。只要用为老百姓谋安定的心去治理，那么，处理打官司的事就不会出大错。国家对官吏给予了非常优厚的待遇，既有常规的俸禄，又有养廉银。做官一天，就受到老百姓一天的供奉。如果不把治理政事、搞好公务放在首位，只以下棋饮酒、高枕大睡作为自娱，老百姓一定要产生怨恨情绪，神明也一定要发怒，这种情况怎能不畏惧呢？我大半生以幕宾为业，但不愿让我的子孙再作幕宾。我也试着做过地方官员，也希望我的子孙能够做官。大概是我害怕他们

孙之作吏，盖深怕其多缔孽缘，有亏先德也。前说三卷无剿说臣言，不能更有所进，姑切指而畅言之。既老且病，言近于善，力疾书此，以论亲知，不惟望求治者察此诚悃。倘子孙幸膺治之任，书此座右触目省心，庶上不负国，下不负民，天其佑之乎？

做幕府会造孽，玷污先人的德行。前面的《学治臆说》三卷，没有抄袭别人的话，这里我也再讲不出更多的道理，姑且诚恳地说几句。我已经老了，而且多病，所说的话大抵是忠言。我秉笔疾书写这些话，以此劝告我的亲朋好友、故旧相知，不仅仅是希望让当官的看到这些东西以察知我的一片赤诚之心。如果我的子孙能够有幸担当起治国的重任，把它写下来作为座右铭，只要看见它，就在心里敲响警钟，这样才有可能上对得起国家的重托，下不辜负百姓的厚望。这样的人，老天爷怎么会不保佑他呢？

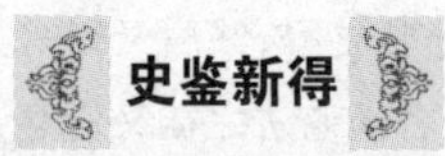

史鉴新得

历来勤政与爱民息息相关，为官者能够勤政，这本身就体现的是爱民的情操。官员是否有爱民之心，就表现在是否能够勤于政事。

叶高标一生为官廉洁奉公，勤政爱民。他在明朝崇祯年间身居要职，总理天下粮饷。

明崇祯元年，叶高标出任歙县知县。歙县地处安徽、江苏、浙江三省交界处，历来盗寇出没无常，官府束手无策，掌管司法的御史因此被崇祯帝责罚，戴罪缉办盗贼。

御史对抓到的每个盗贼，都要动刑审讯，然后寻找失主对证，拖延多日。至定案时，盗贼因受刑过多，暴毙狱中，失主频繁出庭影响生计，御史也感到疲惫不堪，而盗贼却仍然不曾收敛，缉盗工作没有取得大的效果。

这时，叶高标主动请缨承担缉盗重任。他采取即时审讯、即时定案的办法，也免去失主核对的陈套，迅速而果决地予以处置，不借故拖延。自此盗贼不敢入歙县作案。御史深为叹服，命令江南各县效仿歙县的缉盗审讯办法，使安徽全境消除了寇患。

崇祯十三年，内外战事告急，财政极为拮据，户部账目十分混乱。可是“从来科臣不司会计，礼臣又非钱粮所干”。朝中缺乏真正会理财的人才。崇祯皇帝特授以叶高标总理天下粮饷的权力，以应对危局。叶高标殚精竭虑，总揽大局，采取开源节流的有力措施，打击中饱私囊的贪污行为。从而使国家经济状况趋于好转，保证了军费支出，减轻了老百姓的负担；却也因为劳累过度，罹患重病。正当他准备请假休息时，传来雒城（今四川遂宁县）被张献忠攻陷的消息。叶高标在奉命带领勋戚内臣前往处理危局的途中，病终于怀庆府（今河南泌阳县）。终年49岁。噩耗传至京城，崇祯极为悲恸，追赠他为太常寺少卿。

救灾赈济务尽心

【原文】

荒政难办，不能有功，但求无过。须安抚之，不使哀鸿离散；控御之，不使乌合逞凶。灾象将成，即行具禀；既成灾，则据报通详，俟委员到日，将被灾村庄勘明，成灾分数，分晰造册，具印，勘各结申送。其成灾地亩数目，另行续报，并停征、赈恤事宜，或候饬遵，或议详请示，一面分头查勘。正佐各员尽心办理，务期无遗无滥。

庄头当差地亩被灾，例不委员勘报，庄头禀报时，令其呈明内务府，俟内务府委员到境，同州县会勘造具册结，给委员带回，一面送府核转。今改由附近大员委勘取结矣。

夏灾不出六月，秋灾不出九月，不可因循，尤不可讳饰。盖时和年丰，固守土之福。然天灾流行，何地蔑有？苟图省事，置若罔闻，一旦访之自上，或哄之自民，匿灾严谴，不可逭矣。

查勘成灾，按田地实在被灾分数。如百亩之田，五十亩全熟，有五十亩无收，即此五十亩为成灾十分。不可以熟田五十亩合计为成灾五分也。

语云：水灾一线，旱灾一片。盖

【译文】

救济灾荒的事务难办，不应时时想着因此而使自己立功，只应孜孜敬奉职责，但愿不犯下疏漏过错。应当安抚的，不使灾民像哀鸿离散；应当严格控制的，不使乌七八糟的人纠集闹事。灾害将要发生时，应立即将详情禀告；已经造成灾害的，就应据实上报通告，等到上司派来的官员到达，将受灾村庄勘查清楚，将受灾的程度分别编造册籍，并加盖印鉴，经审查核定后申送上报。受灾的土地亩数，要另行续报，并停止征收赋税，搞好救济抚恤的事情，或等候上级指示，或详细请示，一面派出工作人员分头勘查。正职、佐理等官员，应尽心办理，务求没有遗漏的、没有滥报冒充的。

庄头、当差的田地受灾，按规定不派人专门勘查上报。庄头禀报时，责令他们向内务府呈报，等内务府派官员到受灾地，会同州县一道勘查，编册具结，由特派官员带回，直接呈送知府衙门核实转报。现在已改由附近督、抚高级官员派人勘查、取结了。

夏灾的禀报处理不超过六月份，秋灾不超过九月份，不可拘泥于规定，尤其不可以隐瞒和掩饰。四季和顺，年成丰收，确实是守土官员的福气。但是天灾流行，哪个地方没有呢？如果贪图省事，对灾害不予理睬，一旦上司查访出来，或者被老百姓告发检举，那么，隐瞒灾害的罪过，必将受到严厉谴责，所造成的后果也是无法挽回的。

勘查受灾造成的损失，应按照田地实际受灾情况分别计算。如一百亩的田土，五十

因水灾有低洼被水，高阜无恙者，有大水一过，即行涸出，无碍收成者，非旱荒之禾苗枯槁，一望可见也。总在实心实力，查勘的实，不轻听里书乡保之言，斯无捏冒。

近例夏禾被灾先行题报，查勘分数，俟秋收后另行办理，不可轻议赈恤。秋灾不出九月，一至下旬，即应将被灾情形题报，仍照例扣限造册。若州县于九月内不及勘明申详，至请蠲之时，始行造送，即干迟延议处。

被灾应蠲分数，造具册结，由委员及本管道府加结送转，分路查赈。先就灾重之处，分定村庄挨户清查，分别极贫次贫大小口数开载赈册。一面即晓谕听候给赈，不得扶老携幼，纷纭四出。如果被灾十分九分，众口嗷嗷，或就查清之处，先行抚恤。若被灾稍轻，则俟查完给赈。

定例：例灾六分，极贫者，给赈一月；次贫者，不赈。浙省无分极贫、次贫，俱抚恤一月口粮。大口日给米五合，小口减半。被灾贫民，如有携眷外出，存有空房，即于草册注明姓名、口数，酌其应赈不应赈，注明草册内。俟闻赈归来，覆册补赈，

亩全部成熟，有五十亩没有收成，这五十亩就为成灾十分，不可用成熟田五十亩共同计算作为成灾五分。

谚语说：水灾一线，旱灾一片。是因为水灾会使低洼的地方被淹没，高坡却没有灾祸，大水一过，就自行干涸，不影响收成，不像旱灾的禾苗枯槁，一望就可以知道。赈灾的关键在于实心实力，勘查落实，不轻易听信书吏、乡保的报告，这样就没有捏造假冒的弊端。

近来规定，夏天的禾苗受灾，先行提报、勘查受灾分数，等秋收后另行办理，不可轻率地奏议救济抚恤。秋灾不超过九月份，一到下旬，就应将受灾情形呈报，仍然依照规定限期造册具结。如果州县在九月份不能及时勘查确实，详细呈奏，到了请求捐免的时候才开始造册申送，就应以迟延渎职论处。

遭受灾害应当免除的分数，要按照实情编制名册，逐一具结，由上司委派的官员与当地道、府行政长官一同加盖印鉴具结，送转各地，按照行政区划进行核实救济。首先在遭灾严重的地区，应该分定村庄，一家家清查，分别按照最穷、次穷的一家老小人数载入救济名册。同时立即告知他们等待救济，不准扶老携幼、纷纷外出逃灾。如果受灾达到十、九成，大家都没有吃的，饿得嗷嗷叫，那么就在清查的地方先进行救济抚恤。如果受灾较轻，就等清查完毕以后进行救济。

按照规定，受灾六分，最穷的人家，供应一个月的救济粮，次穷的不救济。浙江省不分最穷次穷，都救济一个月的口粮。大人每天供给五合米，小孩减半。受灾的穷苦百姓，如果有携带家小眷属外出，留有空房子的，就在救济册上注明姓名、人数，斟酌考虑他们该不该享受救济，然后在名册内注明。等到他们听说国家救济抚恤而归来，须核实册籍补发救济，这样可以避免冒

可免冒混之弊。详报户口之时，须声有闻赈归来之人，另容续报，以例临时一面收赈，一面册报。

贫生由儒学报名，灶户由场官造册，旗户归理事听，令屯目查报。其清查户口，应一体查办，册内分别注明，非专查民户，他日又另起炉灶也。庄园头地亩被灾，地方即行详报。附近大员委派邻近州县监同履亩查勘。按其被灾分数，造册出结，详咨转送内务府。应免差务，应给口粮，照例办理。如遇庄头呈报一二三四五分，收成已至成灾者，照例请委员会勘、出结转报。至于收成六七分为歉收，八九分为丰收。庄头歉收一分，即应免一分差事，虽收成九分，变为歉收一分。地方官确查实在收成分数，详咨查办，不可照民田因未成灾遂置勿论。夏麦秋禾，勘明收成分数，照依查报民户之例，于六九两月开折详咨户部，转咨内务府查办。

户口应赈不应赈，须详细分别，册内详明。若稍有生计而不能无藉于赈济者，应除去壮丁，赈其老幼。亦将不必全赈之处注入册内，以杜日后混行告争。查灾散赈，官没盘费、饭食及造册纸张等项，例准开销。每有旧没

领混领的弊端。详报户口的时候，应当注明有听说救济而归来的人，另外容许续报，以便到时候一边救济，一边编册上报。

穷困书生由州县的学校报名，定居户由各地监场官吏造册，旗人归理事厅办理，责令所住村庄的头目查核申报。在清查户口的时候，应当统一查核办理，在册籍内分别注明。并不是只查汉民户口，以后又另起炉灶。庄园领主的田地受灾，由地方官立即详具上报。附近的总督、巡抚一类高官委派邻近的州县或相当于州县一级的行政官员到受灾的地方勘验核查，按照受灾的分数造册并出具证明，详拟咨文转送内务府。应当免除的差役，应当救济的口粮，遵照有关规定办理。如果遇到庄园主呈报一、二、三、四、五分收成，已形成灾害的，应依照规定请上司派专人会同勘查，出具证明转报。至于收成六七分为歉收，八九分为丰收。庄园主歉收一分，即应免一分差事，虽收成九分，也视为歉收一分，地方官确查实际收成，详细查办，不可比照老百姓的田地，因为没有造成灾害就搁置一边不予理睬。夏天的麦子，秋天的稻谷，要勘明收成分数，依照查报老百姓户口的规定，在六、九两个月详拟奏折上报户部，转咨内务府查办。

根据户口确定应该不应该救济时，应当将各类情况详细分别，并在名册上注明。如果是稍有谋生的能力，但又不能不借助于国家救济的家庭，应当忽略壮年男子，救济老人和小孩，也应当把不需要全部救济的户口在名册内注明，以防止将来发生杂混冒领和上告争斗的情况。勘查灾情、分发救济钱粮，官吏差役的差旅盘费、饭食费以及编造簿籍的纸张费等项开支，按规定准予报销。经常有书吏差役、乡官地保向受灾户敲诈勒索钱物，借机摊派差事杂务，甚至指使他人冒充受灾户滥领救济钱粮，而真正的贫

乡保向灾户需索钱文，藉端派累，甚至贿嘱冒滥，真正贫民，反有遗漏，宜严行查究。领赈须预给印票，赴仓领米，验即发。其有老弱妇女不能负戴者，听其托人代领。

场内人手要多，便于分发，不使守候挨挤以倒毙。时加稽察，不使斗级人等得作弊。附近米场，劝令好善绅士出资赈粥，或有饥饿不及举火者，以粥济之。视其捐之多少，酌量奖励。

查灾散赈，往往委员协办，未受佐理之益，反多供亿之繁。其贤智者，自逞才能，意见不合。其心庸者，非但不能襄力，反以照应未周，故生枝节，每多掣肘。若本处各员力可办理，亦即禀明，不必委员。傥既委员，照例给与公费外，一切应酬不可吝惜，庶能和衷共济。

旱灾得雨后，可以补种。水灾则急，宜设法疏消，水退后亦可种植，如晚禾秋麦以及荞麦、蔓菁之类。无力之户，例应借给籽本。成灾五六七分者，每亩给谷三升；八九十分者，每亩给谷六升。如折色，每谷一石折银六钱。佃种者，给佃业主；自种者，即给业主。但不可使无地穷民乘机冒领，以致将来催追费力。

周礼以荒政十二聚万民，

穷人家反而有遗漏，对此应当严厉进行核查追究。领取救济粮食，应当预先发给印票，到仓库领米，验明就发放。其中有老弱、妇女不能背负的，可听任他们托人代领。

发放救济粮的现场内人手要多，以便于分发，不使百姓守候排队，相互拥挤以至倒毙。随时加以稽查审核，不使掌斗定量的差役得人钱财、徇私舞弊。附近有粮仓(或粮店)的，应该劝说乐善好施的殷富人家出钱发放救济粥，使那些饥饿疲乏、来不及回家煮饭的人，得到稀饭救济。政府则应根据行善者捐钱的多少，酌情给予奖励表彰。

勘查灾情散发救济，经常都是派遣专办人员协助办理，结果没有收到辅佐助理的益处，反而增加了接待的麻烦和意见的分歧。派来的官员中有贤能智慧的人，自逞才能，往往和他人意见不合。那些平庸贪婪之人，不但不能共襄协力，反而因照顾不周生出许多枝节，常常掣肘牵扯。如果本地各级官员有力办理的，就向上禀明，不必另外委派官员。如果已经委派了官员，除去按照规定供给公费外，一切应酬不可吝惜，以期齐心协力、同舟共济。

旱灾过后如天降雨水，可以补种。水灾来势险急，应当设法疏通消除，水退后，也可以种植如像晚稻、秋麦以及荞麦、蔓菁一类的作物。没有能力种植的农户，按规定应当由官府出借种子。受灾成数达五、六、七分的，每亩供给谷种三升；八、九、十分的，每亩供谷种六升。如果将谷物折合成银两，每一石谷子折合银子六钱。租佃别人田地的，借给佃主；田地自种的，就借给本户。但不可使没有土地的穷苦百姓乘机冒领，以免将来追还时耗神费力。

《周礼》以治理灾荒的十二条措施聚合万民，一是散发平时的积聚，使老百姓获利。二是减轻税收。三是缓施刑罚，四是减少老百姓的力役差

一曰散利，二曰薄征，三曰缓刑，四曰驰力，五曰舍禁，六曰去几，七曰眚礼，八曰杀哀，九曰蕃乐，十曰多昏，十一曰索鬼神，十二曰除盗贼。

嘉靖八年大理寺评事林希元上书，言救荒有二难：得人难，审户难。有三便：极贫民便赈米，次贫民便赈钱，稍贫民便赈贷。有六急：垂死贫民急馈粥，疾病贫民急医药，病起贫民急汤水，已死贫民急埋葬，遗弃小儿急收养，轻重系囚急宽恤。有三权：权借官钱以桌籴，权兴工作以助赈，权贷半种以通变。有六禁：禁侵渔，禁攘盗，禁遏粜，禁抑价，禁宰牛，禁度僧。有三戒：戒迟缓，戒拘文，戒遣使，此皆古人美意良法，须随时酌行。

事。五是舍弃山野林泽的禁令，让百姓取食于山林。六是去掉关市的税收。七是减少吉礼中的繁文缛节。八是凶荒之年减少丧葬礼数，以省费用。九是闭藏乐器。十是不备婚礼而娶嫁。十一是祈祷鬼神。十二是积极除掉盗贼。

明代嘉靖八年，大理寺评事林希元上书，谈论救灾有两大困难：任用官吏难，清查户口难。有三适宜：极为贫困的灾民适宜于救济米粮，较为贫困的灾民适宜于救济银钱，稍有贫困的灾民适宜于借贷钱粮。有六项急需：临近死亡的贫苦灾民急需施舍救济粥，生了病的贫苦灾民急需医药，病愈的贫苦灾民急需稀饭，已经死亡的贫苦灾民急需埋葬，被遗弃的小孩急需收养，轻重囚徒急需宽大抚恤。有三项权变：权且借官钱用来粜米或籴米，权且兴办劳作事宜来帮助救灾，权且减少一半利息贷种给灾民生产救灾以为变通。有六项禁止：禁止侵吞渔利，禁止窃取夺占，禁止卖米，禁止压抑价格，禁止宰杀耕牛，禁止出家为和尚。有三项戒律：戒迟缓，戒拘泥于文义，戒铺张摊派。这些都是古人美好的愿望、优良的法度，应当随时斟酌推行。

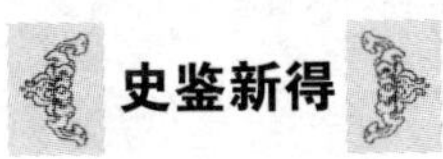

史鉴新得

明神宗万历己巳年，开州发生大水灾。陈霁严当时任开州知府。申报灾情后，上级决定放粮救灾。

发放救济物品时，官府会按顺序加以编号，让灾民拿着号码依次领取。灾民虽然多达上万人，但是没有吵闹、拥挤、争先的现象。陈霁严坐在仓库门口，拿着笔点名。根据灾民的衣服和容貌，特地把最贫困的人标记下来。

当年冬天，仓库中存粮几乎用尽，抚台便命令各州县动用公库的存银两千两购买谷物。然而此时谷价上涨，每石需银六钱。其他各县都遵照办理，强行指派地方殷实大户负责供应官府所需购买的谷物，统一给价，定购价为每石五钱。大户们每石已经赔出一钱，正常的损耗又需要一钱。在饱受灾害损伤的状况下，又要负担这样大的损失，如何承受？因此购入仓库的谷物只有四千石。并且，大户怨声一片。

造成官方与民间同时受害。陈霁严坚持不予执行,被弹劾处分,只是因为荒年而予以赦免。

庚午年春,上级通知再次救济最贫困的人,下属官员提出,需再出告示,确定这批救济的贫民。陈霁严说不必,就拿出去年赈济时的名册,直接通知那些作出标记的贫户来领取救济。乡民都非常惊讶陈霁严对民间实况的准确了解。

秋天,开州获得了大丰收,邻境的收成也很好,谷价降到每石三钱多。陈霁严这时便上报巡抚,请求动用官银收购大户的谷子,报价每石三钱,谷子入库后如数给付。收购期间,谷价又降到每石二钱五分,大户请求官府扣回超付的银两。陈霁严说:只要能多收购谷子就好,不必扣回。结果用同样数额的钱,开州购得的粮食比去年各县所购买的粮食多出三千多石,大户也不必赔钱。按照定额上报后,多余的七百石谷物,全数由官府分给流浪他乡的贫民回来复业。

开州原有十五座土城,由于连年大雨浇灌,崩塌了十多处。这年秋天,官府商议修补,官吏请求征调役夫。陈霁严未予批准。他发出告示,晓谕流浪他乡的贫民赶快回乡耕种,由官府给予救济,并免除他们的田赋。于是浪迹外乡的贫民纷纷回乡,陈霁严命令拨出收购的余谷,限期发放给他们;同时,在各城门一里外,挂出多个告示牌,要求领谷的人用装谷的袋子,先装泥土送到城上崩塌处填补,由乡里总管在袋子上盖过印后,再到谷仓查验并领取粮谷。

救济贫民的工作结束时,修复城墙的工程也完成了。

同样是赈济,但是功效却截然不同。只要存心留意,便会收到出人意料的实效。在工作的任何一个环节和细节中,都有许多值得探究的地方。只看你是不是勤于政务,是不是有心人,是不是真正的认真干事的实干家。

抓逃犯宜思周全

【原文】

逃人定例甚綦严,容留六个月以外,即于吏议。直禄京畿近地,旗民窝逃,尤难查察。总要力行保甲旗人责成领催、屯长,民人责成乡地牌头,实力稽查,自难隐匿。

获逃到案,问明旗分,满洲蒙古、汉军及佐领姓名。是否正身、

【译文】

对于逃跑者,法律规定甚为严厉,容留逃犯六个月以上的,就要受到官吏的查办。直隶及京畿地区,旗人和汉民混杂居住,窝藏逃人,尤其难以查访。关键是要大力推行保甲制度,旗人就责成领催、屯长进行追查,汉民就责成乡官、地保、牌头进行追查,着实考核查访,自然难以隐蔽、躲藏。

抓获逃跑者到案,问明是哪一旗的,是满

另户，抑系奴仆？有无拐带家主财物及同行之人？何日逃出？缘何逃走？沿途住宿处所？是否知情容隐？在各处住过几时？有无犯窃？逃过几次？验明曾否刺字，然后详报。

州县住旗庄头壮丁人等逃走，讯明有无携带物件？红契白契曾否上当？及递过逃牌，开具年貌、服色，详请通缉。

叙供以简洁为主，大约是东流西荡，投宿饭店，或沿途乞食，并无长住处所，不必冗长牵引。如无别项事故通报，文内即可开具旗分、佐领、年貌，清析、请咨解部。倘实有知情容留或曾在境内犯窃，不能即时解部者，叙供通报、请理事厅会审，拟详给咨解部。

有私越度关者，问明何年、月、日从何处出口，文内声明、移查守口，员弁失察职名，另文申送。

旗逃不尽由于逃走。或伊主不能养赡，流落在外；或系不堪驱使，令其自住，惟恐日后犯事连累，预行递牌，仍与本主时或见面者。岂知一经发觉在旗部，总以报逃为凭，窝留失察之罪，断难解免。直隶近京五百里内，原许旗人居住，若查察不到，或托言旗人亲戚，一任居住，贻误不小。故凡有

洲八旗、蒙古八旗、汉军八旗，以及他们的佐领姓名。是正式户口还是另册之人，或者是仆人奴婢？有没有拐带家主的财物和同行的人；什么时间逃出？为什么逃走？沿途住宿在哪里？是不是熟悉内情而收容隐藏？在各个地方住过多少天？有没有盗窃的行为？逃跑过多少次等等。验看是不是被刺过字，然后详细上报。

州、县居住的旗人，庄头、庄丁等人逃跑，应讯问有没有携带财宝物件；红契、白契是否载入档案；是否传递过逃牌；开具出他的年龄、相貌、衣服穿着，详细上报，请求通缉。

叙述提供情况的公文，以简洁为主。是东流西荡，投宿饭店；或者是沿途乞食，并没有长久居住的地方，文字不必冗长拉杂。如果没有别的事情需要通报，文内就可以写明属于哪一旗的人，佐领是谁，以及年龄、相貌，简明地拟定奏札，请求问讯、押解到部院。如果确实有知情收容窝藏的情况，或者是曾经在境内盗窃过财物，不能立即押解到部的，就叙供通报理事厅（专掌狱讼的机关）进行会审，拟定详细的报告以供咨询、押解。

有私自越境偷渡关口的逃人，问清楚于某年某月某日在什么地方逃出关口，并在文内注明，移送查实守关口的官员。负有失察之过的守关官吏姓名、职务，用另外的官文申送。

旗人逃案，不完全是由于逃跑。或者是他的家主不能赡养，流落在外；或者是家主嫌其无用，叫他自己居住，只是害怕以后犯法连累自己，所以预先递送了逃牌，仍然与家主有时见面的。哪里知道一经发觉仍在本旗，部院总是以报告过逃跑作为凭据，窝藏、收容、失察的罪责，绝对是难以解脱免除的。直隶省份和京师附近五百里内，原来只许旗人居住，若查访不出来，或者托言旗人亲戚，听任逃人居住，贻

新来之人，或单身或挈眷，总要领催十家长报明，查访根脚，但不可扰累耳。

害不小。因此，凡是有新来的人，或者是单身，或者是携带眷属，总之要领催、十家长申报清楚，查访其来历，但不可骚扰添麻烦罢了。

例内分别逃走数次议罪。及旗民窝逃，白契红契各条甚详，临时细查。

律例规定，分别按逃跑的次数议定其罪过。至于旗人汉民窝藏逃人，白契、红契各条规定颇为详尽，到时候仔细查看即可定罪。

院发咨文护牌，即照例佥正身妥役，每犯二名押解。直隶、山东、河西四处，用长解；其余各省用短解。查照向例行报起解日期、差役姓名，挈获批回，送本府验转。

都察院签发咨文、护牌，应遵照律例规定验明逃人正身，选择适当差役，每名犯人分派二名押送人员。直隶、山东、河南、山西四处，用直接押送的办法，其余各省用分段押送的办法。查照惯例，行文呈报起解日期、差役姓名，抽取所获批文回复，送所属州府验查批转。

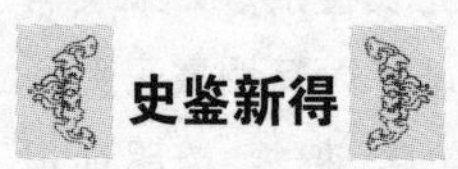

史鉴新得

张咏任益州知州时，主帅军中的士卒仗势恐吓、欺压百姓。受害的百姓群情激奋，前来申诉。张咏批示立案查办。那名士卒知道后，就连夜攀越城墙出逃了。张咏派遣衙役追捕，他向衙役说："你抓到那个人后，就把他推入井中，作出他逃走时失足落井的样子。"

受害群众强烈要求严惩案犯，喧扰不已。后来听说其人自己跌入井中，已经付出了生命，就再也无说可话。如此，既惩治了恶卒，也防止了人们无事生非说他和主帅不和的闲话。

往往一件事若牵涉到各个方面，在处理时，就会让人备感棘手。这时，就需要作出权变，以求既达到既定的目的，又避开矛盾。

对于逃犯的处置，是比较复杂的。尤其是犯有命案的逃犯，应予尽快缉捕归案，免得酿成更严重的祸患。任何犹豫或迟疑，都可能造成更为严重的后果。因此必须当机立断，加强缉捕的力量，并加强与外部力量的协调动作，限期缉拿归案，绝不允许有丝毫的姑息和纵容，从而使逃犯无处藏匿。

逃案的发生，说明在监管的某个环节或方面存有可被利用的漏洞，使罪犯有机可乘。因而，在缉捕的同时，要认真查明罪犯逃走的原因，作出妥当的补救，改进监管条件，从根本上杜绝逃案的发生。如若处理得好，可以使逃犯无藏匿之地，很快被追捕归案；如若处理不好，就会使罪犯效尤，纷纷逃窜。所以当官者不仅应尽

力抓获逃犯，而且还应认真考察罪犯逃走的原因，从根本上杜绝逃案的发生。如若一味只注意抓逃犯，而忽略其他因素，头痛医头，脚痛医脚，那是肯定搞不好的。

捕蝗救灾要讲方法

【原文】

北五省，每多[1]蝗蛾。或云水淹之地，生有鱼子，及涸出，日晒化而为蝻，此说亦不尽然。《礼记》："孟夏行春令则蝗虫为灾，仲夏行春令百螣[2]时起。谓水之气所淫也。"大约洼地湿气郁蒸所化，又或旧时飞蝗所生，所以蔓草、荒坟、长堤、古岩往往有之。总之，查察要早，扑捕要力。不惜辛勤，不惜财物。虽曰天灾，亦可以人力胜也。

蝗蝻为害，人尽知之。然地户多讳匿不报者，以潜自扑捉，或驱入他人地内，庄稼尚有几分可保；若一经报官，众夫扑打，蝻孽未除，而麦禾已蹂躏无遗矣。届知及早不除，至长养成翼，势不可扑。故须谕令乡保巡查，地户举报，虏有讳匿，枷号示众。

蝻子萌动，即宜详报，不可迟延，亦不可遗漏。盖既报则何嫌于多，而漏报则近于讳。详报后如何设法扑捕，现在如何情形，约于何时可灭，庄稼有无伤损，须时时具禀，以慰宪怀[3]，亦

【译文】

北方五省，经常发生蝗蝻灾害。有人说这是因为这里有水，地气潮湿，生有虫卵，等到地表干涸了，被太阳一晒就变为蝻(蝗的幼虫)。这种说法也不完全正确。《礼记》记载说：初夏还是春的气候，就有蝗虫造成灾害，仲夏时节仍然是春季的气温，各种禾苗叶上的小青虫随时出生。这是水气侵蚀所致。蝗蝻的生成，大约是在低洼地方湿气郁积蒸化而成，又或者是过去的飞蝗所生，所以杂草丛生的地方、荒凉的坟堆、漫长的堤坝、古远的岸边往往有这种东西。总之，勘查发现要早，扑打捕捉要得力，不惜辛苦勤劳，不惜花费财物。虽然说是天灾，也可以用人的力量去战胜它。

蝗蝻造成的灾害，人人都了解。但是，庄稼户中却颇多忌讳隐瞒、不予上报的人。他们认为自己悄悄地扑打捕捉，或者是将蝗虫驱赶到别人的田地里，自己的庄稼还有几分可以保存下来；如果一经报告官府，众多人前来扑打，蝗虫的灾害没有除掉，而麦子稻禾已经被践踏得没有任何遗留了。他们哪里知道不及早扑灭蝗虫，等到它长大有翅膀了，其发展趋势是不可扑灭的。因此，必须通告责令乡官地保巡查，庄稼户检举报告，如果有隐瞒的人，就要为他戴上枷锁，沿途号叫其过错，以警示众人。

蝗虫的幼虫刚开始形成时，就应当详细上报，不可迟误延缓，也不可以漏报。总之，已经上报就不要嫌所报蝗灾多，而漏报则接近于忌讳隐瞒。详细上报后，对于如何设法扑打捕捉，现

见守土之焦劳筹画，初非漠不关心也。十日半月，若再不报扑灭，便是长翅成蝗，上司必生疑虑。应将经扑灭处所，先行详报，文内仍声明现在搜查余孽字样，不可竟以为净尽。或有遗剩及续行生发，反似捏饰。

蝗蝻，一面具报，一面即移会营汛并同城各官协捕。盖平日杂佐文武，悉宜和衷，一有缓急，可收臂指之助。未经长翅，跳跃不远，尚属易捕。扑捕须在清晨，盖早凉饮露，多在禾麦穗上，且其翅濡湿不能飞动。及日出后，则伏于根叶之下，便费搜寻矣。扑捕总要夫多，择其聚集处，先掘深壕，然后周围三面徐徐驱之，使入壕内，用土填掩。所用人夫，应给与饭食，或酌给钱文，庶能鼓舞尽力。

以米谷易蝻，民自勇于从事。但须随时变通。蝻子初生以斗谷易斗蝻，既长则稍减其数，或给以钱文，不拘一法。乾隆四年，直督孙某奏准捕蝗给过钱米在司库存公银内支拨，并请嗣后再有蝗蝻萌动，如能踊跃，急公争先扑捕，仍行赏给等因。但州县宜量力办理，不可必期开销。盖详报交减，大费笔墨，及至准领，则仅存十之一二矣。蝗性向明，每于月光下鼓翅群飞。若黑

在的灾情如何，大约在什么时候可以扑灭，庄稼有没有遭受损失，都应当随时详细禀报，以宽慰上级官员爱民的诚心，也表现出地方官的焦虑劳作和筹划辛勤，从灾害刚开始就给予重视而不是漠不关心。十天半月以后，如果再不上报扑灭，蝗虫便长出翅膀成为飞蝗，上司必然会产生怀疑和忧虑。应当把已经扑灭蝗虫的地方先详细上报，在报告中仍然声明现在还在搜查剩余蝗虫的字样，不可以认为已经消灭干净。以免有遗留剩余以及继续发生的蝗灾，反而被指责为捏造、掩饰。

对于蝗蝻灾情，一面详细上报，一面拟定公文送转军队、河工以及同城各个官员，让他们协同扑灭。对于各个部门官员平时都应当开诚布公，友好相待，遇到紧急情况，可以收到或大或小的帮助。蝗蝻没有长出翅膀时，跳跃不远，尚且容易捕灭。扑打捕捉必须在清晨，因为早晨凉快蝗虫吸饮露水，它们大多数伏在稻麦的穗子上，而且它的翅膀被露水濡湿不能飞翔行动。等到太阳出来，蝗虫就伏于根叶的下面，搜寻起来费力耗神。扑打捕捉蝗虫，关键是要人多，选择蝗虫集中的地方，先挖掘深沟，然后从周围三面慢慢驱赶它，使它落入沟内，用泥土填埋掩盖。所役使的人力，应当供给饮食，或酌付银钱，以期鼓舞人心，尽力捕灭。

用米谷来换取蝗虫的幼虫，老百姓自然愿意从事这项工作。但是应当随时变通，蝻子初生，用一斗谷子换一斗蝻子；蝻子已经长大，则稍微减少它的交换数量，或者付给银钱财物，不要拘泥限制在一种方法上。乾隆四年，直隶总督孙某奏启皇上，批准捕捉蝗虫供给钱米，在藩司库存公银内支取拔放；并请求以后若再有蝗蝻开始产生，如果急于公家事务、争先扑打捕捉的，仍然行赏供给钱米等等。但各州县应当量力

夜用秫秸燃火，能使飞就，可扑取也。

或谓蝻子在平地者，掘坑埋锅煮水，前以席夹之，对锅划一平路，集众环围徐驱之，使由平路直走跳入锅内，用笊篱捞出，堆于一边，尽灭而后已。但逐之太迫，则跳跃散乱，反难收拾矣。蝗蝻多者，如水之流而不可遏。大率自西北而东南，然亦不可拘定方向。所以飞蝗入境，只宜含浑详报，切不可指明自某处来。盖邻境不将蝻子扑灭，应革职查问。地方官扑捕不力，藉口邻境飞来，希图卸罪，亦应革职拿问。万一邻境不肯承认，必至互详，水落石出，非彼即此，岂非自贻伊戚[4]？故邻界查有蝻子，即速知会协捕，或用书札相闻，庶凡救灾，睦邻之义。蝻子生动，一经具报，各上司委员，陆续到境，或委令协捕，或暂来查看，非系冷曹，即属效力候补之员，不但资斧艰难，未免希冀，且正欲以奉差逞能，最易生事，大段虽已扑来，岂必只翅无遗，或以细故，持其短长者有之。故一切服食、起居，要料理周到，不可顾惜小费也。

办理，不可期望会报销费用。总之，详报遭上司驳减，大费笔墨，等到获准报销的时候，仅仅剩下所耗费用的十分之一二了。蝗虫本性向光，经常在月光下鼓翅成群地飞翔。如果在漆黑的夜晚，用秸秆燃火，能使蝗虫飞来靠近，可以扑打捉取。

如果蝻子在平地的，挖掘土坑，埋锅烧水，前面用席子夹起来。对准锅的方向铲一平路，聚集众人环形包围慢慢驱赶蝗虫，使它沿着平路直接跳入锅内，用竹子做的笊篱捞出来，堆放在一边，直到灭尽蝗虫为止。但是，驱赶得太急了，蝗虫就会跳跃着四处乱飞，反而难以收拾了。蝗蝻集中的地方，泛滥成灾，有如水的流动一样不可遏止。大体上讲，一般是从西北起端，向东南漫延，但是也不可以主观臆定方向。所以，飞蝗进入本地区的境界，只应当含混其词上报，千万不可以指明蝗虫从何处来。总之，邻近的州县没有将有蝻子扑灭，应革除职务、捉拿问罪。本地主管官员扑打捕捉不力，借口蝗虫是邻境飞来的，企图推卸罪责，也应革除职务、捉拿问罪。万一邻境不肯承认，必然造成互相参奏的情形，最后水落石出，不是他就是自己，难道不是自己给自己找不愉快吗？所以，邻近的州县查有蝻子，应当迅速移文告知、协助捕灭或者用书礼一类信件相互告知，就如同救灾，也是和睦友邻的公正合宜的举动。蝻子发生，一经详细禀报，各个上司委派的官员陆续到达本地。有的是受命协助而来，有的是暂时来查看，来人不是坐冷板凳的官吏，就是效力以求候补的官员，不但不容易获得有力的帮助，有人还不免怀有过分的冀求，并且他们也正想逞能，因而最容易产生意外的事端。大片的蝗灾虽然已经扑灭，但怎么能做到没有一只遗漏，就可能因为一些细节的原因，说长道短的人还是有的。因此，一切起居住行、饮食穿着，都要照顾得周到，不可顾惜小小的花费。

【注释】

①每多:经常。

②螣(téng):食苗叶的小青虫。

③宪怀:督抚的胸怀。宪,旧指朝廷委驻各行省的高级官吏。

④伊戚:这种烦恼。伊,此,这。戚,烦恼,不愉快。

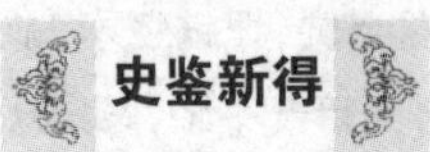

史鉴新得

我国是一个农业国,蝗灾一直是古代大灾害之一,故捕蝗救灾历来是地方官吏的重要任务之一,也是考验一个官吏心地是否良善以及才能大小的重要关口。不灭蝗就无法保证农业收成。但救灾要讲方法,找有经验人来办。如果方法得当,自能收到事半功倍之效;如果方法不得当,则会劳民伤财,收效甚微。

宋真宗三年,王旦任工部尚书,同中书门下平章事。当年发生蝗虫灾害后,朝廷派人到各地视察灾情。有位官员走到京畿近郊时,发现了大量死去的蝗虫。于是就捡拾了一些回朝复命。

第二天,这位官员就带着死蝗虫上朝奏报说:"蝗虫确实都已死了,希望能将死蝗虫摆在朝中,让百官来庆贺一番。"

宋真宗皇帝听后非常高兴,就让这位官员拿给大臣看。

王旦说:"一批蝗虫死去了,并不能说明蝗灾就结束了。现在庆贺为时尚早,是很不慎重的。即使蝗灾真被捕灭了,也不宜大张旗鼓地庆贺。因为蝗灾毕竟造成了损失,考虑如何救济受灾百姓才是当务之急,为什么要作出庆贺这种虚浮自欺之事呢?"

没过几天,朝廷正在商议事务时,大批蝗虫飞来,遮蔽了天空。那个奏请庆贺的大臣一时汗流浃背,惭愧无地。

宋真宗看着王旦说:"假使百官正在庆贺,而蝗虫却像这样蔽天而来,岂不是让天下人笑话吗?"

历来的官场中,总有一些投机钻营之徒,他们整天想的不是为民办实事,而是找各种借口阿谀逢迎、百般粉饰、自欺欺人,

最终导致误国误民。

因此，作为负有守土之责的官员，面对各种突发灾害如何应对，从其行为充分流露的是其做官的目的，体现的是其心中是否关注民生的本意，呈现出的是其是否真的怀有爱民之心。做官，不一定要有多么大的才能，重要的是要有一颗真正为民谋利的良心。只要心中怀有民众，只要能够与人民和衷共济，只要充分依靠人民，真正是在为民做官，那么，就会从民众中获得力量，得到有力的支持；就能够逢灾化解，遇难呈祥。

上意要虚心体会

【原文】

初报宜慎，前已言之。或奉上台驳诘[①]，尤须详绎[②]。盖驳法不一，有意在轻宥[③]，而驳故从重者；有意在正犯[④]，而驳及余证者。非虚心体会，易致岐误。至案可完结，而碎琐推敲，万勿稍生烦厌，付以轻心。若主人所持甚正，与上台意见参差，必当委曲措词，以伸主人之意。断不可游移[⑤]迁就，使情罪不符，亦慎毋使气[⑥]矜才[⑦]，致上下触忤[⑧]。

【注释】

①驳诘：辩驳，诘难。
②详绎：认真推究。
③宥：宽恕，原谅。
④正犯：即主犯。
⑤游移：犹豫不决。
⑥使气：意气用事。
⑦矜才：骄傲自负。
⑧触忤：招惹。

【译文】

初次上报案情，应该谨慎，前面已经谈过。对上级提出的辩驳诘问，尤其需要详细领会，由于辨析的方法不一样，其意图所指也就不同。有时意在要从轻处理，却从辨析时从重入手；有时意在审查主犯，而在辩驳时从证人方面进行考诘，如果不虚心领会，就容易导致误会。到了案子完结时，应该再作细细推敲，千万不要生出哪怕一丝半点烦躁厌恶情绪，进而轻率从事。如果主人的观点非常正确，但是却与上级的意见不一致，就应当委婉用词，伸张主人的想法，千万不要犹豫迁就，使案情与判决不相符合。也要注意：不能有意卖弄，矜才使性，致使上下关系出现抵触不和。

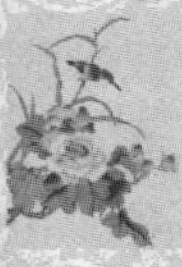

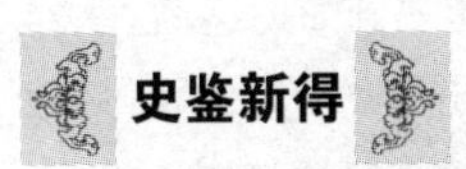

史鉴新得

"玄武门之变"后,朝野上下人心惶惶,先太子李建成的一些死党逃到河北地区,联络当地的豪杰,伺机反叛。李世民对这些人采取了镇压政策。魏徵向李世民建议道:"对他们不能一概加以问罪处置,应以安抚为上策。陛下不向他们显示大公无私之心,祸患便不能根除。"太宗觉得魏徵言之有理,就对他说:"朕派你到河北去安抚他们。"并立即下令:凡是前太子和齐王府的旧人,一律赦免,不再追究。

魏徵受命为安抚大使,前往河北。临行前,太宗授予他遇事酌情处理的权力。散布在河北地区的李建成党羽,大多数人是魏徵所熟悉的,所以太宗派他去,是最恰当的合适人选。当魏徵行至磁州(今河北磁县)时,正好遇见两辆囚车,押着李建成的侍卫李卫安和李元吉的护军李思行往长安去。魏徵同他的副使商量说:"我们动身时,皇上已下达诏令,对这些人一律赦免,不再追究。现在又要将这两人押送到长安去治罪,那还会有谁相信皇上的诏令呢?我们奉命来安抚人心,他们也是不会相信的。古时大使奉命出使,凡是对国家有利的事情,就可以自行作主处理。我们出发时,皇上也给予了相机行事的权力,我们就应该不负皇命,完成任务。"副使听后,也同意魏徵的处理,将李卫安和李思行释放,然后写成奏文上报太宗。当魏徵完成安抚的使命回到长安后,太宗非常满意,君臣之间的关系也日益亲密起来。

因此,在办理上级下达的命令时,要虚心领会上级的意图。如若粗枝大叶,随意理解,草率处理,就可能违背领导初衷,影响整体工作,也会使彼此的关系受到影响。

办事手段不要太狠毒

【原文】

同里[①]丁君某游幕河南,为制府田公赏识,羔币[②]充庭者十余年。余年十岁时,君归里。过[③]

【译文】

我的同乡丁某,在河南作幕宾,受到制府田公的赏识,聘请他的币帛聘礼满庭十多年来一直很丰厚。我十岁那年,丁君回到家乡,拜访先大父[4]，先大父问其何以得致盛名。君累举数事，余童呆不能解。记先大父曰："得毋太辣手乎？"君曰："不如此则事不易了。"君既去，先妣奉茗[5]以进。先大父曰："顷丁某言，汝闻否？虽多财，不足羡也。辣则忍，忍则刻，恐造孽不少，其能久乎？"复摩余顶曰："省否？"对曰："省。"先大父曰："省便好。"未几，丁君旅没[6]。厥子[7]年十五六，酷嗜饮博，不六七年，资产荡尽，妇亦死。遂流荡不知所终。余旧撰馆联所云"辣手须防人不堪"者，志先大父训也。

我父亲。我父亲问他怎么能得到如此盛名。丁君便列举了几件事。我当时还小，不能理解，只记得父亲说："你这样做是不是手段太毒辣了？"丁君说："如果不这样，事情就不容易了结。"丁君走后，我母亲端茶进来，父亲说："刚才丁某人的话你听见没有？虽然他财多，但不值得羡慕。手段毒辣必然行事残忍，而人一旦残忍，做事就刻薄寡恩。这样一来，恐怕造下的罪孽不少，怎么能长久呢？"接着又摸着我的头说："孩子，明白吗？"我回答说："明白。"父亲说："明白就好。"没过多久，丁君外出时死掉了。他的儿子年纪才十五六岁，便酷爱饮酒和赌博。没有六七年时间，丁君挣下的万贯家业便被儿子折腾得干干净净。丁君的老婆也死了。他的儿子便到处游荡，不知流落到何处去了。我先前所写的馆联说"辣手须防人不堪"，意在谨记先父的训示。

【注释】

①同里：同乡。
②羔币：用小羊皮做的币帛，是古代用作聘请贤士的礼品。
③过：访问，探望。
④先大父：已死而又做过官的父亲或祖父。
⑤奉茗：奉侍茶水。
⑥旅没：死于客居之地，即死于异乡。
⑦厥子：他的儿子。

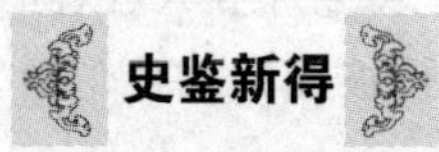

史鉴新得

春秋末期，楚国令尹巡查边境时碰上有人报案，说自己丢失了一百只羊。令尹遍查四处，均无破案线索。正在焦急中，忽然来了一个人检举罪犯。令尹根据他提供的线索找到了那一百只羊，顺利地破获了盗窃案。

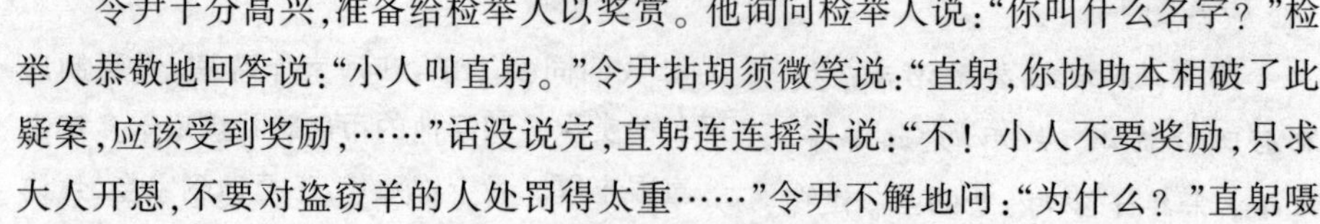

令尹十分高兴，准备给检举人以奖赏。他询问检举人说："你叫什么名字？"检举人恭敬地回答说："小人叫直躬。"令尹拈胡须微笑说："直躬，你协助本相破了此疑案，应该受到奖励，……"话没说完，直躬连连摇头说："不！小人不要奖励，只求大人开恩，不要对盗窃羊的人处罚得太重……"令尹不解地问："为什么？"直躬嗫

嚅着回答说:“因为……他是小人的……父亲。”“什么?是你父亲?”令尹脸上陡地变色,指着直躬怒喝道:“你竟敢告发你的父亲,简直是忤逆不孝!”直躬分辩说:“我是在遵守国法啊!”令尹更火了,拍案喝道:“告诉你,大王最近面谕群臣说,在楚国的法令上应加上一条:凡为子不孝父母者,与为臣不忠于国君同罪。你告发父亲就是不孝,不孝也就是不忠,就是犯了国法!来呀!把这个不孝之子拖出去砍了!”直躬大呼冤枉。但几个凶神般的武士跑过来,像抓小鸡似的把直躬揪出去一刀杀了。

古谚语说:“离地三尺有神明”。过分的刻薄残忍,必致天怒人怨。所以,手中有权的人,做事更当戒惕,切防处事过刻。遇事要多作疏导,要给他人留有余地,得饶人处且饶人,起码说与人方便,自己方便。当然,这是指在不违反原则基础上的做法。试想,一个只知道残害别人,致别人于死地的人,能够过得心安理得吗?不给别人留有余地的人,又能期望别人给他留有余地吗?

听讼要按期审讯

【原文】

听讼,是主人之事,非幕友所能专主。而权事理之缓急,计道里之远近,催差集审,则幕友之责也。示[①]审之期最须斟酌,亘量主人之才具,使之宽然有余,则不至畏难自沮。既示有审期,两造[②]已集,断不宜临期更改,万一届期,别有他事,他事一了,即完此事,所以逾期之故,亦必晚然,使人共知。若无故更改,则两造守候一

【译文】

审理诉讼,是主人的事情,并不是幕宾所能负责作主的,可是权衡事理的轻重缓急,斟酌路途的远近,催促差役召集有关人员接受审理,就属于幕宾职责。公布审理的日期需要特别慎重,认真考虑,根据主人的才能来安排,让他有较充足的时间,宽松有余地处理案子。这样就不至于让主人因畏惧困难而沮丧。既然公布了审理日期,原告和被告都已召集到了,就绝不能又临时更改日期。万一到了审理之日又另有其他重要事情要办,那就赶紧办完要事,马上再审理这事,并且要把之所以逾期的原因

日，多一日费用，荡财旷事，民怨必腾，与其准而不审，无若郑重于准理之时。与其示而改期，无若郑重于示期之始。

昔有妇拟凌迟③之罪，久禁囹圄，问狱卒曰，何以至今不剐，剐了便好回去养蚕。语虽恶谑，盖极言拖延之甚于剐也。故便民之事，莫如听讼速结。

【注释】

①示：公布、通告。使人知道。

②两造：争讼的双方，即原告和被告。

③凌迟：封建时代最残酷的死刑，又叫剐刑。

解释清楚，好让每个人都知道。如若是没有任何理由就更改开审日期，那么双方当事人在等候审理之时，多等一天就多一天的费用。既耗费了钱财，又耽搁了官司，老百姓的怨愤之情必定会沸腾起来。因此，与其批准诉讼而不审理裁决，还不如在批准审理的时候就郑重其事地考虑受不受理该案；与其公布了开庭日期而又改动，不如在还没有公布审理日期之前就郑重考虑。

以前曾有一个犯了法的妇女，被判处凌迟后在监牢中被关了很久，她就质问看守："为什么到现在还不剐我，剐了我以后，我就好回家去养蚕了。"这话虽然是恶意的戏谑，但却极力渲染了这样一个事实：拖延审判裁决甚至比让人受剐刑还要痛苦。所以方便老百姓的事情，莫过于迅速地处理、裁决案件。

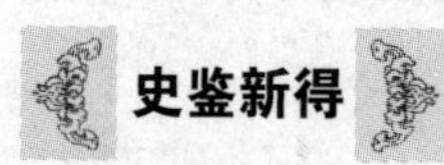

史鉴新得

审案从速，是为官者办案的正确选择。因为这样不仅可以节省查案经费，而且还可以抓住查案的最好时机，顺藤摸瓜找到罪犯。

李杰，相州滏阳县人，自幼以孝友著名，曾考举明经，入仕，官为天官员外郎，明敏有吏才，甚得当时称誉。唐玄宗开元初年，李杰任河南尹。他勤于为政，每有诉讼之案，即使他正在吃饭或正在路上，也要及时受理。他在位期间，没有拖延不决的事，民吏非常敬爱他。

有一次，一个寡妇来到府中状告她的儿子，说她的儿子不孝。在那时，不孝是重罪，一旦被证实就要杀头。李杰派人将寡妇的儿子传来，没想到寡妇的儿子一点也不为自己辩解，只是说："我得罪了母亲，甘愿受死。"

李杰仔细观察这个人，发现他的言谈举止不像是个不明事理的人，特别是害怕得罪母亲，更像个孝子。他觉得里面一定有文章，便问寡妇说："他是你的第几个儿子啊？"

寡妇说："我只有这一个儿子，含辛茹苦将他养大，他如今却不孝敬我。我的命

好苦啊！”

李杰劝慰道：“你年轻守寡，只有这一个儿子。如今你告他不孝，他将被处死，你日后不会后悔吗？”

寡妇说：“儿子无赖，不孝敬母亲，将他处死一点也不可惜！”

这位寡妇的无情无义，引起了李杰的怀疑。他觉得事情并非如此简单，就对那寡妇说：“既然如此，我就要执法了。你可去集市买一棺木来，以盛殓你儿子的尸体。”

等那寡妇出去以后，李杰立即派人在后面跟踪，观察她的一举一动。只见那寡妇出去以后，并没有立即去集市买棺材，而是进入一座道观，对一个年轻道士说：“事情办好了，从此再也没有人妨碍我们的事了。”

李杰听了这些情况，立即明白了是怎么一回事。等那寡妇买棺木回来，李杰决定再给那寡妇一个机会。他问道：“人死不能复生，你真的不后悔吗？”

寡妇斩钉截铁地说：“不后悔。”

李杰立即命人去道观中将那年轻的道士抓来，当面审问，那道士只得招供，说：“我与这寡妇有私情，常被她的儿子妨碍，所以才设计除掉他。”李杰审明原委，便将道士及寡妇判了死刑。

邻境重案要协办

【原文】

守土之官，治不越境，似也。然遇邻境命盗重案，一有风闻即宜星火缉访。稍分畛域，受之以需，致犯得远窜，已失敬公之义。其或假道境内，终且牵

【译文】

作为守土有责的地方官员，治理的政略举措是不能越出辖区而干涉邻境的，这似乎是约定俗成的规矩。但是遇到邻境发生了杀人、盗窃等大案，只要听说了就应马上协助缉捕寻访。稍有疆界之分，就会给罪犯可乘之机，致使罪犯得

连，被议，岂非自取之乎！	以远逃。这就失去了敬重公职的道义。如果罪犯正是从自己辖区内逃走，最终必然受到牵连，从而被弹劾论处，这难道不是咎由自取吗？

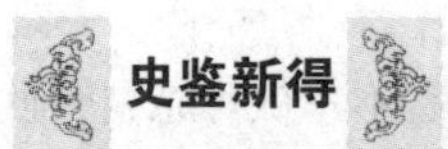

史鉴新得

战国时的韩国国君中，韩昭侯是很有个性的一位。他办事很讲原则，即使是对待非原则性的小事，也表现出坚定的原则性。

有一次，韩昭侯因饮酒过量，不知不觉便醉卧在床上，酣睡半晌都不曾清醒。他手下的官吏典冠担心君王着凉，便找掌管衣物的典衣要了一件衣服，盖在韩昭侯身上。

几个时辰以后，韩昭侯醒了，看到衣服心里很高兴，他打算表扬一下给他盖衣服的人。于是他问身边的侍从说："是谁替我盖的衣服？"

侍从回答说："是典冠。"

韩昭侯一听，脸立即沉了下来。让他把典冠找来，问道："是你给我盖的衣服吗？"典冠说："是的。"韩昭侯又问："衣服是从哪儿拿来的？"典冠回答说："从典衣那里取来的。"韩昭侯又派人把典衣找来，问道："衣服是你给他的吗？"典衣回答说："是的。"韩昭侯严厉地批评典衣和典冠道："你们两人今天都犯了大错，知道吗？"典冠、典衣两个人面面相觑，还没完全明白是怎么回事。韩昭侯指着他们说："典冠你不是寡人身边的侍从吗？你为何擅自离开岗位来干自己职权范围以外的事呢？而典衣你作为掌管衣物的官员，怎么能随便利用职权将衣服给别人呢？你这种行为是明显的失职。今天，你们一个越权，一个失职，如果大家都像你们这样随心所欲，各行其是，整个朝廷不是乱了套吗？因此，必须重罚你们，让你们接受教训，也好让大家都引以为戒。"

于是韩昭侯把典冠、典衣二人一起降了职。

作为官员，每个人都有自己的职责，那就是做好自己管辖范围内的事。但是，对于重大案件，应该有联防联治的合作精神，协同动作，主动协助。不应区分分内分外，境内境外，更不应借故推脱。

地域的划分是表象的，合作是永远的，如果拘泥于表面的地界，而放弃相互的帮助，这种人是政治上的短视者，必定不会有所建树。只有通力合作，才可成就共同的事业。

清理拖欠须亲为

【原文】

花户①欠赋，是处有之，顾亦有吏没侵收冒为民欠者。余署道州，因前两任皆在官物故，累年民欠，不得不收。因创为呈式，令投牒之人于呈面注明本户每年应完条银若干，仓谷若干。无欠则注全完，未完则注欠数。除命盗处，寻常户婚田土钱债细事，俱批令完欠，俟鞫②欠数，清完即为听断。两造乐于结讼，无不克输将。间有吏没代完侵蚀，字据可凭，立予查追清款。其讼案者，完新赋时，饬先完旧欠。行之数月，欠完过半。第③此事必须实力亲稽，方有成效。倚之幕宾书吏，总归无济。

【译文】

纳税户欠缴赋税的情况，各地都有。但也有官吏侵吞赋税，却冒充是老百姓拖欠的情况。我在道州当官的时候，由于前两任都是在职时去世的，多年以来百姓累积拖欠的赋税越来越多，无法收回，但又不得不回收。因此，我创设了一种新的办法，让催款人在通知单上写明该户每年应缴纳的银两数目，粮食斤数。如果没有欠税的就注明全部交清。没有缴清的就写明还欠多少。除了杀人犯和盗贼以外，一般的人家，田土钱两等各项细目，都批写明现已交清或是欠缴的数量。等到收完了所欠的数目，缴清欠数后就给注明“完清”。由于双方都乐于了结这件事，没有不立即缴纳完成的。偶尔有下级官吏代为完清，实则侵吞，只要有证据，马上就予以追查。在清理拖欠的过程中，那些有诉讼案件在身的，我在他们缴纳完新赋税时，会命令他们先缴清旧账。这样推行了数月，所拖欠的赋税收缴就超过了一半。但这些事情必须亲自追查过问，才有效果。如果依靠幕僚和师爷办理，到最后也无济于事。

【注释】

①花户：旧时造户口册子，把人名叫做“花名”，户口叫做“花户”。花，言其错杂繁多。
②鞫(jū)：审讯、审问。
③第：副词。但，不过。

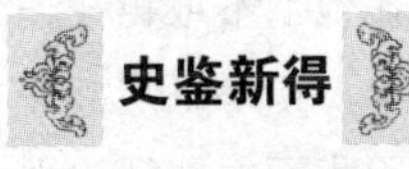

史鉴新得

刘晏，字士安，曹州南华人。历任吏部尚书同平章事、领度支、铸钱、盐铁等使，是唐代著名的理财家。

刘晏在担任转运使时，适逢唐朝藩镇割据，所有的军事费用都必须予以保证。于是他就招募来擅长跑步的人，将他们派到各地去调查物价，了解信息，及时传递报告。因此,各地的商务信息及物价涨落,就能迅速地传到京城,官员对于食品、百货等的价格动态就都能掌握得很清楚。于是,刘晏就根据各地供需的变化,低价买进高价售出,不仅使国家获得利益,增加了收入,而且各地物价也因此而得到控制,并保持平稳。

刘晏认为,爱护百姓,不在于赏赐的多少,而应当使他们安心于耕耘纺织。在税赋方面,正常的年份应公平合理的缴纳,饥荒时则加以减免或用国家的财力来济助。刘晏从不直接救济人民,只是低价出售粮食物品给人民。因为发生灾害的地区,所短缺的其实只是粮食,其他的用品往往可维持正常的供应。

征收赋税乃地方官的一大任务。怎样才能既照顾到老百姓的实际困难,又如期完成征收赋税的任务,特别是收回税户久拖不缴的赋税,确实需要认真研究,多想办法。这也是官员办事能力的具体表现。搞得好,能够减少中间盘剥,从而加大税户的偿税能力;搞得不好,贪官污吏更加放肆,把持税收,从中渔利。民不少缴,但国家却所收无几,其中必有缘由,因此征收钱粮,清理拖欠,贵在有方。

剽悍之徒应严治

【原文】

剽悍之徒生事害人,此莠民①也,不治则已,治则必宜使之畏法。可以破其胆,可以杀其翼。若不严治,不如且不治。盖不遽治若辈,犹惧有治之者。治与不治等,将法可玩而气愈横,不至殃民,罗避②不止。道德之弊,酿为刑名。韩非所为与老子同传,而崔苻③多盗,先圣藪子产为遗爱也。

【译文】

那种凶悍骄狂,专好惹是生非、危害百姓的人,就是所谓的刁民。官府如果不进行治理就算了,假如要治理就应该严加惩处,使他们知道法律的严正而产生畏惧,从而使他们受到震慑而破胆,并严令缉拿捕杀他们的党羽,使他们不敢再胡作非为。从而灭掉他们的嚣张气焰。如果不严加惩处,那还不如暂且不去管他。因为不立即惩治他们,他们还总担心有人会收拾他。如果管与不管一样,他就认为官府是可以随便玩弄的。他的气焰会更盛,不到殃害人命,是不会罢手的。使道德行为上的毛病,终致演变成法律上的罪行。因此司马迁所著《史记》，将主张法治的韩非子与主张无为的老子归入同一篇列传；而郑地萑苻多盗贼，先圣孔子就大力赞扬在郑国推行仁政、爱民如子的子产的功德。

【注释】

①莠民：恶民、刁民、恶霸。

②罗辟：招惹事端，被处死刑。罗，招致；辟，法律，特指死刑。

③萑苻（huán fú）：泽名，在郑国，多盗贼。以后便把盗贼集中的地方称萑苻。

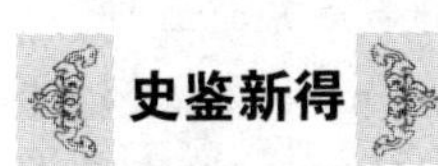

史鉴新得

李膺，东汉桓帝时官拜司隶校卫。当时有一个宦官叫张让，很受皇帝宠幸。他的弟弟张朔担任野王县令，既贪婪又残忍，甚至不顾国法，杀死孕妇。张朔听说新上任的司隶校卫李膺执法严厉，自知罪恶严重，弃官逃回京城，躲藏在张让府上的一个大柱子里。李膺查明了张朔的罪状和藏匿的地点后，率衙役直抵张让府舍，破开柱子逮捕了张朔，并将他交付洛阳监狱。审理完毕，李膺就立即把他杀了。

张让对此事特别怨恨，就到桓帝面前状告李膺冤枉了张朔。桓帝诏李膺入殿，自己坐在殿前的平台上，责问李膺为什么不先奏请批准便诛杀张朔。

李膺回答说："古代曾有这样的先例：春秋时晋文公虽未事先奏请周天子，却将卫成公抓起来，押解到京城，《春秋》认为此事做得对。昔日孔子当鲁国司寇，上任七天便把少正卯杀了。我上任已经十多天了，自己心里很害怕积压公务而犯错误，不料迅速处理了案件却反而得罪了他人。诚然我知道自己的罪责是严重的，就是把我杀了我也不推脱。但我请求再留任五天，把那些为首的恶人杀绝，然后就是用鼎镬把我烹了，我的最初愿望也算实现了。"桓帝听了这番陈述，没再责备李膺，回头对张让说："是张朔罪有应得，司隶有什么过错呢？"

从此之后，那些平时不守法度，侵害百姓的宦官都兢兢业业小心谨慎了，即使轮换休息的日子，也不敢随便走出禁宫。桓帝很奇怪，问他们是什么缘故，他们叩头回答说："害怕李校卫。"

"法者辅治之具，当以教化为先。"执法不贵严，而贵慑。法在于慑众，即威慑众心，使人从心理上畏服而不犯，从而达到教化的目的。从严执法的目的，不是为了惩处而惩处，而是为了减少犯罪，从而实现“有法不犯”的治理境界。

幕宾要尽职尽责

【原文】

州县幕友其名有五，曰刑名，曰钱谷，曰书记，曰挂号，曰征比。剧者需才至十余人，简者或以二三人兼之。其事各有所司，而刑名、钱谷实总其要。官之考成[1]，倚之；民之身家，属之。居是席者，直须以官事为己事，无分畛域[2]。知无不言，言无不尽，而后可。盖宅门以内，职分两项；而宅门以外，官止一人。谚云：一人之谋不敌两人之智。如以事非切己，坐视其失，而不置一词；或以己所专司，不容旁人更参一解，皆非敬公之义也。特舍己从人，其权在我。而以局外之人效千虑之得，则或宜委婉或宜径直，须视当局者之性情而善用之。否则贤智先人，转易激成乖刺耳。

【译文】

州县中从事幕宾工作的职责共有五种：刑名、钱谷、书记、挂号和征比。这五种工作，繁难的需要十多个人，简单的就用两三个人来兼任。它们各有管理的范围，而刑名和钱谷实质上最为重要。官吏的成绩考核，需要依靠他们，老百姓的身家性命，又被他们所掌握。因此处在这个位置上的幕宾，必须把官家的事作为自己的事来办理，不要过分考虑职责范围。知无不言，言无不尽，只有这样才行。因为对内，职有所分；对外，就是一个整体。谚语说：“一个人的谋略，始终比不上两个人的智慧。”假如认为事情与自己无关，眼看事情失误而袖手旁观，不置一词；或者由于是自己的职责，而容不得旁人给你添加一言，这都不是尽职尽责者应持的态度。听取他人建议，放弃自己不正确的看法，决定权是在我手中，有何不可。而局外人，为图千虑一得，或者以委婉或者以直言的形式提出意见，但必须根据当事人的品性选取适当的方式。否则，由于你的行为表现出了强于他人的聪明和智慧，反而会容易造成乖违不和，大家相处会都不愉快。

【注释】

①考成：旧时在一定期限内考核官吏的政事成绩。
②畛(zhěn)域：范围，界限。

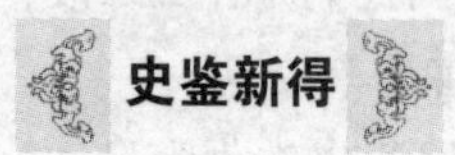

史鉴新得

唐朝时，有个官吏叫戴胄，敢于犯颜执法。一次为处理执言和执法的矛盾，他和唐太宗李世民发生了一场激烈的争论。当时,朝廷为巩固政权,发展经济和文化,广为选拔人才。后来由于发现有人从中作弊,唐太宗一怒之下,发布了道命令:凡有这种行为者,都必须自首,否则要办死罪。不久官府就发现了几个作弊而不自首的人,但大理少卿戴胄在审判中,并没有根据唐太宗的指令把这些人处死,而是依据《唐律》,将他们流放边疆。唐太宗十分恼火,责问戴胄说:“我已说过不自首者死,你为什么判处他们流边?这样我说话还有谁相信?你是不是想干卖狱的勾当?”戴胄回答说:“如果陛下当即杀之,我可管不了;既然把这案件交给我办,臣就不敢不按法律办事了。”唐太宗又说:“这样做你算是守法了,难道要我失信于天下吗?”戴胄慷慨陈词说:“法者,国家所以布大信于天下;言者,当时喜怒之所发耳。陛下发一朝之忿而许杀之,既知不可而置之于法,此乃忍小忿而存大信也。若顺忿违信,臣胄为陛下惜之。”戴胄的这番话终于说服了唐太宗,唐太宗转怒为喜说:“我执法时出了差错,你能把它纠正过来,我还有什么忧虑的呢!”

为人求生是法策要诀

【原文】

求生二字,崇公仁心,曲传于文忠公之笔,实千古法策要诀。法在必死,国有常刑,原非幕友所敢曲纵;其介可轻可重之间者,所争止在片语,而出入甚关重大,此处非设身处地诚求不可。诚求反复,心有一线生机,可以藉手。余治刑名、佐吏,凡二十六年,入于死者,六人而已。仁和则莫氏之因奸而谋杀亲夫者。钱塘则郑氏之谋杀一家,非死罪二人者,起意及同谋,加功二人。平湖则犯窃而故杀其妻者,有毛氏二人;窃盗临时行强而拒,杀事主者,有唐氏一人,其他无入情实[①]者,皆于

【译文】

“求生”二字,是崇公以仁慈之心,委婉曲折地流传给文忠公的手笔,实在是千百年法律政策的要诀。按照法律应该处以死刑的,就必须处死。国家有着自己固定的法律,原本就不是幕宾敢曲意操纵的。那些介于可以从轻发落,也可从重处理的案件,所要争议的虽然只在个别言辞的区别,但所对应的结果却关系重大。这种情形,如果不是设身处地、诚心诚意地去探求,那是难以办到的。诚心诚意地去探求,反反复复地去思考,心中只要有一线生的希望,就应为他人主持公道。我掌管刑名,辅佐官员办理公务,共二十六年,判决人犯死刑的,只不过六人。仁和县的莫姓妇女,由于奸情而谋杀自己丈夫;钱塘的郑姓女子,谋害了一家人,而参与此案的另两个人均未判死罪,原因在于他们只是参与谋划,因而抵了一些罪;平湖县有人由于犯了偷窃罪,而故意杀害自己的妻子;有毛姓二人,因偷窃被

初报时与居停[2]再三审慎，是以秋审[3]之后，俱得邀恩缓减，是知生固未尝不可求也。

人发现，临时行强拒捕杀人；杀害主人的人，有姓唐的一个人。其他罪行没有能符合情实条款的人犯，都在初报时，予以开脱轻罚，因为反复审查，谨慎核实，所以在秋审之后，这些人都得以沐浴皇恩，被缓决或减免死罪。由此可知，对别人性命的保全未尝不可争取。

【注释】

①情实：事情、真相。此处指四项即情实、缓决、可矜、可疑四项死罪人犯之一项。

②居停：寄居的处所，后泛指寓所或寄居之家。

③秋审：清制，各省死罪人犯，每年审拟，分为情实、缓决、可矜、可疑四项，上报到刑部。八月间，刑部会同九卿各官对各省死罪案详核分拟，请旨裁定。其情实人犯裁定时有予勾、免勾之别，予勾者立即执行，免勾者暂缓执行。因其时在秋季，故称秋审。

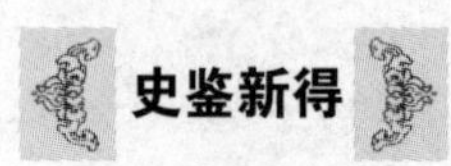

史鉴新得

官员为犯人求取一线生机，并不是故意将重刑轻判，而是设身处地地为犯人着想，反复地真心诚意地为他们寻找可以减免罪行的途径。如此，有百利而无一害。

明代时，浙江武义县人王世名，因为房产纠纷，父亲与族侄王俊发生争执，被王俊打死。王俊为了逃避罪责，提出“私了”。王世名在悲愤中同意和王俊“私了”，接受了王俊赔偿的几亩土地，而后声称父亲死于意外，向当地官府申请“免检”尸体。因为，在中国古代，亲人的尸体被人翻弄被认为是一种亵渎行为，是孝子贤孙所不忍心的。

安葬父亲后，王世名日夜带着刻有“报仇”二字的匕首，苦苦读书。并把每年从王俊赔得的土地上所收取的租谷另外记账。六年后，王世名考中秀才，娶妻生子。于是他对母亲和妻子说：“我们王家有后了，我可以死了。”

于是某一天，王世名在路上截到王俊，砍下王俊的头，带上账簿，到县衙自首。武义县陈知县说：“这是大孝行，怎么可以关押这样的人。”就请他在公馆里暂住。陈知县向上级金华知府据实报告，请求派员审理。

金华知府临时调遣金华知县汪大受审理此案。汪大受说：“我开棺检验你父亲的尸体，如果有伤，你就可以免除死罪。”王世名回答道：“我就是为了不亵渎父亲的遗体，才忍受了六年的时间。现在大仇已报，我宁愿一死，不愿父亲遗体受辱。”

汪大受不忍见王世名就死，于是一边让他回家辞别母亲，同时派人打开棺材准备验尸。王世名得知后赶回衙门，以头撞墙，阻止验尸。汪大受只好停止验尸，向上级报告了此事,并请求以复仇结案。

王世名说:“我做出了违法的事,就应该受到法律的裁决,怎么能为了自己活命,再做出目无君上的事呢?”于是绝食自杀。

王世名死后,他的遗孀俞氏抚育儿子至三岁,也自杀殉夫。

后来,汪大受特意为王世名写了传记。很多士大夫在自己的诗文里歌颂王世名的“孝烈”,朝廷也下诏表彰王家一门“孝烈”。《明史》把王世名的事迹列入《孝义传》。

在依法的前提下多为犯人着想,多替犯人谋取生机,本是审判官的责任和义务。但为人求生,要因人而异,不能因为道德的理由,而使法律被打开缺口。如果罪犯是屡教不改,作恶多端的恶棍,罪恶昭著,民愤极大,不杀不能平民愤,不杀不能警戒他人,那么必须严惩,绝不姑息,绝不手软。而对于那些奋一时之愤,逞片刻之勇,失手伤人或防卫过当的犯人,则应同情,“其罪当诛,其情可悯”。要让他们认真学法、知法、畏法,以后不敢再犯法。

银钱管理勿越俎

【原文】

署中银钱出入,其任甚重,其事甚琐,不惟刑名①幕友不可越俎②,即钱谷③职司会计亦止主簿,籍之成亮赢绌④之数而已。出入经手,非其分也。盖既经手银钱,势不能不计较节啬,其后必为怨府⑤。况权之所归,将有伺颜色,逢意旨者,而公事多碍,人品因之易坏。且出入簿记,一时难以交卸。虽有不合亦不能去,如之何其自立耶?

【译文】

公家的银钱收支,责任非常重大,手续也很琐细,不只是主管刑名的幕友不能越职代办,即使是职掌银钱俸禄的会计,也只是通过账簿管理进出多少的数目而已。银钱的出入经手,就不是他们分内的事了。因为经手银钱,势必要计较节俭少用,过后必定成为惹嫌招怨的根由。况且所给权力的大小,有赖于上级的喜怒。能够领会上级意图的,在公事上却多遏阻碍,人品因此容易被人败坏。并且账目只记一时银钱的收支,难以交代清楚。即使有不符合规定的地方也不能抹掉,像这样怎么能够随意经手出入银钱呢?

【注释】

①刑名:清代各州县官署中主理刑事判例的幕友。

②越俎:超越自己的职责范围。

③钱谷:旧时地方官延聘的专司会计钱粮的人。

④赢绌:盈余,不足。

⑤怨府:众怨所归之处。

史鉴新得

一般人不宜经手银钱,并不是不被信任,而是财务制度所不允许。会计管账,出纳管钱,既互相配合,又互相牵制,目的是既能管好钱,又不使管钱的人犯错误。这是爱护干部的表现。当然,管钱的人坚持按规定办,肯定容易得罪人,甚至得罪上司,这也不可怕。因为自己既在其位,就要司其职,负其责。如果不能够把握自己的职权,就可能失职犯错误。

因此,身在其位,就要做好自己的事情,不要将手伸得太长,即使是帮助别人,也应有一定的范围和原则。

孔子说:“不在其位,不谋其政。”不要在别人的职分内指手画脚,干预其事,显示自己的才能。这个世间的事务,是有分工的。既然有严格的分工,由别人负责的事,自然就与自己无关。太多的介入,只会引起他人的反感,并不会受到感谢。

律己可清,待人勿刻

【原文】

清物治术之一端,非能事遂足也。尝有洁己之吏,傲人以清,为治务严,执法务峻。雌黄在口,人人侧目。一事偶失,环聚而攻之。不原其过所由起,辄曰廉吏不可为,夫岂廉之过哉!盖清近于刻,刻于津己可也,刻以绳人不可也。

【译文】

为政清廉,只不过是做官者治理方法中的一种,并不是能做到这一点就够了。以前曾有过不少洁身自好的官吏,以为官清正廉洁而傲视别人,处理政务过分严厉,执行法律时一味严苛。所作所为,人人谴责,个个反感。只要稍有失误,大家就会群起而攻击。这些官员不去考虑自己受到围攻的原因,只会埋怨说“清官当不得呀!”其实,这并不是为政清廉的过错。在他们心目中,清廉等同于刻薄。但要知道,对自己要求严厉是可以的,对别人要求过于刻薄就不合适了!

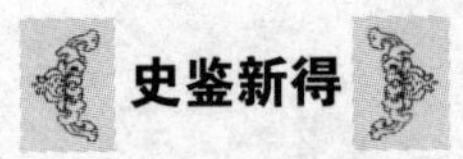

史鉴新得

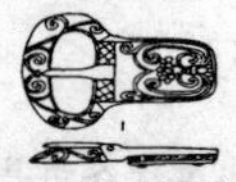

做清官不容易,特别要做到“众人皆贪我独廉”更不容易,而尤其不容易的是,不以自己的清廉自矜。在困难的环境中砥砺节操,身处富庶环境而不为物欲美色所诱,才能够守住自己。

吴隐之，东晋濮阳鄄城人，生当东晋后期。少年时，吴隐之虽家境贫寒，但人穷志不穷。他饱览诗书，以儒雅显于世；即使每天喝粥，也不受外来之财。后来康伯成了吏部尚书，便推荐吴隐之为辅国功曹。他调任晋陵太守后，妻子仍负柴做饭。孝武帝很器重他，任他为御史中丞、左卫将军。后吴隐之又历任中书侍郎、国子博士、太子右卫卒、领著作郎、右卫将军等职。

隆安年间，朝廷想革除岭南的弊端，于是任命隐之为龙骧将军、广州刺史、假节领平越中郎将。在赴任途中，行至距广州二十里处的石门时，隐之遇一山泉，当地人皆说喝了此泉之水就会变得贪婪无比，故名“贪泉”。隐之对家人说：“如果压根儿没有贪污的欲望，就不会见钱眼开。说什么过了岭南就丧失了廉洁，纯属一派胡言。”说着走到泉边舀了就喝，并赋诗一首：“古人云此水，一歃怀千金，试使夷齐饮，终当不易心。”上任后，他廉洁奉公，清简勤苦，始终不渝，所食不过是稻米、蔬菜和干鱼，穿的是粗布衣衫，住处的帐帷摆设均交到库房。有人说他故意摆样子，隐之笑而不语，一如既往。部下送鱼，每每剔去鱼骨，隐之对这种媚上作风非常厌烦，总是呵斥惩罚后将其赶出帐外。凭借他惩贪官、禁贿赂的各项措施，广州官风有所好转。元兴初，皇帝下诏，晋升他为前将军，赐钱五十万，谷千斛。

吴隐之在广州多年，离任返乡时，小船上仍是初来时的简单行装。唯有妻子买的一斤沉香不是原来的，吴隐之认为来路不明，立即夺过来丢到水里。到家时，他们只有茅屋六间，篱笆围院。皇帝赐给他牛车，另为他盖了一座宅院，吴隐之坚决推辞掉了。升任度支尚书、太常后，他仍洁身自好，清俭不改，生活如平民；每得俸禄，留够口粮，其余的都散发给别人。他的家人以纺线度日，妻子不沾一分俸禄。寒冬读书，吴隐之甚至常身披棉被御寒。

包容乃远怨之法

【原文】

入幕以宾为名，主人礼貌盛衷，即敬肆所别。大段仪文①何可不讲。若诚意无渝②，则小节亦须从略。饮馔之类，当视主人之自奉何如。故其自奉素丰而俭以待我，是谓不诚；若待我虽俭而已丰于彼之自奉，即为加礼，更不宜琐琐求全。向客胡观察文伯③处，因言肉败④，责逐庖丁⑤，常以为悔。故后来历幕，从不以口腹⑥责人。至主人所用仆从，大率不知大体，万不可稍假词色⑦，或启干求之渐。若些小过失，量为包容，远怨之一端也。

【译文】

进官府做事当幕客，主人礼貌的多少是对自己尊敬与否的重要表现。重要的礼节不能不讲。如果诚意不改，那么细小枝节也就必须简略。像饮食这类事情，应当看主人自己供给如何。如果主人自己生活丰盛，而对幕客却很节俭，这是主人心意不诚；如果对待幕客虽然俭朴，但是却比主人自己吃的丰盛，这是主人礼貌有加，就不能再斤斤计较了。以前我曾经在胡观察胡文伯处作幕客，因为说肉腐烂了，胡观察就责骂并赶走了庖丁，为此我常常感到后悔。所以后来我不管在什么地方作幕客，从不因饮食的好坏责备人。至于主人所用的仆从，大多不懂大的道理、规矩，切不可对他们词严色厉，或干涉他们以求得自己处境的好转。对于这些小过失，要权衡利害，予以宽容包涵，这也是远离嫌怨的一个方面。

【注释】

①仪文：礼节。
②无渝：不更改。
③胡观察文伯：清代官吏胡文伯，字偶韩，山东海阳人，历官常州知府、苏松常镇太粮储道等。
④肉败：肉腐烂。
⑤庖丁：厨师。
⑥口腹：饮食。
⑦词色：言词、颜色。

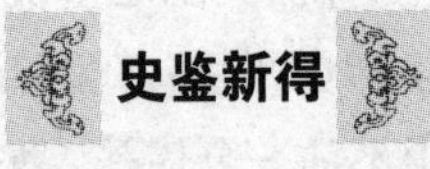

史鉴新得

吕蒙正，字圣功，河南洛阳人，宋太宗太平兴国二年状元，皇帝为状元写诗赐宴就是从他开始的定例。从988年起他当了多年宰相，是历史上第一位出身平民的宰相，第一个书生宰相、状元宰相，是宋朝当宰相经历过三朝的两个人之一。吕蒙正为人宽厚质朴，素有众望，以正道自持，遇事敢言。

吕蒙正刚做参知政事时，由于他来自民间，又是穷苦出身的，所以对官场的派头不熟，显得一副寒酸相，他第一次上朝时，朝廷中有官员指着他说："这小子也配参与商议政事吗？"吕蒙正表面装着没听见，走过去了。

参知政事仅比宰相官低一级，相当于副宰相，也是朝中数得着的大官。虽然总是有人在吕蒙正背后窃窃私语，但也有人为他愤愤不平，想追查私语之人，为吕蒙正出气。吕蒙正立即加以制止。他说："我不习惯摆阔，乃为了不忘当日之贫困。以貌看人原是一般的习俗，不必加以追究。如果一知道他的姓名，就一生都忘不掉了，还不如不知道的好。"吕蒙正的豁达大度，受到了众人的称誉。

仕途坎坷需自爱

【原文】

我朝立贤无方，用惟其才。高门贵胄，世受国恩，目染耳濡，蚤[①]娴吏治所虑；生长华贵，止知富贵吾所自有。当目凛象齿焚身之戒，力求无替[②]家声。至寒伦之士，科第起家，视白首穷经者遭逢天坏，岂可遽舍所学同于猾吏之为？若乃进以他途，尤必自问可用于时而后求为时用，何致一登仕版即不自爱？即为牧令，皆有廉有俸，有自然之利，无论美缺，即缺甚不堪，总胜舌耕[③]糊口，尽心为之，尚恐未能称职，有孤民望如复，民以生重负设官之义，鬼神鉴之矣。昔孙西林先生含中官浙藩时，常禄之外，不名一钱，或劝为子孙地，曰"吾未见红顶官[④]儿孙至于行乞。如其行乞，则祖宗之咎也。"闻者至今诵之。

【译文】

我们大清国使用贤人并没有固定的标准，只要有本事就可加以重用。那些王公贵族子弟，世世代代享受皇家恩泽，耳濡目染，早就熟悉了官场的各种事情。他们生长在富贵之家，只晓得富贵是自己生来就有的。应当自觉震慑于大象因牙齿贵重而被杀的训诫，尽力使自己的言行不辱没门风。至于贫穷的读书人，依靠科举起家，他们和那些虽白首穷经而功名全无的读书人比较已经幸运万分了，又怎么能马上放弃自己所学而去和那些贪婪狡猾的官吏们同流合污呢？即使在其他方面努力进取，自问还可以为时世所用，就一定会想尽办法谋求官位，以展才能。但为什么一登上仕途就开始不自爱了呢？既然已经当了父母官，有养廉银，有薪水官俸，另外还有一些自然可得到的利益，无论差使好坏，即使是最差劲的，都比在乡下私塾中教几个学生糊口要强得多，尽心竭力还担心不能称职。处身孤苦的老百姓希望得到救助，民众也把身家性命托付给了自己，如果有负百姓的希望，违背

【注释】

①蚤:通"早"。

②替:衰落、衰弱。

③舌耕:旧时授徒讲学者恃口说以谋生,犹耕田得粟米,因称"舌耕"。

④红顶官:清代官品以帽上顶珠色质为别,谓之顶戴或顶子,其中以红宝石为最贵,故红顶官指品级高的大官。

了国家设立官职的道义,那么连鬼神都不答应。从前孙西林(字含中)先生在浙江做官时,在官薪之外,他一分钱都不取。有人劝他为子孙置买点地,他说:"我没有看到过红顶官儿的儿孙沦落到了当乞丐的地步。如果到了这个地步,那就是他祖宗的过错。"这几句话,到现在人们还广为传诵。

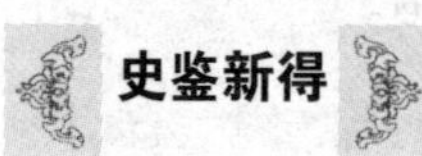

史鉴新得

杨震,东汉弘农华阴人,家道衰微,寓居今河南省灵宝市境内。他勤奋好学,"明经博览,无不穷究",是当时的大儒学家。他长期客居河南湖城县,任教二十多年,人们都尊称他为"关西夫子杨伯起"。州郡里多次请他去做官,他都拒绝了,只在家里教书。他五十岁才接受推荐进入官场,历任荆州刺史,东莱太守,后又任涿郡太守。元初四年到朝中任太仆、太常。永宁元年任司徒。

杨震一生公正廉洁,不谋私利。他任荆州刺史时发现王密才华出众,便向朝廷举荐王密为昌邑县令。后来他调任东莱太守,途经王密任县令的昌邑时,王密亲赴郊外迎接恩师。晚上,王密前去拜会杨震,两人聊得非常高兴,不知不觉已是深夜。王密准备起身告辞时,突然从怀中拿出黄金,放在桌上,说道:"恩师难得光临,我准备了一点小礼,以报栽培之恩。"杨震说:"以前我正是因为了解你的真才实学,所以才举你为孝廉,希望你做一个廉洁奉公的好官。可你这样做,岂不是违背了我的初衷和对你的厚望!你对我最好的回报是为国效力,而不是送给我什么东西。"可是王密还坚持说:"三更半夜,不会有人知道的,请收下吧!"杨震立刻变得非常严肃,声色俱厉地说:"你这是什么话,天知,地知,你知,我知!你怎么可以说没有人知道呢?没有别人在,难道你我的良心就不在了吗?"王密顿时羞得满脸通红。

杨震做官清正廉明,从来不肯私下接见任何人,就是家里的人,也不准他们过问他的公事。他除了应得的薪饷之外,一丝一毫都不多拿。他还常常教育家人要节省家用,出门的时候,也叫他们步行,不准乘坐公家给他准备的车子。有人见他这样清廉,做了大官,家里还是那样的清苦,就劝他添置产业。他却说:"让后世的人称我的子孙为'清白官吏的子孙',拿这个当作遗产,不是很丰厚吗?"由此,杨震"清白传家"的美誉传诵至今。

居官应记殷鉴之戒

【原文】

是非之心人皆有之，当未遇时，闻谈长吏害民之政，未尝不扼腕太息。洎乎得志，则昧殷鉴[①]之谓当局者迷，古今同慨故。幸而居官能回念扼腕之故，常求不干清议[②]，自无失政。

【注释】

①殷鉴：原谓殷人灭夏，殷的子孙应以夏的灭亡作为鉴戒。后泛称可作借鉴的往事。

②清议：公正的评论，舆论。古时指乡里或学校中对官吏的批判。

【译文】

判断是非善恶，评论时事长短，每人都有自己的标准。自己没有当官的时候，听到别人谈起官吏残害百姓的事情，没有不慨叹激愤的。而一旦得志，就容易忘记当时曾多次告诫自己要引以为鉴的事情，正所谓“当局者迷”。这正是从古到今人们共同感叹的深刻原因。如果有幸而能获得一官半职，就应当回想自己没有发迹时的种种感慨，从而在工作中努力进取，不去干涉百姓对政事的议论，这样自然就不容易出现举措失当的事情。

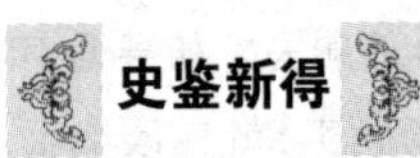

史鉴新得

百姓谈论政事，正说明对国家关心。为官者应当善于引导，万万不能禁止。古时候召公曾说：防民之口，甚于防川。一旦堤溃，伤人必多。因此要让人民说话、议论，有苦能诉有冤能伸，他们的气就顺畅了，心理就平衡了，社会也就安定了。

据《左传·襄公三十一年》载：郑国人到乡校休闲聚会，议论执政者施政措施的好坏。郑国大夫然明对子产说：“把乡校毁了，怎么样？”子产说：“为什么毁掉？人们早晚干完活儿回来到这里聚一下，议论一下施政措施的好坏。他们喜欢的，我们就推行；他们讨厌的，我们就改正。这些言论是我们的老师。为什么要除灭它呢？我听说尽力做好事以减少怨恨，没听说过依权仗势来防止怨恨。难道迅速制止这些议论不容易吗？然而那样做就像堵塞河流一样：河水大决口造成的损害会很大，伤害的人必然很多，我是挽救不了的；不如开个小口导流，我们听取这些议论后也能把它当作治病的良药。”然明说：“我现在才知道您确实可以成大事。小人确实没有才能。如果真的按您这样做，恐怕郑国真的就有了依靠，岂止是有利于我们这些臣子！”

孔子听到了这番话后说：“照这些话看来，人们说子产不仁，我不相信。”

上司批示尤应注意

【原文】

记上官批发词讼，奉批日月及易结难结之故。向所幕皆剧邑，凡到馆之初，即饬承巢记此簿，置之案头，日吊卷查阅，或须审结，或可详销，自为注记，其原稿牵连多人，可以摘除者，一一注明，核稿时俱行删去。遇有讼师指告，经承弊改旧稿，即可明白指示，上官提催，亦不难将应急应缓缘由据实详覆，以免差扰，次第办结，不使吏没操权。

【译文】

记录上司批转下来的诉讼状，应该详细记载是哪年哪月批转下来的，以及这些案子容易了结或不易了结的原因。我先前做幕宾的地方都是大县，每到一个地方即刻把有关资料整理汇总，放在办公桌上，每天拿些文件来查看。有的还需要审理结案，有的已可以销案，我都一一把它注记下来。原来的案件牵连了许多人，可以释放的就一一注明，再在核定稿件时，将这些人的名字全部删去。如果遇有词讼，师爷指出问题后，经检查确实，就应改变旧稿，并在讼状上明白指示。就是上司要提取案子，催促了结案件，也不难把应该立即处理或暂缓处理的理由据实详报。这样，可以避免差役人员扰乱视线。依次办理了结案件，也不会让差役人员控制权力。

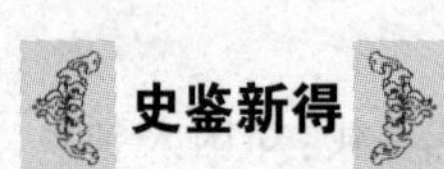

史鉴新得

清朝嘉庆年间，有一个商人客居汉口，数年经营下来，也积攒了一些财产，在老家置办了一些产业。商人年过六十后，想回乡养老。他有一个弟弟在老家，居心不良，仗着田园地契全在自己手中，便称哥哥历年积攒下的财产都是自己赚来的，想一口吞掉哥哥的财产，无奈之下，商人只得带着剩下的一点儿钱重返汉口经商，向湖北江夏县令递了一份状纸，控告他的弟弟。江夏县令感到此案案情牵涉到外省，因为隔着一个省，也就不容易传讯有关人士，十分棘手。他苦思良久，就向时任两湖总督的向文敏求教。

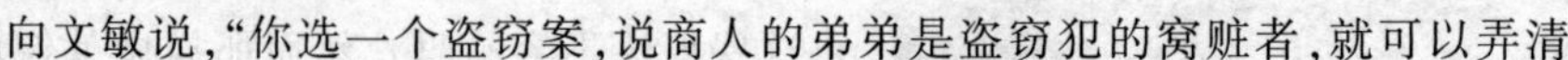

向文敏说，“你选一个盗窃案，说商人的弟弟是盗窃犯的窝赃者，就可以弄清

情况了。”

江夏县令按照向文敏的这个主意,向上级呈报了一个盗窃案的案卷,上面详细写着赃物窝藏在商人弟弟家。商人的弟弟很快被从江西押送到了汉口。县令以窝藏财物罪审讯商人的弟弟,商人的弟弟吓得魂不附体,指天发誓说这是冤枉,他的家产是哥哥经商赚来的,根本没有与盗窃犯勾结过。县令立即派人传商人到堂,当面审理,待商人的弟弟说清这家产全是商人经商所得后,便要求他将家产仍然归还给商人管理,不可再节外生枝。就这样几句话,便将全部案情查清,替商人讨回了公道。

初报宜慎,判案应公

【原文】

获贵初情。县中初报,最关紧要。驳诘之繁,累官累民,皆初报不慎之故。初报以简明为上,情节之无罪名者,人证之无关出入者,皆宜详审节删。多一情节,则多一疑窦[①];多一人证,则多一拖累,何可不慎!办案之法,不唯入罪宜慎,即出罪亦甚不易。如其人应抵,而故为出之,即死者含冤。向[②]尝闻乡会试场,坐号之内,往往鬼物凭焉。余每欲出入罪,必反复案情,设令死者于坐号相质,有词以对,始下笔办详[③],否则不敢草草动笔。二十余年来,可质鬼神者,此心如一日也。

【注释】

①疑窦:可疑之点。

②向:从前,往昔。

③详:旧时公文的一种,用语向上级陈请报告。

【译文】

主审官员对案件要特别重视初报工作。县里送来的初次案情报告最为重要。繁冗的驳问反诘,既拖累当官的也劳累百姓,这都是因为初次报告时不够慎重的缘故。初次案情报告应该简洁明了,与犯罪无关的情况,和案情无关的人证,都应该详细核查,确认无误后加以节删。多一个情节,就会多增加一处被怀疑的线索;多一个人证,就会多添一处麻烦。怎么可以不谨慎呢!办理案件的方法,不仅仅是定罪应该谨慎,就是免除罪名也应谨慎。比如那个人应该抵罪,而有意为他开脱,就会使受害者含冤九泉。以前曾经听人说过在乡试、会试的试场、审讯人犯的地方,往往有鬼魂附着在那里。我每次要为人犯免罪或定罪时,一定要翻来覆去认真考虑案情,有时还假设让死者在坐号内和我互相对质。我能够阐明我之所以如此办的理由,能从道理上说服死者,在这之后,才开始下笔办理,否则我是不敢轻易草率地动笔定罪的。二十多年来,我的所作所为,都可以和鬼神对质。我的心里每天都提醒自己要谨慎,做到问心无愧,要能对得起那些被害的人。

史鉴新得

康熙十七年六月，于成龙任福建按察使。当时的福建正值耿精忠之乱，台湾的郑成功也屡次攻打泉州和漳州诸郡，局势动荡，连年用兵，又连兴大狱，有几千老百姓蒙受通海的不白之冤，被立了案，要被杀头。于成龙说："此事关系到众多百姓身家性命，是人命关天的大事，难道因为大狱已成，就可以不必审慎地复核了吗？"经其详查，通海案所牵连的多半为无辜平民，应予省释。他立即禀告当时主管兵事的康亲王杰书，将关押之民尽行释放。

人命关天，为官者若不知谨慎行事，民则受害无穷。于成龙为官干练而明察秋毫，把最初的案件报告分清主次，区分是非，为民伸冤，为世人所称颂。

于成龙在任期间，每遇疑案，必令详细审讯、反复核查，务期明允。经他清理，案无沉积，狱无淹滞，"所生全以千计"。福建巡抚吴兴祚等上奏朝廷说："成龙执法决狱，不徇情面，屡申冤狱，案牍无停。不滥置一词，不轻差一役，而刁讼风息，扰害弊除。捐赠监狱口粮，遍济病囚医药。倡属被掠良民子女数百口，资给路费遣归。屏绝所属馈送，性甘淡泊，吏畏民怀，为闽省廉能第一。"

核稿须细加衡量

【原文】

省事之说，大属不易。盖词之讦控多人者，必有讼师主持其事。或以泄忿旁牵，或以左袒列证。不堕其术，往往以经承弊脱为词，百计抵塑，甚且含沙射影，妄指幕友关通，启官疑窦。故核稿时必须细加衡量。主人庭讯应问及者，方予传唤，则凡摘释之人，自有确然可删之故。遇有朔无难明白批驳，使讼师不敢肆其嚣张。庶株蔓之风渐息，而无辜不致受累矣。

【译文】

"省事"一说，实在是难于做到。一般说来，讼词控告牵涉许多人时，一定是有讼师在暗中操纵那件案子。有的讼师趁机发泄私愤，牵连他人；有的则袒护一方，罗列证据。如果他们的诡计没有得逞，就在经办人身上寻找解脱的理由，想出百般花样抵赖。更有甚者，含沙射影，诬蔑办案人员串通当事人，使官员产生疑问。所以核稿时，一定要细细权衡掂量。主判官在庭堂审讯时，对需要审问的人，才可以传唤。凡是要提审、释放的人，自然有删改的理由。遇到万般刁难的状纸时，应该毫不迟疑地给予批驳痛斥，使讼师不敢肆意作假骗人，让牵连的风气逐渐平息，没有罪过的人不至于受到连累。

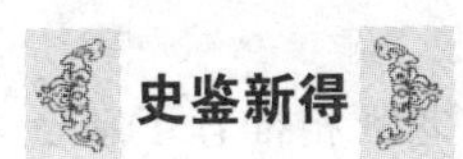

史鉴新得

楚庄王有个爱妃,名叫樊姬。她不仅长得美丽,而且还很有头脑,对国家大事常有卓越见解。因此,楚庄王把她视为明珠,十分珍爱。

一天,楚庄王从朝廷回到宫中,樊姬见他眉头紧皱,便关心地问道:“大王,今天有什么不开心的事吗?为什么下朝这么晚啊?”

楚庄王说:“现在国家正是多事之秋,政务万端,我正同贤相两人细细商讨呢。”

樊姬又问:“贤相是谁呀?”

楚庄王说:“虞丘子。”

樊姬笑道:“月亮好,还得星星们拱护。虞丘子虽然很贤明,只是单枪匹马,而且年纪又大了。我看他不算大贤相吧!”

楚庄王惊问:“依爱妃之见,怎样才算大贤相呢?”

樊姬笑道:“十步之内,必有芳草。楚国幅员如此广大,地跨两湖,人杰地灵。难道虞丘子就不能向大王推荐一些人才来帮助您理政吗?”

第二天上朝时,楚庄王将樊姬的话转告给虞丘子。虞丘子听罢满脸羞红,立即向楚庄王推荐孙叔敖做宰辅,自己告老退职。

孙叔敖上任不久,就碰到一个棘手的案子:虞丘子家里有人犯了国法,按理要受到严厉惩处,可是办案的官员考虑到虞丘子是有功于国家的老臣,迟迟不敢判决。

孙叔敖听完下属的汇报,略一沉吟,便严正地说道:“王子犯法与庶民同罪。如果因为虞老有功于国家而不敢惩治犯法的人,那么王法还有何用,偌大的国家又怎能治理得好?”说完,便下令将虞丘子的家人逮捕法办,还按例将那个失职的官员查办。

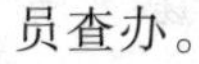

楚国民众听到这件事,无不肃然起敬。全国很快出现了赏罚分明、政治廉洁的局面。

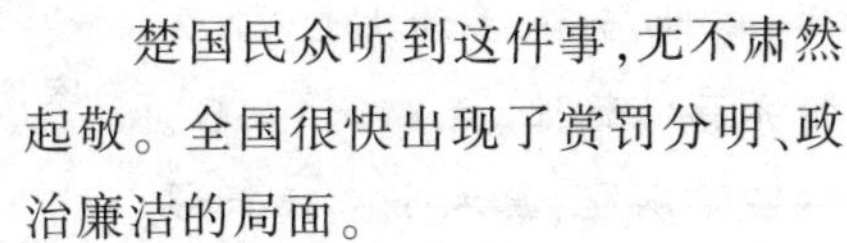

楚庄王立刻召见虞丘子,对他感谢道:“是你推荐了这个好人才,功劳簿要记上你的头功!”

虞丘子惶恐地跪谢道:“大王,孙

叔敖一直就是不徇私情，不畏权势，严格按法办事的干练人才。过去我没有及时推荐，这是我的不是啊！”

楚庄王连忙抚慰道：“你就莫要自谦了。最后还不是你老贤相推荐了新贤相吗？”

虞丘子忙道：“大王，真正推荐人才的不是我，而是樊姬夫人。”

楚庄王恍然大笑道：“对！我怎么就忘了这个深谋远虑的贤夫人哩！”

心浮气躁乃为官大忌

【原文】

亲民之吏，分当与民一体，况吾辈佐吏为治，身亦民乎？尝见幕友，位置过高，居然以官体自处，齿鲜衣轻，渐不知民间疾苦。一事到手，不免任意高下，甚或持论未必全是，而强词夺理，主人亦且曲意从之，恐其中作孽不少。余在幕中，襄里[①]案牍，无论事之大小，必静坐片刻，为犯事者设身置想，并为其父母骨肉通盘筹画，始而怒，继而平，久乃觉其可矜，然后与居停商量，细心推鞫[②]，从不轻予夹，而真情自出。故成招之案，鲜有翻异。以此居停，多为上台赏识，余亦藉以藏拙。无赋闲[③]之日。故佐治所忌，莫大乎心躁气浮及拘泥成见。

【注释】

①襄里：即襄理。协助、助理。

②推鞫：推究审问。推，推究，推

【译文】

亲近老百姓的官吏，从道理上讲应该和老百姓是一家人。何况我们这些幕客，本身就出身于百姓！曾经见到过这样一些幕友，由于自己地位较高，居然把自己看成是高高在上的父母官了，吃山珍海味，穿绫罗绸缎，渐渐地不晓得民间疾苦。在动手办事的时候，就不免忘乎所以，随心所欲地处理。有时他们坚持的观点也未必全正确，但仍然强词夺理，巧言辩解，而主人也就委曲己意，听从他们的意见，这样办理的案件，恐怕其中冤假错案不少。我在幕府中，辅助主人处理公务，无论事情大小，一定得先冷静地坐上一会儿，为犯了罪的人设身处地地想想，同时也为他们的父母兄弟作一个周全的考虑和计划；而对罪犯，开始时会愤怒，紧接着心情也就平静下来，再过一阵子，又觉得他们虽然犯了罪，却也值得怜悯同情。然后我再从中调停协商，找出解决问题的最佳办法来，从不轻易地对犯人施刑逼供，可也一样能从犯人口中了解到案情真相。所以在犯人对自己的犯罪事实招认之后，很少有再翻供变化的。我用这个办法居间调解纠纷，处理案子，常常得到上司的赏识，我也以此掩饰了自己的愚笨，所以也就忙得不可开交，没有空闲的时间了。所以，辅佐主人治理政务，最忌讳的就是心躁气浮及拘泥成见。

问;鞫,审问。

③赋闲:辞官家居,此指没工作,没事可做。

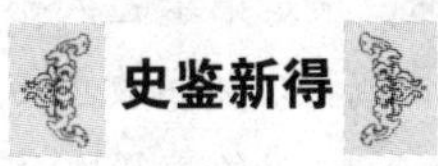

史鉴新得

官场的浮躁,说白了就是一种焦虑不安的心态,是一种哗众取宠的作风,是一种随波逐流的品格。具体表现是:说起来夸夸其谈头头是道,仿佛一肚子雄才大略;做起来偏偏心中无数,手足无措。却又急功近利,唯名利是图,为达目的,不择手段,没有定识,人云亦云,步步小心不敢越雷池一步。

浮躁是一种传染性极强的社会病、官场病,是一个人各种心理疾病的根源,是成功、幸福和快乐的绊脚石,是我们人生最大的敌人。无论是做官还是做人,都不可浮躁。如果一个官员浮躁,往往会导致一个地区无节制地扩展或盲目发展,最终会让体制千疮百孔;如果一个人浮躁,容易变得焦虑不安或急功近利,最终会失去自我。

差禀不可偏听

【原文】

余族居乡僻,每见地总领差色摄应审犯证,势如狼虎,虽在衿士①不敢与抗。遇懦弱农民,需索尤甚,拂其意则厉声呵诟,或曰毁官票以拒捕禀究,人皆见而畏之,无敢公然与之相触。夫凶盗重犯,自问必死,拒捕之事,间或有之。若户婚田债细故,两造②平民,必无敢毁票以拒者。拒捕之禀,半由索诈而起。然一以拒捕传质即至审,虚民③不堪命矣。余在幕中,遇此等事,直将毁票存销,改差承行④,止就原案办理,其果否拒捕,属主人密加

【译文】

我的家居住在乡下僻远的地方,经常看到地保领着官府的差人捕拿应审的犯人和证人。只见他们气势汹汹,如虎似狼,即使是学问高深、人品正直的读书士子也不敢和他们正面理论。遇到了懦弱怕事的农民,他们的敲诈勒索就更为厉害了。如果违背他们的意思,就会遭到责骂训斥,或者说毁坏官府传票,以拒捕罪向上头报告。如此行事,人们见了他们都感到害怕,没有敢公然和他们对着干的。那些凶犯、贼盗等重案犯人,知道自己一旦被捕,难免一死,因而对他们来说,拒捕的事情,偶尔也是有的。至于像婚姻田债等小事情,被告和原告双方的老百姓,必定没有敢销毁官府传票、公然拒捕的。有关拒捕的报告,多半都是由于差役勒索不成而引起的。可是一以拒捕罪传讯对质,虚弱的老百姓实在是不堪忍受了。我在幕府中工作的时候,遇到这种情况,只是把那

确访，而改差票，内不及拒捕之说，以免串诈，然其每访辄虚。故差禀拒捕，断断不可偏听。

【注释】

①衿(jīn)士：指秀才。亦泛指年轻的读书人。衿，古代服装下连到前襟的衣领。

②两造：指诉讼的双方。

③虚民：胆怯、虚弱的群众。

④承行：顺承之人前往办理。

张被撕毁的传票销毁，改派老实温顺的差役重新办理，而且只按照原来所犯的罪进行审理。至于这个犯人是不是真的拒捕，只是请求主人秘密地加以调查访问，验证是否属实。然后改正传票，里面丝毫不提及拒捕的说法，以免差役之间串通一气，共同诈骗。可是这种事情，每次私下访察，发现总是因差役地保等人没有达到中饱私囊的目的而编造出来的。因此我认为差役报告中有关拒捕之事，绝不能轻信。

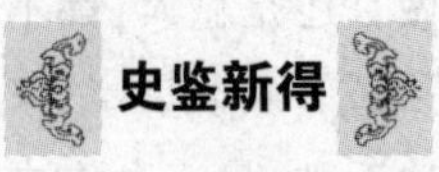

战国时代，魏国的太子被送到赵国的都城邯郸做人质，跟随着一起去的人员中包括了魏国的著名大臣庞恭。

在临行前，庞恭对魏王说："要是现在有个人跑来说，热闹的街上出现了一只老虎，大王您相信吗？"

"当然不相信！"魏王立刻答道。

"如果同时有两个人跑来说，热闹的街上有一只大老虎，您相信吗？"庞恭又问。

"还是不相信。"魏王还是立刻答道。

"那么要是三个人异口同声地说街上有只老虎时，您会相信吗？"庞恭接着问。

魏王想了一会儿答道："我会相信。"

于是庞恭就劝诫魏王："街上明明是不会出现老虎的，可是只要有许多人这么说，就有可能以讹传讹地让人以为真有老虎了。而邯郸比街上还要远许多，再加上评议我的人又不止三个，所以将来要是有人毁谤微臣时，还希望大王您明察。"

魏王信誓旦旦地说："我不会听信传言，一定会明察。"

可是，等庞恭走后，毁谤他的人太多了，最后魏王还是听信了传言，不再重用庞恭。

现实中，有时谣言可以掩盖真相。所以在处理事情时，如需判断一件事情的真伪，必须经过细心考察和思考，不能道听途说，把谣言当成真实，判断不清一件事情的真伪。为官同样也是如此，如果只听信偏言，不辨真伪，只会让自己的仕途更加坎坷艰难。

吏治以安良为本

【原文】

吏治以安良为本，而安良莫要于去暴。里有地棍①，比户②为之不宁。讹借不遂，则造端③讦告④。其尤甚者，莫如首赌首娼⑤。事本无凭，可以将宿嫌⑥之家一网打尽，无论冤未即雪，即至审诬⑦而破家荡产相随属矣。惟专处原告，不提被呈⑧，则善良庶有赖焉。惟是若辈倚胥吏为牙爪，胥吏倚若辈为腹心，非贤主人相信有素，上水之船，未易以百丈牵矣。

【注释】

①地棍：地痞、无赖、流氓之类。

②比户：邻里，周边。

③造端：无事生非。

④讦(jié)告：诬告。

⑤首赌首娼：即告发娼、盗一类的罪行。

⑥宿嫌：旧怨。

⑦审诬：审讯捏造的罪状。

⑧被呈：即被告，指被告发的人。

【译文】

治理地方，应把安抚善良作为基本政策，而安抚善良，最重要的莫过于诛除强暴。地方上有地痞流氓，附近的老百姓都不安宁。这些地痞恶棍，假如讹骗强借东西，没有达到目的的话，就会挑起事端，诬告陷害无辜的好人。更为严重的做法是诬告他人参与赌博或嫖娼宿妓。这种事情原本就没有任何凭据，然而却可以将有宿仇或不和的对手一网打尽；不要说冤屈并不能很快昭雪，即使马上审讯，判明诬陷，被诬告的人也已是倾家荡产了。只有专门处罚原告之人，不提审被告，也不将案子上报，善良诚实的人才会有依靠。否则，那些地痞恶棍们就会倚仗胥吏给他们做爪牙打手。胥吏也会倚仗这些恶棍的势力，把他们视为心腹之人，狼狈为奸。如果当政者不是个贤明的主人，对这帮人就会相信有加。这就好比那逆水而行的上水船一样，用百来丈的绳子来拉，也是不容易啊！

史鉴新得

山西省平遥县衙署二堂挂着一块“除暴安良”的牌匾，上款书有“恭颂宪天锡老父台大人德政”，下款是“落邑村王希闵敬叩光绪八年正月”。

王希闵为何要送给锡知县一块牌匾呢？这里有一段故事。

王希闵是平遥县落邑村的一个古董商人，从小喜爱收藏。成年后，他一边种地一边买卖古董。说起买卖古董，他吃过不少亏。刚开始收购时，他并不怎么懂行，不是花大价钱收购了不值这个价的东西，就是买回来的古董是假货，为此还受过父亲的训斥和责骂，挨过父亲的痛打。但王希闵有股犟劲，不服输。中老年时，他在城内开办了一家古玩店铺，生意越做越大，名望越来越高。

光绪七年冬月，王希闵收购了一副旧铜质象棋，后来在整理旧货时，意外地发现这副象棋不是铜的，而是金的！“王希闵发财了！”全村人都知道了，附近的村民们也知道了。附近一带的无赖和赌徒们，听说王希闵按铜价收下的象棋竟然是金的，他们眼红了。其中有一个叫狗蛋的，是那一带有名的无赖。在他的煽惑下，这群人结伙到落邑村扰乱，还扬言要与王希闵分肥，否则就烧掉他的房子，要了他的狗命！村内的年长者不愿招惹麻烦，凑了些银两把恶人打发走了。可是，谁知狗蛋那些人不知好歹，得寸进尺，三番五次地进村讹诈。于是，王希闵将这一伙不轨之徒告到了衙署。

知县锡良为官廉洁正直，治理有方。按例，腊月中下旬至正月中下旬，官员有一个月的假期，但锡大人这一年却没有休假，而是提出“与民同乐，共度佳节”。就在这个时候，他接到了王希闵的诉状。锡知县将这起案件进行了公开审理，全县每乡派十人到衙署大堂旁听。

狗蛋是厕所里的石头，又臭又硬。然而刹那间他变成了稀松蛋，双膝跪在被告石上，规规矩矩低着头。只见他面如死灰，两臂哆嗦，两腿打颤。“狗蛋也有今天！”“这是他的报应！”庶民们窃窃私语。

锡知县毅然判决将狗蛋重打四十大板，并将他监禁半年，其他同伙监禁三个月，并勒令他们退还敲诈勒索的全部银两。旁听的百姓们无不拍手称快。

王希闵择定吉日，雇佣了六十六位平遥有名的民间艺人，身着盛装，鸣放鞭炮，敲锣打鼓，吹奏民乐，载歌载舞地把“除暴安良”的牌匾送进了平遥衙署，同时还捐献了白银五百两，作为维修衙署的款项。

以情形定命案之罪

【原文】

命案出入，全在情形。情者起衅之由，形者争殴之状。衅由曲直，秋审时之为情实，为缓决，为可矜①，区以别焉。争殴时所持之具，与所伤之处，可以定有心无心之分。有心者为故杀，

【译文】

杀人案能不能成立，全看作案时的情形。所谓情，是指造成杀人的原因；所谓形，就是指争斗殴打的经过情状。造成杀人伤命的原因很复杂，唯有情与形是秋审案件时判为死刑，缓期处决或无罪释放的重要根据。根据争斗殴打时拿的作案工具、被打伤的地方，可以将案件

必干情实；无心者为错杀，可归缓决。且殴状不明，则狱情易混，此是出入最要关键。审办时，必须令仵作[2]与凶手照供比试。所叙详供，宛然有一争殴之状，历历在目，方无游移干驳之患。

【注释】

①可矜：值得怜悯，同情。

②仵作：旧时官署中检验死伤的吏役。

定为有心和无心。有心的，属故意杀人，必定牵涉到秋审条款中的死刑；无心的，属于无意杀人，是在争斗中误伤，可以归入秋审条款中的缓决类。如果对殴斗的具体过程和情形不清楚，那么对罪案的情状就容易混淆，这是能不能定为死罪的最为关键的环节。在审理承办的时候，必须让检验死伤的仵作跟凶手按照供词所述模拟犯罪过程。要让罪犯叙述的详尽供词宛如再现了一个争斗殴打的场面，让这样的场景清楚而确切地浮现在眼前，才不会在办案中出现差错，才不会有驳诘翻供的祸患。

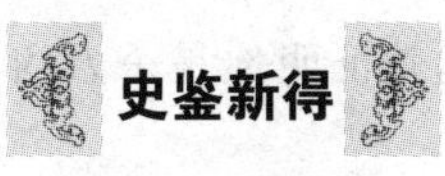

史鉴新得

一天清晨，某村庄一名叫张林德的农民，满面愁容，目光呆滞，蹲在自己家的墙角发呆，听说是他家发生了杀人案。

正午时分，县令来到他家勘察现场。只见迎窗的桌子上躺着一具血淋淋的女尸，身上还插着一把菜刀。县令赶紧命衙役撞开房门，只见屋子里除了一具女尸横倒在血泊中外，床沿上还躺着一具男尸，腹部插着一把尖刀，鲜血四溢。

县令从房内出来后，通过打听，得知张林德整日游手好闲，并非良民，死者叫郑可能，而且两人还发生过一些矛盾。县令当即便怀疑张林德就是凶手，于是便命令衙役保护好现场，将张林德带回县衙去审讯。

尽管县令再三盘问，张林德仍拒绝承认杀过人。当问到他与郑可能的矛盾时，张林德说是因为见财眼开才帮邻村孤独老农郑可能买了一个姑娘刘氏，没想到郑可能后来发现刘氏竟然是个秃头，要找张林德退人，所以才发生了矛盾。当天晚上，郑可能和刘氏在张林德家歇宿了一晚，第二天一早便发现两人都死了。张林德替自己辩解，称他绝对没有杀害郑可能和刘氏，证人胡彪也证实张林德当晚一直和自己在一起，没有杀人的可能。

第二天，县令来到了案发现场，亲自对尸体进行勘验。勘验结果显示，郑可能的确不是自杀，而是被人害死的。郑可能的腹部都是血，手上却没有一丁点血，持刀自杀哪有手上不溅上血的？而且郑可能手持刀的姿势是刀锋向外，这不得不让人怀疑是有人在杀死郑可能后，又伪装了一个他自杀的现场。

县官发现了种种疑点，决定把张林德放回去，派人进行跟踪监视，看看他到底有什么反应，然后再做决断。然而，让县令万万没有想到的是，有一天，张林德家突然着火，他被活活地烧死在屋子里。经过检验发现，张林德的口腔和鼻腔里竟然没有烟尘，四肢也没有弯曲，因此，县令认为他很可能是先被人杀死之后，才被丢到火里的。案子陷入了僵局。但是县令在办理一桩抢劫案的时候竟然意外在盗贼家里发现了一条重要线索：衙役从盗贼家带回来的契据，上面竟然写着张林德和郑可能的名字，原来这就是那张买卖刘氏的契据。它怎么会在盗贼家里呢？第二天，县令马上派衙役把盗贼从大牢中传唤出来，问契据怎么会在他手里。盗贼说从来没有见过这张契据。而且又说，他有一个朋友叫郑伍，曾经在他家借住过，契据可能是他的，而被害人郑可能就是郑伍的表叔。通过检验，县令发现契据上文字的墨迹浮在印章的红色印迹上边，证明是有人先盗用了印章之后，再写上文字。

后来县令又在郑伍身上发现了血迹，为了查清真凶，县令想出了一条妙计：退堂后，县令把郑伍带到郊外的一个寺庙里，对他说，这个寺庙有座钟非常灵验，它能够辨别你究竟是不是杀人凶手。你摸这口钟，如果钟声响起就证明你是杀人凶手，如果钟声不响就证明你是清白无辜的。

原来，县令早已暗中安排衙役提前用墨汁涂抹在钟壁上，摸钟之前再把郑伍的眼睛蒙住；进入围帐后，郑伍心中有鬼，自然害怕钟响，他绕着大钟转了几圈，始终没敢摸。当郑伍从围帐内走出来以后，县令看见他手上没有沾上半点墨迹，便知道他就是杀人元凶。

原来那天晚上，郑伍刚好在路上遇见返回张家退人的表叔郑可能，以为表叔能把钱要回来，想去借点钱花花，便尾随郑可能潜入张林德家。他找郑可能商量怎么去讹诈张林德，郑可能不答应，于是，两个人就发生了口角，并且推搡起来；郑伍一不小心就捅了郑可能一刀，使他一命呜呼了；秃女刘氏看见了，不敢声张，就想躲起来，郑伍一手捂住刘氏的嘴，一手就朝她的脖子猛扎了一刀，刘氏也命丧黄泉了。

郑伍为了逃脱罪责，就把刀塞在郑可能手里，伪装了一个自杀的现场；又偷来厨房里的菜刀插入刘氏的伤口，想以此诬陷张林德连杀两人。县令把张林德放回家后，郑伍心想机会又来了，就找出当日杀害郑可能时从他身上搜出的印章，伪造了一张契据，讹诈张林德出些钱财，不然就以人证的身份把他告到县衙。张林德不从，双方便厮打起来，郑伍情急之下，随手捡起一把小凳子往张林德头上砸去，张很快毙命。随后，郑伍为了破坏现场就放火烧毁了房子。

赈灾之款莫贪图

【原文】

此不便言，且不敢言，然亦不忍不言。地方不幸而遇歉岁，自查灾以至报销，屑屑需费，不留余地。费从何出？不便言，不敢言者此也。但克减赈项以归私橐，被灾之户，必有待赈不得，流为饿殍[①]者。上负圣恩，下伤民命，丧心造孽，莫大于是。此吾所为不忍不言也。

昔济源卫公[②]哲治牧邳州，尽出赈赢，设楼流所，赡养仳离[③]，雁户[④]全活无算。同时办赈之吏竟笑其迂。然肥橐者多不善后，公独简在。宦束不数年，累迁至安徽巡抚，陟工部尚书致仕尹中堂。文端公继善总督两江时，余尝见其办赈条告，末云："倘不肖有司克赈肥家，一有见闻，断不能幸逃法纲。即本部堂稽察有所不到，吾知天理难容，其子孙将求为饿殍而不可得。"痛哉言乎！读至此而不实力救荒，其尚有人心也哉？

【注释】

①饿殍(piǎo)：饥饿而死的人。亦作"饿莩"。

②济源卫公：清代人卫哲治，字

【译文】

这件事不好说，而且也不敢说，但是又不忍心不说出来。地方不幸地遇上了收成不好的年成，从查明灾情、核实灾情到申领救灾款项，每一个层次和环节都需要费用，这些费用也没有丝毫可以回旋的余地。钱从什么地方来？不大好说，也不敢说的正是这个问题。克扣赈灾项目中的款项装入自己的腰包，虽说富了自己，却使成千上万等待救济的灾民成了饿死的冤魂。这样做，上有负于皇上的恩情，下害死了无辜百姓的生命。丧失人性，制造罪孽，没有比这更厉害的了，这就是我不忍心不说的事情。

从前，济源卫公哲先生在治理邳州的时候，拿出了所有的救灾款项赈济饥民，为流离失所的人建造住房，供养那些在灾难中家破人亡、妻离子散的难民，使那些流离失所无家可归的灾民生存下来了的不计其数。和他一起办理赈灾的官吏竟然嘲笑他太迂腐。然而那些中饱私囊的官员们多数都没有得到好的下场，而只有所谓"迂腐"的卫公哲反而得到了提升。没有过几年，卫公哲先生就被提升为安徽巡抚，继而又升任工部尚书，后来又升到中堂。文端公继善在任两江总督时，我曾经看过他赈灾时张贴的告示，最后一条说："倘若官府中有人克扣了赈济灾民的款项，肥了私人的腰包，一旦被我听说了，决不会让他有幸逃脱法律的制裁。即使本督考察不周到，发现不了他，但我确信，这种人天理难容，他的子子孙孙命运将极为悲惨，就是想当一个饿死鬼也办不到。"他的这些话说得多么沉痛啊！如果有人读到这里还不努力地赈济灾民，难道还有人性吗？

我愚，号鉴泉，济源人，累官广西巡抚。

③仳(pǐ)离：犹言别离。旧时特指妇女被遗弃而离去。此指流离失所之人。

④雁户：唐代称流动无定的民户为雁户。

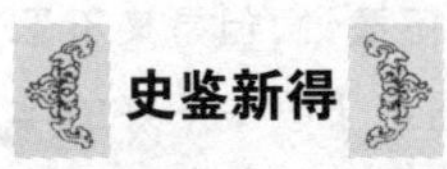

史鉴新得

乾隆四十六年，甘肃爆发了苏四十三领导的暴动，甚至一度威胁兰州，皇帝急派宠臣户部尚书和珅为钦差大臣，率军镇压，但和珅并没有军事才能，一战而败，却将责任推诿给下属，认为他们不听指挥。当督师大学士阿桂赶到前线发现情况并非如此，乾隆皇帝也已经洞察了和珅的用意，于是将其召回身边。和珅为了挽回颜面，又借口说甘肃连降大雨，影响了作战，乾隆一听立即生疑。

清代规定督抚要向皇帝定期汇报雨水粮价，而此前甘肃一直报告连年大旱。在甘肃作战的阿桂同样奏报"雨势连绵滂霈，且至数日之久"。乾隆由此认定："是以前所云常灾之言，全系谎捏。"官员谎报旱情必然是为了贪污朝廷下发的赈灾粮食，于是乾隆下令和珅、阿桂查办此案。

此时正好甘肃布政使王廷赞赴避暑山庄觐见，他立即被逮捕审讯，王廷赞在百般抵赖后终于揭发了甘肃官员集体冒领贪污赈灾款项的事实：七年前，驻兰州的陕甘总督勒尔谨因甘肃地瘠民贫，在全省实行"捐粮为监"的政策筹措赈灾物资，即公开出卖国子监监生的名额。原来国家规定只准捐谷每四十石换取一个监生名额，但勒尔谨与甘肃布政使王亶望勾结，擅自改变规则，规定以五十五两白银换一个监生名额。王亶望与兰州知府蒋全迪为各县谎报灾情，定出收捐数额，再由布政司预定份数发单给各县照单开赈。

当王廷赞接任甘肃布政使后，他发现"监粮折银"不符合"捐监"的规定，一度想停止，但却禁不住诱惑，也被拉下了水。他非但不将这些情况向皇帝据实陈奏，反而改革了全省组织贪污的程序，使其更加高效。几年内，甘肃全省捐银收入超过一千万两，被各级官员全部侵吞；不仅如此，甘肃还宣称要盖仓库储存子虚乌有的捐粮和雇佣运粮夫役，又骗得户部二十万两白银。甘肃不仅没有捐粮，这帮贪官甚至侵吞了正项仓库中的一百万石粮米，包括"籽种、口粮"，真是无所不用其极。

甘肃几乎所有的官员都被卷入了这场贪污大案，在得知案情后，乾隆皇帝震怒："甘肃此案，上下勾通，侵帑剥民，盈千累万，为从来未有之奇贪异事。案内各犯，俱属法无可贷。"遂判王亶望、蒋全迪处斩刑，王廷赞处绞首，勒尔谨赐死；贪污白银两万两以上的案犯斩首五十六人，免死发遣四十六人，革职、杖流、病故、畏罪自杀数十人，甘肃官场几乎一空。

事情并未到此结束。首犯王亶望被抄家时，其家产折合白银三百万两，其中有不少珍宝和名贵字画，但当乾隆皇帝检视这些抄没之物时却发现“多系不堪入目之物”，他推断必定有人调换吞没。

乾隆四十七年夏，乾隆在避暑山庄询问浙江布政使李封和按察使陈淮，但他们均矢口否认。乾隆命令将抄家底册与物品一一核对，果然不相符，证明确实有人从中调换侵吞。在铁证面前，二人只好认罪，供出了主犯闽浙总督陈辉祖。陈辉祖被逮捕后，经严刑审讯，据实交代了调换抄家物品的经过，被判斩监候，后被赐自尽。这算是甘肃集体贪污案连带出来的案件，结果导致了又一位总督被杀。

法应因势而定

【原文】

余昔佐幕，遇犯人有婚丧事，案非重大，必属主人曲为矜恤，一全其吉，一悯其凶。多议余迂阔。比读《辍耕录》[①]“匠官仁慈”一条，实获我心。匠官者，杭州行金王府副总管罗国器世荣也，有匠人程限稽违案具，吏请引决[②]。罗曰：吾闻其新娶，取责之，舅姑必以新妇不利，口舌之余不测击焉，姑置勿问。后或再犯，重加惩治可也。此真仁人之言。

乾隆三十一二年间江苏有干吏[③]张某，治尚严厉。县试一童子怀挟旧文，依法枷示，童之姻友环跽[④]乞恩，称某童婚甫一日，请满月后补枷。张不允，新妇闻信自经。急脱枷。童子亦投水死，夫怀挟宜枷，法也。执法非过，独不闻“律设

【译文】

我从前作幕僚时，遇上犯人有红白喜事的，只要案情不是很重大，就一定嘱托主人曲意怜悯体恤，一则成全了他们的喜事，一则同情他们的不幸。好多人都议论我迂腐不切实际，直到后来我在读到《辍耕录》中的“匠官仁慈”一事时，心中终于获得了共鸣。匠官，就是杭州金王府的副总管罗国器罗世荣先生。有一个叫程限的匠人犯法后案子都已查清，官吏们请求作出判决。这时罗世荣说：“我听说他刚刚娶了媳妇，若是责难他的话，公婆必定认为新媳妇对儿子不吉利，争争吵吵必定会引发意想不到的后果，所以姑且放下暂时不问。以后如果再犯，重重加以惩治就行了。”这真是一个仁慈的人说的话。

乾隆三十一二年间，江苏有个十分干练的官吏张某，治理案子十分严厉。在县试的时候，一个童生怀里挟带着他过去写的文章，按照法律，这个童生应戴枷示众。可是这个童生的亲戚朋友都来跪着向张某求情，说童生才结婚一天，请求满一个月以后再戴枷示众。张某不同意。童生新婚的媳妇听说了这件事后，就上吊死了。张某这才命人急忙把枷打开，随后童生也跳水自杀了。考试作弊应该戴枷示众，这是法律。执法并没有错误，但他没有听说过

大法，礼顺人情"乎？满月补枷，通情而不曲法何不可者？而必于此立威，忍矣！后张调令南汇坐，浮收潜粮，拟绞勾决⑤。盖即其治怀挟一事，而其他惨刻可知。天道好还，捷如桴鼓。故法有一定，而情别千端。准情有用法，庶不干造物之和。

"法令虽严酷，但要合人情"的说法吗？新婚满月后再戴枷锁示众，既顺应了人情，也没有歪曲法律，为什么就不变通一下呢？一定要在这件事上树立权威，这是多么残酷的事情啊！后来张某调到南汇去当县令，犯了乱收潜粮的罪，按法也应该施以绞刑。从张某处理考试作弊一事，大概就可以知道他的冷酷无情。上天喜欢回报他人，快得像击鼓一样。所以法律虽有一定准则，而人情却千差万别。在准许人情的前提下用法。就不会触犯万物的和谐了。

【注释】

①《辍耕录》：又名《南村辍耕录》，元末陶宗仪撰，三十卷，三百八十二条。杂记元代掌故、典章、文物和时事，旁及历史、地理考证和文学艺术，是现存元人笔记内容最丰富的一种。

②引决：亦做"引诀"。自杀。

③干吏：办事老练的官吏。

④跽(jì)：长跪。双膝着地，上身挺直。

⑤勾决：中国古代执行死刑的程序之一。各地作出的死刑判决，经复审确定后呈报皇帝核准，皇帝如将死囚姓名勾去就表示核准，称勾决。勾决的咨文下达，即可执行死刑。

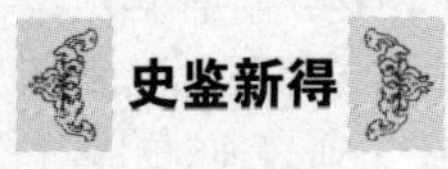

史鉴新得

明代湖北咸宁钱家湾有个叫钱梅窗的女子，因她排行第六，大家都亲切地喊她钱六姐。

有一天，一个知县坐着官轿路过某村，被人拦住了去路。知县撩起轿帘，见是一个妇人拉着一个年轻人跪在轿前，知有冤情，忙下轿询问原因。

那妇人道："他是我的亲生儿子。他爹爹死得早，是我辛苦把他拉扯大的。可是这几年他跟人学坏了，整天赌博，把一个好端端的家败得光光的。这还不算，他竟然还偷盗我的陪嫁。现在，他又不肯抚养我，这叫我怎样活下去呀！"

知县一听大怒道："我要治他个不孝之罪！"说罢，立即判他儿子每月供养母亲三斗米，二十年就是七十二石，知县要他一次交清。

"小人实在拿不出这么多米呀！"那个年轻人连连向知县磕头求饶。

"那好，让我把你这个不孝子送进监狱！"

在人群中的钱六姐把这一切都看在眼里。她既恨这个后生不走正道，又担心他吃了官司，老母亲又由谁来赡养呢？这时钱六姐灵机一动，有了办法，便走到知县面前求情道:“知县大人,您看这七十二石米也着实太多了,能不能减少些呢?”

“你是何人?与这无赖什么关系?竟要为他说情。”知县气冲冲地责问道。

“民女钱六姐。”她在威风凛凛的知县面前毫无胆怯之色。

知县早就听说钱六姐是个才女,就故意把难题推给她,反问道:“那你说该怎么办呢?”

“这好办。”钱六姐胸有成竹地回答,转过身向老妇人问道:“老妈妈,你儿子生下来的时候,有多重呀?”

“六斤四两。”老妇人怔怔地望着这位灵秀漂亮的姑娘,一时摸不清她的用意。

钱六姐不慌不忙地吟道:“儿子本是娘身肉,十月怀胎娘生育。如今儿子不养母。割他六斤四两肉。”

知县听了点头称好,吩咐衙役赶快备刀,割他六斤四两肉赔娘,以治他不孝之罪。

衙役立即扑上去把那后生拿下,剥下衣服,正要动刀割肉。那不孝子吓得连连磕头:“老爷,我这身上的肉,割哪块疼哪块,万万割不得呀!”

可是知县既已发令,怎肯轻易收回?那后生眼见这割肉之苦无法避免了,只得再向母亲磕头呼喊:“母亲救救孩儿!”

老妇人见儿子已经回心转意,让他受到处罚,做母亲的也心疼,就向知县求情道:“既然我儿已答应养我,老妇就不告他了。”

知县见老妇人撤了诉,也不便再追究,摆摆手让母子俩离开了。

当官之人需自做

【原文】

吾友邵编修①晋涵曾经言:“今之吏治,三种人为之,官拥虚名而已,三种人者,幕宾、书吏、长随也。”诚哉言乎!官之为治,必不能离此三种人,而此三种人者邪正相错,求端人于幕宾,已什不四五;书吏间知守法,然视用之者以转移;至长随则罔知义理,惟利是图。倚为腹心,鲜不偾事,

【译文】

我的朋友邵编修晋涵曾经这样说过:“现在官场的事务,是由三种人在把持,做官的仅是个虚架子。这三种人就是幕客、书记、随从。”这话说得太确切了!为官者处理政务,必定离不开这三种人。而这三种人中,正邪相互交错。要想在幕客中找到正直的人,往往十个找不出四五个来。书记偶尔也知道守法,但这要看用他的人是否正直善良,他们的品行是随主人而转移变化的。至于随从之类,就根本不懂得仁义道德,唯利是图。为官的把这样的人当做心腹,靠他们办事,很少有

而官声之玷，尤在司阍。呜呼，其弊非说所能罄也。约之获恐稽察难周，纵之必致心胆并肆，由余官须自做之说而详绎之，其必有所自处乎。

不把事情搞糟的。然而对当官者声誉影响最大的，还是那些看门的人。唉！这其中的弊端绝不是三言两语就说得清楚的。想约束他们又恐怕考察不周全，放纵他们则会让他们更肆无忌惮。对我所说的“当官必须自己当”的道理去认真理解研究，对自己的工作肯定会有所帮助。

【注释】

①邵编修：即清代学者邵晋涵，字二云。乾隆进士，曾任四库馆纂修官，累官侍读学士。故此处称邵编修。他博闻强记，著述颇丰。

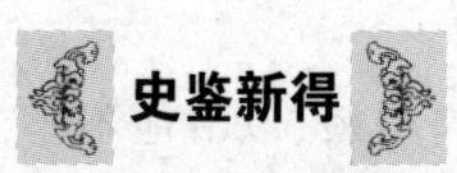

史鉴新得

在西汉时期，陈平任汉左丞相，皇帝刘恒有一天问，全国一年审决了多少案件，全国一年的财政收支有多少，右相周勃答不出来。刘恒问陈平，陈平说：“这些事有人主管。”刘恒问：“谁主管？”陈平答道：“陛下要了解司法问题，可以问廷尉；陛下要了解财政收支，应该问治粟内史。”刘恒又追问：“如果什么工作都有人主管，那么你管什么？”陈平答：“宰相者，上佐天子，理阴阳，顺四时；下遂万物之宜；外镇抚四夷诸侯；内亲附百姓，使卿大夫各得任其职也。”刘恒认为他说得很好。

可见，做官未必要事事亲为，关键在于善于发现人、使用人、管理人。管理的秘诀在于合理授权，通过合理授权，领导者能够做领导的事，下属能够做下属的事，这就是管理应达到的目的。正确的管理可以使领导者摆脱能够由下属完成的日常任务，自己专心处理重大决策问题，还有助于培养下属的工作能力，有利于提高士气。管理能力是区分领导者才能高低的重要标志，正如韩非子所说的“下君尽己之能，中君尽人之力，上君尽人之智”。其实古代官员使用幕客、书记、随从以及司阍并没有错，出现“官拥虚名”局面的主要原因是官员未能将幕客、书记、随从以及司阍管理好，并不是事事都让主人亲自去做才叫“官须自做”。

仁慈宽恕获厚报

【原文】

外舅之母舅韩其相先生，居萧山之迎龙闸。为诸生时，工刀笔[1]，久困场屋[2]，且无子。馆公安县幕，治刑名，绝意进取。

【译文】

我老丈人的母舅韩其相先生，住在萧山的迎龙闸。他还是诸生的时候，就擅长撰写词讼诉状，但在科举上却长久失意，不得进取，并且没有子嗣。他在公安县担任幕

雍正癸卯[3]，梦人召而语之曰："汝因笔孽[4]多，尽削禄嗣[5]。今治狱仁恕，偿汝科第及子，其速归。"时已七月初旬，韩不之信也。越适夕，复梦如故，答以试期不及，神曰："吾当送汝。"寤而急理归装，江行风利。八月初二日抵抗。适中丞大收遗才，补送入，果中试。次年举一子。

乾隆十三年外舅尉山阴，济源大司空卫公哲治方守淮安，询知旧客山阴姚升阶先生为外舅姻连[6]，因言：先生在幕十余年，无刻不以息事为念。偶罪一人，则旁皇周室[7]行，食饮不怡，真仁人也。其子由乾隆壬申举人，官肃州，同告养归侍先生躬膺[8]，敕封[9]与德配，白首相庄，安养二十余年，见家孙斌游庠[10]，年八十余，无疾而终。公之言验矣。又会稽唐我佩先生久幕江苏，治狱慈慎，有唐老佛之称。子廷槐，乾隆辛未进士，令江西。时先生亲享禄养也。

【注释】

①刀笔：指书写成的文字或文章，常常包含贬义。

②场屋：又称科场，从前科举考试的地方。

③癸卯：即雍正元年，公元1723年。

④笔孽：因书写文书所造的障碍。

⑤禄嗣：官位俸禄和后嗣。

⑥姻连：有婚姻关联的亲戚。

⑦旁皇周室：即不安地在室内到处走动。

⑧躬膺：即亲躬受拜。

宾，司职刑名，因而精通法律，不再有进取功名的念头。

雍正癸卯年间，他梦见神人召唤，并告诉他说："你因为笔下造孽太多，已经把你的官运和后代削减完了。只是因为你现在在治理讼案时仁恕宽厚，偿还你科举及第和后代，你赶快回去准备考试吧。"当时已经是七月上旬了。韩先生不相信这事，可是到了第二天晚上，又做了这个梦。韩先生便在梦里回答说，考试的时间已经来不及了。神人说："我会送你去的。"韩先生醒后就赶快收拾行装，沿江而行，风送征帆。八月初二抵达杭州，恰好碰上中丞大量收罗没有来得及报考的人才，将他们补送到考场。韩先生果然高中。第二年又生了一个儿子。

乾隆十三年，我的老丈人做山阴县尉时，济源大司空卫公哲卫治方先生做淮安太守，经交谈得知从前他的幕客山阴县姚升阶先生是我老丈人的姻亲，便说，姚先生做了十余年的幕僚，无时无刻不是以平息诉讼作为处理讼案的宗旨的。他偶尔判定一个人有罪，就会在房间里惶惶不安地踱步不停，无论吃喝都不高兴，实在是一个仁慈的人。他的儿子在乾隆壬申年间中举，在肃州做官，后来以归养父母辞官，姚先生也获得了皇上的嘉奖，其荣耀敕封与他仁慈的德行是相配的，一直伴随终身。后来他在庄园里安静养身二十多年，还见到大孙姚斌游学，并在八十岁时寿终正寝。卫公的话真是应验了。还有，会稽的唐我佩先生在江苏佐幕日久，治理狱讼仁慈小心，有"唐老佛"之称。他的儿子唐廷槐在乾隆辛未年中了进士，做了江西县令。这时唐先生还健在，享受了官禄和儿子的奉养。

⑨敕封：皇帝的册封。

⑩游庠：进校求学。

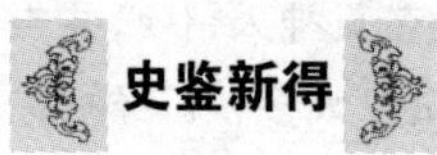

史鉴新得

楚庄王有一次夜宴群臣，满庭酒意语喧，酣畅淋漓。忽然，一阵风袭来，烛台熄灭，漆黑一片。

在黑暗的掩盖下，有人因酒失性，调戏庄王爱妾。但是，这位爱妾很有心计，随手拔下了调戏者头冠上的帽缨作为凭据，然后对庄王说："请赶紧点燃灯火，捉拿帽子上没有帽缨的人，施予重罚。"

庄王想："既然约定宴饮群臣，君臣共欢，无所顾忌，现在又怎么能节外生枝，辱及大臣呢？"

于是，楚庄王大声说："现在，请各位爱卿都除掉冠冕上的帽缨，点灯后，如果看到谁的冠冕上还有帽缨，就将受到罚酒的处分！"

灯火点燃后，由于大家都取掉了冠冕上的带子，所以始终不知调戏庄王爱妾的究竟是谁。君臣尽欢。

两年后，晋楚两国发生战争。战争中，楚军的一位先锋将领身先士卒，冲锋陷阵，不顾性命，奋勇杀敌，士气因此大振，于是楚军击退了晋军，取得了战争的胜利。

楚庄王当即召见这名将领问："这次战争，由于你奋不顾身地冲锋陷阵，鼓舞了士气，使我们能够击败强敌。那么，你想得到怎样的奖赏呢？"

这位将领回答说："两年前君王宴饮群臣，当时因酒迷性，臣下作出了调戏君王爱妾的举动，自以为必死，但是君王爱惜臣下名誉，使我不致当场出丑，又保全了臣下的性命。于是，我就一直等待着能够有报答君王、为君王效忠拼命的机会。"

人的一生都有可能犯错，一念之间的糊涂，并不能就此得出对此人全面否定的结论。给人改过自新的机会，同样是对自己的成全。

因此，处理问题应以善意出发，为别人着想，才能得到别人的理解和尊重，自己也才能心安。如若恃权压制，草菅人命，即使得意于一时，也终究难逃舆论的谴责。古人喜欢讲"积善之家，必有余庆"，所谓积德修福。这里抛开天人感应说的迷信色彩，只说一个有点权力的人，在维护法律公正，调整事物公平的前提下，处世待人应宽厚，多为别人着想，少为自己打算，这样于己于家都是有益的。

养民如驯禽

【原文】

夫养民者如驯禽，适①性②则乐，扰③则苦④。

【注释】

①适：切合，符合。
②性：天性、特性，也就是习性。
③扰：打扰，扰乱。
④苦：遭罪。

【译文】

统治人民就如同驯养畜禽，能根据其特性加以驯养，就会使其驯服；若违背其特性，就会使其遭罪。

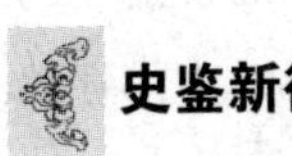

史鉴新得

宋神宗熙宁年间，王安石制定的新法刚刚实行，各州县就发生了一些骚乱。当时，邵雍正隐居在家中，他的门生、故旧中，正在做官的人，都想向神宗皇帝上书弹劾王安石，然后自己弃官归田。于是，他们写信征求邵雍的意见。邵雍给他们回信说："当前正是贤者应当尽力的时候。新法固然严厉，但你们执行的时候，能够宽一分，老百姓就得到一分好处。上书弹劾，弃官而去，究竟有什么好处呢？"

宋神宗时，鲜于先任利州路转运副使。在他所管辖的地方，老百姓不愿借青苗钱，王安石派官吏质问他，鲜于先说："'青苗法'规定将官府常仓的本钱借给农民，农民愿借就借，农民自己不愿借，怎么能强求他们呢？"苏东坡称赞鲜于先对上没有危害国家法令，对中没有损伤自己的亲朋好友，对下没有伤害老百姓。这本是三难处境，要处理好，实在不容易。做官的应当以鲜于先为效法的榜样。

心存宽恕方能办案公正

【原文】

案法平允①，务②存宽恕。

【注释】

①允：公平得当。

②务：必须，一定。

【译文】

办案要想公正、得当，必须要心存体恤，宽大为怀。

史鉴新得

诸葛亮，字孔明，隐居隆中，人称卧龙，刘备三访始获见。后辅佐刘备建立蜀国，与东吴、魏鼎足而立。他担任蜀国丞相时，为政公平正直。但是，也有人批评他吝于宽赦。

诸葛亮说："治理天下应本着公正、仁德之心，不该随意施舍不当的恩惠；所以吴汉、匡衡治国就不认为无故赦罪是件好事。先帝也曾说过自己曾与陈元方、郑康成交往，从他们的言谈中，可洞悉天下兴衰治乱的道理，但他们从没谈及赦罪也是治国之道；又如刘景升父子年年都大赦人犯，但对治理国家又有什么好处呢？"他对于犯罪的属下，也从不袒护，曾上表废黜廖立、李敢，并将他们迁徙南中。诸葛亮死后，廖立哭着说："我们要成为蛮夷之奴了！"李敢听说诸葛亮死去，自己哀伤过度，发病而死。后来陈寿在《三国志》中写道："诸葛亮为政，推诚布公，凡是忠心为国的，虽是仇人也奖赏；凡是违法怠职的，就是亲人也惩罚。"正如孔子所说："任用正直的人来取代那些奸邪的小人，百姓就会心悦诚服。"可见，治国的根本，就在于推行至公之道。

胸有成竹，办事才稳

【原文】

事才入手，便当思其发落①。

【注释】

①发落：即处理。

【译文】

刚开始着手办事，就要想到如何处理，做到胸有成竹。

史鉴新得

唐朝某年一场旱灾刚过,兖州一带民不聊生。奸商趁火打劫,乱涨米价。新任兖州太守令狐楚心里很不是滋味。所以,当迎接他上任的代表来拜见时,令狐楚边心不在焉地应付着,边在大脑中飞速闪过一个念头。

兖州城内前来迎接的官员很多,他们轮流着跟这位新上任的太守寒暄着。

突然,笑眯眯的令狐楚一本正经地发话:“兖州城内,现在的米价是多少呢?州里有几个仓库?每个仓里还存多少粮食?”

迎接的众官员不知新太守是何用意,相互偷偷打量着,暗暗使眼色。最后一个较大胆的官员双手一拱,抖着嗓子回答:“禀告大人,现有大粮仓八个。每个仓存有十万担。”

令狐楚斜睨了那人一眼,说:“哎,我说诸位,如果把这八 个仓库打开来,拿出这八十万担米,并统统定个低价钱,全卖给灾民,如何?这么做,可以救灾,缓和现在这样的紧张局势。”

许多官员听了,都连连机械地点头。这话马上像长了脚,很快传到城中,传进了富家大户的耳朵里。

富家大户们慌了手脚:新太守这么做,自家存的粮卖不出,不是大蚀血本了吗?他们怕吃亏,于是好多人争先恐后组织人力,从仓库里挑出粮食后按平价出售。兖州的米价顿时平稳了下来。

灾情迅速得到了解决,当地百姓个个拍手称快。

依法治事,轻于人治

【原文】	【译文】
少监人,多结事。	少用人治人,多依法治事。

史鉴新得

唐贞观元年，兵部郎中戴胄因忠诚廉洁，办事公道，为人正直，被唐太宗提拔为大理寺少卿。

有一次，吏部尚书长孙无忌被太宗宣召入宫，没有解下佩刀就进入了东上阁。尚书右仆射封德彝提议，因监门校尉没有察觉，应将其处以死刑；长孙无忌误将佩刀带入，罚铜二十斤。太宗采纳了他的意见。

戴胄反驳道："校尉没有察觉，与长孙无忌带刀入宫，都是失误。臣子对于皇上，不能称失误，法律条文中规定：'供皇帝用的汤药、饮食、舟船，误而不按法律办事的，都判处死刑。'陛下若记念长孙无忌的功劳，就不是宰相所能决定处罚的了；若依法处罚，罚铜是不恰当的。"太宗说："法律不是我一人的法律，是天下人的法律，怎么能因为长孙无忌是我的亲戚，就不按照法处罚呢？"于是下令，另行议定处罚办法，但封德彝仍坚持原来的意见，太宗将要采纳他的意见时，戴胄又说："校尉因长孙无忌之误而犯罪，依法应从轻处罚。若论失误这一点，他们二人是一样的，可是处罚的轻重却相差悬殊，一个被处死，一个得生，这太不合理了，我冒昧地请陛下重新斟酌一下。"太宗很赞赏戴胄执法的公平无私，终于免去了校尉的死刑。

清正廉明乃为官之本

【原文】

廉明乃是为官本等[①]，岂可以此上矜夸，下凌虐？以己之廉，病[②]人之贪，取怨之道也。

【注释】

①本等：本分。

②病：谴责。

【译文】

清正廉明秉公断案本是做官起码的品质和能力，怎么能够以此做本钱，向上级夸耀以邀功，向下级施威以逞能呢？因为自己清正廉洁，就谴责其他人贪婪，这样最容易招惹怨忿。

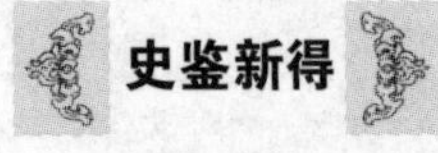

史鉴新得

北宋时代的政治家范仲淹，官至参知政事(副宰相)之职。他一生忧乐天下，开一代廉政之风，死后入殓时，家里连一件新衣服也找不出来。后人不仅吟诵他在

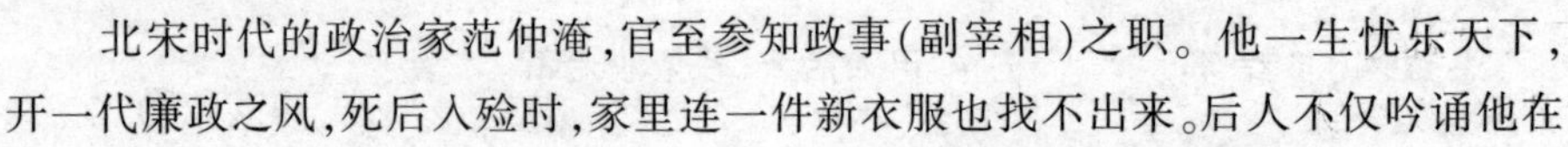

《岳阳楼记》中“先天下之忧而忧、后天下之乐而乐”的千古名句，而且景仰他一生清廉，称他是“大忠伟节，前不愧于古人，后可师于来者”。

范仲淹在考中进士后，便被派到安徽广德做官，管理狱讼。当时他要赡养老母亲，日子过得很清贫，以至调离广德时，身无长物，只有一匹马，卖了住宅，才有了行资。后来，他在京城做右司谏时，江淮灾情严重。朝廷派他视察灾情，安抚民众。他马不停蹄，日夜兼程地赶到江淮后，令当地官员“开仓廪、赈乏绝”，并且把饥民吃的“乌昧草”带回京师，给皇帝及大臣们看，恳请皇帝和朝中大臣减盛宴、去奢华，节衣缩食，体恤百姓。

一清如水的范仲淹，在官场三十余年，胸怀天下，不图个人安乐。他谪贬睦州为官(今浙江桐庐一带)，不到半年，就倡导修建了“严子陵祠”，倡扬严子陵不事权贵、志行高远的精神。他赴乡梓之地苏州任职时，买下了南园这块地方，创办了苏州郡学，为国育才。即使在延州戍边，抵御西夏的繁忙之际，他看到边疆无游览之地，便挤出时间，令人凿出花香鸟语的柳湖。总之，范仲淹不管自己升官降官，每到一地，都千方百计兴利除弊，做出几件惠及百姓的好事。对不称职的下属官吏，他一旦查清，便毫不留情地将其姓名从官吏名册一笔划掉，即使有达官显宦或亲戚朋友前来劝说，他也不为所动，如今，在《成语故事荟萃》一书中，仍有范仲淹“一笔勾销”的佳话。

范仲淹到了晚年，他的儿子准备为他“治第”(建大住宅)，他断然拒绝。有人要替他在洛阳买一座叫做“绿野堂”的园林，他照样不肯。他说：“一旦取其物而有之，如何得安？”又谆谆告诫家人要节俭，并在家书中这样提醒：“老夫平生屡经风波，唯能忍穷，故得免祸。”

范仲淹清心寡欲，直到生命的最后一刻。当时，有人曾问他对朝廷有何请求？他摇头表示：“无所请！”

范仲淹官至宰辅，其位不可谓不高，权不可谓不重，他为国家富强而忧心，为民族强盛而尽力，呕心沥血，鞠躬尽瘁。他留给后代子孙的不是黄金白玉，良田美宅，而只是几本治国治家的书和“先天下之忧而忧，后天下之乐而乐”这一精神。

正人必先正己

【原文】

欲[1]寡者神清，操[2]严者政立。

【注释】

①欲：贪欲。

②操：操守，即良好的品德。

【译文】

贪欲少的人，就能够保持头脑清醒，不容易丧失原则；对自己要求严格，品德高尚的人所倡导的政令也才容易施行。

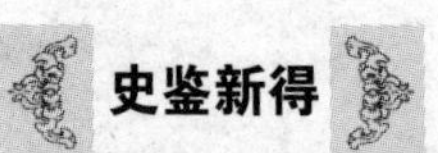

史鉴新得

唐朝贞元年间，著名诗人白居易考中进士后，被派往陕西周至当县令。

刚上任时，城西的赵乡绅和李财主就为争夺一块地跑到县衙打官司。为了能打赢官司，赵乡绅差人买了一条大鲤鱼，在鱼肚中塞满了银子送到县衙。而李财主则命长工从田里挑了个大西瓜，掏出瓜瓤，也塞满了银子送了来。收到两份这么重的礼物后，白居易吩咐手下贴出告示，明天公开审案。

第二天，县衙门外挤满了看热闹的老百姓。白居易升堂后问道："你们哪个先讲？"赵乡绅抢着说："大人，我的理(鲤)长，我先讲。"李财主也不甘示弱说："我的理(瓜)大，应该我先讲。"白居易沉下脸说："什么理长理大的？成何体统！"赵乡绅以为县太爷忘了自己送的礼，连忙说："大人息怒，小人是个愚(鱼)民啊！"白居易微微一笑说："本官耳聪目明，用不着你们旁敲侧击，更不喜欢有人暗通关节。来人，把贿赂之物取来示众。"

衙役取来鲤鱼和西瓜，当众抖出银子，听审者一片哗然。白居易厉声喝道："大胆刁民，胆敢公然贿赂本官，按大唐律法各打四十大板！"众百姓无不拍手称快。至于这些行贿的银子，白居易就用来救济贫苦百姓了。

万事应以敬为主

【原文】

事[①]上使下，处人接物，一敬为主。敬则立，怠[②]则废。

【注释】

①事：奉事，即为之服务。

②怠：轻慢，不恭敬。

【译文】

不论是接待上级的领导还是使下属服从，以及平时的待人处事上，都应以尊敬他人为重。尊重他人则能够立足；不尊重他人则使自己被废黜。

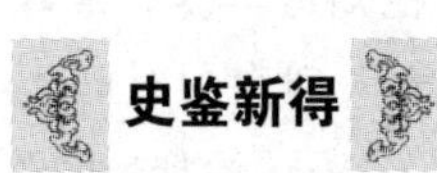

史鉴新得

万石君，姓石，名奋，汉高祖至武帝之际，以谦恭谨慎的家风为世所称道。石奋晚年辞官退隐后，仍以上大夫的身份出席每年四季举行的朝拜仪式典礼，位列朝臣之中。晋谒之际，坐车临近宫门时，石奋必下车。若遇天子御马，他即使乘坐在车内，也必定低头致意。

愈居高位也就愈发自大，这是人所共有的通病。尤其是在受到特别的荣宠时，更会如此。可是万石君一家，不论位居多高，都不会改变一贯的生活态度，完全是一种"稻穗愈是饱满，头就垂得愈低"的姿态。石奋不因享有的荣耀而得意忘形，更不放纵子弟恣意妄为。子弟之中，不论谁犯有过错，石奋必定反责己身，自己绝食，面壁思过，直到子弟之间互相反省，自愿接受处罚。或许有许多人觉得这有点矫揉造作。但是，万石君一家的确是如此做的，而且诚笃而行，自始至终一丝不苟地实践着这种家风。

谦恭正直，不仅是对他人的敬重，更是对社会整体要求的一种行为规范。尤其是处在一定职位之时，更是对当地的社会风气有着潜移默化的影响和带动作用。所以，无论做人还是做官，最要紧的是"诚敬"，尊重别人，平等待人。

御下之道勿使忘形

【原文】

御[①]下之道，虽无过犯，不假[②]词色。常令其知畏。

【译文】

领导下属的方法是，虽然没有过失、罪错，也不能让其因此而得意忘形，恣意妄为，要使其常怀畏惧，谨慎小心。

【注释】

①御：驾驭，控制。

②假：凭借，借助。

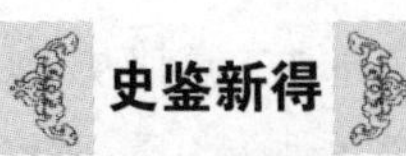

史鉴新得

东汉南阳太守羊续，非常憎恶当时官僚权贵的贪污腐败、奢侈铺张。他为人廉洁、生活朴素，平时穿的是破旧衣服，盖的是有补丁的被子，乘坐着一辆破旧马车。餐具是粗陋的瓦器，吃的是粗茶淡饭。

府丞焦俭是羊续的下级，为人也很正派，与羊续素有往来。他知道羊续非常喜欢吃鱼，就买了一条鱼送给他。焦俭怕羊续拒收，就笑着说："大人到南阳时间不长，可能不知这就是此地有名的'三月望饷鲤鱼'，所以我特意买一条送给您，平时您把我当作兄弟，这条鱼就当作是小弟对兄长的一点敬意吧！您也知道的，我绝非阿谀逢迎之辈，因此务请笑纳！"羊续见焦俭这么说，觉得不收下倒是见外了，于是笑着说："既然如此，恭敬不如从命。"

等焦俭走后，羊续便把这条鱼，挂在室外，再也不去碰它。第二年，焦俭又买了一条鲤鱼，心想一年送一条总可以吧，知道买多了，羊续也不会收。到了羊续府上，焦俭刚说明来意。羊续便指着那条枯干了的"三月望饷鲤鱼"说："你去年送的还在那里呢！"焦俭愣住了，摇摇头叹口气，带着鱼走了。从此以后，这一带的贿赂之风收敛了很多。

上级是下属的榜样，只有自己洁身自好，才能有力地去管理下属，才能保持领导的威严，才能保证政令的贯彻实施。其实，威严并不是来自于板脸瞪眼，而在于平时的处事待人。如果领导对自己要求很严格，办事公正廉明，威严自然而生；如果贪赃枉法，办事拖拉，处事不公，虽瞪眼也不会有严，板脸也不会有威。因此说：人到无求品自高，官能清廉威自主。

刚柔并济方显才智

【原文】

猛急多失出①之悔，柔懦招疲软之名。

【注释】

①失出：失误。

【译文】

如果办事不经过认真思考，匆匆忙忙莽撞行事，必然会出现过多的失误，从而使自己悔恨；而一味心慈手软，必然会纵容犯罪，从而招致无能的恶名。

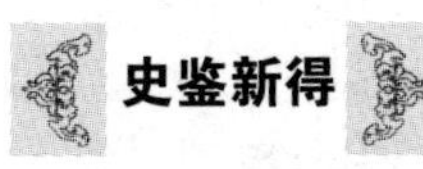

史鉴新得

子产在郑国的政治、经济、军事、法律上留下的身影充分证明了他在治国治世的过程中具有先驱者的意义。所以，子产在中国历史和文化中被赋予了一种戏剧性的色彩，丰富的历史文献又为我们提供了一个活生生的文学形象。子产，即公孙侨，字子产，又字子美，还有叫东里子产、郑子产的。他是春秋时期郑国杰出的政治家，郑简公十二年为卿，二十三年子产执政共二十一年，在此期间郑国大治，国势由弱变强，国人称颂，诸侯宾服。明代包裕的《公孙大夫庙》在颂子产诗中最为著名。诗曰："当时豪杰事纵横，独有先贤治尚平。四善见称君子道，一宽无愧惠人名。"所谓"四善"即指子产执政的四项政绩：一改革田制；二作丘赋，将军赋改由新土地主负担；三铸刑鼎，之前刑书是保密的，铸法于鼎，使人知法守法；四不毁乡校，广开言路。所谓"一宽"即子产的"唯有德者以宽服民，其次莫如猛"。这首诗基本上概括了子产一生的政绩。

郑定公八年子产病了。一生为国鞠躬尽瘁的子产，在病中安排了后事，并在弥留之际将已定为他接班人的子太叔唤到榻前，将自己一生的经验和教训告诉子太叔。子产握着子太叔的手，语重心长地告诉他："有德行的人能用宽大使民众服从，其次莫如严厉。"他还耐心地举水火之例说明宽猛相济的道理。民众怕火，因火性猛热，故死于火的人少；民众轻视水，因水性懦弱，结果反而很多人死于水。只用宽大的办法治理好国家是不容易的。子产去世后，子太叔执政，他主宽弃严，有时宽大得过了头，于是盗贼四起，民不聊生。子太叔后悔没听子产的话，又采取措施平盗灭贼，百姓才得以安生。

识量过人方能容忍

【原文】

不可以怒威民①，不可以刑饰②怒。忍所不能忍，容所不能容，惟识量过人者能之③。

【注释】

①威民：使民畏惧。
②饰：遮掩。
③之：这样。

【译文】

为官者不可用发怒来使属下畏惧，也不可用刑罚来遮掩愤怒。能够忍让一般人所不能忍让的，容忍一般人所不能容忍的，这只有见识度量非同一般的人才能够做得到。

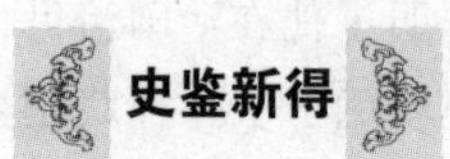

喜怒哀乐，人皆有之。没有修养的人，是不会考虑事情的轻重缓急，以及自己所处的地位而任意发泄的；有修养的人，则懂得发泄的时机、场合及方式，能够控制自己的感情。如《三国演义》中汉献帝围猎受辱于曹操，关羽怒不可遏想去找曹操算账却被刘备拦阻。不是说刘备不愤怒，只是他认为还不到时机，条件还不成熟，不适合动手。正是因为刘备能克制自己的感情，待机而动。所以他才能够"勉从虎穴暂栖身"。

试想，如果当时刘备也像关羽那样怒形于色，挥刀上阵，曹操能俯首就死吗？刘、关、张又能安然脱身吗？当然，控制自己的感情是件很困难的事情。很多人都知道弥勒佛坐像前悬挂的长联"大肚能容，容天下难容之事；张口便笑，笑世上可笑之人"。可又有多少人能真正做到这一点呢？

羽扇纶巾，儒雅风流的周公谨不正是被诸葛亮气病而死的吗？而所谓喜怒不形于色的枭雄刘备，当关羽、张飞被杀，他再也无法遏制心中的愤怒，挥马扬鞭，大举攻吴。为图报复，逞一时之快意，他拒纳忠言，置国家利益于不顾，致有虎亭之败，白帝托孤。

当然，一个人没有大志，不图大事，只知苟且偷安，逆来顺受，再能忍辱也无益。韩信胯下受辱，世谓之能忍；项羽不返江东，人称其匹夫。可见"忍所不能忍，容所不能容"，实非易事。

待人以诚

【原文】

客至则询，出门则访[①]。心虚能应事[②]，心平能服人。

【注释】

①访：询问。
②应事：适应工作。

【译文】

有客自远方来，多致问候，虚心询问风俗民情；外出巡视，多作调查研究，了解当地习俗。虚心待人的人才能承担大事，平心静气才会办事公正，使人信服。

史鉴新得

元朝末年，天下大乱，群雄四起，江南有方国珍、张士诚、陈友谅等割据称雄，互相攻战不已。适值朱元璋率领大军南下，攻克金陵。方国珍便与他的谋士们商量："方今天下，以朱元璋声势最大，莫不如暂且投靠他，静观形势变化，也免得受张士诚、陈友谅的攻击。"于是，他便派使者带上金银珠宝和他的儿子方关，愿以方关为人质，投靠朱元璋，并献上自己管辖的三郡之地。

朱元璋得知此事后说："古人为了取得信任，才以儿子作为人质，互相来牵制对方。如今我们是以诚相待，又何必如此呢？"于是，就把使者遣送了回去。

方国珍由此很受感动，就又多备了一些金玉器物，前来敬献。

朱元璋说："这些金玉器物有什么用？我所需要的是文能治国，武能安邦的人才，和救民于水火之中的谷物粟粮！"便将这些东西原封不动地如数退回。

朱元璋释放人质、归还贡物的举动，受到了将士们的广泛传扬。于是，一时之间，归附者趋之若鹜。所以说，能胜大任者，不仅要有超人之智，而且还要有超人之量，能以诚相待。诚，能感动人心；诚，能感动上天；诚，能致达苍生。一个深怀诚敬的人，必得天助人助。

瓜田李下宜自慎

【原文】

子弟不可干预[①]政事，治[②]民不可出入公宅。治商不可通财，治士不可交饮。是远小人，杜[③]于托也。

【译文】

为官者，千万不能让自己的子弟亲属参与、干涉政事，也不允许所辖之民出入家门；管理商务，不可与商人谈及财利；管理读书人，不可与读书人宴饮游乐，这是疏远小人，杜绝私弊的好方法。

【注释】

①预:参与。

②治:治理,管理。

③杜:杜绝。

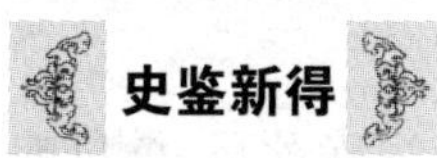

梁冀,字伯卓,安定人,是开国功臣梁统的后代,也是中国东汉时期外戚出身的权臣。

说到梁冀这个人,史书描述他的外貌丑陋,耸着像鹞鹰似的双肩,生着豺狼般凶光直射的双眼,自幼过惯了纨绔子弟的生活,嗜饮酒,爱女色,擅赌博,几乎三教九流所能做的各种斗鸡走狗、骑马射箭的娱乐游戏,他没有不会的。梁冀是纨绔子弟,又不是一般的纨绔子弟,他父亲有意让他在宦海里历练,他在当上大将军之前,曾历任黄门侍郎、侍中、虎贲中郎将,越骑,步兵校尉,执金吾,河南尹。官场上一套他也娴熟。他虽然口吃得讲不清话,但却善于阴谋计算。如,梁冀在做河南尹时,就"暴恣,多非法"。他父亲的亲信洛阳令吕放看不惯,偶尔在梁商面前揭他的短,梁冀得知后就派人将吕放刺杀掉。为了掩盖自己的丑恶行径,他一方面有意嫁祸于他人,另一方面又出面推荐吕放弟顶替洛阳令,可以说,纨绔子弟的骄横放肆,流氓的凶蛮无理,政客的狡诈阴刁,集之于梁冀一身。因此,梁冀当上了大将军,与他的父亲相比,可谓"青出于蓝胜于蓝"了。顺帝十一岁即帝位,由于当时年幼无知,政权归外祖父梁商所握,永和六年梁商死,梁冀遂继任大将军。

梁冀当上大将军、掌握权柄后,与权乱政,巧取豪夺,滥杀无辜,恶贯满盈,成为历史上有名的奸佞之臣。可见,用人唯亲,害处极大。顺帝正是因为重用外戚梁冀,才致使生灵涂炭,社稷不定。

为官应遵从七要

【原文】

正以处心,廉以律己,忠以事君,恭以事长,信以接物,宽以待下,敬以治事。此居官七要也。

【译文】

用公正来制约思想,用廉洁来约束自己,用忠心来侍奉君王,用恭敬来侍奉尊长,用诚信来应接事物,用宽厚来对待下属,用敬爱来处理政务。这是做官的七条重要准则。

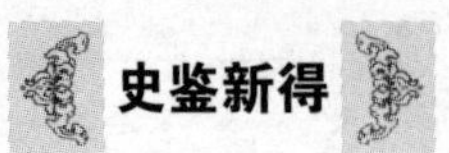

史鉴新得

为官与为人,都应有自己的原则,不应随波逐流。

周公是西周初年杰出的政治家,他本姓姬,名旦,是周武王的弟弟,但因其封地在周,故称为周公。他和姜子牙同为武王的左膀右臂。

武王分封诸侯不到二年,就因病去世。按照当时的规矩,父亲死后,继位的必须是其嫡长子。但是,武王的长子成王姬诵当时还是个年幼的孩子。周公唯恐"天下闻武王崩而衅",诸侯会乘机欺负幼主,于是遵照武王的遗言而摄政,代成王管理天下大事。与此同时,他还精心选拔德才超群的贤士,加紧对成王的教育和培养。

其间,周公的弟弟管叔鲜、蔡叔度等人对周公摄政很忌妒,到处散布谣言说:"周公不是真心帮助成王治天下,而是想谋篡王位。"周公得知后,对太公望和召公奭表白说:"我之所以不避嫌疑,代成王摄行政事,完全是因为怕天下叛周,落到无法向先王神灵交代的地步。先王们好不容易创下的基业,如今略显气象,可惜武王早逝,成王年轻幼小,为了完成周的大业,我不得不挑起这副重担。"于是,他不顾流言,仍然留在京师辅佐成王。

后来,成王长大,能亲自临朝听政了,周公便将国政交还给成王,自己退回臣子行列,面北而立,态度恭敬,谨慎小心地伺候天子。

成王小时候得过一次重病,周公剪下自己的指甲,扔到河里祷告神灵说:"我王年少不懂事,违犯神命使神发怒的是我姬旦,请惩罚我,不要嫁祸于王。"祷告完毕,祝辞文册也被藏入内府,成王病便好了。等到成王亲政后,有人向成王进谗言,诬陷周公。周公无法为自己辩白,只好跑到楚国。成王还以为周公心虚出逃。后来,成王查看内府,发现周公当年祷告河神,为自己祛病消灾的文书,大为感动,哭着将周公请回朝廷。

参考文献

1. [清]汪辉祖著:《佐治药言 续佐治药言》,北京,中华书局,1985

2. [清]汪龙庄 万枫江著 李高峰编译:《官道:为官之道的学问》,北京,中国长安出版社,2006

3. 汪辉祖 张养浩著 胡学亮注译:《从政心得》,北京,中国文史出版社,2006

4. [宋]吕本中等撰 李成甲注译:《官箴》,西安,三秦出版社,2006

5. 吕本中 汪辉祖著 杨志勇 孙昆鹏编译:《官箴的智慧:为官的哲学》,北京,中国长安出版社,2005

6. [清]汪辉祖著 刘强编译:《官经》,哈尔滨,哈尔滨出版社,2007